THE NAZI HUNTERS

納粹獵人

追捕德國戰犯的黑暗騎士

Andrew Nagorski
安德魯・納古斯基—著
高紫文—譯

Contents

人物簡介

納粹獵人：

費里茲・鮑爾（Fritz Bauer，一九〇三年至一九六八年）：德國法官與檢察官，出身不篤信宗教的猶太家庭。納粹時代，鮑爾大多流亡丹麥與瑞典。戰後回到德國，他提供以色列人關鍵情資，促成阿道夫・艾希曼遭到逮捕。一九六〇年代，他策劃在法蘭克福舉行奧斯威辛審判。

威廉・丹森（William Denson，一九一三年至一九九八年）：戰後達豪審判的美軍檢察長。達豪審判針對的是在達豪、毛特豪森、布痕瓦爾德和福洛森堡管理死亡機器的人員。他起訴了一百七十七人，全數都被判有罪。最後，其中九十七人被絞死。但是他處理的部分案件引發了爭議。

拉斐・艾坦（Rafi Eitan，一九二六年至今）：摩薩德特務，負責帶領突擊小組，一九六〇年五月十一日在阿道夫・艾希曼位於布宜諾斯艾利斯的家附近綁架他。

班哲明・佛倫斯（Benjamin Ferencz，一九二〇年至今）：佛倫斯二十七歲時，在紐倫堡特別行動隊指揮官審判中擔任檢察長，美聯社說那是「史上最大的謀殺審判」。特別行動隊是特種部隊，專門執行大規模屠殺，對象包括猶太人、吉普賽人和在東部戰線的「危險平民」，後來納粹才改用集中營的毒氣室來殺人。二十二名被告全部被判有罪，其中十三人被判處死刑。有些人後來獲得減刑，最後只有四人被絞死。

屠維亞・費曼（Tuvia Friedman，一九二二年至二〇一一年）：費曼是猶太大屠殺的波蘭裔生還者，戰後先在波蘭共產黨政府的維安部隊服役，專門對付被俘虜的德國人和協助敵人占領波蘭的嫌疑犯。接著他在維也納成立檔案中心，搜集證據，協助法官將黨衛軍軍官和其他犯下戰爭罪行的人定罪。一九五二年，他關閉檔案中心，搬到以色列，持續、堅定地向當地法院提出要求，希望能出席艾希曼與其他戰犯的審判。

埃瑟・哈雷爾（Isser Harel，一九一二年至二〇〇三年）：摩薩德的局長，成功策劃綁架艾希曼的行動。摩薩德一九六〇年在布宜諾斯艾利斯綁架艾希曼，用以色列航空公司的專機將他送回以色列，讓他在耶路撒冷被審判處決。

伊麗莎白．霍茲曼（Elizabeth Holtzman，一九四一年生）：布魯克林區的民主黨黨員，一九七三年擔任國會議員後，旋即開始調查戰後問題，因為有人指控，許多戰犯嫌疑人逍遙地住在美國境內。她先後擔任眾議院移民小組委員會的委員以及主席，成功促成司法部一九七九年成立特別調查辦公室。該機關的主要任務就是尋找納粹戰犯，撤消他們的國籍，驅逐出境。

碧特．克拉斯費德（Beate Klarsfeld，一九三九生）：德國人，敢於冒險，毫不畏懼，她的法國籍丈夫也是納粹獵人，但是她比較火爆。她父親曾經在德意志國防軍服役，她本來對第三帝國的影響功過所知甚少，直到搬到巴黎當互惠生，半工半讀，認識未來的丈夫施爾季．克拉斯費德，才漸漸瞭解那段歷史。一九六八年，她賞了曾經加入納粹黨的西德總理寇特．喬治．齊辛格耳光，聲名大噪。她也跟施爾季一起積極追蹤部分黨衛軍的下落，那些人在法國被德國占領期間犯下許多罪行，包括在遣送猶太人到集中營。

施爾季．克拉斯費德（Serge Klarsfeld，一九三五年生）：出生於羅馬尼亞的猶太家庭，後來搬到法國。他積極搜集文件，公布相關訊息，追蹤頂層納粹黨員，就是這些人負責把法國猶太人送上死路。他這麼做是出於強烈的私人動機，因為他父親死在奧斯威辛。他仔細搜集罪證，公布納粹黨員的記錄，而且跟妻子碧特一樣，不顧危險，不怕跟戰時的納粹黨員正面衝突。

艾里．羅森邦（Eli Rosenbaum，一九五五年生）：他先到司法部的特別調查辦公室擔任實習人員；一九九五年到二〇一〇年擔任特別調查辦公室的主任，是任期最長的主任。一九八六年在世界猶太人大會擔任法律總顧問時，在前聯合國祕書長寇特．華德翰競選奧地利總統期間，他帶頭抨擊華德翰，導致他跟自己曾經崇拜的西蒙．維森塔爾爆發激烈衝突。

亞倫．萊恩（Allan Ryan，一九四五年生）：從一九八〇年到一九八三年，他在司法部特別調查辦公室擔任主任，領導這個新機關展開初期奮戰，找出納粹罪犯，褫奪他們的美國公民身分。

傑恩．西恩（Jan Sehn，一九〇九年至一九六五年）：波蘭的調查法官，在擁有德國血統的家庭長大。他首先揭露並詳細記述奧斯威辛的歷史和運作方式。他負責審訊在那座集中營任職最久的指揮官魯道夫．霍斯，並且說動霍斯在一九四七年被絞死前寫下回憶錄。一九六〇年代在法蘭克福舉行的奧斯威辛審判中，他也提出證詞，幫助德國法官費里茲．鮑爾做出判決。

西蒙．維森塔爾（Simon Wiesenthal，一九〇八年至二〇〇五年）：出生於加利西亞的一座小鎮，熬過毛特豪森集中營等磨難，在維也納成立檔案中心，成為名號最響亮的納粹獵人。維森塔爾找到幾名重要戰犯，廣獲讚揚，但也有人批評他誇大自己的功績與成就，尤其是在追捕艾希曼這個行動中。他也在寇特．華德翰爭議期間跟世界猶太人大會槓上。

艾夫藍．朱羅夫（Efraim Zuroff，一九四八年生）：朱羅夫成立西蒙維森塔爾中心的耶路撒冷辦公室，並擔任處長。他出生於布魯克林區，一九七〇年定居以色列。他經常被稱為最後一位納粹獵人，曾經展開受到高度關注、極具爭議的行動，搜尋與告發仍活著的集中營守衛。

被追捕的人：

克勞斯．巴比（Klaus Barbie，一九一三年至一九九一年）：綽號「里昂屠夫」，法國里昂市的前蓋世太保頭頭，害死數千人，還親手折磨過無數受害者。他最有名的受害者包括法國反抗組織的英雄尚恩．穆蘭，以及在伊齊厄這座小村莊避難、最後死在奧斯威辛的四十四名猶太孩童。克拉斯費德夫婦展開長期追捕行動，追他追到玻利維亞，將他捉拿到法國接受審判。一九八七年，他被判處無期徒刑，四年後死於獄中。

馬丁．鮑曼（Martin Bormann，一九〇〇年至一九四五年）：希特勒的個人祕書以及納粹黨祕書長。一九四五年四月三十日頂頭上司自殺後，他便從希特勒的柏林地堡消失。有報導說他也隨即被殺或自殺，一直也有傳言說他逃離德國首都了；甚至有傳聞說有人在南美洲和丹麥發現他，開槍射殺他。一九七二年，有人在柏林的一處建築工地發現據稱是鮑曼的遺骸，一九九八年，DNA鑑定證明了遺骸確實是鮑曼的，根據推斷他死於一九四五年五月二日。

賀敏．布隆史坦納（Hermine Braunsteiner，一九一九年至一九九九年）：曾經在邁丹尼克和拉文斯布呂克集中營擔任過守衛，被稱為「母馬」（Koby a，這個詞源自波蘭文），因為她習慣凶狠地踹女囚犯。一九六四年，西蒙．維森塔爾發現她戰後跟一名美國人結婚，住在紐約市皇后區。維森塔爾把消息透露給《紐約時報》後，記者便做出相關報導，此舉引發漫長的法庭論戰，最後政府褫奪了她的公民身分。她被送到西德後，一九八一年被判處無期徒刑，一九九六年因為健康因素獲釋，三年後死於療養院。

赫伯．柯克士（Herbert Cukurs，一九〇〇年至一九六五年）：二戰前赫赫有名的拉脫維亞飛行員，德國占領拉脫維亞期間，他變成惡名昭彰的「里加絞刑手」，殺害約莫三萬名猶太人。戰後，他定居巴西的聖保羅，仍舊開著自己的飛機，並且經營一處船塢。一九六五年二月二十三日，他被摩薩德的暗殺小組引誘到烏拉圭的蒙特維多暗殺，這是以色列國家安全局唯一一次被發現暗殺逃亡的戰犯。

約翰．丹傑納（John Demjanuk，一九二〇年至二〇一二年）：從一九七〇年代到二〇一二年他去世的這段戰後時代，美國、以色列和德國三地法院展開一場極其複雜的法律攻防戰，而他正是其中的核心人物。這名克里夫蘭的汽車工廠退休工人當過死亡營的守衛，起初被誤認為是惡名昭著的特雷布林卡守衛「恐怖伊凡」。二〇一一年，德國法院判他有罪，罪行是在索比堡當過守衛，不到一年後他就死了。他的案子開創先例，德國法院據此示範如何起訴仍舊活著但是數量漸減的戰犯嫌疑人。

阿道夫．艾希曼（Adolf Eichmann，一九〇六年至一九六二年）：猶太大屠殺的主謀之一，負責安排遣送許多猶太人到奧斯威辛等集中營。一九六〇年五月十一日，他在布宜諾斯艾利斯遭到摩薩德的特務綁架，接著在耶路撒冷接受審判，被判處死刑，一九六二年五月三十一日被絞死。只要跟他有關的大小事，都會成為頭版新聞以及公共議題，包括關於引發熱烈討論的「平凡的邪惡」理論。

阿里伯特．海姆（Aribert Heim，一九一四年至一九九二年）：綽號「死亡醫生」，因為他在毛特豪森擔任醫生時，殺人的記錄駭人聽聞。戰後他消失無蹤，各界大張旗鼓地搜捕他，直到幾年前才結束。除此之外，還有天花亂墜的傳言，說有人在拉丁美洲看見他，或在加州刺殺他。其實，如同《紐約時報》和德國電視二臺在二〇〇九年的報導，他在開羅找到藏身處後，改信伊斯蘭教，更名為塔雷．海珊．法理。一九九二年死於開羅。

魯道夫・霍斯（Rudolf Höss，一九〇〇年至一九四七年）：任期最長的奧斯威辛指揮官。他在一九四六年被英國人俘虜，在紐倫堡以證人身分出庭作證；接著被送到波蘭接受審判。波蘭的調查法官傑恩・西恩說動他在被絞死前寫下自傳。關於猶太大屠殺的文獻多如牛毛，但是他描述自己如何不斷「改善」這部死亡機器的記述，卻是數一數二的駭人證詞。

伊爾斯・科赫（Ilse Koch，一九〇六年至一九六七年）：第一任布痕瓦爾德指揮官的遺孀，美軍在達豪審判她的期間，她被稱為「布痕瓦爾德的婊子」。在審判中，證人說出駭人的證詞，說她會色誘囚犯，接著再把囚犯毆打致死；據說她還會拿囚犯的皮膚來作燈罩，她的案子因此變成戰後最轟動的審判。她被判處無期徒刑，但是盧修斯・克雷將軍幫她減為四年徒刑。一九五一年德國法院再度判處她無期徒刑，一九六七年她在獄中自殺。

寇特・李師卡（Kurt Lischka，一九〇九年至一九八九年）、**赫伯・海根**（Herbert Hagen，一九一三年至一九九九年）與**恩斯特・海因里希森**（Ernst Heinrichsohn，一九二〇年至一九九四年）：克拉斯費德夫婦之所以鎖定這三名前黨衛軍軍官，是因為他們在戰爭期間參與共謀，把猶太人送離法國。納粹獵人展開行動跟這三人正面衝突之前，他們全都逍遙地住在西德，納粹獵人甚至試圖在一九七〇年代綁架李師卡。一九八〇年二月十一日，科隆法院判決三人有罪，罪名是共謀將五萬名猶太人從法國送上死路，被判處六年到十二年不等的徒刑。

約瑟夫・門格勒（Josef Mengele，一九一一年至一九七九年）：奧斯威辛的黨衛軍醫生，綽號「死亡天使」，罪惡滔天，因為他不僅拿雙胞胎與營裡的其他囚犯進行醫學實驗，剛抵達營區的囚犯也由他負責篩選送到毒氣室。門格勒逃到南美洲，他去世很久後，都還有人在尋找他。一九七九年他在巴西海灘游泳時溺斃，但家人始終對此事保密，直到一九八五年他的遺骸被人發現。

埃里希・普里克（Erich Priebke，一九一三年至二〇一三年）：這名前黨衛軍上尉為了報復三十三名德國軍人被殺，一九四四年三月二十四日在羅馬附近的阿德堤尼壙坑，下令處決三百三十五名成年男子和男童，其中包括七十五名猶太人。一九九四年之前，他一直在阿根廷的度假城市聖卡洛斯德巴里洛切過著愜意的生活。不過後來美國廣播公司新聞台（ABC News）的採訪小組逮到他，特派記者山姆・唐納森在街上盤問他幾分鐘。最後，一九九五年阿根廷將他引渡到義大利，他在一九九八年被判處無期徒刑，但是由於年事已高，改以軟禁代替，二〇一三年死於義大利。

奧圖・雷默（Otto Remer，一九一二年至一九九七年）：一九四四年七月二十日德國軍官展開謀反行動，雷默少校扮演關鍵角色，導致暗殺希特勒失敗。他是柏林大德意志守衛營營長。雷默起初準備執行謀反者的命令，得知希特勒生還後，改變行動策略，開始捉拿謀反者。一九五一年，他擔任西德一個極右政黨的領導人，抨擊謀反者是叛國賊。一九五二年費里茲・鮑爾成功以誹謗罪起訴他，想要證明謀反者才是真正的愛國義士。雷默被判處三個月徒刑，他的黨被下令解散，逼得他逃到埃及。一九八〇年代，受惠於大赦，他回到西德，繼續鼓動右翼思想。由於又被指控煽動仇恨和種族歧視，他在一九九四年搬到西班牙，三年後死於西班牙。

亞瑟・魯道夫（Arthur Rudolph，一九〇六年至一九九六年）：德國火箭科學家團隊成員，二戰結束後被帶到美國，研發出土星五號火箭，把第一批太空人送上月球。但是司法部特別調查辦公室的艾里・羅森邦拿出證據，證明他在戰爭期間製造V２火箭時，害數千名囚犯工作致死，藉此逼迫他在一九八四年放棄美國公民身分，並且離開美國。他最後死於漢堡。

寇特・華德翰（Kurt Waldheim，一九一八年至二〇〇七年）：一九八六年這位前聯合國祕書長在奧地利總統選舉中成為領先的候選人時，有新證據指出他隱瞞一段重要的戰時記錄，也就是他曾經在巴爾幹半島服役，擔任亞歷山大・羅爾將軍的幕僚。羅爾後來在南斯拉夫以戰犯的身分接受審判，處以絞刑。世界猶太人大會猛烈攻擊華德翰，但是他仍舊贏得選舉。後續各界出現反猶太聲浪，西蒙・維塔爾認為都是世界猶太人大會的錯，納粹獵人之間的嫌隙也因此搬上檯面。

序　言

第二次世界大戰剛結束時，有一部非常有名的德國電影，片名叫《兇手就在你身邊》（*Die Mörder sind unter uns*）。希德佳・那夫（Hildegard Knef）飾演的集中營生還者蘇珊・華納（Susanne Wallner），回到滿是斷垣殘壁的柏林，找到遭到破壞的公寓。她發現前德軍軍醫漢斯・墨頓斯（Hans Mertens）住在裡頭，借酒澆愁，澈底絕望。那名軍醫巧遇以前的連長，連長現在是富商，曾經在一九四二年聖誕夜下令到一個波蘭村莊屠殺一百名平民。墨頓斯無法忘記這段記憶，決定在戰後的第一個聖誕夜殺掉連長。

最後關頭，華納說服墨頓斯，這種自以為是的伸張正義行為是錯誤的。「我們不能動用私刑。」華納告訴墨頓斯。軍醫最後明白了。「妳說的對，蘇珊。」墨頓斯在電影末尾回應，「但是我們必須告發他。代替數百萬被殺害的無辜受害者要求賠償。」

這部電影十分賣座，吸引許多觀眾。不過電影傳達的訊息卻嚴重誤導觀眾。早期戰爭罪行的審判，是由同盟國發起的，不是德國人，不過戰勝國很快就停止許多戰犯審判，把焦點轉移到逐漸出現的冷戰上。多數德國人也都迫不及待想忘掉德國不堪回首的近代往事，根本不想去思考如何贖罪。

有些首要罪犯沒有立即遭到逮捕，或者逮捕之初沒有被同盟國的逮捕人員認出來。這些罪犯自然也不會想談論如何贖罪，只想趕緊逃離。希特勒在地堡內跟新迎娶的伊娃·布朗一起自殺。他的宣傳首腦約瑟夫·戈培爾和妻子瑪格達則是先毒死六個孩子，再步上後塵。在一九七六年的暢銷小說《英靈殿交易》（*The Valhalla Exchange*）裡面，虛構的戈培爾解釋自己為什麼要選這條路。「我可不想要餘生都在世界各地逃亡，終身當難民。」他說。[1]

不過他的大部分同僚和其他犯下戰爭罪行的納粹黨員卻不想要仿效希特勒。許多低階罪犯甚至認為沒有必要躲，數百萬人在歐洲設法重建新生活，很快就能融入他們。有些人認為自己的處境比較危險，於是設法逃離歐洲大陸。有好長一段時間，許多這兩種人都成功躲避了罪責，除了經常獲得忠誠家人的協助，前納粹黨同志的人際網絡也會提供資助。

本書把焦點放在為數相當少的一群男女身上，有擔任公職的，也有獨立行事的，他們全力要把起初順利躲掉罪責的罪犯繩之以法，不讓世人遺忘罪犯的罪行。這些追捕者展現了驚人的決心和勇氣，即便戰勝國的政府和其餘國家對納粹戰犯的命運越來越不感興趣，他們仍舊奮鬥不懈。在過程中，他們也探索邪惡的本質，提出極度令人不安的問題，讓我們思考人類行為的各種面向。

這些試圖將殺人凶手繩之以法的人，被統稱為納粹獵人，但他們卻從來不是有共同策略或對追捕手段有基本共識的一群人。即便追求的目標大同小異，他們經常不認同彼此、互相指責、互相忌妒。有時候，這種關係無疑削弱了他們的力量。

不過就算每個追捕納粹罪犯的人都屏除個人歧見，結果還是不會有明顯的差異。不論用什麼絕對的標準來衡量，都不能完全證明，那些結果代表正義獲得伸張。「如果你希望罪犯一定要受到相應於其犯行的懲罰，那最後不免要失望。」大衛・馬威爾（David Marwell）說；馬威爾是歷史學者，曾經任職於司法部特別調查辦公室、美國猶太大屠殺紀念博物館與柏林檔案中心，現在在紐約猶太遺產博物館擔任館長。戰勝國原本承諾要起訴必須對戰爭罪行負責的所有人，對此，他只有簡單地說：「這太難了。」[2]

沒錯，這太難了，沒辦法有大規模的成效，但是有些人拒絕放棄，至少要部分納粹戰犯負起罪責，他們積極追捕的過程成為戰後一連串的冒險故事，這是人類史上空前未有的。

以前在戰爭結束時，勝利者經常殺掉或奴役戰敗者，侵占敗者的土地，即刻開始整肅敵人。一般都是立即處決，不舉行審判或展開任何法律程序，也不依證據來裁決有沒有罪。動機單純就是為了報仇。

許多納粹獵人起初也是為了報仇，尤其是待過集中營的人，或是協助解放集中營生還者的戰勝國人員，他們親眼目睹過納粹逃離後留下的駭人證據，每一樣都是恐怖罪行的證明：死人以及垂垂將死的人、火葬場、作為刑房的「醫療」設施。因此，有些納粹黨員及共謀者，戰爭結束後立即遭到報復。

不過，從最早幾次紐倫堡審判，到在歐洲、拉丁美洲、美國與中東追捕戰犯，乃至於至今仍舊偶爾出現的追捕行動，納粹獵人大多把任務目標放在起訴追捕對象，此舉證明，即便是明顯有罪的人，也應該有機會上法庭為自己辯解。名聲最響亮的納粹獵人西蒙・維森塔爾把自己的回憶錄取名為《這一切是伸張正義，不是報仇雪恨》（*Justice Not Vengeance*），絕非偶然。

即便伸張正義的成效明顯遠不如預期，有罪的人經常只受到極輕微的處罰，甚至有許多罪犯完全沒有受到任何制裁，但另一個行動目標還是慢慢實現了，那就是用來借鑑、教育世人。為什麼要追捕年紀老邁、時日無多的集中營守衛呢？為什麼不讓犯罪者平靜死去呢？許多美國官員非常樂意這樣做，尤其因為他們還得分神對付新敵人：蘇聯。但是獨立行事的納粹獵人就不打算罷休了，他們認為每個案子都能作為寶貴的教訓。

教訓的目的，不僅是要證明，第二次世界大戰與猶太大屠殺的駭人罪行不可以也不應該被遺忘，還要證明，教唆、犯下那些罪行的人，或是未來可能會犯下類似罪行的人，絕對無法逍遙法外，起碼原則上是如此。

一九六〇年，摩薩德的行動小組在阿根廷綁架阿道夫．艾希曼，用飛機把他送到以色列接受審判，當時我才十三歲。我完全不記得當時對這件事瞭解多少，也不記得是否有關注媒體報導，不過我確實對這件事留下清楚的印象。我會知道這一點，是因為我歷歷記得接下來的夏天，艾希曼就在耶路撒冷接受審判。

有一次到舊金山探視家人時，我跟父親坐在一間簡餐店裡，有個老人坐在櫃檯的另一頭，我開始仔細端詳他的臉。我把身子湊向父親請他看那個老人，輕聲說：「我覺得那個人可能是希特勒。」父親露齒而笑，輕聲告訴我那個人不是希特勒。當然，我當時並不知道，半個世紀後寫這本書時，我會訪問艾希曼審判中唯一還在世的檢察官嘉比爾．巴赫（Gabriel Bach），以及指揮行動小組綁架艾希曼的兩名摩薩德特務。

艾希曼被綁架、審判與絞死，越來越多人開始意識到，許多納粹罪犯沒有受到處罰，世人也漸漸重新關注他們的罪行。大量關於納粹獵人的書籍和電影也因此在不久之後問世，不過內容經常是虛構的，不是事實。我熱愛閱讀那類書籍、觀看那類電影，被裡頭的角色，不論是英雄還是惡棍，以及毫無冷場的情節深深吸引。

引發大眾想像的不只有精彩的追捕行動，被追捕的那些人本性如何，甚至他們的家人與鄰居是什麼樣的人，這類更廣泛的問題，同樣吸引人，特別能吸引戰後世代。為何數百萬德國人與奧地利人，以及被他們攻占的大部分國家中的通敵者，願意參加以大屠殺為目的的行動呢？直到今日，這個問題仍舊沒有簡單的答案。

一九八〇年代和一九九〇年代，我在波昂、柏林、華沙和莫斯科擔任《新聞週刊》的分社長時，經常查閱二戰與猶太大屠殺的相關資料。每當我以為不會再發現驚人的故事，反正全都是千篇一律的類似情節時，想法就會被打斷，繼續發現驚人的新故事。

一九九四年底，我忙著準備《新聞週刊》的封面故事報導，報社預定在一九九五年一月二十七日推出奧斯威辛解放五十週年紀念專題。我訪問過歐洲各國的無數生還者，每次請他們重新回憶那段恐怖歲月，心裡總是忐忑不安，因此，我都會告訴他們，只要覺得訪談過程太痛苦，隨時可以停止。然而，多數人都把故事一股腦兒說完；他們一旦開始說，就滔滔不斷，不需要我再催促。不論我聽過多少這類的故事，我始終深深著迷，有時則感到萬分驚駭。

有一位荷蘭猶太生還者的故事格外動人，訪問完他後，我不假思索就道歉，請他如此詳細回憶那段經歷，我深感抱歉。我還說，他一定跟家人與朋友講過那段苦難很多次。「我從來沒有跟任何人說過。」他回答。看見我無法置信的表情，他接著說：「沒人問過。」五十年來，他都獨自背負著這個重擔。

三年後，另一次遭遇，讓我得以一見背負截然不同的重擔的人。當時我去採訪尼可拉斯·法蘭克（Niklas Frank），他是漢斯·法蘭克的兒子；漢斯·法蘭克在德國占領波蘭期間擔任希特勒的總督，掌管一個死亡帝國。[3]尼可拉斯是新聞工作者，也是作家，自稱是典型的歐洲自由主義者，極度重視民主價值。他特別關心波蘭，尤其是在一九八〇年代，當時獨立的工會「團結工聯」帶頭發起人權運動，最後推翻了波蘭的共產政權。

生於一九三九年的尼可拉斯，在紐倫堡最後一次見到父親時，年僅七歲，不久後他父親便以戰犯的身分被絞死。他跟母親一起被領進監獄，父親裝得若無其事。「嘿，小尼，咱們很快就能再全家團聚過聖誕節囉。」他的父親說。這名小男孩離開時「怒火沸騰」，他回憶道，因為他知道父親即將被絞死。「家父對所有人說謊，連自己的兒子也騙。」他說。晚年的他希望父親當時能這樣說：「親愛的小尼，我就要被處決了，因為我犯了大錯。千萬不要過跟我一樣的人生。」

接著他把父親形容成「怪物」，並說了一句令我永生難忘的話：「我反對死刑，但是我認為家父被處死完全合情合理。」

擔任外派記者的那段歲月，我從來沒有聽過任何人這樣說自己的父親。那股情緒讓尼可拉斯又說出另一件事。他說法蘭克是很普通的名字，除非他主動告知，否則大部分認識他的人都不知道他父親是重大戰犯。儘管如此，真相他一清二楚，怎樣也無法放下。「一天又一天，我無法不去想家父和德國人的所作所為。」他說，「世人永遠不會忘記的。每次我到外國，說我是德國人，外國人都會想到『奧斯威辛』。我認為這再正常不過了。」

我告訴尼可拉斯，我覺得自己很幸運，不用承受他那種上一輩留下來的罪惡感，無巧不成書，家父在一九三九年德國入侵波蘭時，是幫戰敗的那一方打仗。在理性層面，我們沒有理由因為出生背景而產生道德優越感或自卑感。尼可拉斯也知道這一點。但是我完全能理解，為什麼他這輩子的其中一個心願是擁有一個不會令他感到羞愧的父親。

尼可拉斯的態度跟典型的納粹戰犯家屬截然不同，但是我認為他的坦率真誠展現了今日德國人最美好的一面，許多德國人都願意每天面對國家的過去。然而，德國可是花了好久的時間才能夠做到這樣，而且如果不是納粹獵人辛苦抗爭，絕對不會有今日的許多成果；他們經常獨自奮鬥，不只在德國和奧地利，而是在世界各地。

這場抗爭現在即將結束了。多數納粹獵人跟被追捕的對象很快就會只存在我們所有人的記憶中，屆時捏造的謠傳和實際的真相可能會比現在更加糾結不清，正因如此，我們現在更有機會、也更應該說出他們的故事。

第一章　絞刑手的工作

「我丈夫一輩子都當軍人，他有權利死得像軍人，他要求死得像軍人。我想要幫他爭取應得的死法，如此而已。他應該死得有尊嚴。」一名被絞死的德國將軍的遺孀在紐倫堡對一名美國法官這樣說。出自二〇〇一年百老匯音樂劇的《紐倫堡大審判》，改編自艾比・曼恩（Abby Mann）的同名電影劇本。[1]

一九四六年十月十六日，十二名頂層納粹黨員被國際軍事法庭判處絞刑，當中有十人被送上絞刑臺，絞刑臺倉促搭建於紐倫堡監獄的體育館裡，美國安全守衛三天前才在那裡打籃球。[2]

馬丁・鮑曼（Martin Bormann），希特勒的得力助手，戰爭最後幾天，逃離柏林地堡，彷彿人間蒸發。在十二人之中，只有他沒有到庭聽取判決。

赫爾曼・戈林（Hermann Göring）是在紐倫堡位階最高的納粹黨員，預定第一個被絞死。他在希特勒手下擔任過許多職務，包括國會議長和空軍總司令，甚至渴望成為元首的接班人。法庭判決明明白白詳述他的罪行：「沒有討論減刑的餘地，因為戈林經常是策動暴行的主謀，甚至幾乎每項暴行都是他策動的，地位僅次於他的領導人。他身兼政治與軍事領袖，是挑起戰爭的頭號戰犯。他主導並制定了奴役勞動計劃，壓迫在德國境內與境外的猶太人與其他種族。他坦承犯下以上所有罪行。」[3]

不過戈林在行刑前不久，咬下氰化鉀膠囊，逃過絞刑手。兩個星期前，聽完宣判後，他回到牢房。「臉色慘白，表情僵硬，雙眼凸出。」監獄精神科醫師季伯特（G. M. Gilbert）這樣描述；季伯特負責到牢房診察被判刑的人。「他努力裝得若無其事，但是手還是抖個不停。」季伯特報告道，「他眼中帶淚，喘著氣，努力控制不讓情緒崩潰。」[4]

讓戈林和其餘幾個人格外氣憤的是法庭規定的處死方式。二十四歲來自孟菲斯的何洛・柏森（Harold Burson）下士，當時受命報導審判，每天幫美軍廣播電臺（Armed Forces Network）撰寫新聞稿。他回憶說：「戈林最想捍衛的是軍人的尊嚴，他說過不只一次，把他抓去槍斃，讓他死得像軍人，能那樣死，他欣然接受。問題在於他認為絞死是最羞辱軍人的處死方式。」[5]

曾經負責監管奴役勞動機關的費里茲・邵克爾（Fritz Sauckel）也有同感。「再怎麼說，我也不應該被絞死。」他抗議道，「要處死！沒關係！但是不能把我絞死，我不應該受到那樣的對待。」[6]

陸軍元帥威廉・凱特爾（Wilhelm Keitel）及其副手阿爾弗雷德・約德爾（Alfred Jodl）將軍懇求別用絞刑，要求執行槍決。凱特爾說：「世界上任何一個軍隊的軍人如果犯了滔天大罪，都是槍決處死的。」他們也希望能以槍決處死。海軍元帥埃里希・雷德爾（Erich Raeder）被判處終身監禁，但是他要求同盟國管制委員會（Allied Control Council）「慈悲為懷，改判槍決處死」。[7] 據聞，愛蜜莉・戈林（Emily Göring）後來表示，她丈夫原本的打算是，槍決的要求被拒絕後，才會使用氰化鉀膠囊。[8]

最後，有十人得面對絞刑手——美國陸軍二等士官長約翰・伍茲（John C. Woods）。年輕的猶太裔美國軍人賀曼・歐博邁爾（Herman Obermayer）在戰爭結束後曾經跟伍茲共事，在前幾次絞刑中，幫他準備搭建絞刑臺的基本材料，例如木材與繩索。他回憶說，那位體格健壯的三十五歲堪薩斯州人，「完全無視規定，沒有把鞋子擦亮，也沒有刮鬍子」。[9] 伍茲的儀容會這樣絕非偶然。「他的服裝總是邋裡邋遢，」歐博邁爾補充說，「褲子髒兮兮的，老是沒有燙平，上衣看起來活像他好幾個星期都穿著睡覺。二等士官長階級章只用一條黃線縫住每個角，固定在袖子上。皺巴巴的帽子總是戴得歪歪斜斜。」

伍茲是歐洲戰區唯一的美國絞刑手，根據他的說法，在之前的十五年職業生涯中，已經絞死了三百四十七人；他之前在歐洲絞死的人，除了幾名被判謀殺罪與強姦罪的美國軍人，其餘都是德國人，罪名是殺害被擊落的同盟國飛行員或觸犯其他戰時法規。歐博邁爾這麼形容他：「他嗜酒如命，原本是遊手好閒的流浪漢，一口歪七扭八的黃牙，口氣臭烘烘，脖子髒兮兮。」[10] 但是他知道自己可以大搖大擺地擺出邋裡邋遢的模樣，因為上司需要他幫忙辦事。

伍茲在紐倫堡更加不修邊幅，而且突然變成「世界上最重要的人物之一」，歐博邁爾這樣寫道；雖然如此，伍茲執行任務時，絲毫不會露出緊張的情緒。

有三座木製絞刑臺搭設在體育館裡，每座都漆成黑色。獄方打算輪流使用其中兩座，第三座留作備用，以防前兩座出現機械故障。每座絞刑臺有十三層臺階，繩子懸吊在兩根支柱撐住的橫梁上，每絞一人，就換一條新絞繩。記者金斯伯里．史密斯（Kingsbury Smith）代表新聞界在現場觀刑，他寫道：「繩子倏地被往下拉，犯人旋即掉到觀刑人看不見的絞刑臺裡頭。絞刑臺的下半部，三面用木板封住，第四面用深色帆布遮住，這樣就不會有人看見犯人頸子斷掉，吊掛在繩子上垂死掙扎。」

半夜一點十一分，約阿希姆．馮．里賓特洛甫（Joachim von Ribbentrop），希特勒的外交部長，第一個來到體育館。原本的計劃是由守衛從牢房護送囚犯，不戴鐐銬，但是戈林自殺後，規定就變了。里賓特洛甫進入體育館時，雙手銬著手銬，接著手銬被換成皮帶。

爬上絞刑臺後，被史密斯戲稱為「呼風喚雨的前納粹帝國外交能手」的里賓特洛甫，對聚集的目擊者說：「天佑德國。」當初德國對一個又一個國家發動攻擊，此人可是扮演關鍵角色，此刻卻獲准再簡短發言，他最後說：「我的遺願是德國實現獨立自治，東、西方互相諒解。希望世界能夠和平。」

接著伍茲用黑色頭罩罩住他的頭，調整繩索，拉下拉桿打開活板門，把里賓特洛甫送上黃泉路。

兩分鐘後，陸軍元帥凱特爾進入體育館。史密斯忠實記述道：「他是第一個依據國際法新觀念被處死的軍事領袖，其原則就是，職業軍人發動侵略戰爭，犯下違反人道罪行，不能以盡責、執行上級命令為由，逃避懲罰。」

凱特爾保持軍人風範到最後一刻。絞索套到脖子上之前，他從絞刑臺往下看，說話大聲嘹亮，絲毫沒有露出緊張的神情。「我祈求全能的上帝憐憫德國人。」他大聲說，「超過兩百萬德國軍人比我還早為國捐軀，現在我要追隨同胞們的腳步而去，一切都是為了德國。」

就在里賓特洛甫和凱特爾都還吊在絞繩上之時，程序卻暫停了。代表同盟國管制委員會的一名美國將軍准許在體育館的三十幾個人抽菸，幾乎每個人都馬上點菸抽了起來。

一名美國醫生和一名俄國醫生，戴著聽診器，彎身鑽進帆布幕後面，確認犯人確實死了。他們走出來後，伍茲又爬上第一座絞刑臺的階梯，拿出綁在側身的刀子，割斷絞繩。接著，頭仍舊被黑色頭罩罩著的里賓特洛甫，屍體被人用擔架抬到體育館的一個角落，被一塊黑色帆布幕遮擋住。每具屍體都會依照這個程序處置。

休息結束時，一名美國上校下達指令：「請各位捻熄香菸。」

一點三十六分，輪到恩斯特．卡爾滕布倫納（Ernst Kaltenbrunner）；他是奧地利的黨衛軍頭子，接替遭到刺殺的萊因哈德．海德里希（Reinhard Heydrich），擔任德意志帝國保安總局（Reich Security Main Office）局長，該機關負責監督大屠殺、集中營以及一切迫害行動。他的屬下包括：阿道夫．艾希曼（Adolf Eichmann），掌管帝國保安總局猶太事務部，負責執行「最終解決方案」；還有魯道夫．霍斯（Rudolf Höss），奧斯威辛集中營的指揮官。

戰爭結束時，美軍在奧地利的阿爾卑斯山找到卡爾滕布倫納的藏身之處，但是艾希曼不一樣，下落仍舊不明。霍斯在德國北部被英國人逮捕，在紐倫堡審判中出庭作證，但是後來面對的是另一個絞刑手的絞索。

在絞刑臺上，卡爾滕布倫納仍舊堅稱自己對於被指控的罪行一無所知，就像之前對美國精神科醫生季伯特說的一樣。「我熱愛德國同胞和祖國，我只是依照我國法律，克盡職責。我很遺憾，這段時間德國的領導者都不是軍人，同胞們才會犯下了罪行，但是我對那些罪行真的毫無所知。」11

伍茲拿出黑色頭罩罩住他的頭時，他補了一句：「願德國國運昌隆。」

阿爾弗雷德・羅森堡（Alfred Rosenberg）很早就加入納粹黨，極端的種族主義教條與「文化」，實際上就是由他宣傳推動的。他被處決的速度是最快的，被詢問是否有遺言時，他沒有回答。雖然他自稱無神論者，但是伍茲拉下拉桿時，卻有一名新教牧師陪在他身邊禱告。

再次短暫休息後，漢斯・法蘭克（Hans Frank）——希特勒的地區領導人、波蘭占領區的總督——被領進來。他跟其他人不一樣，被宣判死刑後，他告訴季伯特：「我罪有應得，我早就料到了。」監禁期間，他改信羅馬天主教。在十人裡面，只有他是面帶微笑進入體育館。他頻頻吞口水，透露出緊張的心情，但是，誠如史密斯所報導的，他「企盼能為自己的惡行贖罪，露出寬慰的神情」。12

法蘭克的遺言似乎證實了這一點：「囚禁期間受到仁慈對待，我萬分感激。希望上帝能慈悲接納我。」

接下來，威廉・弗里克（Wilhelm Frick），希特勒的內政部長，只有說「願德國永存不朽」。

尤利烏斯・施特萊歇爾（Julius Streicher）是《衝鋒報》（*Der Stürmer*）的編輯兼出版人，這份納粹黨報專門散播仇恨。兩點十二分，根據史密斯的記述，「這名外貌醜陋、身材矮小的小人」，走到絞刑臺，表情明顯扭曲。被要求表明身分時，他大喊：「希特勒萬歲！」

史密斯難得談論自己的情緒，坦承道：「那句尖聲喊叫讓我背脊發涼。」施特萊歇爾被推上最後幾階，帶到絞刑臺上交給伍茲處理，過程中，他怒目瞪視觀刑的人，放聲大吼：「今天是一九四六年的普珥節！」普珥節是猶太人的節日，紀念處死哈曼；根據《舊約聖經》記載，哈曼曾經計劃殺光波斯帝國的猶太人。

被正式詢問是否有遺言時，施特萊歇爾咆哮道：「布爾什維克黨總有一天會把你們都絞死！」

伍茲拿黑色頭罩罩住他的頭時，聽見他說：「雅德蕾——我親愛的妻子啊！」不過這齣戲還沒結束。活板門砰一聲開啟，施特萊歇爾掉落時猛踢雙腳，繩索倏地拉緊，猛烈擺動，觀刑的人聽見他呻吟。伍茲走下平臺，消失在黑幕後面，黑幕遮蔽住垂死掙扎的施特萊歇爾。突然間，呻吟停止，繩索不再擺動。史密斯和其他觀刑人確信，肯定是伍茲抓住施特萊歇爾用力往下拉，把他勒死。

是程序出問題嗎？或這根本不是意外？史丹利・帝爾斯（Stanley Tilles）中尉負責在

紐倫堡審判中協調最初幾名戰犯的絞刑執行事務，他後來說，伍茲故意把施特萊歇爾的絞索套在不正確的位置，讓施特萊歇爾掉落後，脖子不會斷掉，而是被繩索勒死。「刑場裡的每個人都看見施特萊歇爾的言行，伍茲自然也看得一清二楚。我知道伍茲痛恨德國人……我看見他面色漲紅，咬緊雙顎。」帝爾斯這樣寫道，接著還說伍茲的意圖很明顯，「我看見他拉下絞刑拉桿時，嘴脣露出一抹笑容。」13

不知悔悟的人繼續被處死，顯而易見的不幸事件也繼續發生。在龐大的納粹帝國督管奴役勞動事務的邵克爾，挑釁咆哮：「我死得冤枉啊！這樣的判決是錯的！上帝保佑德國啊！讓德國再次強盛！德國萬歲！上帝保佑我的家人啊！」掉落活板門後，他也呻吟得很大聲。

阿爾弗雷德・約德爾身穿德意志國防軍的制服，外衣衣領部分上翻，只說出這一句遺言：「天佑德國。」

十人裡面的最後一個是亞瑟・賽斯—英夸特（Arthur Seyss-Inquart），他協助納粹統治他的祖國奧地利，後來掌管被占領的荷蘭。左腳掌內翻足的他，一跛一跛走上絞刑臺，他跟里賓特洛甫一樣，表現出和平主義者的樣子。「希望這次處決是第二次世界大戰的最後一場悲劇，希望大家能從這場戰爭學到教訓，所有民族應該和平共處，互相諒解。」他說，「我堅信德國。」

兩點四十五分，他掉落絞刑臺身亡。根據伍茲的計算，從絞死第一個人到第十個人，總共耗時一百零三分鐘。「處決得很快。」他後來這樣說。14

最後兩個死刑犯的遺體還吊在繩索上時，守衛就用擔架把第十一具屍體抬出去，那具屍體被一張美軍的毯子蓋住，但是兩隻裸露的大腳掌伸出毯子外，一隻手臂穿著黑色絲質睡衣衣袖，垂下擔架邊。

一名陸軍上校下令掀開毯子，以免有人不知道這具跟其餘死者擺在一起的屍體是誰。「赫爾曼．戈林的臉仍舊扭曲，那是垂死掙扎、最後頑抗的痛苦造成的」，史密斯記述道，「他們趕緊用毯子把他重新蓋起來，這名納粹軍閥，生前活像波吉亞家族的人，嗜血好色，現在被擺在帆布幕後面，成為史書的黑暗篇章。」

絞刑結束後，伍茲接受《星條旗報》（*Stars and Stripes*）訪問，堅稱處決工作進行得跟他規劃的一樣十分順利。

「在紐倫堡絞死這十個納粹黨員，我覺得很驕傲，我把工作幹得很漂亮，一切順利極了。這次死刑……是我這輩子處理得最順利的一次，我只是遺憾，戈林那傢伙逃出了我的手掌心，我本來要好好幫他服務。不會啊，我當時不會緊張，我從來都不會緊張，幹我的工作，可不能緊張。不過在紐倫堡的這份差事，正是我想要的。我非常想要這份差事，所以啊，雖然我早就可以回家，但是我選擇留在這裡、再待久一點。」[15]

不過執行絞刑後，餘波盪漾，伍茲的說辭引發激烈爭論，從史密斯的現場報導可以看出來，施特萊歇爾的處決確實有出錯，邵克爾的處決八成也有問題。倫敦《星報》（*The Star*）的一篇報導指出，掉落距離太短，而且犯人沒有被正確地綁好，導致掉落活板門時撞到頭部，最後，「犯人是慢慢被勒死的」。[16] 泰爾福德・泰勒（Telford Taylor）將軍曾協助國際軍事法庭審判納粹高層，負責前置工作，接著在隨後的十二件紐倫堡審判中，擔任檢察長。他在回憶錄中指出，從照片看來，擺放在體育館的屍體似乎證實了這些懷疑並非空穴來風，有些人的臉上似乎有血跡。

這不禁引人推測，伍茲執行處決工作時，有些部分沒有處理好。經驗豐富的英軍絞刑手阿爾貝特・畢爾龐（Albert Pierrepoint）不願直接批評美國同行，但有談到相關報導：「記者提到過程有瑕疵……是因為掉落距離只有五呎，但是這一點沒辦法改變。另外，我認為使用舊式的四圈牛仔繩結也是原因之一。」[17] 德國歷史學家華納・梅瑟（Werner Maser）記述紐倫堡審判時，說約德爾經過十八分鐘後才死亡，凱特爾更是「垂死掙扎長達二十四分鐘」。[18]

那些說法跟史密斯的現場報導不吻合，後來有些關於絞刑的報導甚至故意誇大渲染出錯的地方。確實，絞刑算不上順利，跟伍茲堅稱的情況不同。現場照片引發各界批評，他試圖反駁說，有時候受刑人會在執行絞刑時咬舌，臉上的血就是這麼來的。[19]

關於伍茲執行絞刑的爭議，凸顯了幾名受刑人一開始提出的問題，那就是為什麼法庭選擇絞刑，不採用槍決。伍茲真心堅信自己的本行有優點。伍茲早年執行絞刑時，年輕的美國軍人歐博邁爾就認識他。歐博邁爾記得有一次伍茲在稍微喝醉時說的話，當時有一名軍人問這位絞刑手喜歡吊死還是其他種死法。「告訴你，我認為吊死是一種很棒的死法，說實在的，我八成也會那樣死。」[20]

「噢，天哪，講正經的啦。這種事可不能開玩笑呀。」另一名軍人插嘴道。

伍茲沒有笑。「我很正經呀。」他說，「吊死死得乾脆又不會痛，而且符合傳統。」他補充解釋說：「絞刑手的傳統就是在老了以後把自己吊死。」

歐博邁爾沒有聽信傳言，不認為絞刑比其他方式的死刑來得好。「絞刑是一種羞辱人的特別刑罰。」他說，心裡回想著那些被伍茲絞死的人，「為什麼說羞辱人呢？因為人被吊死後，全身的括約肌會鬆弛，身體會被屎尿弄得髒兮兮。」就他看來，在紐倫堡，納粹頂層官員苦苦哀求改用槍決，絲毫不令人意外。

儘管如此，歐博邁爾仍舊確信，伍茲由衷相信必須以最有效率與最得體的方式來完成自己執行的工作。英國同行畢爾龐結束職業生涯時，也發表類似的言論，寫道：「我代表國家行刑，我確信絞刑是處死罪犯最人道與最有尊嚴的方法。」他的父親與叔叔也從事相同的行業。畢爾龐在德國服役期間絞死了「貝爾森的禽獸」，包括伯根－貝爾森集中營的前指揮官約瑟夫・克拉默（Josef Kramer），以及惡名昭彰、生性殘酷的守衛厄瑪・葛利希（Irma Grese）；葛利希上絞刑臺時，年僅二十一歲。

不同於伍茲，畢爾龐活到老年，最後轉而反對死刑。「我認為，除了報復，死刑根本無法達到任何效果。」他結論道。

紐倫堡的絞刑開始執行前，歐博邁爾就回到美國，但是他仍舊深信伍茲執行所有任務時，包括最有名的那一次，都秉持公正無私的專業態度。「對伍茲而言，那次任務並沒有什麼不一樣。」他寫道，「我確信，他執行那次任務時，比較像是堪薩斯肉品工廠屠宰區的受薪工人，而不像在協和廣場用斷頭臺處決瑪麗・安東妮的自傲法國狂熱分子。」[21]

不過，無論劊子手本身的動機為何，在戰爭與猶太大屠殺的餘波中，復仇和伸張正義經常被混為一談，總是不令人意外。

至於伍茲，他料錯了自己會怎麼死。一九五〇年，他在馬紹爾群島修理電線時意外被電死。

第二章 「以眼還眼」

「如果真要報這樁猶太恩怨的仇，請對我們德國人手下留情。」一〇一後備警察營營長威廉・崔普（Wilhelm Trapp）少校，該營為波蘭占領區內最惡名昭彰的殺戮部隊之一。1

盟軍最後推進德國時，各界想要報復的，不只有「這樁猶太恩怨」，但是納粹有計劃地瘋狂執行「最終解決方案」，屠殺整個民族，確實是當中最令人髮指的。被希特勒軍隊侵擾的國家，國民活在恐怖之中，無數人遭到謀殺，許多城鎮被蹂躪成碎石瓦礫。每個國家都有充分的動機尋求報復，尤其是納粹黨對待「劣等人種」（Untermenschen）的方式更令人憤怒；東方的斯拉夫「劣等人種」受到奴役，不工作就得餓死，引發蘇聯紅軍的怒火。

希特勒在新征服的領土大肆屠殺，殘暴對待蘇聯戰俘，多數紅軍部隊因此確信，一旦被俘虜，幾乎必死無疑。希特勒的暴政讓史達林的宣傳工作變得簡單許多，人民很快就被煽動情緒，仇恨入侵者。

一九四二年八月，紅軍報紙《紅星報》（*Krasnaya Zvezda*）的戰地特派記者伊利亞・愛倫堡（Ilya Ehrenburg），寫下他最有名的一段文字：「現在我們知道了，德國人不是人，現在『德國人』這個詞變成最難聽的髒話。咱們別再說話了，咱們別再生氣了，咱們開始殺德國人吧！如果你不殺德國人，德國人就會殺你……如果你殺過德國人，那就繼續殺吧。沒有比殺德國人更大快人心的事了。」[2]

「納粹獵人」這個詞第一次出現之前，就有人在追捕納粹黨員了，其實更正確來說，是追捕德國人，大家沒時間、也不想要區分普通軍民和軍事政治領袖，動機很簡單：取得勝利和報仇雪恨。不過希特勒的軍隊遭遇越來越強大的抵抗、看似越來越難逃戰敗的命運時，盟軍領袖開始設法解決爭議，包括要報復到什麼程度，以及多少德國人應該為祖國的罪行付出最大的代價。

一九四三年十月，三大強國的外交部長在莫斯科開會，同意聯手審判德國的重要戰犯，在各別地區犯下暴行的戰犯，則「送回戰犯犯下暴行的國家」。雖然這份《莫斯科宣言》為未來的審判搭設了舞臺，但是美國國務卿科德爾・赫爾（Cordell Hull）卻明白表示，他認為審判頂層政治領袖的任何程序，只不過是擺擺樣子。「如果我能照自己的意思做，我會把希特勒、墨索里尼、東條英機和他們的首要同謀通通抓起來，直接在戰場上舉行軍事審判。」他這樣說，蘇聯東道主們聽得樂呵呵，「隔天黎明時，就會有歷史大事發生！」[3]

《莫斯科宣言》的關鍵內容由邱吉爾負責撰寫。六個星期後，在德黑蘭會議中，史達林批評邱吉爾對德國人太過手軟。他提出了替代解決方案，也在自己的國家大肆加以運用。「至少得處死五萬名德國指揮幕僚，十萬更好。」他直言道，「我認為應該盡速審判所有德國戰犯，判處槍決！我認為我們應該聯手盡快把他們抓起來殺掉，全都殺掉！」[4]

邱吉爾立刻表達憤怒。「我不會參與任何冷血屠殺。」他說道。他接著繼續解釋「必須付出代價」的戰犯跟單純為祖國而戰的人不一樣。他還說，他寧可自己被槍決，「也不要這種惡行玷汙英國的聲譽」。羅斯福總統為了緩和緊張的氣氛，說了個冷笑話。他提議說，要槍決多少德國人，兩位領袖也許可以取個合理的折衷數目：「那就四萬九千五百人吧。」

不過到一九四五年二月的雅爾達會議時，邱吉爾和史達林對於要如何處置納粹戰犯的立場，出現看似驚人的轉變。軍情五處反間諜部門的主管蓋．李德爾（Guy Liddell）有寫戰時日記的習慣，日記到二〇一二年才解密。根據他的記述，邱吉爾支持幾位幕僚提出的方案，建議「應該處死某些人」，其餘的人不用經過紐倫堡審判，直接監禁。「某些人」

指的就是納粹黨的頂層領導人。李德爾對這個建議背後的論據提出總結，寫道：「這個論述清楚多了，而且不會壞了法律的名聲。」5

李德爾的日記清楚指出，這項提議導致三大強國的合作再次產生詭譎的變化。「邱吉爾在雅爾達提出這項提議，但是羅斯福認為美國人想要審判。」李德爾在雅爾達會議結束幾個月後寫道，「史達林支持羅斯福，並且坦白說出理由，俄國人就是喜歡公開審判，作為宣傳之用。我認為，我們被拖下水一起舉行這場不公平的大審判，那是過去二十年來蘇聯一直在做的事。」

換句話說，羅斯福支持審判，史達林認為這是大好的機會，可以複製蘇聯在一九三〇年代的表演式假公審，而那正是邱吉爾想要避免的，哪怕代價是大開後門，不經過任何司法程序，立即處決頂層納粹黨員。雖然美國人最後獲得主導權，為紐倫堡搭設舞臺，但是懷疑的種子已經被種下了。

在戰爭的最後階段，許多紅軍澈底發洩怒火。紅軍在自己的國土上打了將近四年仗，看著德國侵略者蹂躪家園，還要承受大量的人事物消失殆盡。後來，紅軍對柏林發動攻擊時，敵人竟然拒絕投降，不肯接受無法避免的結局。德軍死亡人數達到空前新高，單單一九四五年一月，就有超過四十五萬人死亡，那個月蘇聯發動這場戰爭中的最大攻勢。這個數目超過了美國整個戰爭期間在所有戰線的死亡總人數。6

會發生這樣的情況並非意外。納粹領袖們增加恐怖手段，強迫自家人服從希特勒的命令，抗戰到最後。新編成的「元首機動軍事法庭」前往戰況危急的地區，若有軍人涉嫌擅離職守或暗中破壞士氣，法官就有權力下令立即處決，幾乎所有人都逃不掉。7這簡直是在模仿史達林的行徑。出於同樣的理由，德軍攻擊俄國期間，史達林瘋狂下令處死自己的官兵，令人毛骨悚然。德軍雖然人員不足，武器火力完全弱於對手，但卻繼續對攻方造成重大傷亡。

這一切措施導致暴行肆虐，蘇聯頂層領導人甚至還背書支持。就在一九四五年一月先後攻擊波蘭與德國不久前，格奧爾基・朱可夫（Georgy Zhukov）元帥對白俄羅斯第一前線下達命令時宣布：「殺人犯的國家要倒霉了。我們會痛痛快快報復一切暴行。」8

還沒攻到德國的心臟地區，紅軍部隊強姦婦女的惡名就已經昭彰了，依序在匈牙利、羅馬尼亞和西里西亞姦淫婦女；那些地方都是有歷史爭議的邊界地帶，被困在那裡的婦女有些是德國人、有些是波蘭人，但紅軍也不太常區分。蘇聯進攻、更深入德國領土後，幾乎每個被紅軍部隊占領的城市與村莊，都會傳出駭人聽聞的強姦事件。俄國小說家兼戰地特派記者瓦西里・葛羅斯曼（Vasily Grossman）寫道：「德國婦女遭遇慘事，一名德國士紳用激動的手勢和蹩腳的俄語解釋，他的妻子那天被十個男人強姦。」9

當然，這類記述不會出現在葛羅斯曼獲得官方批准的新聞稿中。有時候，高階官員的確會阻止部下的犯行，五月八日德國投降，接下來的幾個月，秩序漸漸稍微恢復，但是離完全恢復還差很遠。根據粗估，在戰爭末期與戰後幾個月，被俄軍強姦的德國婦女有一百九十萬人；婦女被強姦後自殺的次數也劇增，經常有人自殺多次。10

德國共產黨員赫爾曼．馬茲寇斯基（Hermann Matzkowski）被新的俄國當權者指派擔任柯尼斯堡某個地區的行政長官，根據他的記述，一九四五年十一月六日與七日，布爾什維克革命的週年紀念日，占領者似乎獲得官方批准，可以執行「例外」的報復行動。「男性被毆打，大部分的婦女都被強姦，包括我七十一歲的老母，她在聖誕節前去世。」他寫道，「鎮上吃得好的德國人，」他補充道，「都是被俄國軍人搞到懷孕的婦女。」11

強姦德國婦女的不只有俄國軍人，有一名嫁給德國人的英國婦女，住在黑森林的一個村莊裡，她說：「法屬摩洛哥的部隊有一天晚上闖入村裡，包圍每棟屋子，把十二歲到八十歲的婦女全都強姦了。」12美軍也有強姦婦女，但是規模沒有像紅軍占領區那樣龐大。不同於東歐發生的集體強姦暴行，美軍犯下的都是個人案件，而且起碼有些罪犯有受到處罰。美國陸軍的絞刑手約翰．伍茲在紐倫堡執行舉世聞名的任務之前，就處死過美國的殺人犯和強姦犯。

還有一種報復手段。勝利者確認勢力範圍後，根據重畫的區域地圖，把德意志帝國的領土劃分給波蘭、捷克斯洛伐克和蘇聯（柯尼斯堡改名為加里寧格勒），於是大批德意志人民遭到驅逐。紅軍推進時，數百萬德國人就開始混亂逃離那些領土，有些人六年前才跟著希特勒的軍隊東遷，參與殘忍暴行、迫害當地居民，現在即將得到報應。

根據史達林、新任美國總統杜魯門和新任英國首相艾德禮於一九四五年八月一日簽署的《波茨坦宣言》，戰後盟國必須「以人道和平的方式」，讓德國居民搬遷。[13]但是實際情況跟這些安撫人心的虛假言辭完全不一樣，被驅逐的居民不僅因為搏命西遷而餓死與累死，還經常遭到他們以前統治的人民攻擊，其中包括被迫勞動的奴工和集中營的囚犯，這些人命大，熬過死亡行軍，躲過納粹軍閥到戰爭最後幾天才停止執行的處決。就連沒遭受那麼多折磨的人也渴望報復。

民兵部隊的一名捷克人這樣記述一名受害者的命運：「在某個城鎮，百姓把一名德國人拖到十字路口中央，放火燒他……我幫不上忙，因為如果我幫他說話，就會輪到我被攻擊。」[14]一名紅軍士兵最後開槍打死那名德國人。根據大部分資料，一九四〇年代末期被逐出東歐與中歐的德意志人民約為一千兩百萬人，但是死亡人數有多少，各方估計差異甚鉅。一九五〇年代，西德政府聲稱死了超過一百萬人；比較新的估算數目是大約五十萬。不論正確的數目是多少，鮮少東方的勝利者會為那些德國人的命運感到難受，他們是在履行朱可夫元帥的誓言：「要痛痛快快報復」。[15]

美國陸軍第四十二步兵師，又稱彩虹師，因為最初是由二十六個州和華盛頓特區的國民警衛隊編成。一九四五年四月二十九日，該師進入達豪集中營，解放主營區裡約莫三萬兩千名生還者。[16] 嚴格說來，達豪集中營不是滅絕營，而且裡頭任何一座火葬場都沒被用過，但是主營區和相連的附屬營區裡，有成千上萬名囚犯被奴役、折磨與挨餓致死。達豪是納粹時代第一座設計完備的集中營，主要用於囚禁被歸類為政治犯的人，不過猶太囚犯的比例在戰爭那幾年增加了。[17]

美軍看到從未想像過的景象，副師長漢寧・林登（Henning Linden）准將在正式報告中描述初次看到達豪的情況。

「在營區北界的鐵路，我發現一列有三十到五十節車廂的列車，有些是乘客車廂，有些是平板車廂，有些是箱型車廂，每個車廂上都有二、三十具橫七豎八的囚犯屍體，有些屍體在列車旁的地上。就我所見，大部分的屍體都有被毆打、挨餓或被射殺的跡象，有的甚至三種跡象都有。」[18]

林登的副官威廉・柯林（William J. Cowling）中尉，在寫給父母的信中，用更寫實的文字描述所見：「車廂裡載滿死屍，大部分的屍體赤身裸體；所有屍體都瘦得只剩皮包骨。天吶，他們手腳只有幾吋粗，屁股完全沒有肉；許多屍體的頭後側有彈孔。我們看了不禁反胃，無比氣憤，但卻無能為力，只能緊握拳頭。我氣到說不出話來。」19

林登遇到一名拿著白旗的黨衛軍軍官，以及一名瑞士紅十字會的代表。這兩人解釋說，他們正等著要交出營區的管轄權，帶領裡面的黨衛軍投降，就在此時，美國人聽到營區裡傳來槍聲。林登派柯林去查明究竟，柯林立時坐到一輛吉普車的前座，載著美國記者，進入出入口，開到一處看似已經廢棄的水泥廣場。

「接著，四面八方突然湧現人群；不過很少人認為他們像人。」柯林在家書中繼續寫道，「他們餓得骨瘦如柴，全身髒兮兮，衣服破破爛爛。他們放聲喊叫，嚎啕痛哭，跑過來抓住我和報社記者們，親吻我們的手腳，想要摸我們。他們把我們抓起來拋到空中，聲嘶力竭大聲哭喊。」

林登和更多美國人抵達現場之際，也發生了更多悲劇。囚犯蜂湧前來擁抱他們，有些囚犯誤觸通電的刺絲網，瞬間斃命。

美國人前往營區各處，查看更多成堆的駭人裸屍以及飢餓的生還者，其中許多人還罹患斑疹傷寒。此時，有些黨衛軍守衛趕緊投降，但是有些卻朝著想闖越圍欄的囚犯開槍，有些甚至明顯想攻擊進入圍欄的美軍，不過馬上就遭到還擊。

「黨衛軍想要把機槍瞄準我們，」沃爾特・費倫日（Walter J. Fellenz）回報道，「但是每當有人想開槍，我們立刻就殺了他們，一共殺了十七名黨衛軍。」20

有士兵回報看見囚犯在追捕守衛，但是不願插手。羅伯特．費羅拉（Robert W. Flora）下士回憶說，被美軍抓到的守衛算是幸運的：「沒被我們殺死或逮捕的守衛，會被獲得自由的囚犯追殺，毆打致死。我看到一名囚犯猛踹一名黨衛軍的臉，踹到面目全非。」21

費羅拉對那名暴怒的囚犯說：「你心裡充滿怨恨。」囚犯懂他的意思，點點頭。「實在怪不得你。」費羅拉最後說。

另一名解放者，喬治．傑克森（George A. Jackson）中尉，目睹大約兩百名囚犯圍成圈，包圍一名想逃跑的德國士兵。德國士兵背著一個裝得滿滿的野戰背包，拿著一把槍，兩名骨瘦如柴的囚犯要抓他，他卻無法反擊。「現場鴉雀無聲。」傑克森記述道，「好像在舉辦某種儀式似的，實際上也確實是如此。」22

最後，有一名囚犯，傑克森估計他不會超過七十磅，他抓住德國士兵的外衣下襬，另一名追打的人搶下步槍，開始打德國士兵的頭。「雖然出手制止是我的職責，但是那時候我發現，如果我干預，情況會演變成無法收拾。」傑克森回憶道。因此，他只能轉身走開，離開那個地方大約十五分鐘。「我回來後，德國士兵的頭被打爛了。」他記述道，「那群囚犯消失了，只剩下屍首能證明那裡剛剛上演過一場慘劇。」

至於柯林中尉，他在解放達豪時負責的任務引他省思，之前一看到德國戰犯就逮捕他們，這個做法是對或錯，以後是否要改變做法？「我以後再也不會逮捕德國戰犯，不管他們有沒有攜帶武器。」目睹那個令他怒不可抑的景象後，他在寫給父母的信中發誓，「德國人竟然以為幹下這種暴行，簡單地說一句『我不幹了』，就能不受制裁。他們不配活著。」23

紅軍推進時，名叫屠維亞・費曼（Tuvia Friedman）的十幾歲猶太少年，在波蘭中部城市雷登（Radom）的集中營當奴工，他不僅計劃要逃跑，還要為在猶太大屠殺中失去大部分家人報仇。「我越來越想報仇，越來越盼望有朝一日，我們猶太人能報復納粹，以眼還眼。」他回憶道。24

趁著德軍準備撤離，費曼和兩名囚犯同伴從工廠的汙水道逃出去。他們小心翼翼穿越髒汙，逃到營區刺絲網另一邊的樹林。他們在溪流裡清洗後，自己開闢新路徑逃出去。費曼後來有記述當時他們有多麼興奮：「我們雖然害怕，但終於自由了。」

許多波蘭游擊部隊已經在該區作戰，不只對抗德國人，也對抗自己的同胞。這可是攸關波蘭在德國結束占領後的未來。在歐洲占領區，規模最大、戰力最強的反抗運動組織是波蘭家鄉軍（Polish Home Army），家鄉軍也堅決反對共產主義，效忠於流亡倫敦的波蘭政府。人民護衛隊（People's Guard）規模小多了，由共產黨員組成，負責擔任先鋒部隊，依計劃協助蘇聯接管波蘭。25

費曼用塔德．傑辛斯基（Tadek Jasinski）這個姓名，向德國人與反猶太人的當地人隱瞞猶太人的身分，迫不及待加入亞當斯基（Adamski）中尉組織的共產黨民兵部隊。根據費曼的記述，他們的任務是「終結家鄉軍無法無天的行徑」，並且緝捕戰爭期間曾經「損害波蘭及其人民利益」的德國人、波蘭人和烏克蘭人。

「我懷著滿腔熱血，開始執行最後一次例行任務。」費曼報告道，「我跟幾名聽我指揮的民兵合作，摸著穩穩放在槍套裡的手槍，逮捕一個又一個榜上有名的戰犯。」

費曼和他的同志們自然有追捕到一些名符其實的戰犯，比方說，他們抓到名叫施朗斯基（Shronski）的烏克蘭工頭，「他打過的猶太人，多到他自己都記不得了」。那名工頭又指引他們找出另一名後來被吊死的烏克蘭人。不過有的人認為，「對波蘭最有利」的事之一，就是全面逮捕反對蘇聯在戰後統治波蘭的人，包括一些在德國占領期間英勇無比的波蘭抗戰人士。

縱使俄軍持續在跟撤逃的德軍戰鬥，克里姆林宮的主事者仍舊在華沙逮捕十六名家鄉軍的領袖，派飛機送到莫斯科惡名昭彰的盧比揚卡（Lubyanka）監獄。他們被波蘭的「解放者」嚴刑拷打，歐戰正式結束不久後，便於六月被抓去進行表演式假公審。他們對抗納粹六年換來的回報，竟然是被判「牽制俄國」的罪名，遭到監禁。26

這種不公平的遭遇對費曼而言毫不重要，他不只一次受到反猶太的波蘭人傷害，因此只要有人把紅軍視為真正的解放者，費曼就會他跟在站在同一陣線。

不過吸引費曼的，不是未來波蘭新統治者的意識形態，他的優先要務是報復德國人，而共產黨給了他機會得償所願。

費曼和五名友人被派到但澤（Danzig），一行人從雷登前往那個波羅的海港都，看著德軍趁著還能逃的時候趕緊西逃。「有些人看起來很可憐，沒辦法走路，頭上纏著染血的繃帶。」費曼寫道，「不論如何，我們就是沒辦法可憐他們，沒辦法同情他們。這些劊子手殺人如麻，得自食惡果。」

紅軍與波蘭警察部隊炸掉快要倒塌的建築，城市裡許多區域陷入火海。「簡直就像尼祿時代那場有名的羅馬大火災。」費曼補充道。

他們這群外來者因為命運突然逆轉而欣喜若狂。「我們感覺自己像是來自別的星球，我們來到地球，把棲息在地球的生物嚇得驚恐逃跑。」他們衝入德國人撤離的公寓；德國人倉促逃離，連衣物與私人財產都沒帶走，散落滿地。在一間住所裡，他們發現瓷瓶，根據費曼的記述，「那大概是德勒斯登生產的」。他們把瓷瓶當成足球來踢，全都踢成碎片。

後來他們變得比較有紀律，繼續執行自己認定的任務，尋找「謀殺與屠殺過人的納粹黨員，定要報仇雪恨，懲罰納粹的罪行。」新招募的人員亟欲報仇，到國家安全部報到時，受命協助圍捕十五歲到六十歲的所有殘餘德國人。「咱們把納粹人渣全揪出來，把這座城市清乾淨。」新的上級長官告訴他們。

在回憶錄中，對於猶太人第一次被逐出雷登，費曼有記述姊姊蓓拉的反應，特別是她說：「猶太人就像待宰羔羊一樣」，長久以來，眾人談到猶太大屠殺時都會如此形容。費曼在但澤審問與監禁德國人時，採取恐怖手段，他描述心中的快意時，也用一樣的動物來比喻：「現在身分對調囉，多虧帥氣的波蘭制服，我才能叫這些曾經不可一世的優等民族乖乖聽命，嚇得他們像驚恐的羊群。」

他承認自己審問囚犯時，會「毫不留情」，總把他們打到認罪。「我心裡充滿恨意，以前他們勝利時殘暴冷血，我痛恨他們，現在他們被打敗了，我一樣痛恨他們。」

戰後許久，他撰文寫道：「現在回顧那一切，我覺得有點羞愧。不過大家必須記得，當時是一九四五年春天，德國人仍舊在兩條戰線跟盟軍與俄軍頑抗到底，而且我也還完全不曉得，我的家人有沒有人在納粹集中營裡還活著。」他和其他人繼續發現更多德軍犯下恐怖暴行的證據，像是滿室的裸露屍體，屍體上還有明顯的嚴刑拷打痕跡。不過，一聽到越來越多人說他「手段殘忍」，他自己也感到不安。

蓓拉在奧斯威辛還活著的消息傳來後，費曼便辭職，回到雷登。他們覺得波蘭越來越像異邦，於是決定離開。一來是反猶太情緒引發的暴行處處可見，其次，他們也沒有其他直系親屬從集中營返回。他們原本計劃前往巴勒斯坦，加入川流不息的流亡猶太生還者；地下組織步離家協會（Brichah，希伯來文「遷徙」的意思）專門協助生還者，安排非法途徑逃離歐洲。戰後猶太人大舉遷離歐洲，為建立以色列國打下基礎。

不過費曼的旅行很快就被打斷，結果他在奧地利待了幾年。在那裡，他可以盡情追捕納粹黨員。他決定繼續清算宿怨，不過不再用波蘭新共產黨統治者鼓吹的那些殘忍粗暴、不分青紅皂白的手段。

一九四五年五月五日，一輛巨大的戰車，炮塔上有一面美國國旗揮動，隆隆駛進奧地利林茲市（Linz）附近的毛特豪森集中營。一名形容枯槁、穿著條紋囚服的囚犯看見後，好想去摸戰車側面的白星，但是卻提不起力量，沒辦法走最後幾呎去摸白星。他雙膝一彎，臉朝下倒了下去。一名美軍士兵扶起他後，他把手伸向戰車，碰觸到那顆白星後，便暈了過去。

西蒙・維森塔爾（Simon Wiesenthal）在營舍醒過來後，發現獨自躺在自己的床鋪上，此時他知道自己重獲自由了。許多黨衛軍守衛在前一晚就逃走了，現在每個床鋪上面只有一個人，早上還在床鋪上的屍體都不見了，而且空氣中瀰漫著滴滴涕的味道。最重要的是，美國人搬進來幾個大湯鍋。「那是真正的湯喔，喝起來美味極了。」維森塔爾回憶道。[27]

那些湯卻讓他和許多囚犯極度不適，因為他們沒辦法消化那麼油膩的飲食。經歷過在集中營每天掙扎求生後，維森塔爾說，接下來這段日子，「雖然過得開心，卻對一切漠不關心」。餐餐都有更多的湯、蔬菜與肉可以吃，穿白袍的美國醫生還會拿藥給他服用，使他恢復了活力。不過對許多人而言，為時已晚，維森塔爾估計有三千人在獲得解放後，死於疲累或飢餓。

早在第二次世界大戰和猶太大屠殺之前，維森塔爾就對暴行和悲劇司空見慣了。一九〇八年十二月三十一日，他在布恰奇（Buczacz）出生，布恰奇是位於加利西亞（Galicia）東部的小鎮，當時隸屬於奧匈帝國，第一次世界大戰後隸屬於波蘭，現今隸屬於烏克蘭。鎮上有許多猶太居民，但是整個地區有許多民族雜居，通行不同語言，因此，維森塔爾在成長過程中，聽過德語、意第緒語、波蘭語、俄語和烏克蘭語。

不久後，當地就被捲入第一次世界大戰和布爾什維克革命，暴行肆虐，隨後內戰接踵而至，俄國人、波蘭人和烏克蘭人互相攻擊。維森塔爾的父親是個事業有成的商賈，為奧地利軍隊打仗，年紀輕輕就戰死沙場。後來，維森塔爾的母親帶著兩個兒子到維也納，不過一九一七年俄國人撤離後，母子便又回到布恰奇。西蒙年僅十幾歲時，弟弟西樂就因為摔倒造成脊髓受傷而去世。28

維森塔爾在布拉格讀建築學，回家鄉後跟高中女友希拉・穆勒（Cyla Müller）結婚，成立事務所，專門設計住宅建築。求學期間以及在布恰奇時，他有很多猶太人和非猶太人的朋友，他跟當時許多年輕人不一樣，從來沒有受到激進左翼的政治主張吸引，他感興趣的是另一種政治理念。「年輕時，我是錫安主義者。」他經常提醒我跟其他採訪者。29

猶太大屠殺對他跟費曼以及其他生還者而言，一點都不抽象。在戰爭的第一個階段，他和家人住在利沃夫（現在改名為利維夫市）。《德蘇互不侵犯條約》（又稱《莫洛托夫與里賓特洛甫協議》）簽訂後，波蘭被分割給德國與蘇聯，讓俄軍率先取得利沃夫，接著一九四一年，希特勒命令德軍入侵蘇聯，迅速攻占利沃夫。

維森塔爾起初被拘禁在市內的猶太區，接著被囚禁在附近的集中營，接著又被派到東鐵路維修工廠。西蒙在那裡擔任黨徽油漆工，負責替被掠奪的蘇聯火車頭漆上納粹黨徽。這一切只不過是在集中營裡的一段插曲，他經歷過一長串的苦難、逃亡與冒險，最後在戰爭即將結束時，被送到毛特豪森。他成功安排希拉逃亡，讓希拉以波蘭天主教徒的假名到華沙躲藏。但是命運待他的母親就沒那麼好了。

一九四二年，維森塔爾提醒母親，可能會有另一波驅逐行動，她最好準備交出她還擁有的一隻金錶，以免遭到驅逐。一名烏克蘭警察出現在她家門前時，她照兒子的叮嚀做。

維森塔爾痛苦地回憶道：「半個鐘頭後，另一名烏克蘭警察前來，母親沒有東西可以給他，於是他就把母親帶走。母親的心臟無力，我只希望母親能死在火車裡，不用脫掉衣服走進毒氣室。」

維森塔爾多次講述自己如何奇蹟似逃過死劫，比方說，一九四一年七月六日圍捕猶太人時，他說烏克蘭後備部隊叫他們一個接著一個排在牆前，一邊大口喝伏特加，一邊開槍打猶太人的脖子。劊子手漸漸逼近他，他茫然凝視面前的牆，突然間，他聽到教堂鐘聲，一名烏克蘭人喊叫道：「夠了！夜間彌撒囉！」[30]

很久以後，維森塔爾變成聞名天下的名人，越來越常跟其他納粹獵人發生爭執，但是維森塔爾說的故事是真或假，經常遭到質疑。湯姆・賽吉夫（Tom Segev）寫了一本維森塔爾的傳記，引起極大的共鳴，但是，就連這位作家也提醒讀者，別輕易相信維森塔爾說的故事。「維森塔爾懷抱文學夢，喜歡天馬行空幻想，不只一次大肆添加戲劇化的歷史情節，不肯單純記述事實，好似認為真實故事的力量，不足以感動讀者。」他寫道。[31]

不過無庸置疑，維森塔爾在猶太大屠殺期間經歷悲慘的苦難，在無數次險境中，千鈞一髮逃過死劫。同樣無庸置疑，他跟費曼以及無數生還者有著相同的想法。維森塔爾這樣寫道：「我極度渴望復仇。」[32] 費曼澈底證實這一點。他不久後在奧地利遇見維森塔爾，開始跟他合作展開一些行動，追捕納粹罪犯。「他戰後離開集中營，滿心憤恨，毫不留情向納粹罪尋仇雪恨。」費曼寫道。[33]

維森塔爾獲得解放後的第一次經驗，並沒有刺激他做出費曼承認的那種殘忍行為。他仍舊太過虛弱，連思考怎麼攻擊人都沒辦法，而且就算他想採取報復行動，也沒能力。再說，從一切跡象看來，很快地，復仇就不是唯一他渴望實現的目標。

但是，戰爭結束後，敵我角色互換，他跟費曼一樣大感震驚，以前折磨他的人竟然一下身分就變了。他在毛特豪森恢復自由身、可以到處走動時，被波蘭營區一名模範囚犯攻擊，無緣無故被打；那個人以前當囚犯時享有特權。維森塔爾決定向美國人舉報這件事，他正準備提出申訴時，看見美國軍人在審問黨衛軍。一名格外凶殘的守衛被帶進房間時，維森塔爾本能轉過頭，希望那名守衛不會注意到他。

「每次看到這個人，我的脖子後側總是會直冒冷汗。」他回憶道。不過接下來發生在他眼前的事情，令他無法不懷疑自己是否看錯了。「那名黨衛軍被一名猶太囚犯押解入房，渾身發抖，我們以前在他面前就是那樣發抖的。」那個人以前讓人破膽寒心，現在「竟然成了驚恐又可恥的懦夫……原來超人一旦沒有了槍護身，就變成懦夫。」[34]

維森塔爾立刻做出決定。他走進毛特豪森的戰犯辦公室，向一名中尉主動提議想幫忙。那名美國人狐疑地看著他，說他沒有相關經驗。

「對了，順便問一下，你多重啊？」美國人問道。

維森塔爾說自己五十六公斤，也就是一百二十三磅，中尉聽到後笑了起來。「維森塔爾，去休息一陣子，等你真的有五十六公斤時再來找我。」

十天後，維森塔爾回來了，體重稍微增加了，但是仍舊遠遠不夠。他用紅紙擦臉頰，想掩飾蒼白的膚色。

中尉顯然是被他的熱忱打動，把他派給塔拉柯西歐上尉，不久後，維森塔爾就跟塔拉柯西歐上尉前去逮捕一個名叫施密特的黨衛軍守衛。他得走到屋子的二樓抓施密特，但如果施密特反抗，維森塔爾就無計可施，因為他爬完樓梯就氣力用盡，渾身發抖；他也可能是因為擔心即將發生的事而發抖。不過施密特也在發抖，維森塔爾坐下來喘氣片刻後，扶他走下樓，下樓梯時，那名黨衛軍抓著維森塔爾的手臂。

他們走到吉普車，塔拉柯西歐上尉在車上等待，黨衛軍守衛突然哭求饒恕，辯說自己只是小嘍囉，而且幫助過許多囚犯。

「是啊，你幫助過囚犯。」維森塔爾答道，「我經常看見你。你幫忙把囚犯送進火葬場。」

維森塔爾說，自己就是這樣開始幹納粹獵人這項差事。他永遠不會搬到以色列，儘管女兒、女婿和外孫現在都住在那裡，他依舊不嚮往。後來，以色列人打算要去抓艾希曼，讓這名猶太大屠殺的主謀之一受到法律制裁，那時維森塔爾有跟以色列人合作，但彼此也曾針鋒相對。

維森塔爾和費曼都說，自己幾乎立刻就開始追捕艾希曼，此人可是策動大規模將猶太人遣送到奧斯威辛等集中營。不過在戰後的初始階段，各界主要訊息焦點都是關於已經被逮捕的人或比較容易逮捕的人，以及他們被捕後的審判過程。追捕納粹和懲罰納粹仍舊主要是戰勝國的工作。

第三章　共謀

「我們是非常順從的人，這是我們最大的長處，但也是最大的弱點。因為順從，我們才能在英國發生罷工時，打造經濟奇蹟；也因為順從，我們才會跟隨希特勒這種人，走入巨大的墓穴。」虛構的德國雜誌出版商漢斯．霍夫曼（Hans Hoffmann），出自費德里克．福希斯（Frederick Forsyth）一九七二年的暢銷小說《奧德薩密件》（*The Odessa File*）[1]

德國戰敗後，以前希特勒統治的人民大多急著撇清，自己跟以他們名義犯下的大屠殺與暴行沒有關係。戰勝國的軍人與集中營的生還者，經常遇到德國人信誓旦旦發誓自己始終反對納粹黨，只不過沒有積極反對，心裡感到不滿而已。許多人還聲稱自己幫助過猶太人和納粹統治下的其他受害者。「聽了幾個月下來，如果他們說的那些猶太人全都獲救了，那麼戰爭結束時活著的猶太人應該比戰爭開始時還要多。」維森塔爾冷冰冰地說道。[2]

許多德國人起初鄙視紐倫堡和其他地方的審判是「勝利者的審判」，但是也有人感到欣慰，支持盟國應立即懲罰造成德國滅亡的幕後謀劃者。奧地利出生的歷史學家兼政治科學家索爾．帕多佛（Saul Padover）戰時在美軍服役，跟隨軍隊從諾曼第登陸到推進德國。他記下無數德國人對戰爭的態度。帕多佛曾經遇見一名年輕女性，在筆記簿中記錄下跟她的談話；她曾經是德國少女聯盟的幹部，少女聯盟是德國希特勒青年團的分支，而青年團則是專門吸收十幾歲的德國青年。

根據帕多佛的記述，被問到在聯盟中的角色時，她謊稱自己是「被迫」擔任領導人。那該怎麼處置頂層納粹黨員呢？「我認為應該把他們全部吊死。」她答道。[3]

樂意看納粹高官用命來償債的，絕對不只有那名年輕女性，如此表態也有助於她跟過去的一切劃清關係。她跟許多德國人一樣，堅稱根本不知道第三帝國的恐怖暴行。

彼得．海登柏格（Peter Heidenberger）戰爭末期跟一支德國傘兵師待在義大利，接著短暫成為戰俘。達豪鎮的集中營被解放不久後，他便到當地尋找未婚妻。二月十三日家鄉德勒斯登遭到轟炸後，他的未婚妻就逃到達豪投靠朋友。「你也知道，達豪是座很棒的城鎮，鎮上有一座城堡。」數十年後他回憶道。他走上山坡到那座城堡，被一名美國哨兵質問是否知道下方營區裡發生過什麼事。「我告訴他，我沒待過那裡，完全不知情，只知道那是監禁營區。」海登柏格說，「他不相信我。」[4]

不過不久後，海登柏格就得知許多事，多到跟德國少女聯盟的那位年輕女性有相同的感受。「他們全都該被處以極刑，這樣我們就能討回更多公道。」他說道，回想起一開始聽到殘忍暴行的反應。

海登柏格參加過與紐倫堡審判類似的軍事審判後，看法也隨著時間而改變。美軍要在達豪審判頂層納粹官員政策的執行者；頂層納粹官員包括在紐倫堡被絞死的那些人，而執行者則是普通罪犯、黨衛軍軍官和管理達豪等集中營的人。美國人想找一名特約記者，也就是獨立新聞工作者，來為戰勝國開設的新電臺「慕尼黑電臺」報導達豪審判。一名地方官員推薦海登柏格，說他是接受過優秀教育的德國人，沒有納粹背景。

這位年輕的德國人不懂何謂特約記者，也沒有報導經驗，但是仍舊欣然接受，努力去瞭解工作內容。「好處是我們在營區裡可以享用美食。」他記述道。他很快就證明自己是重要的記者，之後也為越來越多的新聞社提供報導，包括德國新聞社（*German News Agency*）和路透社。雖然達豪的審判遠不如紐倫堡大審為人所知，但出庭的證人與戰犯卻提出了驚人的細節，揭露了第三帝國的真實面貌。

杜魯門卸下總統職務許久後，詳細說出所有審判的最初目的，當時，他心裡想的就是要利用審判來揭露那類的細節：「我想讓將來沒有人能說：『哎呀，那根本沒發生過，全都是宣傳，全都是謊言。』」換句話說，戰後審判不只是要懲罰有罪的人，對於建立歷史記錄也不可或缺。[5]

威廉・丹森（William Denson）跟同時代的許多人不一樣，不曾在歐洲戰場上服役。他出生於阿拉巴馬州，曾祖父打過內戰，參加邦聯軍（Confederacy）陣營；祖父是州最高法院的法官，曾經冒著被排擠的風險，幫阿拉巴馬州的黑人辯護；父親是備受敬重的當地律師與政治家。丹森從哈佛法學院畢業後，到西點軍校教法律。但是一九四五年初，他被派去德國擔任軍法處處長。時年三十二歲，丹森準備到首次前往的被占領區，提起告訴；他的妻子不想跟他一起到遭到蹂躪的國家。[6]

他跟軍法處的其他幕僚被派駐到弗賴辛（Freising），距離達豪很近。他起初不相信集中營生還者的駭人陳述是真的。「我本來以為有些人是因為在集中營受到虐待，想要伺機報復，我以為他們只是憑空捏造謊言，沒有說實話。」數十年後他解釋道。但是他搜集到的證詞完全一致，不久後他就對實情深信不疑。「證人說的事有很多是相同的。於是我就確信事情確實發生過，因為這些證人根本沒有機會事先一起編造故事。」[7]

達豪等集中營的解放者紛紛提出恐怖的記述，將他存留的疑慮一掃而空。同時，那些記述重新引發大眾爭論：除了立即處決以外，盟國是否該用其他方式來處理必須為大屠殺與凌虐負責的人。喬治・巴頓將軍急忙前去視察布痕瓦爾德集中營的附屬營區「奧爾德魯夫」（Ohrdruf），那恐怖的死亡景象，簡直就像耶羅尼米斯・博斯（Hieronymus Bosch）的畫，巴頓將軍不禁從吉普車上咆哮道：「看看這些雜種幹了什麼？看看這些混帳幹了什麼？不用活捉，通通處決！」[8]

不過丹森和在軍法處的同僚確信，審判是絕對必要的，不只能懲罰罪犯，還可以揭露恐怖的真相，讓當代與將來的世人都能知道實情。[9] 他聽取美軍細述在達豪的所見，以及源源不絕的其他證詞。「我最後幾乎不再懷疑任何事情。」丹森說。他被告知盡快開始起訴罪犯時，早就準備就緒。關於立即處決或進行審判的爭論到此結束。[10]

丹森的首要審問員是保羅・賈司（Paul Guth）。賈司生於維也納的猶太家庭，被送到英國求學。結束學業後，他前往美國，正好被選去馬里蘭州里奇營區（Camp Ritchie）接受情報訓練，里奇培訓基地裡有大批來自德國與奧地利的猶太難民。賈司以全班第一名的成績畢業後，又到英國接受進階訓練，最後來到弗賴辛。他後來成為美軍裡辦事能力最強的審問員。[11]

囚犯被拘禁在營舍裡，不久前，營舍裡住的還是被現在這些德國囚犯迫害的受害者。但是賈司去對囚犯講話時，幾乎沒有擺出嚇人的模樣，正好相反。黨衛軍以為會被處決，然而，賈司卻唸了四十個人的姓名，他們預定要到美國軍事法庭接受審判。他也告知被告，他們能自由選擇辯護律師，費用由逮捕他們的人支付。誠如丹森的傳記作者喬許華・

葛林（Joshua Greene）所寫的：「德國人簡直無法相信自己親耳聽到的。」12

一九四五年十一月十三日審判開始，法庭爆滿。13 國際軍事法庭一星期後才會在紐倫堡開始審判，因此達豪的法庭裡有許多頂層高官，像是艾森豪的參謀長沃爾特・比德爾・史密斯（Walter Bedell Smith）將軍，以及佛羅里達州參議員克勞德・沛博（Claude Pepper）。法庭裡也有許多新聞工作者，包括沃爾特・李普曼（Walter Lippmann）和瑪格麗特・希金斯（Marguerite Higgins）等傑出人士。但是李普曼和希金斯連第一天早上都沒有待完，那個星期結束前，媒體同行幾乎全跟隨他們前往紐倫堡，舉世的焦點都在那裡，所有人都等著寫出重大的頭條新聞。不久後，只能靠海登柏格和一名《星條旗報》特派員這兩名記者來報導達豪的所有審判。

不僅四十名被告驚訝自己被帶到法庭審判的方式竟然如此人道，丹森以檢察長的身分發言時，觀眾也大為吃驚。「德國觀眾不熟悉美國的法律實務，看到審判律師的戲劇化演出，不禁心生敬畏。」海登柏格回憶道。丹森走到法官席前方，開始用南方口音發言，說道：「請庭上容許我發言……」丹森吸引聽眾的不只是口音。「他風度翩翩，陳述案情時，非常有說服力。」海登柏格補充道。14

這名年輕德國記者第一次走進丹森的辦公室時，敬佩之情更加強烈，很開心這位美國人馬上把他當成新聞界的全權代表。「你也知道，美國人習慣把腳抬到桌子上，」數十年後海登柏格沉吟道，「他當時就把雙腳擱在桌子上，把我當成報社記者對待。」

但是丹森令人放鬆的舉止，掩飾了想要讓所有被告被定罪的鋼鐵決心。不同於紐倫堡的被告，在達豪接受審判的被告並非政策制定者，沒辦法以謀劃違反人道罪行起訴他們。因此，丹森打算證明，管理集中營的人員明確知道集中營的用途；證明了這一點，就足以證明他們是那些罪行的「共犯」，也就是「有共同犯意」。沒必要證明每個被告犯下的具體罪行。15

在開庭陳述中，這位身材高瘦的阿拉巴馬人細說自己的辯論架構：

報告庭上，我方希望以證據證明，被害人指出的那段時間，達豪這裡確實在執行滅絕計劃。我方希望以證據證明，在這項有計劃的滅絕行動中，受害人是平民和戰俘，也就是不願接受納粹主義統治的人。我方希望證明，這些人有的像天竺鼠一樣被抓去當成實驗對象，有的人必須做超過身體負荷的苦工，還有人活活被餓死；居住條件極度惡劣，這些人無可避免會生病甚至死亡……每一名被告都是這台滅絕機器的齒輪。16

辯護律師極力反駁「機器的齒輪」這項指控，但是終究徒勞。後來，這種總括性的論述會被駁回，多數審判會聚焦在個別被告被指控犯下的具體行為。

在紐倫堡，檢方提出的所有證據，幾乎都是德國人自己拿出來的文件，足以證明罪行。達豪的審判就不一樣，靠的是源源不絕的證人，他們向丹森提供聳人聽聞的證詞，敘述這台滅絕機器怎麼運轉，包括最後一次將猶太人送離達豪的過程。阿爾巴尼亞囚犯阿里・庫齊（Ali Kuci）作證說，四月二十一日，兩千四百名猶太人被命令搭上貨運列車；四月二十九日，美軍解放集中營，發現那些貨車廂裡裝滿屍體。那列火車並沒有駛離車站，庫齊和其他囚犯稱之為「停屍快車」。17 他還說，只有六百名囚犯生還。黨衛軍守衛不准任何人靠近列車，任由車裡的囚犯餓死。

丹森仰賴賈司和其他審問員向被告取得的口供，導致有人指控他們使用高壓手段逼供。賈司堅決否認這樣的指控，但是達豪審判的速度與結果引發揮之不去的質疑，令人懷疑檢方是否有澈底遵守法律程序。丹森結辯時說：「我想強調，這四十人並沒有被控殺人，起訴罪名是共謀殺人、毆打、凌虐與使人挨餓。」換句話說，他們被指控的關鍵罪責是「共謀」，不是個別犯下的謀殺行為。18

被告抗辯說只是聽命行事，他全部加以反駁，斥責被告「未拒絕做明顯是錯誤的事情」。他補充道：「『我是聽命行事』這句回答在本案中不管用。」丹森這一席話這有助於建立原則，讓後續的審判能夠遵循。丹森在結辯時說：「如果這次法庭以任何方式寬恕我方控訴的犯行，等於允許這些被告將文明倒轉回至少一千年前。」19

德國人雖然從主人變成階下囚，但是他們的處境有時候卻會引起誤會，讓人以為他們受惠於勝利者的仁慈。利物浦的羅素勛爵（Lord Russell）在駐萊茵河的英軍裡擔任軍法處副處長，他在這段期間探視達豪，看到德國囚犯的狀況後，感到驚訝。「每個人都住得舒適，囚室明亮通風，有電燈和冬季暖氣，以及一張床、一張桌子、一張椅子和幾本書。他們看起來吃得好，身強體壯，臉上露出有點驚訝的表情。他們肯定很納悶自己在哪裡。」20 不過一九四五年十二月十三日，軍事法庭宣布判決後，這種錯覺澈底消失。四十人全部被判有罪，其中三十六人被判死刑，被判死刑的三十六人之中，有二十三人在一九四六年五月二十八日到二十九日被絞死。21

探視營區期間，有一次羅素勛爵走出一棟建築時，注意到一件他覺得格外古怪的東西：「有個粗糙的鳥巢盒，給野鳥住的，釘在火葬場屋頂的竿子上，那是一個可能患有思覺失調症的黨衛軍放置的。」22

他不禁深思起自己剛剛觀察到的東西。「那時候我才明白，為什麼為世界帶來歌德和貝多芬、席勒和舒伯特的國家，也會給世界帶來奧斯威辛和貝爾森、拉文斯布呂克和達豪。」他寫道。

跟軍法團隊的許多成員不一樣，達豪的第一件審判結束時，丹森沒有返回美國，而是繼續在後續的審判中領導檢察團隊，直到一九四七年。雖然那些審判聚焦在布痕瓦爾德、福洛森堡和毛特豪森等集中營裡的死亡機器，不過達豪集中營裡的齒輪也躲不過審判。丹森個人起訴了創紀錄的一百七十七個罪犯，對象包括集中營守衛、軍官與醫生，全部獲得有罪判決。最後，有九十七人被絞死。[23]

一九四七年十月，他準備搭飛機返家，重回平民生活之際，《紐約時報》讚揚他的記錄：「丹森中校在達豪戰爭罪行委員會擔任檢察人員，工作認真，表現優異。他經常白天處理一件大案子後，繼續工作到深夜，準備另一件大案。兩年間，在希特勒的集中營裡，他已然成為正義的象徵，專門制裁男性黨衛軍與女性管理員。」[24]

工作步調快速，加上每天都得重建源源不絕的駭人真相，壓力大到對丹森造成傷害，體重從一百六十磅掉到一百二十磅。「他們說我看起來比較像來自集中營的證物，比較不像我請到證人席的人證。」[25]他後來回憶道。一九四七年一月，他累倒了，臥床兩星期。儘管如此，每個新案件似乎只會讓他更加堅決繼續工作。[26]

丹森的妻子羅碧娜待在美國，此時卻提出離婚訴訟。根據丹森的傳記作者記述，她本來以為「自己嫁的是出身貴族世家的社交伴侶，沒想到竟然變成跑去起訴納粹的法律傳教士」。[27]

海登柏格跟丹森以及在達豪的其他美國人越來越友好，海登柏格說丹森的妻子不是單純因為這樣才決定訴請離婚。「唉，都是那些德國未婚女子毀了丹森的婚姻，」他說，「美國人什麼都有，有尼龍襪，能吸引女人。我們有點驚訝那些高貴的德國未婚女子怎麼會這樣。威廉跟我聊過他在慕尼黑參加過的宴會，肯定很荒唐。」海登柏格說，羅碧娜・丹森是因為發現這些越軌行為，才決定結束本來就名存實亡、而且沒有孩子的婚姻。

不久後，丹森對一名年輕德國女子深深著迷，那名女子一樣陷入沒有愛情的婚姻。她是真正的伯爵夫人，朋友叫她荷熙（Huschi）。紅軍抵達前，她就帶著六個月大的女兒，搭一輛馬拉的貨車，逃離家族在西里西亞的莊園，接著又在德勒斯登轟炸中倖存下來。戰爭結束時，她人在巴伐利亞的一個村莊，用完美的英語，對第一輛出現的美國戰車大聲說：「我們的村子向你們投降！」[28]聽到這些故事，丹森深受吸引，深感興趣，但是過了很久後，他發現荷熙也離婚了，而且搬到美國，他們才重新在一起，一九四九年十二月三十一日結婚。大家都說他們的婚姻幸福美滿。[29]

晚年丹森回顧在德國的歲月時說：「那是我生涯中最精彩的一段。」[30]但是自然有爭議。達豪集中營的審判結束後，他發現自己起訴的案子，不僅帶來最轟動的頭條新聞，也引發了最激烈的爭論，一九四七年春天審判布痕瓦爾德的被告時，特別如此。

丹森向法庭報告，在那座集中營發生的犯罪記錄，「是史書中空前醜惡病態的一章」。[31]最聳人聽聞的案子，莫過於起訴伊爾斯・科赫（Ilse Koch），她是布痕瓦爾德第一任指揮官的遺孀。早在審判開始之前，海登柏格回憶說，有些迫不及待想作證的人就大肆散播她是性變態的駭人故事。丹森質詢時，前囚犯作證說，她喜歡色誘囚犯，接著毆打甚至殺死囚犯。

前囚犯寇特・福博思（Kurt Froboess）記得有一天在挖纜線溝道時，抬頭看見科赫。「她穿著短裙，雙腳跨站在溝道兩側，沒有穿內褲。」福博思說。接著她詢問囚犯在看什麼，並且用馬鞭抽打囚犯，福博思補充道。[32]

還有人作證說，她會拿人皮作成燈罩、刀鞘和書套。「大家也都知道，伊爾斯・科赫經過工作小組時，如果看見有紋身的囚犯，會把他們送到醫院。」整個戰爭期間都被囚禁在布痕瓦爾德的寇帝・席帝（Kurte Sitte）說，「那些囚犯會在醫院裡被殺掉，紋身的皮膚會被剝下來。」[33]

海登柏格一五一十報導全部的證詞，認為科赫大規模施暴，罪證確鑿，不過也發現她成為八卦傳言的主角。她是「性慾過盛」的虐待狂，這個惡名在審判前就眾所周知，囚犯格外痛恨她，因為她喜歡炫耀性慾和權力。她被逮捕後，就一直被拘禁，但是她為自己的案子出庭作證時，明顯懷孕了，這反而讓法庭裡的人更加義憤填膺。這在新聞記者之間引起一陣騷動，大家爭搶著幫她取合適的綽號。根據海登柏格的記述，一名《星條旗報》的記者匆忙跑到新聞室朗聲道：「我想到了，咱們就叫她布痕瓦爾德的婊子。」[34]

這個綽號後來大家就叫上了，她變成審判中的女惡魔。檢方還拿出一顆乾癟的頭顱，那是一名波蘭囚犯的，據說他逃離集中營被逮到後，遭到處死。這對科赫相當不利。根據一名證人的證詞，營區高層幹部曾經向參觀者展示那顆頭顱，儘管檢方指出沒有證據可以證明頭顱跟科赫有關，但是頭顱仍舊被列為證物。[35]

美國律師索羅門・蘇羅維慈（Soloman Surowitz）在丹森的團隊裡幫忙處理布痕瓦爾德的案子，他發現科赫案引發的騷動漸漸破壞整個訴訟程序的合法性，於是退出這個案子。「我無法忍受。」他告訴丹森，「我不相信我們自己的證人。法庭內盡是道聽塗說。」[36]

兩人分道揚鑣，沒有惡言相向，丹森仍舊堅持，不論那些駭人聳動的聽聞是否得到證實，他手上掌握的證據一定要全部提出，才能定科赫的罪。科赫被判無期徒刑，但是後來審判戰犯的氛圍開始改變，她的案子又出現幾次轉折。後來回到美國後，丹森改幫科赫辯護，尤其當人皮燈罩的故事看似越來越可疑的時候。

海登柏格在文章中誇大報導某些未經查實的故事，導致審判籠罩在大肆渲染的氣氛中，他坦承對自己扮演的角色憂慮不安。但是他深信不疑，認為科赫和布痕瓦德一案的諸多被告一樣，都應該被判有罪。審判過程儘管有缺陷，但仍足以說服他一開始的想法的確錯了，當時他認為重大罪犯應該立即處決，不需要經過審判。「儘管審判戰犯過程有許多法律爭議，但最完備、最確鑿的證據也因此被呈現出來，證明了猶太大屠殺期間的實情。」他結論道。37

一九五二年，海登柏格跟妻子與兩個兒子移居美國。身為戰後最早的駐華盛頓德國記者之一，他參加了杜魯門在白宮召開的記者招待會。他在德國已經讀過法律，不久後又到喬治華盛頓大學法學院註冊入學。畢業後，他在華盛頓展開法律生涯，有時候會代表受害人向德國政府尋求賠償；後來又到德國政府擔任猶太大屠殺案件的顧問。舊友威廉・丹森是他初期的同事與導師。

第四章 企鵝規定

「他琢磨過說話的聲音，聽來悅耳；他的雙手形狀漂亮，清潔得很仔細。他的舉止典雅、自信。他的品格完美，唯一的瑕疵就是他殺了九千個人。」在審判特別行動隊指揮官時，麥克・穆斯曼諾法官這樣形容被告奧圖・奧蘭多夫；特別行動隊是在東部戰線執行處死任務的特種部隊。[1]

二〇一三年初，我去拜訪班哲明・佛倫斯（Benjamin Ferencz），他戴著水手帽，穿著藍色短袖上衣，配上黑色吊帶的海軍褲，在佛羅里達州德拉海灘（Delray Beach）一棟簡樸的單臥室小屋外面，坐在休閒椅上，看起來就像平凡的退休人士。

不過這位九十三歲的老人家可是一點都不平凡喔，雖然他站起來幾乎不到五呎高。他起身收縮二頭肌，展現每天到健身房鍛鍊的成果。但更重要的是他過往的經歷，他細數就讀哈佛法學院的日子（他從貨真價實的紐約貧民區「地獄廚房」，一路念到拿獎學金上哈佛），接著談到在奧馬哈海灘離開登陸艇的情況（下水後，他發現水深達腰際，但其他人水深只到膝蓋）。

更特別的是他描述自己如何透過運氣與堅持，最後在二十七歲時，到紐倫堡參與一場審判，擔任檢察長；美聯社說那是「史上最大宗謀殺案的審判」，一點都不誇張。[2]然而，頭條新聞的焦點都在國際軍事法庭審判納粹主要領袖，審判本身相形失色，受矚目的程度甚至低於達豪審判，史書通常頂多隨筆帶過。

佛倫斯出生於外西凡尼亞的匈牙利猶太家庭，在他還是嬰兒時，舉家就來到美國。他總是衝動氣盛，喜歡打架，無畏挑釁。他住在地獄廚房一棟公寓建築的地下室，父親在那裡擔任清潔工。一開始他被公立學校拒於門外，理由是他看起來太矮小，而且只會說意第緒語。但是在城裡的其他地區讀過許多間學校後，他被選為「資優生」，成為家中第一個讀大學的人，接著繼續到哈佛攻讀法律學位，從來不需要付學費。[3]

一九四四年底，佛倫斯下士從步兵部隊被調到巴頓將軍麾下第三軍團的軍法處，他興奮極了，尤其當他被告知要加入新的戰爭罪行調查團時，更是欣喜若狂。美軍攻入德國時，有許多報告指出，盟軍飛行員跳傘空降到德國領土，結果被當地居民殺害。佛倫斯銜命調查這類案件，必要時執行逮捕。「我擁有的威信不只有腰際上的點四五口徑手槍，還有正大批湧入德國城鎮的美軍。」他記述道，「在這種情況下，德國人非常順從，我不記得有遭遇到反抗。」4

儘管身材矮小，佛倫斯卻擁有紐約人的魯莽粗心。後來，巴頓將軍的總部設立在慕尼黑的郊區，有一天，瑪琳・黛德麗（Marlene Dietrich）前來部隊勞軍表演，當天佛倫斯剛好負責清掃廁所。黛德麗想先洗澡，佛倫斯身為團隊中的低階人員，銜命要確保她在房間裡不會被打擾。「等了好一段時間，確定她至少是在浴缸裡之後，我就急著想做自己的工作，於是直接走進房間，結果看到她靜靜坐著，專注地梳妝打扮。」佛倫斯回憶道。他肯定對自己的魯莽行為感到困窘心慌，因為退出房間時，他說：「啊，長官，真抱歉。」

他道歉時，反而把黛德麗逗樂了，特別笑他竟然用「長官」。黛德麗得知他是哈佛畢業的律師後，邀請他一起跟軍官們共用午餐。由於佛倫斯不是軍官，建議黛德麗向別人介紹說他是來自歐洲的老朋友，黛德麗欣然答應。就這樣，他從清潔廁所，變成跟超級明星共進午餐。黛德麗被巴頓接走之前，給了佛倫斯名片。

佛倫斯繼續專心工作，調查更多飛行員被擊落的案件，但是過程中並沒有懷著報復情緒。有時候，他甚至對調查結果感到矛盾。有一名飛行員空襲轟炸法蘭克福後飛機被擊落，著陸後被民眾施以拳腳棍棒毆打。調查這件案子時，佛倫斯審問一名加入群眾一起攻擊飛行員的年輕女性，那名女性坦承有參與毆打，但是淚流滿面地解釋，說她的兩個孩子被炸死。佛倫斯感覺女子有悔意，只有軟禁她。「其實，我替她感到難過。」佛倫斯回憶道。但是對一名救火隊員，他就沒有這樣的感覺。據說那名救火隊員，揮出致命的攻擊後，誇耀自己身上沾著美國人的血。

數個月後，佛倫斯前去觀看戰爭罪行審判，那兩人也是被告之一。救火隊員被判死刑；年輕女子得知被判兩年徒刑時，昏了過去。佛倫斯請醫護人員檢查，醫護人員向佛倫斯保證她沒事，不過同時告知她有身孕；胎兒的父親是看守她的一名美國士兵。「戰爭的時候經常發生怪事。」佛倫斯記述道。

後來，這位年輕的調查員受命進入剛解放的集中營，搜集證據，拿來起訴管理那些藏屍室的人，此時，他的情緒澈底改變。他在一座又一座的營區裡所看到的，盡是散布的屍首和骨瘦如柴的生還者，令人難以置信。「我的腦袋無法相信眼睛看到的畫面。」他後來寫道，「我看見了地獄。」在布痕瓦爾德，他搜集到兩顆囚犯的頭顱，黨衛軍軍官收藏那兩顆乾癟的頭顱，用來展示。那兩顆頭顱在後來的審判中，成為丹森的證物。

佛倫斯高漲的怒火轉變成強烈的渴望，想要馬上採取行動；有時候，他看到受害者反過來攻擊加害者，會完全不想插手管事。抵達埃本塞集中營後，他命令一群路過的平民把屍體聚集起來掩埋。有一次，一些氣憤的囚犯逮住一名想要逃跑的黨衛軍軍官，有可能是營區指揮官，佛倫斯看著他們毆打那個人，接著把他綁在用來把屍體推進火葬場的金屬板上；他們反覆把他推到火焰上又拉出來，直到他被活活烤死。「我冷眼旁觀事情發生，沒有出手制止。」佛倫斯回憶道，「我沒打算制止。」

在毛特豪森，他在一座採石場底部發現一堆堆的人骨，那是奴工的遺骸，奴工無法再工作時，就會被扔下懸崖。他開車到林茲附近，選了一間一個納粹家庭居住的公寓，命令他們離開，他跟他的手下要待在那裡。隔天早上返回毛特豪森之前，他把公寓櫥櫃裡的衣物全拿出來，全部帶到集中營給幾乎全裸的囚犯。那天晚上，原本住在公寓裡的一名年輕女子回來詢問能否拿回一些衣物。「請自便。」佛倫斯說。她看見櫥櫃裡空無一物時，開始大叫衣物被偷了。[5]

「我實在沒心情聽德國人說我是賊。」佛倫斯回憶道。她仍舊大聲嚷嚷個不停，於是佛倫斯抓住她的手腕，把她拖下樓梯，一邊解釋說要帶她去集中營，讓她自己去叫囚犯把衣物還給她。她聽到要被帶去集中營，嚇壞了，叫得更大聲，求佛倫斯放開她。佛倫斯答應，但是條件是她必須照著佛倫斯的要求做，說衣物是她送的禮物，不是被人偷走的。佛倫斯把憤怒化為嚴酷的教訓，讓她知道誰才是真正受到欺凌的一方。

回美國短暫工作一段時間，讓佛倫斯有機會結婚，之後，他又回到德國，加入泰勒將軍在紐倫堡的工作團隊，處理審判戰犯的相關事宜。那些審判的第一場最有名，由國際軍事法庭審理，結果納粹頂層領導在一九四六年十月一日被宣判有罪，包括戈林、里賓特洛甫和凱特爾。但是後來在紐倫堡還有十幾場審判，皆由美國軍事法庭審理。其中一場審判起因於盟軍在柏林的一次意外發現，改變了佛倫斯的人生。

跟新婚妻子回到德國後，佛倫斯立刻被派到柏林，成立戰爭罪行調查分隊。一九四七年春天，一名頂尖調查人員風風火火跑進他的辦公室，向他報告重大發現。那名調查員在滕珀爾霍夫機場附近搜查一份外交部附件時，找到發送給蓋世太保的大量機密報告。那些報告每天都會發送，報告人鉅細靡遺記錄特別行動隊（Einsatzgruppen）在東部戰線的大規模射殺行動以及第一次毒氣毒殺實驗，屠殺對象包括猶太人、吉普賽人和其他「危險公民」；特別行動隊是專門負責處死的特種部隊，不過後來屠殺的工作改在集中營的毒氣室進行。

佛倫斯用一台小型計算機，開始計算這些簡明的槍決報告所記錄的受害人數。「算到數目超過一百萬時，我就不再算了。」他回憶道，「我實在受不了了。」[6] 佛倫斯趕回紐倫堡，向泰勒報告這些發現，力勸他在另一次審判中好好利用這些證據。這次意外發現提供了明確的資料，指出一九四一年德軍攻擊蘇聯時，哪些單位和哪些指揮官負責執行任務，大規模屠殺猶太人、吉普賽人和其他民族。

泰勒一開始的反應比佛倫斯預期的還要沉著冷靜與深思熟慮，這位將軍解釋說，五角大廈不太可能會分配更多資金與人員，來進行計劃以外的審判。再說，民眾似乎沒有特別想看更多審判。佛倫斯不肯罷休，爭論說如果沒有人想承接這個案子，那他自己來辦，不會耽誤到原有的其他工作。「好吧，那就你來辦吧。」泰勒答應，任命他為檢察長。當時他才二十七歲。

佛倫斯搬回紐倫堡準備官司，困難之處在於如何運用巨量的證據來起訴約莫三千名在東部戰線有計劃殺害平民的特別行動隊隊員。佛倫斯解釋說，會選擇起訴位階與教育程度最高的黨衛軍軍官，是因為沒辦法再起訴更多人了。就拿第一個原因來說好了，紐倫堡法庭的被告席只有二十四個座位。佛倫斯強調「司法總是無法達到完美」，坦承這只是「眾多被告中的少數樣本」。在原本他決定起訴的二十四人中，有一人在審判前自殺，一人在宣讀起訴書時倒下，因此只剩二十二人。

法官從一九四七年九月二十九日審理到一九四八年二月十二日，但是佛倫斯只用兩天就把檢方的論證陳述完。「我想，這麼快的起訴速度，在類似的重大審判中史無前例，可以列入《金氏世界紀錄》中。」他後來寫道。[7] 他堅信文件所呈現的罪證多過任何證人能夠提供的。[8]「我沒有傳喚任何證人，但是我有充分的理由。」他解釋說，「我或許沒有任何經驗，但是我在哈佛法學院刑法可是讀得頂呱呱喔。而且我知道，有時候目擊證詞可能是最糟糕的證詞……我有報告，而且能證明內容真實有效，儘管被告自然會質疑這一點。」[9]

在開庭陳述中，佛倫斯指控道：「被告蓄意屠殺超過一百萬無法自我防衛的無辜男女老幼……其所作所為並非出於軍事必要目的，而是受到自以為優越的變態思想驅使，也就是納粹的優等民族理論。」[10]接著他分析這個大數目，證明到底如何能屠殺那麼多人。證據指出，四隊特別行動隊，每隊有五百到八百人不等，「在兩年間，平均每天殺害約一千三百五十人；平均每天有一千三百五十人遭到屠殺，一星期屠殺七天，屠殺超過一百個星期。」[11]

佛倫斯使用一個新詞來描述被告的罪行：種族滅絕（genocide）。這個詞是波蘭猶太流亡律師拉斐爾．萊姆金（Raphael Lemkin）發明的，早在一九三三年，他就試圖警告世人，希特勒威脅要消滅整個種族，可不是隨便說說的。[12]佛倫斯記得紐倫堡法院的走廊上遇見萊姆金：「萊姆金當時表情失落，渾身髒兮兮的，眼神透露著憤怒與痛苦。」萊姆金在走廊極力遊說，希望眾人能認定種族滅絕為新的國際罪行。[13]

「他宛如柯立芝詩作〈老水手之歌〉（*The Rime of the Ancient Mariner*）裡的老水手，逢人就緊緊抓住機會，訴說成千上萬家庭被德國人破壞的悲慘故事。」佛倫斯回憶道，「猶太人單純因為是猶太人就被殺。」他最後懇求大家支持他的訴求，認定種族滅絕是一種特殊的罪行。由於萊姆金極力懇求，佛倫斯刻意在開庭陳述中加入這個詞，把它定義為「消滅整個民族」。[14]

這位年輕檢察官用來結束初次庭辯的那句話，接下來數十年，向這種不赦重罪討公道的人們會產生共鳴；甚至，五十年後，聯合國在南斯拉夫和盧安達新成立的特別犯罪法庭的庭長也引述它。「如果這些人免受刑罰，那法律就失去意義了，人們絕對會活在恐懼之中。」佛倫斯陳述道。[15] 第二天他完成檢方的論辯後，這場審判剩餘的幾個月全都用於讓被告陳述證詞。

來自美國賓州的審判長麥克・穆斯曼諾（Michael Musmanno）不久後便深信，佛倫斯「不是在發表動人的演講，而是在陳述真切的事實」。[16] 穆斯曼諾還說，這位身材矮小的檢察官駁斥被告的辯詞時，就像「大衛對上巨人歌利亞」，被告試圖把瘋狂屠殺的罪責全推給別人，或堅稱自己執行殺人任務時，手段盡可能符合「人道」。[17]

有兩名法官陪同，協助穆斯曼諾審理這場審判，不過，根據佛倫斯的記述，穆斯曼諾完全掌控訴訟程序。穆斯曼諾是義大利移民的兒子，一九二〇年代，曾經幫知名的無政府主義者尼古拉・薩柯（Nicola Sacco）和巴托羅密歐・梵澤帝（Bartolomeo Vanzetti）辯護，也常展現戲劇表演天分。一九三〇年代中期，他擔任刑事法庭法官，大力掃蕩酒駕，命令二十五名因喝酒而犯法的人去參加一名礦工的葬禮，那名礦工是被酒駕司機撞死的。[18] 此外，若有人質疑聖誕老人存在，企圖要害小朋友難過，他就會提出警告，說此舉等同於藐視法庭。「法律都承認無名氏存在，自然也承認聖誕老人存在。」他聲明道。19

佛倫斯一開始搞不懂這個行事浮誇的人。佛倫斯常提出抗議，認為被告所提的證據大多是「扯不上邊的道聽塗說、明顯的偽造檔案或證人立場偏頗，不應列入考量」，但穆斯曼諾老是駁回他的抗議，讓他很氣憤。接下來法官說的話也很坦白，也在佛倫斯與其團隊的意料之中：他會接受辯方提交的任何證據，「就算是企鵝的性生活也能列為證據」。20「企鵝規定」這個詞就是這樣誕生的。

不過佛倫斯也有記述，穆斯曼諾對於奧圖．奧蘭多夫（Otto Ohlendorf）等被告的證詞深感興趣。奧蘭多夫有五個孩子，讀過法律與經濟學，擁有法學博士學位，指揮過D特別行動隊，這個部隊大概是最惡名昭彰的屠殺部隊。這位年輕的檢察官把奧蘭多夫列入被告，正是因為他是史上教育程度最好的大屠殺嫌犯之一。

穆斯曼諾轉頭直接對著奧蘭多夫說話，審慎選擇遣辭用句。「去打仗的軍人知道必須殺人，但是軍人瞭解自己面對的是武力相當的敵人。但是你卻到處射殺無力防衛的人。現在你捫心自問，那道命令符合道德嗎？恕我冒犯，假如上級要你殺掉令姊，那你會不會透過直覺，從道德層面來評斷那道命令的對錯？再次強調，是從道德層面，不是政治或軍事層面去判斷，你會認為那命令符合人道、道德和公平嗎？」21

奧蘭多夫看起來心慌意亂；他打開手掌後又握緊拳頭，目光掃視法庭。誠如穆斯曼諾後來回憶道：「奧蘭多夫知道，要是連自己的姊姊都殺，就算不上是人。」他只能想辦法不去回答這個問題。「庭上，我沒辦法將這件事跟其他事分開來思考。」他回答道。

不過就檢方聽來，奧蘭多夫仍舊堅稱自己沒有權力質疑上級命令，連他一手主導的大規模槍決，都解釋成是為了自我防衛，因為，誠如後來佛倫斯總結論辯時所說的，「德國受到共產主義威脅，大家都知道猶太人支持布爾什維克主義，而且不能相信吉普賽人」。22

這樣的論辯自然對奧蘭多夫沒什麼幫助，對其他被告也是，尤其因為他們都是聰明人，不可能傻到相信自己說的那些話，這點穆斯曼諾一清二楚。「紐倫堡特別行動隊審判的被告席上有許多知識分子，就算在圖書館的公共閱覽區，也看不到這麼多知識分子聚在一起。」他後來寫道。23

泰勒將軍出手協助，進行檢方結辯。他強調，被告曾經領導「這場大屠殺計劃的殺手們」，而且記錄清楚證明，「被告不僅犯下種族滅絕等戰爭罪行，也犯下起訴書提及的違反人道罪行」。24 耐人尋味的是，現在不只佛倫斯，連督導後續所有紐倫堡審判的泰勒也使用種族滅絕這個萊姆金發明的新詞。

穆斯曼諾以前在賓州擔任法官，從來沒判過任何人死刑。他是虔誠的天主教徒，想到可能必須宣布死刑判決，就心煩意亂，於是到附近的修道院避靜幾天。佛倫斯還沒明確要求判處被告死刑，他後來解釋說，他不是反對死刑，「只是一直想不出這樣的罪行應該判處什麼刑罰」。25

法官出庭宣布判決時，佛倫斯聽到後大吃一驚。「穆斯曼諾判得比我預期的還要重許多。」這位檢察官回憶道，「他每說一次『絞刑處死』，就像鎚子敲了一聲，震撼我的腦袋。」法官宣判十三人絞刑處死，其餘被告被判處監禁，刑期從十年到終身不等。26

佛倫斯最後才瞭解為什麼穆斯曼諾堅持遵守「企鵝規定」。「穆斯曼諾是要讓被告享有法律規定的完整權利。」佛倫斯說。「他有信心自己不會受到被告提出的假證據矇騙，畢竟，決定最後判決的是法庭。」「法庭宣布最後判決時，我對麥克．穆斯曼諾突然產生強烈的敬意。」他結論道。

許久以後，跟達豪的判決一樣，有幾個案子經過複審，法官減輕了被告的刑罰。佛倫斯九十三歲回顧時，提供了最後的數據：「根據我的調查，有三千名特別行動隊隊員，每天到處拼命射殺猶太人和吉普賽人，我起訴了二十二個人，全部被判有罪，當中十三個人被判處死刑，但只有四人實際被處死，其餘的人幾年後就逃脫死罪。」接著，他鬱悶說道：「其餘的三千人，完全沒有受到處罰，他們以前可是天天殺人如麻呐。」27

佛倫斯為自己的記錄感到自豪之際，也對在紐倫堡的某些經歷感到沮喪，對被告及其共犯的態度，尤其心灰意冷。他會避免在法庭外跟被他起訴的人談話，但是有一個人例外，那個人就是奧蘭多夫。他被判死刑後，佛倫斯跟他談過幾句話。「在美國的猶太人會為此付出代價。」被判處死刑的奧蘭多夫這樣告訴佛倫斯；有四個人被絞死，奧蘭多夫是其中一人。佛倫斯補充道：「他到死都堅信自己是對的，我是錯的。」

很少德國人會如此直言不諱地向勝利者表達自己的想法，而且德國人幾乎都沒什麼悔意。「在德國期間，從來沒有德國人對我表達歉意。」佛倫斯說。「這是我最失望的事：沒有人，包括被我起訴的大屠殺凶手，都不曾說過抱歉。他們的心態就是那樣。」

「正義在哪？」他繼續說，「這場審判只是象徵性的，只是開頭，我能做的就只有那樣。」

國際軍事法庭在紐倫堡審判納粹頂層領導人，二十四歲的戰鬥工兵下士何洛・柏森負責為美軍廣播電臺報導審判過程。最令他氣憤的是，德國人始終聲稱沒有支持納粹黨，也不知道納粹黨幹了什麼事。「沒人找得到認識納粹黨員或知道集中營是什麼的德國人。」他譏諷地回憶道。28 或者，就像理查・宋納飛（Richard Sonnenfeldt）說的：「很有趣，在戰後的德國，好多納粹黨員都隨著猶太人一起消失。」宋納飛是德國猶太人，逃離祖國，在美軍服役，接著在紐倫堡接下首席口譯員的職務。29

德國人大多會拼命向勝利者解釋自己是無罪的，劇作家艾比・曼恩為電影《紐倫堡大審判》寫劇本時，忍不住要揶揄德國人。「德國根本沒有納粹黨員。」他虛構的美國檢察官在審判開始前，私下向法官發洩情緒，「你不知道嗎，庭上？是愛斯基摩人入侵，占領了德國，引發這一切恐怖事件。不是德國人的錯，犯錯的是那些該死的愛斯基摩人！」[30]

柏森堅信紐倫堡審判萬分重要，因為德國人必須正視第三帝國歷史裡的一切駭人細節。「我覺得他們必須把這段歷史一點一滴烙印在記憶裡，這樣他們才永遠不會忘記。」他說。在審判中扮演要角的幾位人物，甚至用更寬廣的角度來看待自己的任務。在國際軍事法庭進行開庭陳述時，英國檢察長哈特利・蕭克羅思爵士（Sir Hartley Shawcross）發誓要讓這些審判「成為當代的試金石和可信公正的記錄，讓未來的歷史學家能尋找真相，讓未來的政治家能引為借鑑」。[31]

目睹意義重大的事件，柏森心中充滿敬畏之情，也反映在他每天的電臺講稿中。「法庭裡的觀眾清楚知道，今日現代史將要寫下新的篇章，而自己也參與其中。」他在訴訟開始時寫道。美英法俄四大戰勝國的法官「魚貫入庭，世人第一次嘗試建立國際法，以作為各國之間的實用法律」。[32]

在紐倫堡，柏森經常聽到同袍抱怨沒有必要審判，當初要是把頂層納粹黨員立即處決，就不用如此大費周章、浪費大家的時間。柏森在新聞稿中反駁這樣的觀點，並引述羅伯特・傑克森（Robert H. Jackson）的論述：「我們絕對不能忘記，今日我們審判這些被告的記錄，明日將成為歷史審判我們的記錄。」傑克森是最高法院法官，在那場首要審判擔任美國檢察長。此外，如同柏森在新聞稿中記述的：「我們並不想採用納粹黨的手段……『把他們拖出去槍斃』……動用私刑處死犯人，不符合我們的體制與法律，我們會根據證據來判處刑罰。」

柏森後來跟人一起創辦規模巨大的國際公關公司「柏森馬斯特樂事務所」（Burson-Marsteller）。將近七十年後，他回顧時坦承：「我當時的新聞稿內容帶著一絲天真，現在的我可能就不會那樣寫。」尤其是當年他天真地相信，新成立的聯合國未來能阻止這類罪行。但至少他仍舊堅信，想出大多數紐倫堡審判對策的傑克森，是由衷下定決心，「想在勝利者審判失敗者的審判中，盡量給予德國人公平的審判」。

有些比較經驗老到的記者，包括知名的記者，像是威廉・夏伊勒、沃爾特・李普曼和約翰・多斯・帕索斯（John Dos Passos），起初都抱持非常懷疑的態度。「他們認為這只是表演，不會持續很久，大部分的被告終究會被吊死。」柏森這麼說道。在美國，法庭的戲碼不僅引發懷疑，更是經常引起政治立場歧異的兩造公開敵對。

米爾頓・梅爾（Milton Mayer）在《進步者》（*The Progressive*）的專欄中寫道，「報仇不會讓被折磨死的人死而復生」，而且，「根據美國的司法實務慣例，從被解放的集中營取得的證據，不足以讓被告被判死罪」。[33]在《國家》（*The Nation*）中，評論家詹姆斯・艾吉（James Agee）甚至暗示，解放達豪集中營的剪輯影片是誇大的宣傳影片。國際軍事法庭宣判後，執行絞刑前，共和黨參議員羅伯特．塔夫特（Robert A. Taft）講出心裡的想法：「整個審判過程瀰漫報仇的情緒，根本算不上伸張正義。」絞死十一名死刑犯，他補充道，「將成為美國歷史上的汙點，將讓我們永遠後悔」[34]前面有談到，其實最後只有十個人被絞死，因為戈林自殺。

有人把審判視為建立新國際司法基準的重要第一步，但是就連有些這樣想的人都承認懷疑自己的價值觀。「懲罰德國戰犯反而讓國際組織跟民間社團開始覺得，罪行不應該是用懲罰來彌補。」發明「種族滅絕」這個詞的波蘭律師拉斐爾．萊姆金說，「光是審判的裁判結果完全不足以懲罰罪犯。」[35]他堅持不懈地遊說，最後會促成聯合國大會通過《一九四八年防止與懲治種族滅絕罪公約》。

紐倫堡法律團隊的許多成員都沒什麼時間更加深入思考審判的意義。「參與審判的人幾乎都沒有理解紐倫堡審判的歷史價值。」佛倫斯認為，「當時我們大多非常年輕，享受著勝利的喜悅和挑戰新任務的興奮。」[36]就算是審判期間，附近還是有歡慶的氣氛。駐守法蘭克福的年輕猶太美國軍人賀曼．歐博邁爾，早期曾經跟絞刑手約翰．伍茲共事，歐博邁爾看了那場首要審判一整天，看過戈林和其他被告。但是那天晚上，他也觀賞了無線電城火箭女郎舞蹈團的勞軍表演。[37]

不過，不論參與審判的時間或長或短，參與者都很難不察覺到審判的意義和象徵作用，即便看不出它會有什麼深遠的影響。傑羅・施華博（Gerald Schwab）跟他其餘的猶太家人一九四〇年逃離德國，搬到美國。他曾經穿美軍制服，在義大利戰役中擔任機槍兵，後來上級指派他擔任德國俘虜的口譯員。一退伍，他就在紐倫堡擔任相同的民間職務。「我認為這項工作很棒，因為這讓我能夠參與歷史事件。」他回憶道。38

施華博通常不會向被告透露他的德國猶太人背景，他認為他們要煩惱的事情已經夠多了。不過有一次他跟等候作證的阿爾貝特・凱塞林（Albert Kesselring）元帥共處一室，那位身經百戰的指揮官問他在哪裡學德語，施華博於是解釋自己的出身和家人在最後一刻脫逃的事。「你在這裡一定覺得非常稱心快意。」凱塞林說道。施華博答道：「你說得對，元帥。」

在德國人裡頭，最常聽見的抱怨是，審判只不過是勝利者的公道。「胡說，才不是呢。」佛倫斯嚴詞反駁，「如果我們真要實現勝利者的公道，大可以殺了五十多萬個德國人。」動機不是要復仇，他繼續說，我們的目標是「揭露真相有多恐怖，防止世人重蹈覆轍」。39

在國際軍事法庭的開庭陳述中，傑克森檢察長指出審判的真正成就：「四大強國的人民，一方面為了勝利欣喜若狂，一方面為了傷痛悲痛欲絕，但諸國領袖制止了報復之手，主動將被俘的敵人交由法律裁判，這是理智戰勝權力最明顯的證據之一。」40倘若考量到審判前進行的報復規模，尤其是紅軍的報復行動，傑克森的論述可能會被駁斥為過度自我吹捧。不過這樣想是錯的，原因就在於「報復之手」力量非常強大，若沒有加以制止，會造成更加災難性的結果，因此傑克森說的話大多是對的。

法律團隊也有其他成員認為，審判縱然不完美，不過仍舊是必要的，也是成功的，他們說得也沒錯。「從來沒有一個交戰國像納粹德國在紐倫堡審判中一樣，檔案被澈底揭露。」負責起訴被告席中最高層級納粹保安官員恩斯特．卡爾滕布倫納的惠尼．哈里斯（Whitney R. Harris）寫道，「許多檔案最終因此被揭露，可說史無前例，成果超越任何一場重要戰爭。」41 德國戰敗初期擔任德國軍政長官的盧修斯．克雷（Lucius D. Clay）將軍說道：「審判澈底消滅了德國境內的納粹黨。」42

在接下來數十年，佛倫斯漸漸相信，雖然只有少部分人應該為第三帝國承擔罪責受到懲罰，不論象徵意義的大小，審判終究「漸漸喚醒了人類的道德良知」。或許吧。但是對於舉辦審判，還有一個更能令人信服的論據，暗藏在所有致力於推動審判的人的行動中。德國猶太律師羅伯特．肯納（Robert Kempner）清楚說了出來：「要是沒有審判，這些人就會死得不明不白，沒有人對罪行負責，那麼罪行將會再次發生。」他記述道；他逃到美國，後來回德國加入傑克森的檢察團隊。43

其實，達豪和紐倫堡的審判只是起點，離懲罰納粹黨的最終章還很遠，大家還必須花幾十年持續追捕、起訴或者至少揭露其他納粹黨員的罪行，並且繼續教育德國與他國的民眾；但是民眾卻越來越想把注意力轉移到別的地方。

再說，審判還沒解答納粹時代引發的許多問題，重要的是，最大的問題仍舊懸而未決，穆斯曼諾法官省思在紐倫堡的經歷時，總結了這些問題：

「我個人在審判特別行動隊時遭遇的重要難題，不是判決被告有沒有罪，審判接近尾聲時，那個問題就自動慢慢解開。身為人類，我最傷腦筋的問題是，教育程度那麼好的人，怎麼會如此澈底違背兒時所學的道理以及師長的諄諄教導，忘記《聖經》裡的美德，像是誠實、仁慈以及心靈的純潔，難道他們把那些教誨忘得一乾二淨了嗎？再也察覺不到道德良知了嗎？」44

這些問題，世人會一而再、再而三地質問。

第五章　保守哥哥的祕密

「德國人在人行道邊緣等紅燈變綠燈後通過馬路，就算明白知道有輛卡車違法衝來，會把他撞死，他仍會認為自己死得像個優秀的德國人。」一九四〇年一月二十五日，美國記者威廉・夏伊勒在日記中引述一名德國婦女的話，她非常氣憤德國同胞竟然願意追隨希特勒。[1]

許多一開始就把制裁納粹視為己任的人並非猶太人，最有名的就是紐倫堡特別行動隊案的羅伯特・傑克森檢察長、泰爾福德・泰勒檢察長、麥克・穆斯曼諾法官，以及達豪審判的檢察長威廉・丹森。在紐倫堡與達豪，有些法律團隊成員是猶太人，像是班哲明・佛倫斯，或是猶太大屠殺的倖存者，像是西蒙・維森塔爾和屠維亞・費曼，他們急切渴望全力幫助勝利者，追捕與起訴罪犯，這是意料中的事，他們的動機幾乎不需要任何解釋。

不過傑恩・西恩（Jan Sehn）是截然不同的人，可能是世界上最獨特的納粹獵人吧，至今外界仍舊大多不知道他，甚至連他的波蘭同胞也不認識他。在華沙的國家紀念研究所和華盛頓的猶太大屠殺博物館檔案室（Holocaust Museum Archives），無數來自集中營倖存者的證詞，上頭有他擔任調查法官時的簽名。他也是最早的記錄者，詳盡記述奧斯威辛的歷史、組織、醫學實驗和毒氣室；奧斯威辛集中營的名稱已然成為猶太大屠殺的同義詞了。2

西恩精心策劃魯道夫・霍斯的審判，讀者可別搞混了，在紐倫堡被判無期徒刑的是希特勒的副手魯道夫・赫斯。霍斯是奧斯威辛集中營的指揮官，一九四七年四月十六日在「死亡營舍」登上絞刑臺。他被刻意絞死在他以前殺害許多人的地方。最重要的是，西恩說動霍斯在行刑前寫下個人故事，寫了一冊，那本書至今仍舊可以說是人類史上最駭人的記錄，讓人得以窺視大規模殺人犯的心理。然而，談論第三帝國罪行的書籍氾濫，因此那本自傳也經常受到忽視，其影響力大多被遺忘了。

西恩以及他的工作成果不太受到注目，或許是因為他沒有記錄任何私事：沒有日記、自傳，甚至沒有任何描述自己的文章。他的寫作全都是根據他搜集的證詞和其他證據寫出來的報告與文字記錄；他擔任過波蘭希特勒主義罪行調查高級委員會委員、波蘭德國戰爭罪行調查軍事委員會委員，當然，也擔任調查法官，負責審判霍斯和其他奧斯維辛的人員，包括黨衛軍軍官。[3]他也辦過阿蒙・歌德（Amon Göth）的案子，歌德是克拉科夫市普拉佐集中營的指揮官，殘酷成性，在史蒂芬・史匹柏的電影《辛德勒的名單》中，他可是主角。如果西恩沒有在一九六五年五十六歲時去世，或許他會說出更多故事。

不過也或許不會。西恩一直聚焦在工作上，而不是個人故事上，是有重要理由的。他堅信關於自己的某件事必須隱瞞，連最親近的同事都瞞，瞞到生命結束。

西恩家是德國血統，這不是什麼祕密，不過精確的根源仍舊難以確定，在邊界與帝國變個不停的地區，這種情況一點也不稀奇。傑恩・西恩一九〇九年生於杜守夫（Tuszów），杜守夫是加利西亞的一個村莊，現在在波蘭東南部，但是當時在奧匈帝國境內，西恩家一家人同時使用德語和波蘭語交談。亞瑟・西恩（Arthur Sehn）是傑恩的姪孫，半個世紀後出生，曾經試著追溯家族歷史。他認為西恩家是德國移民的後裔，十八世紀末葉被神聖羅馬帝國皇帝約瑟夫二世要求搬遷到加利西亞，這位統治者統治哈布斯堡王朝的疆土，併吞了波蘭南部許多地區。俄國、普魯士王國和奧匈帝國接連瓜分波蘭，使波蘭從地圖上消失超過一世紀。[4]

第一次世界大戰後，波蘭以獨立國家之姿重新出現，西恩家的大部分家人留在東南部的鄉村地區，繼續務農維生，日子過得還不錯。但是一九二九年到一九三三年，傑恩離家前往克拉科夫的亞捷隆大學攻讀法律，展開法律生涯。一九三七年，他開始在克拉科夫法院的調查部門工作，以前的同事回憶說，他立刻就展現「對犯罪學的熱愛」。但是兩年後，德國入侵波蘭，第二次世界大戰爆發，迫使他必須延後一切事務。5

戰爭期間傑恩待在克拉科夫，也找了份工作，在餐飲協會擔任「祕書」。沒有證據顯示他有參加波蘭地下反抗運動，或與德國當局有任何勾結；他只是想熬過六年漫長的德國占領。他的家人繼續待在波蘭東南部務農，卻有著截然不同的經歷。

傑恩的哥哥約瑟夫住在名叫波布羅瓦（Bobrowa）的村莊，也在波蘭東南部。約瑟夫在德國占領初期，做了要命的決定。德國統治者初期採取一項政策，鼓勵德意志裔人（Volksdeutsche），也就是德裔波蘭人，登記為德意志人民。他的孫子亞瑟研究家族歷史時，發現有記錄顯示，約瑟夫馬上幫全家人登記，包括他的妻子、三個兒子和父親。約瑟夫站到勝利者那一邊，篤定地以為自己這樣能保護自己和家人。不久後，由於德意志裔人的身分，他被任命為村長。

到了德國即將戰敗、德軍撤退的跡象明顯時，約瑟夫從村裡消失，就連他的三個兒子也不知道當時他發生什麼事。「他不讓孩子們知道。」其中一個也叫約瑟夫的孩子回憶道。兩個男孩被送到克拉科夫，跟傑恩叔叔與嬸嬸一起住了幾個月。數年後他們才知道，父親當時逃到波蘭西北部，改名換姓，在一個與世隔絕的社區擔任林務工，直到一九五八年去世；根據亞瑟．西恩的記述：「他想離文明世界越遠越好。」6 他甚至被以化名埋葬。他餘生都在害怕波蘭的新統治者會以通敵的罪名懲罰他。

雖然西恩家兄弟倆很年輕時就各自選擇了不同的人生道路，但是傑恩清楚知道哥哥在德國占領期間的作為，戰爭快要結束時，他願意收留兩個姪子，就表明了這一點。他們還有一個妹妹，似乎跟逃亡的哥哥有間接聯絡，她大概一直都有把約瑟夫的最新消息告訴傑恩吧。

傑恩和妻子膝下無子，不過並沒有因為這樣就變成縱容孩子的養父母。「他非常嚴厲。」他的姪子約瑟夫回憶道。每次妻子耳聞姪子有不規矩的行為，轉告傑恩，傑恩就會毫不猶豫用皮帶體罰。但是他也在克拉科夫的一家餐廳幫姪子找到暫時的工作，並且在姪子兄弟倆最需要的時候，提供避難處。

戰爭還沒完全結束之前，傑恩就開始尋找能證明德國人有罪的證據。瑪利亞・柯斯沃思佳（Maria Kozłowska）是他在克拉科夫的鄰居，年紀比他小，後來任職於法醫研究所（Institute of Forensic Research）；傑恩從一九四九年起擔任所長，直到去世。柯斯沃思佳回憶說：「傑恩曾經到弗羅茨瓦夫（Wrocław，這座城市被併入波蘭前叫做布雷斯勞），在悶燒的斷垣殘壁裡尋找文件，他走遍整個波蘭尋找證據。」[7]

柯斯沃思佳和後來跟傑恩・西恩共事的其他人始終認為，是他對法律與正義的熱愛，刺激他如此堅決地搜集納粹黨的罪證，提起訴訟，將許多罪犯送上絞刑臺。波蘭在德國占領期間遭到重創，失去大約六百萬人民，他全心全力協助新的波蘭復原；六百萬人占波蘭戰前人口的百分之十八，比例驚人，而且在死者之中，有約莫三百萬是波蘭猶太人，占波蘭猶太人總數的將近百分之九十。[8]

這些都是好理由，足以說明為什麼他全心全力執行任務，但是卻算不上完整的解釋。傑恩的同事知道他的家族很久以前來自德國，從姓氏就可以清楚看出這一點，但沒理由認為這就是動機。許多波蘭人也一樣，祖先血統複雜，因此，只要不去注意他的家族近代史，他的家族狀況看起來一點也沒有不尋常。柯斯沃思佳知道他有個妹妹在弗羅茨瓦夫，但是對他那個失蹤的哥哥一無所知。柯斯沃思佳自然也不知道他在德國占領期間與德國戰敗後的漫長探索旅程。

那絕非意外。研究家族歷史的亞瑟不願對叔公的動機提出明確的說法，但是亞瑟懷疑，傑恩隱瞞哥哥這一系的家族，是他熱切追求正義的原因；如果他沒有隱瞞，哥哥一家人的身分絕對會被波蘭的新共產黨統治者發現。「或許他極度渴望伸張正義，譴責罪人吧。」亞瑟說，「這樣可能會被認為有點投機，但是他的動機說不定是清楚單純的。」

不論動機為何，傑恩．西恩很快就拿出引人注目的成果。

魯道夫．霍斯從一九四〇年監督創設奧斯威辛起，到一九四三年底，都擔任奧斯威辛的指揮官。主營區本來是軍營，位於名叫「Oświęcim」的小鎮附近，德文寫成「Auschwitz」，也就是「奧斯威辛」。[9] 一九四〇年六月接收第一批送達的七百二十八名波蘭人，這些是波蘭的政治犯，通常跟反抗運動有關。他們大多是天主教徒，因為當時還沒開始驅逐猶太人。

曾經是政治犯的季曼・高達新斯基（Zygmunt Gaudasiński）說：「這座集中營是建來消滅波蘭社會最寶貴的那個部分，德國人在這件事上成功了一部分。」有些囚犯被開槍打死，像是高達新斯基的父親；拷打折磨隨處可見，集中營設立初期，犯人的死亡率就非常高。初期囚犯如果沒有很快死亡，只要緊緊抓住工作，生還的機會就會開始變大，在廚房、倉庫與其他地方工作，囚犯每天就有地方可以避難。有十五萬波蘭政治犯被送到奧斯威辛，其中大約七萬五千人死在那裡。

一九四一年六月德國入侵蘇聯後，蘇聯戰俘被送到奧斯威辛，黨衛軍的頭目海因里希・希姆萊（Heinrich Himmler）料想會有數量龐大的戰俘湧入，擬定了計劃，擴展營區，在兩哩外的比克瑙建造第二座大型集中營。第一批戰俘被派去工作，興建新設施，工作條件令飽經霜雪的政治犯也心寒膽戰。「他們受到的對待比任何囚犯都還殘忍。」曾經在醫務室當護士照顧戰俘的梅斯羅・澤華史基（Mieczysław Zawadzki）說道。他們只有大頭菜和極少量的配給麵包可以吃，紛紛因為飢餓、日曬雨淋和毆打而倒下。「他們餓得實在厲害，甚至會跑到停屍間裡，把屍體的屁股肉割下來吃。」澤華史基回憶道，「後來，我們就把停屍間鎖起來，讓他們沒辦法進去。」

大部分的蘇聯戰俘很快就死了，但是前線卻沒有持續運來戰俘，於是希姆萊指示霍斯，準備讓奧斯威辛集中營承擔重任，執行消滅歐洲猶太人的最終解決方案。阿道夫．艾希曼進行協調，猶太人從歐洲各地被運來，使奧斯威辛—比克瑙變成最國際化的集中營。雖然奧斯威辛—比克瑙裡頭仍舊有多個勞動營和一個死亡營，但是很快就變成最大的猶太大屠殺死亡工廠，比克瑙的毒氣室和火葬場全力運轉。有超過一百萬受害者死在那裡，其中大約有百分之九十是猶太人。

一九四三年底，霍斯被改派任集中營督導官，卸下奧斯威辛指揮官的職務，但是不久後又被調回奧斯威辛，準備接收一九四四年夏天抵達的超過四十萬名匈牙利猶太人。他把這項行動執行得非常成功，把史上最大批的同一國籍猶太人送到奧斯威辛（奧斯威辛—比克瑙完全運轉之前，多數波蘭猶太人就在其他的死亡營被殺掉了），因此上司和同僚稱這次行動為「霍斯行動」。[10]

一九四五年四月，紅軍攻入柏林，希特勒自殺。霍斯後來寫說，他跟妻子海德薇（Hedwig）有想過追隨元首的腳步。「元首死了，我們的世界跟著滅亡了。」他悲嘆道，「繼續活下去有任何意義嗎？」[11]他有取得毒藥，但是後來說他們為了五個孩子，決定不走自殺這條路。他們前往德國北部，在那裡分道而行，避免被發現。霍斯改名為佛朗茲・朗恩（Franz Lang），那是一名已經死掉的低階海軍人員，帶著他的證件，到敘爾特島的海軍情報學校報到。[12]

英軍攻占那所學校後，把學校人員全送到漢堡北方的臨時營區。勝利者挑出高階軍官送到監獄，但是卻完全沒注意到他們以為是佛朗茲・朗恩的那個人。霍斯很快就被釋放，跑到丹麥邊界附近的哥特魯佩爾村（Gotrupel），開始在農場裡工作。他在那裡的一座穀倉住了八個月，工作勤奮，沒有引起當地人懷疑。由於海德薇和孩子們住在聖米夏埃利斯東（St. Michaelisdonn），大約在七十哩外，因此他偶爾都會跟妻兒間接聯絡。[13]

結果這成了霍斯被逮的原因。德國猶太人漢斯・亞歷山大（Hanns Alexander）中尉在戰前逃到倫敦，接著在英軍裡服役，擔任戰爭罪行調查員。一九四六年三月，他追蹤到霍斯的家人，確信他們知道那位前指揮官藏匿在哪裡。[14]當地的英國部隊監視著霍斯的家人，發現一封霍斯寫給妻子的信，因此將她監禁在當地的監獄。亞歷山大向海德薇拷問丈夫的事，但是她什麼事都不肯說。亞歷山大把這名母親拘禁起來，前去找孩子們，結果他們也不肯說出父親藏匿在哪裡，即便惱怒的亞歷山大威脅說，如果他們沒有人要自願提供消息，就要殺了他們的母親。

戰爭一爆發，亞歷山大就加入英軍，亟欲協助英軍對抗自己的出生國。戰爭結束後，亞歷山大身為納粹獵人，代表自己的新國家，不肯輕易善罷干休。亞歷山大決定把霍斯十二歲的兒子克勞斯（Klaus）帶回監禁他母親的那個監獄，把母子關在不同的囚房。克勞斯懼怕亞歷山大的威脅是最明顯的。

一開始，海德薇仍舊抵死不從，聲稱丈夫死了。但是亞歷山大打出最後一張牌，讓她放棄抵抗。一輛列車刻意開到監獄附近，好讓她清楚聽見列車的聲音，就在此時，亞歷山大告訴她，說克勞斯即將搭上列車，被送到西伯利亞，她將再也無法見到克勞斯了。幾分鐘後，海德薇就說出丈夫的下落，還有他使用的姓名。接著亞歷山大便率領突擊隊去逮人，三月十一日深夜在穀倉裡逮到他。如果有任何人懷疑霍斯的真實身分，他的結婚戒指可以消除一切懷疑。亞歷山大威脅他如果不交出戒指，就要剁掉他的手指，那位前指揮官才交出戒指。戒指上刻著「魯道夫」和「海德薇」。

亞歷山大跟早期許多納粹獵人一樣，不太願意讓軍事審判系統接手。他故意離開手下，說他十分鐘後就會回來，要他們把霍斯「毫髮無損地」帶到車子裡等他。士兵們知道那是准許討回一些公道的意思，於是馬上展開報復，用斧頭柄痛打他。霍斯被脫掉睡衣褲，遭到痛毆。打完後，他用一張毯子裹著身子，沒有穿鞋襪，被帶上卡車，送回鎮裡。在鎮裡，亞歷山大和手下們慶祝在穀倉裡成功逮到人，霍斯則被迫在一旁等待。亞歷山大最後又羞辱霍斯一次，把他的毯子扯掉，命令他裸體走過仍舊覆蓋著雪的廣場，走到監獄。[15]

他一開始被英國人審問，接著同盟國決定應該把霍斯往南送到紐倫堡，當時主要審判已經在紐倫堡進行四個月了。四月初，美軍精神科醫師李昂・古登松（Leon Goldensohn）獲准審問這名新到的囚犯，但是進入霍斯的隔離囚室後，被所見的畫面嚇了一跳。「霍斯坐著，兩隻腳掌泡在冷水桶裡，兩隻手掌緊緊夾在大腿中間互相摩擦。」古登松記述道，「他說他長凍瘡兩星期了，把腳掌泡在冷水裡能減輕疼痛。」[16]

更多高階納粹官員陸續接受審判期間，這位有點可憐的四十六歲男人突然發現自己非常受歡迎，即便現在監獄裡關了一些史上最罪大惡極的罪犯，這位奧斯威辛前指揮官仍舊特別引人注目，負責為希特勒的劊子手檢查精神狀況的人，對他格外注目。

惠尼・哈里斯是美國檢察團隊的一員，不費吹灰之力就讓霍斯招供。根據哈里斯的描述，霍斯「沉默寡言，不討喜，但是十分合作」。[17]一開始招供時，他就語出驚人，說估計「至少有兩百五十萬受害者在奧斯威辛被處死與撲殺，用毒氣毒死與用火燒死；至少還有五十萬人餓死與病死。因此一共死了約三百萬人。」[18]

霍斯後來告訴古登松，艾希曼向希姆萊報告過那些數字，但是那些數字可能「太高了」。[19]其實，後來調查人員也證明那些數字被灌了水，不過，奧斯威辛的實際受害人數就已經夠嚇人了，現在大家普遍認為介於一百一十萬到一百三十萬之間。[20] 無論如何，霍斯在國際軍事法庭作證時，重述自己向哈里斯坦承的數字，震驚出席的每個人，就連被告席的頂層納粹黨員也大吃一驚。希特勒以前的波蘭占領區總督漢斯・法蘭克告訴美國精神科醫師季伯特：「聽到一個人親口說出自己冷血屠殺兩百五十萬人，那是整個審判過程中最駭人的一刻。這件事人們會談論一千年。」[21]

不過令聽者膽寒的還有霍斯的說話方式，包括描述自己如何有條不紊地執行命令，把奧斯威辛擴展成高效率的滅絕營。無庸置疑，他知道那些命令的意義。他在招供時坦言：「猶太問題的『最終解決方案』，就是把歐洲的猶太人趕盡殺絕。」[22]

他講述自己如何測試新建造的毒氣室：「毒氣室殺人需要三到十五分鐘，取決於氣候條件。我們知道囚犯什麼時候死掉，因為他們會停止尖叫。」談到奧斯維辛在他監督下完成的改善措施時，他露出明顯的自豪神情。有四間毒氣室，每間能容納兩千人，相較之下，特雷布林卡的舊毒氣室，一次只能容納兩百人。

還有一項改善措施優於特雷布林卡，那就是毒氣室的長度。在特雷布林卡，大部分受害者都知道即將發生什麼事。他記述道：「在奧斯威辛，我們試圖欺騙受害者，讓他們以為自己只是要接受除蝨。」但是他坦承，許多蛛絲馬跡難以掩蓋，因而暴露出集中營的用途。他說：「不斷燃燒屍體發出令人作嘔的惡臭，瀰漫整個地區，住在附近社區的人全都知道奧斯威辛在進行滅絕行動。」

霍斯來紐倫堡並不是要面對法律審判，美國人決定在審判尾聲帶他來，是要他當證人，不是被告；美國人認為他能幫忙提供不利於頂層納粹的證據。帝國保安總局局長卡爾滕布倫納的辯護律師決定請霍斯出庭幫他的當事人作證，檢察長泰勒將軍說：「這個決定實在特別。」[23]律師要霍斯證實，卡爾滕布倫納儘管得為整個恐怖設施和大屠殺負起全責，但是從來沒有視察過奧斯威辛。基於這個理由和其他看似雞毛蒜皮的小事，霍斯答應出庭作證，但是他作證產生的整體影響，卻反而害卡爾滕布倫納和其他被判死刑的人註定難逃法網。

惠尼・哈里斯結論說，因為在奧斯威辛裡擔任的職務，霍斯成了「史上殺最多人的殺手」。他接下任務時，似乎也沒有感受到任何情緒波動。「他沒有道德良知，接到屠殺人類的命令時，他的反應跟接到砍樹的命令一樣。」[24]

有兩名美軍精神科醫師在紐倫堡分別跟霍斯談話，想瞭解他的性格，最後得到類似的結論。在初次談話中，季伯特馬上感到驚訝，他「講話竟然語調平和冷淡，毫無感情」。這位精神科醫師試著逼問怎麼能殺那麼多人，前指揮官回答時，完全只談技術層面的事：「那不會很難啊——就算要殺更多人，也不難。」他接著解釋一天殺一萬人的計算法。「殺人本身完全不花時間，」他補充道，「半個鐘頭就可以處理掉兩千人，但是燒屍體就非常費時間了。」25

季伯特再次試著逼問他更重要的問題，為什麼希姆萊告知他，希特勒下令執行「最終解決方案」時，他沒有表達任何異議或感到任何憂慮。「我無話可說，只能說『遵命』。」他回答道。他不能抗命嗎？「不行，由於我們接受的一切訓練，我們從來不會想要抗命。」霍斯繼續說。他聲稱凡是抗命的人都會被絞死。他也沒想過得為自己做的事情承擔後果與責任。「是這樣的，在德國，大家認為如果出錯，下命令的人得負責。」季伯特再次試著追問他有沒有想過人道問題，霍斯打斷他的話：「我沒想過人不人道的問題。」

霍斯給了李昂．古登松類似的解釋，不過措辭更加令人目瞪口呆：「我當時認為我是在做對的事，我是在服從命令。當然，現在我認為那樣做不僅沒必要，而且是錯的。不過我不明白你說對這些事感到愧疚是什麼意思，因為我沒有親手殺害任何人啊。我只是在奧斯威辛擔任滅絕計劃的指揮官。是希特勒透過希姆萊下令執行滅絕計劃的，而且命令我運送猶太人的是艾希曼。」26

漢斯向這位精神科醫師表示，自己很清楚對方想要將他分門別類。「我想你是想要用這種方法來判斷我的想法和習慣是否正常吧。」他在另一次談話中告訴季伯特。他接著提出自己的答案：「我完全正常，即便在執行這項滅絕任務時，我還是過著正常的家庭生活，諸如此類。」

他們的對話越來越有超現實的味道。季伯特問他跟妻子的性生活如何，他回答道：「唉，本來很正常，但是我老婆發現我在做什麼之後，我們就很少有作愛的慾望了。」

他告訴季伯特，直到德國戰敗，他才想過或許自己正在做的事是錯的。「但是以前從來沒有人說過這些事；至少我們沒有聽過。」霍斯的下一段旅程是回到波蘭；美國人決定用飛機送他到華沙，把他交給那裡的執政當局審判。這位前指揮官知道這是自己的最後旅程，但是似乎沒有任何事物能改變他死氣沉沉的舉止。

季伯特跟這名囚犯結束面談後結論道：「他太冷漠無情了，絲毫看不出有任何悔意，就算知道可能會被絞死，也不會太過苦惱。他給我的整體印象就是一個智力正常的人，但是像得了精神分裂症一樣，冷漠無情，麻木不仁，缺乏同理心，簡直就是十足的真正精神病患者。」

傑恩・西恩曾經幫忙整理奧斯威辛生還者的證詞，供紐倫堡的檢察團隊使用。他也到波蘭繼續幫審判霍斯和奧斯威辛的其他人員打地基。27 等到在克拉科夫終於能審問這位前指揮官時，他已經搜集了大量足以定罪的證詞。不過他現在比以前更加渴望從這個波蘭最有名的囚犯身上取得一切罪證。

西恩是個嚴厲的工作主管，他的姪子和同事很快就發現這一點。在職業生涯的後期，他擔任法醫研究所所長；法醫研究所在一棟優美的十九世紀別墅裡，那是他爭取來的。他很注重細節，嚴格要求員工早上八點準時到，遲到的人會被訓斥。但是他也很熱心幫助有困難的同仁。柔妃雅・霍寶思加（Zofia Chłobowska）記得有一天早上因為兒子住院治療而遲到，她解釋發生什麼事之後，西恩堅持要她每天早上使用研究所的車子和司機去給兒子探病，直到治療結束。28

這位儀表堂堂的法律學者也在亞捷隆大學教法律，通常被同仁稱為「教授」。雖然這個稱呼意味著受人尊敬，又帶點距離感，但是他仍舊跟克拉科夫的精英和屬下輕鬆相處。他是個菸槍，接見訪客時，總是菸不離手，把點燃的菸插在玉製或木製的菸嘴裡抽。他也經常到辦公室的櫥櫃拿一瓶上等伏特加，招待訪客喝一杯。如果員工，像是研究所的藥理學家瑪利亞・帕許科思佳（Maria Paszkowska），拿出自己釀造的酒，他也會跟大夥一起在辦公室裡開心品嚐。許多自己釀造的酒是用草莓、櫻桃、梅子或其他當令的水果，在研究所裡釀造的。

一九四六年十一月，西恩開始審問霍斯，對待他始終有禮。西恩的目的是要盡量取得奧斯威辛的一切運作資訊，以及霍斯的個人經歷。就像美國的精神科醫師，他也想瞭解負責管理史上最大殺人工廠的人有著什麼樣的性格。他請人在早上把這位前指揮官從監獄帶到他的辦公室，在中午結束審問。

西恩滿意地記述：「霍斯自願作證，且詳盡回答本人的所有問題。」[29] 西恩要求霍斯也開始把記得的事情寫下來；如果說霍斯對於是否要答應有任何疑慮，那麼疑慮應該很快就煙消雲散了。他讓法官提出問題，以指引他寫作方向，通常西恩出錢請他吃午餐後，他就在下午源源不絕地寫作。有時候會談結束後，隔幾天才會再進行下一次會談，在下一次會談到來之前，西恩記述道：「如果他注意到審問期間談到的事是審問者關心的，他也會寫下自己的談論動機。」

跟絞刑手見面的時間越來越近，霍斯請求西恩在他死後把結婚戒指送交給妻子；就是那個戒指在戰爭結束時向英國搜索隊洩漏他的身分。西恩答應。「我得承認，我從來沒想過被拘禁在波蘭那段期間，自己會獲得如此寬宏大量的待遇。」這位前指揮官聲明道。[30] 他也很喜歡西恩交代的寫作作業。「這樣的工作讓我少了許多自憐自艾的時間；自憐自艾不僅沒有用，而且會讓人萎靡不振。」他寫道。他認為寫作「不僅有趣，也能讓人感到滿足」。他每天晚上都因此感到滿足：「我不只又熬過一天，還做了有用的工作。」[31]

那項「有用的工作」最後會變成霍斯的自傳基礎，他的自傳一九五一年首次在波蘭出版，也就是他被絞死的四年後。

「在接下來幾頁，我想試著說說藏在我心裡最深處的故事。」霍斯在回憶錄的開頭寫道：他的回憶錄後來有發行德文、英文與其他語言的版本。他描述在巴登—巴登（Baden-Baden）郊區的孤單童年，在與世隔絕的農舍度過，附近盡是樹林。「我唯一的知己是我的小馬，我確信牠瞭解我。」他回憶道。他不想花時間跟姊妹們在一起，而且，他說雖然父母彼此「相敬相愛」，但是卻從來沒表現過對孩子的疼愛之情。[32]

父母不准他獨自進入樹林，他寫道：「因為在我很小的時候，有幾個旅行經過的吉普賽人撞見我自己一個人在玩，把我帶走。」根據他的敘述，有一名認識霍斯家一家人的農夫在路上遇見那群吉普賽人，認出了那個男孩，把他送回家。

不用是心理學家也知道，這段家族傳說不論是真或假，是要教導小孩，外面有包藏禍心的危險陌生人。成長過程中，父親也打算培養他當神父。父親是虔誠的天主教徒，在德屬東非當過兵，退伍後經商，經常離家工作，但是舉家搬到曼海姆（Mannheim）後，他旅行的頻率就少很多。他花比較多時間陪伴兒子，堅持採用嚴格的宗教教養方式，包括告訴兒子在非洲的傳教士如何行善。這讓他如願影響了兒子。「我決定有一天也要當傳教士，到最蒙昧的非洲，深入幽暗的森林。」霍斯回憶道，「父親教導我，我最重要的使命是幫助有困難的人。」

接著可以預料的是，霍斯對宗教的理想破滅了，不過他講述得好像那一刻能解釋他後來的整個人生道路似的。十三歲時，他「不小心」害一名同班同學摔下學校的樓梯，那個男孩把腳踝摔斷了。霍斯辯解說以前肯定有好幾百個學生曾經摔下那道樓梯，他的同班同學受傷，純粹是因為他倒霉。此外，他馬上去告解，「坦白說出這件事」。告解神父是他父親的朋友，那天晚上到他家做客時，把他做的錯事告訴他父親。隔天霍斯的父親處罰他，因為他沒有告訴父親自己做錯事。

年幼的霍斯萬分震驚，「沒想到竟然被告解神父出賣」，他說神父不應該洩漏在告解室聽到的事，這是天主教的基本教義。「我對神職人員的信任被破壞了。」他寫道。一年後他的父親去世，第一次世界大戰爆發時，他儘管年紀還小，卻渴望參戰，於是在十六歲時偷偷應徵入伍，不久後便先後被派到土耳其和伊拉克。第一次跟英國與印度的軍隊交戰時，他坦承看到同袍被子彈打死，「心裡極度驚恐」，什麼忙都幫不上。但是隨著印度士兵不斷逼近，他克服了恐懼，射殺了一名敵人。「那是我第一次打死人！」他寫道，用驚嘆號來表達自豪。他還寫說，他從此以後面對死亡，再也不會覺得那麼害怕了。

要不是他即將變成大屠殺的凶手，這個故事就完全不會那麼引人注目了。霍斯描述自己十幾歲時只是平凡的少年，但因為陷入戰爭之中，必須快快長大。他在戰爭中受了兩次傷，受傷也使他必需卸下防備，克服天性，否則他從小就習慣逃避「表達情感」。一名照顧他的護士經常溫柔撫摸他，一開始讓他很不自在。「她會一步一步指引我，直到最後結束。」霍斯說道，「我感受到一種做夢都沒想過的美好體驗……我終於也中了愛情的魔法。」

霍斯坦承，要不是那名護士，他根本沒辦法「鼓起足夠的勇氣」談戀愛，這場戀情對他的想法產生巨大的影響。「這場戀情的溫柔與魔力，影響了我一輩子。」他寫道，「我從此再也沒辦法輕薄談論這種事；我變得無法想像沒有真愛的作愛。因此，我不再隨便風流和上妓院。」

凡是跟霍斯描繪的自己相抵觸的事，他一概無視，在他的諸多自述記錄中也是如此。在奧斯威辛，他特別注意奧地利囚犯伊蓮娜．何帝斯（Eleanor Hodys）；何帝斯不是猶太人，是一名女裁縫師，因為偽造納粹文件被逮捕。她在霍斯的別墅工作，有一次霍斯親吻她的嘴唇，她受到驚嚇，把自己鎖在浴室裡。不久後，她被監禁到審問區的囚房。霍斯小心避免被守衛發現，開始祕密探視她；一開始她又抗拒霍斯，但是最後還是屈服了。她懷孕後，被移送到地下室的一間陰暗小囚室，被迫一直赤身裸體，只獲得非常少量的食物。她最後獲釋時已經有六個月身孕，聽從指揮官的命令，被送去給醫生墮胎。33

當然，在霍斯的回憶錄中，沒有隻字片語提到這件悲劇。等待被處死時，他回顧人生，堅信自己的成長故事證明了他是有原則的人，而且，沒錯，還有點老派浪漫情懷。他驕傲地說，第一次世界大戰結束時，他才十八歲，就指揮三十幾歲的人，而且獲頒一級鐵十字勳章。「早在年紀成熟之前，我的身體和心理就先成熟了。」他自豪道。

母親在他打仗期間去世，他立刻跟其他親人吵了起來，包括伯父；伯父變成他的監護人，仍舊希望他當神父。霍斯聲明放棄繼承父母的一切遺產，「滿腔怒火」，離開親人，決定加入波羅的海國家的一個自由軍團（Freikorps），那是由退伍軍人組成的準軍事部隊，主張為戰敗的德國捍衛榮譽。「我要在這個世界獨自奮鬥。」他寫道。他的新同志們跟他一樣，「無法適應平民生活」，他是這麼說的。他也在一九二二年加入納粹黨，表明他「十分認同」納粹黨的目標。

他準備不擇手段用自由軍團的做法伸張正義。「背叛將被處死，有許多叛徒應該被處死。」他記述道。那個時期大家普遍目無法紀，無數政治謀殺犯都沒有受到制裁，然而，執政當局卻在一九二三年判決霍斯犯下政治謀殺罪，判處十年苦役。霍斯毫無悔過，「完全確信這名叛徒應該被處死」。

他自憐地寫道，「那些在普魯士監獄服刑的日子絕對不是在療養」。獄方規定嚴格，任何違規行為都會受到處罰，令他抱怨連連。即便在管理過奧斯維辛以及在其他納粹集中營任職過後，他仍舊沒想過，比起他的囚犯必須忍受的大小事，普魯士監獄的條件實在好太多了。

在他的記述中，另一個值得注意的部分是，談到囚犯時，他總是充滿憤怒以及道德優越感。他說，有一次無意間聽到一名囚犯說自己用斧頭殺了一名孕婦與一名女僕，接著把四個孩子的頭抓去撞牆，讓他們停止尖叫。「聽到這個恐怖的罪行，我好想衝過去掐住他的喉嚨。」霍斯強調道，把自己說得內心其實很博愛。談到監獄裡的一般囚犯，他堅稱：「他們的心靈不夠堅強。」他同樣瞧不起獄卒，說：「獄卒行使權力時越是開心，就表示他們的心態越是低賤。」

一九二八年他因為大赦而獲釋出獄，但是自憐與道德優越感仍舊繼續增強。一九二九年華爾街股市崩盤後，納粹黨馬上就利用大部分德國人對經濟的絕望，來進行煽動。一九三三年希特勒掌權，隔年霍斯便加入黨衛軍，被派到新建造的達豪政治犯集中營，開始訓練年輕人在那裡值勤。早期他有想過改行務農，他寫道，但是後來還是決定繼續留在軍中。「對於被派到集中營，我完全沒有多想。」他聲稱道，「我只在乎能不能再度成為軍人，繼續軍旅生涯……戰士的生活令我著迷。」

這名黨衛軍的人生，即便在最早期的納粹集中營裡，就不斷出現極度殘忍的新暴行。他殺人無麻，但不用跟武裝敵人打仗，他的任務是恐嚇與殺害無助的囚犯。霍斯屢屢在寫給西恩的文書中強調，他比其餘的黨衛軍守衛更有惻隱之心。他第一次參與鞭打一名囚犯時，囚犯的尖叫讓他「非常驚駭，渾身同時發冷又發熱」。其他黨衛軍認為「把人折磨得痛不欲生，實在好看極了，就像鄉下人在狂歡取樂」。他聲稱：「我絕對不是那種人。」

但是他也警告說，「對囚犯表現得太過仁慈善良」是危險的，因為囚犯會用詭詐的手段欺騙守衛。到一九三八年，他獲得晉升，到另一個集中營，薩克森豪森，擔任副指揮官。不久後，他就幾乎天天帶著處死隊走到刑場，一旦囚犯被押到桿子前，他就下令開槍，接著他會把沒死的囚犯給澈底打死。他聲稱被處死的人都是「破壞人士」或反戰人士，暗中破壞希特勒的事業。不論囚犯是共產主義者、社會主義者、耶和華見證人、猶太人或同性戀者，全都被視為內敵。

霍斯對這點沒有加以辯駁。他聲稱自己「不適合這項職務」，也就是說他必需加倍辛苦，「才不會洩漏弱點」。什麼弱點？「我始終無法冷眼看待受苦的人。」但是，他強調，希特勒的初期成就證明了納粹黨的「方法與目標」是對的。一九三九年底，他晉升為薩克森豪森的指揮官，翌年被派到奧斯威辛任職。

這個知名的囚犯寫說，他屬下多數性格殘酷，毫不掩飾，但他不同，有時並不熱衷於執行任務。傑恩・西恩認為他並非全然在講假話。「在國家社會主義的意識形態中，理想的集中營指揮官並不是本身殘暴邪惡、無法無天的黨衛軍，而是霍斯那樣的人。」傑恩・西恩說。34 換句話說，他們是技術官僚，受到渴望獲得加官晉爵的野心所驅使，執行任務；主要驅動因素並不是折磨與殺害囚犯的強烈渴望。但是如果凌遲和大屠殺屬於他們的職責，他們自然會去做。

霍斯在寫給西恩的文書中，有描述在奧斯威辛的歲月，談論範圍遠廣於霍斯在紐倫堡的證詞和談話。35 他負責運用現存的建築規劃新營區，並且增建整座新的比克瑙營區。他說，自己原本想打破其他營區制定的先例，給囚犯「比較好的待遇，提供比較好的住處與飲食」，讓囚犯工作更有成效。

然而，他心裡揣測：「我的好意會被澈底反駁，因為我統領的多數軍官和屬下沒有人性，而且極度愚蠢。」換句話說，他沒辦法遏制屬下的暴行，當然，也就是說這不是他的錯。因此，他埋首工作，尋求慰藉。「我下定決心不要為任何事煩心。」他寫道，「我自尊心很強，不會庸人自擾，只為工作而活。」

他強調說，原本想用比較有效率的方式來管理集中營，不要那麼常無端對犯人施暴，但是後來放棄了，並且為此付出了代價。「我在奧斯威辛變了個人……強迫自己藏起七情六慾。」他寫說，上司施加的壓力，加上下屬「消極反抗」，不想執行他的命令，導致他酗酒。妻子海德薇試著安排跟朋友聚會，想提振他的情緒，無奈徒勞無功。「就連跟我半生不熟的人都覺得我很可憐。」他補充道，再度沉浸於自憐，他的許多記述都充滿自憐的情緒。

一九四一年希姆萊發布命令，要建造能進行大規模滅絕的毒氣室，霍斯毫不猶豫就開始執行命令。「那當然是一道極度古怪、泯滅人性的命令。」他寫道，「但是我當時卻認為滅絕計劃背後的獨特理由有道理。」他繼續說道，況且，那不過就是另一道他必須聽從的命令；這表示他一直到面對死刑，才發現那道命令泯滅人性。「我當時並沒有仔細思考那道命令……我少了不可或缺的宏觀視野。」

蘇聯戰俘被抓去測試齊克隆B的效果，這種毒氣是進行大屠殺用的，他親自去觀察毒殺的過程。「第一次觀看用毒氣殺人時，我沒有完全明白發生什麼事，或許是因為整個程序太令我震撼了。」他寫道。一批九百人的戰俘被毒殺時，他聽到絕望的囚犯衝撞門。毒氣室通風後，他觀看著屍體。他補充道：「那畫面讓我覺得很不舒服，渾身發顫，即便我想像中被毒氣毒死的畫面更加可怕。」他還說：「看到毒氣有效，我就不再擔心了。」因為他知道接下來能執行大規模滅絕猶太人的計劃了。

很快地，營裡的死亡機器就全天候運轉，霍斯會定期查看。許多難逃死劫的人受騙上當，以為要去淋浴，不過有些人明白會發生什麼事。指揮官注意到，知情的母親們「仍舊能鼓起勇氣跟孩子說笑打氣，儘管母親的眼裡明顯露出瀕死的恐懼」。有一名要去毒氣室的婦女，走到霍斯身旁，指向自己的四個孩子，低聲對他說：「你怎麼狠得下心殺害這麼可愛討喜的小孩？你完全沒心肝嗎？」還有一名母親在門關上之際，試圖把孩子推出毒氣室。「至少讓我的寶貝孩子活下去。」她懇求道；當然是徒勞無功。

霍斯聲稱自己和其餘的守衛為「如此令人心碎的場面」動容，而且他們都受到「藏在內心裡的疑慮」折磨。「每個人都看著我，」他記述道；這表示他不能顯露絲毫猶豫或憐憫。他也聲稱自己從來就不討厭猶太人：「因為我的本性沒有仇恨的情緒。」但是，他坦承道：「確實，我把他們視為我國人民的敵人。」

雖然他老是說自己心中藏有疑慮，但是顯而易見，在寫給西恩的文書中，他對自己建造的殺人機器能有效運轉，感到自豪。他甚至語帶遺憾地指出，篩選過後，仍舊留下許多病弱的囚犯偷生苟活，「擠滿營區」，上司應該聽從他的建議，留下比較少但是比較健康的勞動人力；換句話說，就是處死更多猶太人與其他人。

霍斯冷漠寫說，他從來沒抱怨過在奧斯威辛無聊，但是他強調，大規模滅絕一展開，他就「不再快樂」。他在回憶錄中提出的理由，清楚無遺地揭露他的性格。「在奧斯威辛的每個人都認為我過得很好。」他記述道。確實，他的妻子在花園裡種了「許多花，簡直就像天堂」；他的孩子受到溺愛，他們全都能盡情寵愛動物，養烏龜、貓和蜥蜴，參觀馬廄和給軍犬住的狗舍。就連為他們工作的囚犯都熱切想為他們服務，他誇耀道。他似乎不明白為什麼會這樣。不過，他補充道：「現在我非常後悔，沒有多花點時間在孩子身上。我當時總是覺得必須無時無刻投入工作。」

霍斯寫下這些文字之前，才剛描述完囚犯被毒死的過程：母親們被趕進毒氣室，痛心懇求，拼命想解救孩子，至少安撫孩子一下。顯然他看不見兩者之間的關係。西恩在波蘭文版回憶錄的前言寫道：「他描述大屠殺的所有文字，看起來活像是一個漠不關心的旁觀者所寫的。」36

霍斯正式對西恩以及早期在紐倫堡的人說，他會對自己的所作所為承擔責任，也瞭解為什麼他必須為自己的作為賠上性命；但是他仍舊一直把真正的罪責推給下達命令的希特勒和希姆萊，同時，卻又得意地解釋：「就算在戰爭即將結束的時候，我的心仍舊堅信元首和他的理想，他的理想不能消失。」

普里莫・萊維（Primo Levi），義大利猶太作家，也是奧斯威辛的生還者，為後來出版的霍斯自傳寫前言。「這本書裡充滿邪惡，作者用官僚的愚鈍來描述這些罪惡，著實令人不安。」他寫道。這名作者在眾人眼中是「粗鄙、愚昧、自大、囉唆的惡棍，有時候會公然說謊」，他補充道。但是萊維也說這本書是「史上最有教育意義的書之一」，證明了「死氣沉沉、謹守紀律、恪遵命令的公務員」，在不同的環境下，有可能會變成「史上最罪大惡極的罪犯」。37

他繼續說道：「這本書也告訴我們，邪惡多麼容易就取代善良。邪惡會漸漸包圍，最後擊敗善良，讓善良只保留一個微小而且怪誕的立足之地：井然有序的家庭生活，仁愛的本性，維多利亞時代的道德觀念。」然而，萊維仍舊認為霍斯的記述大多是誠實的，包括強調自己不是喜歡折磨人的虐待狂。就那方面而言，他「是個人，不是禽獸，就算在奧斯威辛的生涯巔峰時期，他也從來沒有變成禽獸」。

討論另一個舉世知名的案子時，也就是另一名猶太大屠殺謀劃者阿道夫・艾希曼，這些話題會再度出現。犯罪首腦是禽獸，或者是凡人？在許多方面，霍斯比後來的艾希曼提供更多證據，讓支持第二種論點的人參考。這樣的詮釋後來會被稱為「平凡的邪惡」理論。

前面提過，霍斯雖然在紐倫堡和克拉科夫都有提供證據，但是卻給審問員錯誤的奧斯威辛受害人數。他最初估計總數是兩百五十萬到三百萬，有一些營裡生還的猶太特遣隊員（Sonderkommando）出庭作證，同意這個估算值；猶太特遣隊員是猶太男性囚犯，被編成隊伍，負責把新到的囚犯趕進毒氣室。[38] 猶太特遣隊的隊員後來大多也被殺掉，不過有一些存活下來。戰後有兩名隊員主動作證，說有超過四百萬人在奧斯威辛被毒氣毒死，這於是變成蘇聯與波蘭官方認可的官方數目，西恩在寫關於奧斯威辛集中營的書中，也堅持使用這個數目。波蘭共產黨政府甚至一直到一九八九年垮臺，才修改這個官方數目。[39]

有些人否認有猶太大屠殺，或者至少認為受害總人數被嚴重灌水，經常攻擊西恩與他的著作，說他是「被蘇聯愚弄的傻瓜」。[40] 不過最早調查奧斯威辛的蘇聯和波蘭委員會，無疑早就傾向接受最能證明罪行的證詞，因此沒有找證據證明最初的數據是蓄意捏造出來的。

早期比較高的受難人數是霍斯和一些生還者提出來的，自然就比較受到認真看待，這不令人意外。國立奧斯威辛—比克瑙博物館的現任館長皮爾特・西文斯基（Piotr Cywi ski）說，黨衛軍軍官棄守奧斯威辛前，燒毀了百分之九十的記錄。他記述說，花了好多時間，才算出準確的估算值。「我不會認為戰爭委員會懷有惡意，」他說，「不過，蘇聯的委員會確實一度贊同『數目越大越好』。」而且一旦那成了史達林時代的官方方針，「只有瘋子才會想反駁政治局的聲明」。[41]

法蘭希斯・派伯（Franciszek Piper）是波蘭歷史學家，共產黨時代和後共產黨時代都在國立奧斯威辛—比克瑙博物館任職。他煞費苦心算出了第一個低了許多的奧斯威辛受害人數估算值：介於一百一十萬到一百五十萬。共產政體垮臺後，他終於能在一九九二年將研究結果付梓出版。[42]縱然他知道官方數目是錯誤的，而且官方在很久以後才修改，但仍試圖提出解釋，執政當局或許是擔心修改數目，可能導致「整個種族滅絕的罪行，特別是在奧斯威辛犯下的罪行，會變得輕不足道」。[43]此外，他補充道：「在那些時代，凡試圖減少估算值的人都會被抨擊是在替殺人凶手辯護。」[44]

其實，四百萬這個數字大約相當於所有死亡營和猶太區裡的猶太人死亡總數，不包括之前在東部戰線被行刑隊「特別行動隊」殺害的超過一百萬人。這主要是巧合，但是卻凸顯出，修改過的奧斯威辛死亡人數並沒有改變猶太大屠殺受害總人數的估算值。

至於西恩，他幾乎不支持新政權的意識形態。其實，即便在一九四九年擔任法醫研究所所長後，他仍舊沒加入共產黨；通常擔任這類職務的人都應該要加入共產黨。但是，他反而加入民主黨（Stronnictwo Demokratyczne），說民主黨是共產黨的「私生子」；換句話說，就是共產政權容忍存在的小黨派，以營造多黨政治的假象。45有趣的是，一九八九年有兩個小黨跟共產黨決裂，民主黨正是其中一個，在國會支持團結工聯，結束了共產黨的統治。

的確，那是西恩死後很久的事，不過直覺顯然告訴他，要跟新統治者維持良好的關係，同時盡量保持距離。他從一九四九年開始擔任法醫研究所所長，直到一九六五年去世，任職期間，他順利避免共產黨組織在所內成立；幾乎所有類似的機構內部都有共產黨組織。「在他的任期內，從來沒有任何政治壓力。」以前的同事柔妃雅．霍寶思加強調道。

同時，他也跟約瑟夫．西倫凱維茲（Józef Cyrankiewicz）培養親密的友誼；西倫凱維茲是戰前的波蘭社會主義黨領導人，也是奧斯威辛的生還者，後來在共產黨的波蘭擔任總理。倘若沒有這樣的關係，西恩大概永遠不會被指派負責處理奧斯威辛的調查與審判工作，或者獲准出國。他到國外旅行時，身邊總是有一名「保鏢」，尤其是到德國交付用於其他審判的證據時，這是那個時代的典型做法。由於不斷追捕納粹罪犯，他經常收到匿名死亡威脅，儘管如此，那名保鏢的真正任務卻是確保他不會未經批准就跟外國人接觸。

西恩審問霍斯及其共犯時，從來就沒有心懷仇恨。「他人道對待罪犯，因為他知道什麼樣的命運將降臨到他們身上。」霍寶思加說。他也知道囚犯獲得善待時，比較會回答問題，比較願意合作說出自己的惡行。他深信自己的工作是引誘這名前指揮官說出盡量完整的證詞，從中取得最能把他定罪的證據。在西恩的巧妙誘導下，霍斯說出一大串證詞，的確都是最能定罪的證據。

西恩展開戰爭罪行調查，也許在潛意識上是因為想證明自己跟哥哥不同。他的哥哥自稱是德意志裔人，在德國占領者的手下擔任村長。但更關鍵的因素可能是他極度堅決的意志，要讓罪犯被判有罪，於是努力收集受害者的證詞。

願意提供駭人記述的集中營生還者，西恩總是格外關心體貼，甚至冒著政治風險幫助他們。以前的同事柯斯沃思佳記得，他曾經請拉文斯布呂克集中營醫學實驗的波蘭女生還者提供證詞。「她們許多人受到嚴重的心理創傷，他能說服她們，活下去仍是值得的。」柯斯沃思佳說道。在共產黨時代初期，西恩也不可思議地成功說服執政當局准許大約十幾名拉文斯布呂克的生還者，到瑞典旅行療養心理創傷。

在那個年代，一般平民通常沒機會前往蘇聯集團以外的地方，因為執政當局擔心他們一去不回。而且，在那群拉文斯布呂克生還者中，其實只有兩、三人回國，這本來足以毀掉西恩，多虧他跟西倫凱維茲總理的友誼，才能平安度過那次危機。

還有一名拉文斯布呂克的生還者，在集中營的時候腿被打傷了，走路一跛一跛的，每隔一段時間就會出現在研究所的辦公室，「咆哮說她如何被虐待」，柯斯沃思佳回憶道，並且補充說「她確實受到嚴重虐待」。西恩千叮嚀萬囑咐同仁要好好對待她。他們給她紙筆，找個地方讓她坐下來，接著她會氣憤地寫好幾個鐘頭，寫出來的文字通常難以判讀，但是她會心平靜氣離開，維持至少幾個星期。

西恩努力讓罪犯被定罪之際，從來沒忘記誰是真正的受害者；霍斯老是可憐兮兮地想把自己描述成應該被同情的人，西恩從來就沒不吃這一套。必須徹底研究這位前指揮官，讓他完整陳述自己認罪的故事，並且用性命去贖罪，西恩認為這些就是自己的任務。

第六章　審判次要戰犯

「我們認為，懲罰戰犯的目的是要遏止未來世代重蹈覆轍，不是一一處罰有罪的人。此外，鑒於德國未來的政治發展……我們確信現在必須盡快處理掉過去的事。」一九四八年七月十三日倫敦大英國協關係部發給大英國協成員國加拿大、澳大利亞、紐西蘭、南非、印度、巴基斯坦和錫蘭的機密電報。1

戰爭還沒結束，就有勝利者開始質疑追捕與起訴納粹戰犯是否有意義。在紐倫堡的法官與檢察官，以及戰爭罪行調查人員和猶太大屠殺生還者，像是西蒙・維森塔爾和屠維亞・費曼，強烈認為，既然各國領導人說過要伸張正義，就應該實現承諾。但是也有人已經在思考戰後的世界局勢，認為各國無可避免會跟新的極權主義敵人——蘇聯——發生衝突。

一九四五年春天，奧地利出生的歷史學家兼政治學家索爾・帕多佛在美軍服役，當時美軍正深入德國領土。他詳細記錄跟當地德國人的談話，偶爾也會記錄負責管理城鎮的美國人所說的話。他的其中一項任務是判斷輿論，以及督促調查人員找出擔任要職的納粹黨員，將之解職。帕多佛遇到一名沒有透露姓名的中校，自稱在萊茵蘭的一個工業都市擔任軍政長官。帕多佛記錄下這位高階軍官對於那些做法的質疑，記得很粗略，但是含意很清楚：

瞭解德國人在想什麼，不是我們關心的事。找出民主人士？就算在美國也找不到民主人士。只要別讓軍政長官心煩，我才不在乎誰來治理這個國家，以及誰住在這裡。我比較擔心俄國的威脅，不是德國的問題。只有美國夠強盛，能對抗俄國；英國現在是笑柄。城裡的委員會負責審查納粹黨，那不關我的事。我真的對納粹黨沒有任何意見，除非他們妨礙到我。你給我的這張納粹律師名單，真的假的都無所謂，因為納粹黨員不一定都是壞蛋。2

對於上司費心思懲罰納粹黨員，或起碼要在戰後的德國將納粹黨員調離許多職位，巴頓將軍也極盡諷刺之能事。一九四五年他在巴伐利亞擔任軍政長官時，寫信告訴妻子：「我們正在做的，就是澈底摧毀歐洲唯一的半現代化國家，好讓俄國能吞併整個歐洲。」3

甚至有些一九三〇年代逃離祖國的德國猶太人，以新歸化的美國人身分回到戰敗的德國，也冷靜務實面對難題。彼得・席裘（Peter Sichel）一九三五年十二歲時，父母送他搭船離開柏林，到英國的一所學校就讀。他記得那年希特勒當局頒布《紐倫堡種族法》時，母親警告道：「猶太人會被趕盡殺絕。」他們的大部分朋友認為他母親瘋了才會那樣說。一九三八年，他的父母也順利逃離德國；一九四一年，席裘來到美國，六個月後，珍珠港事件爆發，他志願從戎。[4]

戰爭期間，席裘在戰略情報局（Office of Strategic Services）任職，戰略情報局是中央情報局的前身。他招募德國戰俘擔任間諜，戰爭結束時，這位年輕上尉擔任第七軍團戰略情報局分遣隊的最後一任隊長，駐地在海德堡。但是他跟帕多佛遇到的那名中校一樣，對懲罰納粹黨漠不關心，即使眾人都在努力搜尋希勒特政權的頂層官員。「我們的任務是找出納粹高官、保安工作人員和黨衛軍高官。」他說道。但是他的心幾乎不在那件任務上。「別問我們抓了誰，我們找到什麼。」他冷淡補充道。

一年前在倫敦的一場會議中，他告訴上司，沒必要擔心戰爭結束後納粹強硬派的抵抗。「這跟第一次世界大戰不同，」他解釋道，「絕對沒有人會懷疑他們幹下的暴行，他們會去躲起來，不會出亂子讓我們的日子難過。」他補充說，雖然他以前的德國同胞打起團體戰，戰力強大，「但是德國人不會單打獨鬥」。結果證明他說得沒錯。受過訓練的狼人部隊（Werwolfforces）要跟同盟國打游擊戰，有人擔心他們會變成難纏的敵人，不過這項擔憂很快就煙消雲散了。

德國戰敗不久後，席裘就被調到柏林，繼續為戰略情報局執行祕密任務；後來中央情報局這個新機構取代解散的戰略情報局後，他改為中央情報局辦事。中央情報局在柏林設立了行動分部，聽命於位於西德的總部，一九五〇年席裘升任柏林分部的分局長。他說，自己團隊的優先要務是取得俄國人的情報，保護德國科學家和技術人員，防止德國人被俄國人抓去送到蘇聯。他們也協助安排把科學家送到西德，不管科學家為納粹黨做過什麼事；接著再把某些科學家從西德送到美國。「抗戰到最後的人不多。」他記述道。

至於戰犯，他補充道：「我知道這樣說很不中聽，但是我真的不是很在乎。我始終認為應該把罪犯槍決，接著就忘掉整件事。應該把最大惡極的人全都除掉，至於其他懦弱的人，咱們就展望未來，別回顧過去了。」就他看來，紐倫堡和其他地方的首場審判就把問題解決得差不多了。

那跟德國新統治者最初以為的想法天差地別。一九四五年五月十日，杜魯門總統簽署一份宣言，載明一項耗時費力的辦法，要幫戰敗的德國「去納粹化」。宣言載明：「凡非單純名義上參與納粹黨活動的黨員、積極支持納粹主義或軍國主義的擁護者，以及反對同盟國目標的人士，將被解除或調離公職，也不得擔任半官方組織或民營企業的要職。」接著，根據法條，宣言內列出禁止任職的罪犯種類，定義得非常全面，涵蓋各式各樣的第三帝國擁護者。5

四大占領強國——美、英、法、蘇——原則上同意去納粹化勢在必行。德國人幾乎謀求任何職位都必須填寫很快就臭名昭彰的問卷（Fragebogen）；這份問卷有一百三十一個問題，從身體特徵到過去的政治關係，無所不問。接著去納粹化審核小組會判定誰沒資格擔任公家或民營機關的職務。德國作家恩斯特・馮・薩洛蒙（Ernst von Salomon）曾被調查過他在納粹時代做過哪些事，薩洛蒙後來出版《問卷》（*Der Fragebogen*）一書，用很長的篇幅嘲笑那些問題。

但是對於決定該如何處置大多數曾經信奉納粹主義的民族，戰勝國面臨的挑戰既嚴正，又令人卻步。八百五十萬德國人曾經是納粹黨員，他們的完整黨員記錄順利留到戰爭結束，多虧慕尼黑的一名造紙廠經理故意無視把黨員記錄化為紙漿的命令。6 還有數百萬人加入納粹黨的附屬組織，倘若曾經以某種方式為第三帝國效力的人全部被解除公家與民營機關的職位，那麼留下的人將寥寥可數。在英國占領區的高階情報官員諾爾・安南（Noel Annan）貼切的談到，就連最強烈支持去納粹化的人，都直覺知道哪些事情不該做：「除非用去納粹化這支產鉗助產，否則民主沒辦法在德國出生；不過同樣重要的是，不能把嬰兒夾死。」[7]

德國人順從地填寫問卷，但是占領者審查的速度幾乎趕不上問卷增加的速度。一開始美國人格外積極，命令凡超過十八歲的人都要填寫問卷，想盡量把審查執行得嚴密一點。[8]到一九四六年底，他們審查了將近一百六十萬份問卷，導致三十七萬四千名納粹黨員被免職。不過還是累積了幾百萬份，美國的工作人員根本沒辦法全部處理完。[9]誠如美國占領區的軍政長官盧修斯・克雷將軍所言：「我們就算花一百年也沒辦法全部審查完。」他結論說去納粹化必須「由德國人來做」。[10]

這正是他想要的，他想鼓勵被認為在納粹時代比較沒有被汙染的人，漸漸承擔處理地方事務的職責。美國占領區的「去納粹化地方法庭」（Spruchkammern），嚴格來說並非法庭，但是裡頭確實有檢察官和被告，這些法庭負責決定誰是「重刑罪犯」、「普通罪犯」、「輕刑罪犯」、「追隨者」或「無罪者」。[11]

過程從一開始就問題層出不窮，許多前納粹黨員聲稱自己是「強制納粹黨員」（Muss-Nazis），也就是被迫入黨，但是實際上反對納粹黨的意識形態。[12]戰勝國老是嘲諷希特勒顯然連一個追隨者都沒有，對這個玩笑百開不厭。有些法庭人員依法執行命令，有些則是很樂意用非常可疑的證詞幫前納粹黨員漂白。有一個詞用來指這種廣泛幫人漂白名聲的做法，很快就在德國人之間廣為流傳：頒發「寶瀅證書」（Persilschein）。這種證書的名字來自寶瀅洗衣粉。[13]然而，一開始有些德國人支持這樣做：一九四六年，在美國占領區，百分之五十七接受民意調查的人贊成。[14]但是相信這種做法公平的人不斷減少，到一九四九年，只有百分之十七的人贊成。有時候，法庭的建築物以及法庭人員的車輛和住家會遭到蓄意破壞。[15]

克雷後來承認問卷和法庭都大多沒有效果。「不過我不知道有什麼別的辦法。」他說得也有道理。[16]在被希特勒及其行動澈底掌控的社會，沒人有辦法成功去納粹化。不過，克雷也認為，處理去納粹化工作的德國人儘管明顯有缺點，但是仍舊成功揭穿了許多納粹黨員，撤除他們的領導職位。「他們或許沒辦法把自己的屋子清得潔淨無瑕，但是至少清除掉了大髒汙。」他寫道。[17]

所有占領強國很快就破例沒遵守規定，例如俄國人和美國人對於特別想收編的火箭科學家就會法外施恩。英國人和法國人也馬上想辦法取消相關規定，避免出現反效果。一九四六年六月，英國占領區裡的福斯工廠，有一百七十九名主管與員工被免職，但是由於該工廠主要是為英國人生產汽車，因此，到一九四七年二月，被免職的人中，有一百三十八人回來工作。[18]法國人起初解僱占領區裡四分之三的教師，但是九月學年即將開始之際，重新考慮後，又把他們全都邀請回學校任教。[19]

蘇聯當局屢屢譴責西方強國跟前納粹黨員勾結，讓他們擔任許多要職。一九四九年正式結束占領後，德國立即被劃分成東德與西德，克里姆林宮持續把西德描述成納粹黨的避風港。無疑在西方國家的占領區，許多前納粹黨員經過去納粹化過程後絲毫無損，而且立刻在新成立的民主國家安插自己擔任舒適的職位，但是蘇聯人的記錄也不乾淨，談不上是好榜樣。

紅軍最後推進柏林期間，展開殘酷的報復，最後倖存的德國戰俘被監禁在蘇聯，直到一九五六年才獲釋。還有一九四九年，新東德的法庭以真正的史達林主義作風，處理許多案件，以驚人的速度把被告定罪判刑：才兩年半，就在訴訟中宣判三千兩百二十四人有罪，平均每二十分鐘就判一個人有罪。20

不過跟西方強國一樣，蘇聯的新統治者也面臨一個實際問題，那就是如何填滿占領區裡的大量職位，這個問題延續到後來新成立的東德。同樣跟西方強國一樣，若有助於達成目標，蘇聯也會對過去的隸屬關係睜一眼閉一眼，在某些案例更是如此。前納粹黨員輕鬆就能改效忠於新成立的德國統一社會黨（Sozialistische Einheitspartei Deutschlands），也就是德國共產黨。一九四六年，在統一社會黨的地方組織中，就已經有百分之三十的黨員是前納粹黨員。21 誠如克雷將軍的譏諷：「加入統一社會黨就能消除入黨者的『納粹主義』。」22

德國歷史學家亨利．萊德（Henry Leide）澈底瀏覽大量東德檔案，寫出詳盡的研究論文，探討東德處理納粹歷史的記錄，最後指出，這類統計數據沒有不尋常之處。「許多被判有罪的無辜者獲釋，幾乎所有被控告重罪的納粹罪犯也一起獲釋，而且他們可以虛假地自稱已經對罪行幡然悔悟。」他寫道。23

以接受共產主義的理想來悔悟和贖罪，便能在東德新社會的各個領域平步青雲，像是大學、醫界、政壇和安全事務機關等等。蘇聯占領區的新統治者認為，真正的敵人是疑似反對各種共產主義的德國人，比前納粹黨員危險多了。

一九四八年六月，克里姆林宮開始封鎖西柏林，切斷市裡跟西方國家掌控的德國地區交通的所有道路、鐵路和河運航線，目的就是要隔離與有效吞併在蘇聯占領區裡的這塊西方國家飛地，趕走美國人、英國人和法國人。西方同盟國大量增加柏林的空運補給來因應，貨運飛機川流不息，二十七萬班次運送超過兩百萬噸的基本物資，直到一九四九年五月十二日蘇聯解除封鎖。此舉展現了驚人的決心，不僅解救了柏林，也加速德國分裂，風波過後，東西德立即正式成立。冷戰已然如火如荼展開。24

一九四八年那年，西方政府開始幫已經被判刑的人減刑，這絕非偶然，明顯是對進一步起訴戰犯失去興趣。一九四八年七月十三日，大英國協關係部（Commonwealth Relations Office）發出祕密電報，具體指示如何「盡快處理過去的事務」。根據電報，英國當局催促承辦人員在那年的八月三十一日以前處理完所有待審案件，並且指示那天之後「不應再啟動新審判」。「這對戰爭嫌疑犯影響特別大，不是現在已經被拘禁的人，因為嫌疑犯後來可能會被交到我們手中。」電報如此結尾。[25]

華盛頓的氛圍也變了，律師們為許多被定罪的人辯護，主張減刑，批評戰爭罪行審判的人士也因此有了更多抨擊的材料。有武裝黨衛軍部隊因為在馬爾梅迪（Malmedy）屠殺美國戰俘而被判刑，在這個案子中，有人指控檢方是用各種暴力手段與威脅，取得認罪供詞。威廉．丹森在達豪處理所有案件時，雖然沒有被這樣指控，但是這位已經回到美國的檢察官，不久後也會發現自己的審訊記錄被重新嚴格審查。

美軍成立五個審查委員會，複檢先前確立的判刑，接著提供建議給克雷將軍。[26]理論上，這只是例行措施，確保正義獲得伸張，但是依據當時的政治氛圍，無疑地，各界都認為寬大能發出正向的信號。審查委員會複檢完達豪的所有審判紀錄後，建議從寬發落，克雷大多接受，以順應當時的輿論潮流；有人指控他這麼做是寬待戰犯，但他強烈否認。

在達豪的審判中，有一千六百七十二名被告，其中有一千四百一十六人被判刑。「我撤消六十九人的有罪判決，幫兩百五十七人減到不用服刑，剩下一千零九十人必須服刑。」克雷指出。[27]他提出證據，懷疑有些集中營生還者在審判中提出的證詞不可信，於是把四百二十六件死刑中的一百二十七件改為終身監禁。不過克雷竟然決定把達豪最惡名昭彰的被告，綽號「布痕瓦爾德的婊子」的伊爾斯．科赫，從終身監禁減刑為四年徒刑，這不僅令回到華盛頓的丹森震驚，也立即在這座首都引起反對聲浪。

克雷後來解釋說，科赫「卑鄙可惡，聲名狼藉……喜歡賣弄風騷」，作證指控她的囚犯都「恨她入骨」，但是以現有的證據來看，克雷無法相信她「在布痕瓦爾德有參與重大罪行」。28 克雷接著提到，有人說她擁有用囚犯的皮膚製作燈罩，但他認為這種說法不足採信，因為那些燈罩顯然是用山羊皮製作的。29

丹森說克雷的做法是在「踐踏司法」。30 科赫的案子重新登上頭版新聞，促使密西根州的洪莫．費古森（Homer Ferguson）率領參議院的小組委員會展開調查。在聽證會中，丹森堅持原本的看法，認為科赫殘酷至極，虐待無數囚犯。他解釋說，有人指控科赫會挑選囚犯，把囚犯的皮剝掉，拿去作燈罩，這類指控雖然引發最聳人聽聞的新聞報導，但是並非他的論辯核心。「我不認為這項剝皮指控很重要，」丹森說，「我要控訴她的主要暴行是毆打囚犯，乃至於將人毆打致死。我確信，那才是最終判刑的真正依據。」31

被問到科赫的罪責是否輕於布痕瓦爾德的其他被告，丹森回覆時簡單提到，她是營區第一任指揮官的妻子，這個角色表示她沒有正式職務。「我認為她的罪責更重，因為她根本沒理由管事。」丹森說，「她沒有理由行使她所行使的權力……跟我談過的人認為，她之所以被判終身監禁而不是死刑，單純因為她懷孕了。」丹森也認為，儘管各界呼聲日益高漲，要求同盟國停止懲罰措施，但克雷的決定必然會在德國引發批評。「就連最和善的德國人也會對減刑做法感到震驚。」他說。

在小組委員會中，沒有委員同情科赫，縱使有些委員對處理達豪的審判有疑義。「根據我目前對這個案子的瞭解，我認為應該把這個女人的脖子弄斷。」阿肯色州的參議員約翰．麥克雷南（John McClellan）說道。[32]小組委員會結論說找不到正當理由幫科赫減刑。費古森參議員附和丹森，在最終報告中寫道：「根據證據顯示，伊爾斯．科赫每個行為都是自發的，任何品行正直的人都會直覺認為違反人道，應該嚴厲譴責，不應給予減刑。」[33]

克雷由於決定幫科赫減刑，受到嚴厲批評，心理受創。他暗示說，如果他有更多指控科赫的證據，或許就會得到不同的結論。他說：「參議院小組委員會一面倒批評我的做法，但有些為他們提供證詞的證人並沒有列在我的記錄中。」[34]

還有另一件事證明丹森是對的。康拉德．阿登納（Konrad Adenauer）總理在新創立的西德政府擔任第一任領導人，上臺後很快就支持減刑，特赦許多遭到起訴的人。「鑒於亂世已過，我們需要普羅大眾的心靈像白紙一樣純潔。」他初期便在內閣會議中這樣聲明。[35]但是科赫依照克雷的命令服完四年徒刑後，西德的法庭判她教唆謀殺和對德國囚犯進行身體虐待的罪名成立，處以終身監禁；跟丹森起訴她時獲得的判刑一樣。正如丹森所料，德國人不會比美國人更加樂見她逍遙法外。[36]

年輕德國記者彼得・海登柏格報導過達豪審判，後來有到新監獄採訪科赫。他坦承，多少覺得那個當時看起來矮胖的女人很可憐，儘管科赫曾經被認為極度淫蕩殘酷。儘管傳聞說科赫喜歡色誘囚犯，但是當時看起來卻像個「土裡土氣的祕書，有點性慾過盛，但是沒人會想跟她有瓜葛」，海登柏格說道。[37] 數十年後，談論到科赫的案子時，他說科赫也符合「平凡的邪惡」的定義；科赫被定罪很久以後，這個詞才被發明。

一九六三年，人們大多忘了科赫，科赫的十幾歲兒子烏維（Uwe）剛得知母親的事，到監獄探視母親，科赫是在達豪第一次接受審判時懷上他的。[38] 烏維開始定期探視科赫。一九六七年，他到監獄後，卻被告知科赫自縊了。母親留下遺書給他。「我沒別的辦法了。」科赫寫道，「死對我來說是解脫。」[39]

雖然在科赫的案子中，大眾的想法顯然是支持丹森的，不過整體而言，各界對達豪的審判完全沒有共識。丹森證明被告是集中營的「共謀」，也就是說有「共同犯意」而犯下罪行，讓被告一個個被定罪。批評者抨擊這樣分類太粗略，而且達豪審判的其他方面根本沒有依照合法程序處理。

批評最嚴厲的不是別人，正是班哲明・佛倫斯，這位年輕的紐倫堡檢察官讓特別行動隊的二十二名頂層領導被判有罪。40「達豪審判可鄙至極，」他說，「完全不符合法律規定。比較像軍事審判……就我看來，完全不符合司法審判程序，我當時年輕，是個心懷理想主義的哈佛法律系畢業生。」41

丹森堅定為達豪審判辯護，直到一九九八年去世。他認為那些審判在當時的情況已經是最公平的了，而且是絕對必要的。他強調對於自己贏得的定罪判決和送出的死刑犯並不會特別驕傲，但是一九九一年在德魯大學，他曾經對一個班級說：「不過，有件事確實會讓我心裡感到一股驕傲，那就是聽到生還者對我說：『感謝您為我們做的事。』」

佛倫斯和丹森有許多共同點：兩人都在年輕時擔任檢察官，起訴希特勒政權大部分殘酷決策的執行者，處理後來青史名留的案子。兩人都認為恣意謀殺與折磨別人的人，必須為自己的行為付出代價。丹森說，這個信念不僅是要幫未來世代創下先例，也是要為受害者討回應得的公道；佛倫斯自然認同。

不過佛倫斯總是強調自己在紐倫堡的審判達成了那些目標，成就遠遠超越達豪的審判或者後來對納粹黨員的任何審判。他認為自己手中定罪的人「都是每天射殺數千成人與孩童的校級軍官」，因此不必檢視有無「共同犯意」，因為有清楚的文件證明他們如何執行大屠殺。而且他們不是單純的槍手，而是整個槍決部隊的指揮官。他認為，這已經定下了最嚴格的審判標準。42

佛倫斯理直氣壯，但是他的態度透露出一種特質，在一群相對少數的人之中，這種特質會逐漸變得明顯，那群人後來被稱為納粹獵人：他們傾向認為，自己努力投入的事永遠是最重要的，並且質疑同領域其他人的工作。有時候他們也會質疑別人的動機，甚至經常加以詆毀。

然而，諷刺的是，幾名特別行動隊領導人比在達豪受審的「次要納粹黨員」，更加受惠於減刑方針；「次要納粹黨員」是克雷將軍的說法。[43]儘管各界壓力不斷增強，要求為許多戰犯大幅減刑，克雷一九四九年初審查佛倫斯所承辦的二十二名特別行動隊指揮官的案子時，仍舊堅守立場，再次確認十三個死刑全部不改判。[44]不過接著擔任過戰爭助理部長的華爾街律師約翰・麥克羅伊（John J. McCloy）取代克雷，接任美國高級督察一職。[45]一九五〇年，他成立從寬量刑顧問委員會（Advisory Board of Clemency），審查特別行動隊案與其他審判的判刑。阿登納等人力勸幫所有死刑減刑，顧問委員會和麥克羅伊先後遷就他們的要求，幾乎大部分的案子都改判刑期了。

一九五一年初，麥克羅伊接受顧問委員會絕大部分的建議，甚至幫在監獄服刑的一些人減短刑期，讓許多死刑犯逃離死劫，數量多過委員會建議。在佛倫斯的特別行動隊案中，原本有十三個死刑，他最後只保留四個。由於列強彼此對抗日趨激烈，美國當務之急是拉攏西德，結盟對抗共產主義。麥克羅伊認為自己仍舊堅守住原則，堅持有些罪行罪大惡極，不容寬恕，因此在佛倫斯經手的審判中，有四人必須判死刑。他們在一九五一年六月七日被絞死。

泰爾福德．泰勒認為麥克羅伊的做法是「政治上的投機行為」；泰勒是佛倫斯的上司，在特別行動隊案中負責結辯。[46]從來沒有明確要求處以死刑的佛倫斯比較能理解，說麥克羅伊接受的商務律師訓練中，從來就沒有求處死刑這一項。「我知道他很難在上頭寫著絞刑的文件上簽名。」佛倫斯說道。但是他也補充說：「如果判處刑罰是根據充分的理由，那麼沒有充分的理由，就不應該減刑。我發現多數的案子都沒有充分的理由。」[47]

一九八〇年麥克羅伊寫信給佛倫斯，暗示自己重新思考過以前的決定。「如果我當時像現在一樣知道那麼多真相，或許就會做出更公正的決定。」他寫道。[48]到一九五八年，在紐倫堡被判刑的特別行動隊領導人都出獄了，包括一開始被判死刑的人。他們跟許多以前的大屠殺共犯一樣，自由過完餘生。

「史上規模最大的謀殺審判」結束後，佛倫斯就不想再繼續起訴戰犯，並把注意力轉向他處，也就是為生還者尋求實質協助。克雷和麥克羅伊先後給予協助，提供初期貸款，讓佛倫斯能落實計劃。佛倫斯任命自己為猶太賠償繼承人組織（Jewish Restitution Successor Organization）的總幹事。「用個頭銜讓德國人牢牢記住。」他回憶道。[49]他僱用職員，派他們到國內各地的不動產登記處，要求取回一九三三年以後轉移或以猶太姓名登記的所有財產。接著，他幫忙成立聯合賠償組織（United Restitution Organization），並在十九個國家設立辦事處，跟阿登納的新政府、其他國家以及包含猶太人的眾多受害者進行複雜的協商。佛倫斯跟家人在德國待到一九五六年，持續推動這項工作，四個孩子全都在紐倫堡出生。

雖然佛倫斯強調，許多德國人花了很長的時間才屏棄反猶太主義，承認迫害受害者，但是新德國當局願意展開史無前例的努力，賠償他們，令他感動。「歷史上從來沒發生過這種事，國家竟然願意個別賠償受害者，這是阿登納的貢獻。他說過，畢竟這些罪行是以德國人的名義犯下的。」佛倫斯說。50

不過佛倫斯是由於在紐倫堡擔任特別行動隊案的檢察長一職，才會燃起熱血，到邁入九十一歲仍舊持續投入心力。每次有機會，他就會大聲疾呼，解決衝突必須透過「法律，不是戰爭」，並且呼籲支持國際刑事法院（International Criminal Court）。二〇一一年八月二十五日，佛倫斯在海牙國際刑事法院的第一場審判發表結辯，控訴被控吸收童兵的剛果叛軍領導人湯馬斯・魯邦嘉・狄洛（Thomas Lubanga Dyilo）。佛倫斯時年九十一歲，在那場審判中，他呼籲在場的人要記取世人在紐倫堡學到的教訓。二〇一二年七月，狄洛被判有罪，處以十四年徒刑。51

今日，佛倫斯認為，繼續起訴某些年紀漸老、相對不重要的納粹集中營守衛和官員，毫無益處。「算了吧。」他說道，「拜託，我寧願把那些小魚放回池塘。」52

佛倫斯認為，只有紐倫堡層級的被告才應該被起訴，但佛倫斯的追隨者看法不同，也反對這種見解。這樣的見解確實會讓絕大多數的大屠殺凶手免於受到法律制裁。佛倫斯爭論說，他想樹立典範給世人看，無論在什麼時代，必須承擔罪責的永遠是大魚，他仍舊堅持，在審理納粹黨的案子中，自己抓到的都是真正的大魚。

這正是舉行戰爭罪行審判的一個重要動機：樹立伸張正義的典範讓全世界的人看。審判過程中，第三帝國的記錄被呈現出來，一次又一次的侵略，一次又一次的大屠殺，一次又一次的暴行，不僅對於證實發生的往事不可或缺，同時也能確立原則，罪犯必須對罪行負起直接責任，不論罪犯如何解讀命令。為了確保廣大的民眾能看到相關證據，同盟國在紐倫堡的代表成立製片小組，負責帶頭聯合製作國際軍事法庭審判主要被告的紀錄片。53

不意外，美國和蘇聯的代表無法達成共識，於是這兩個戰勝國決定各拍各的紀錄片。但是比較令人訝異的是各別拍攝影片的結果：蘇聯順利拍完影片，很快就進行播送；美國製片人員卻馬上陷入激烈的內鬥，對於紀錄片的呈現方式僵持不下，最後，辛苦製作出來的影片卻被禁止在美國播映。美國的影片名為《紐倫堡：今日借鑑》（*Nuremberg: Its Lesson for Today*），一九四〇年代末期在德國播放後，就被大多數人遺忘了。

這部影片似乎被遺忘了，原因是：影片到一九四八年才完成，那年華盛頓政治任務的優先順序產生戲劇化的變化。「冷戰是主要因素，因為我們正投入重建德國。」影片製作人珊卓・修柏格（Sandra Schulberg）說道，「在試圖把德國帶回歐洲社會之際，實在不適合向人民重提紐倫堡審判和納粹黨暴行的故事。」54

珊卓・修柏格生於一九五〇年，但是跟這部紀錄片卻有直接的個人關聯。她的父親是史都華・修柏格（Stuart Schulberg），影片的製作人兼導演，珍珠港事件爆發後，加入陸戰隊，被派到戰略情報局製片小組，由知名導演約翰・伏特（John Ford）帶領。史都華的哥哥霸德・修柏格（Budd Schulberg）當時已經是有成就的小說家，後來為《岸上風雲》（*On the Waterfront*）寫劇本，獲得奧斯卡金像獎。霸德當時加入海軍，也被派到戰略情報局製片小組。兩人戰後立刻奔波於德國和德國以前占領的地區，尋找證明納粹黨有罪的影片。

納粹黨試圖銷毀許多膠片證據，修柏格家兄弟於是命令第三帝國以前的惡霸來幫忙搜集剩下的影片膠卷。在巴伐利亞北部的拜羅伊特鎮（Bayreuth），史都華及其小隊命令滿心憤恨的黨衛軍囚犯整理一大堆藏起來的影片膠卷，準備運送。他們把影片搬運到沉重的條板箱時，兩名美國大兵持槍對著他們警戒。「他們仍舊穿著黑色制服，囂張地戴著小軍便帽。」史都華回憶道，「這些雅利安黨衛軍很痛苦，我們看得出來。他們每次聽到我們下命令，就會微微噘嘴，讓我不禁想起在馬戲團表演的老虎和獅子，害怕被鞭打，只能憂鬱氣憤地聽話。」[55]

結果這些影片膠卷對於紐倫堡國際軍事法庭的檢察官十分重要，讓他們能呈現震撼人心的畫面，加強辯論的說服力。戰略情報局製作了《納粹計劃》（*The Nazi Plan*）與《納粹集中營》（*Nazi Concentration Camps*）兩部影片，前一部在講述國家社會主義運動的歷史，後一部是用美軍與英軍解放集中營時拍攝的影片製作而成。在審判中播映這兩部影片時，尤其是後一部，連被告都震驚得目瞪口呆。

一九四五年底退伍回到美國後，有人邀請霸德．修柏格編寫以紐倫堡審判為主題的美國影片劇本，但是他婉拒了，推薦史都華執筆。佩爾．勞倫茲（Pare Lorentz）被稱為「小羅斯福專用的製片人」，擔任戰爭部電影戲劇音樂處處長，負責紐倫堡的計劃。他聽從霸德的建議，請史都華寫劇本，並且展開對抗，阻止克雷將軍的軍政府接手製作影片。在華盛頓，戰爭部和國務院也加入鬥爭。到一九四七年，內鬥以及籌措資金等問題使勞倫茲心灰意冷，從戰爭部辭職。

史都華繼續認真工作，寫了幾篇劇本，製成前導影片，以供遴選，但經常招致想插手製片的人氣憤批評。不過最後他的版本勝出。影片以被告為主軸，從四個焦點建構而成：共謀、破壞和平罪、戰爭罪行以及違反人道罪。講得白直易懂一點就是，這部影片一一呈現了第三帝國在那些方面的記錄，並且穿插審判的影片；美國檢察長羅伯特・傑克森批准拍攝部分的審判過程。

一九四七年中旬，美國人終於開始製作影片，但卻得知蘇聯人已經把影片製作完成，蘇聯的影片當然聚焦在紅軍打敗德國的功勞，西方同盟國的貢獻大多被無視。美國媒體因此出現了令人難堪的頭版新聞。「美軍內部吵成一團，紅軍比美國人還早完成紐倫堡影片。」《綜藝》（*Variety*）雜誌六月十一日這樣報導。56

有些在德國的美國高階軍官仍舊希望拖延甚至停止製作紀錄片，蘇聯的紀錄片卻反而加速完成並且播映。一九四八年十一月二十一日，美國的紀錄片在斯圖加特的德國觀眾面前首映，一九四九年在西德各地播映。史都華回報說評論者的反應「出乎意料地好」，播放影片時總是座無虛席。「觀眾震驚默然看完整部影片後才魚貫離去，啞然無言，心神不寧。」他寫道。他引述一名美國軍政府資訊官員說的話：「這部影片用八十分鐘告訴德國人許多關於納粹主義的事，超過了我們過去三年告訴他們的。」57

早在影片在德國成功獲得迴響之前，已經從紐倫堡返回美國的最高法院法官傑克森與其他人就奮力爭取也要在美國播映影片，紐約律師協會（New York Bar Association）曾經要求放映影片，但是華盛頓拒絕批准。結果，他們只能取得蘇聯版本的影片。傑克森得知此消息後勃然大怒，一九四八年十月二十一日寫信給陸軍部長肯尼斯・羅毅而（Kenneth

Royall），強烈要求在美國播放影片。他說他已經寫信給紐約律師協會會長哈里森．特威德（Harrison Tweed），特威德收到信後打電話給傑克森，詢問能不能「刪掉髒話」，然後唸那封充滿怒意的信給協會會員聽。傑克森這樣回答：「我告訴他，他如果不刪髒話，就可以唸。」58

傑克森的基本論點是那部影片能發揮幾個效果：第一、幫助德國人瞭解為什麼他們需要民主；第二、反制蘇聯的宣傳影片，蘇聯的影片「會讓人以為是蘇聯打勝仗，然後主持幾乎所有的審判」；第三、呈現正確的歷史記錄，說明為什麼當時必須開戰，以及為什麼必須懲辦罪犯，藉此進一步達成羅斯福和杜魯門的目標。「我不懂為什麼不讓影片在美國發揮益處。」傑克森結論道。

羅毅而聽了那些論述後，無動於衷。「我們沒有考慮要在國內播放影片給民眾觀看。」他回信告訴傑克森，「我認為這個主題跟政府當前的政策與目標互相抵觸，因此，我覺得此時這部影片對軍隊與國家整體而言並無重大的益處。」

許多美國軍官一開始就反對審判德國軍官，其實冷戰降臨才是關鍵因素。美國人現在必須把西德人民視為盟友，播放影片恐怕會破壞兩國結盟計劃。環球電影公司的公共關係部主任威廉．高登（William Gordon）看過影片，也認為絕對不能播放給民眾看，尤其是跟集中營與暴行有關的片段，他格外反對：「恐怖到令人受不了，我是說真的。」59

這項審查做法自然引起了注意，一九四九年三月六日，沃爾特・溫切爾（Walter Winchell）在《紐約每日鏡報》（*New York Daily Mirror*）的「恥辱堂」專欄撰文，針對有人認為影片會在美國引起反德情緒，譏諷一番。「還有比這更荒唐的蠢話嗎？」他寫道，「本來負責消滅納粹主義的那些人，現在卻拼了命要消滅納粹暴行的證據，把自己變成納粹罪行的幫兇。」[60]

佩爾・勞倫茲是最早負責影片計劃的，不過後來辭職回歸平民生活。他甚至提議向軍方買下紀錄片，這樣他就能自己把紀錄片發送到電影院播放。這個想法也不可能成功。一九四九年九月十九日，《華盛頓郵報》有一篇報導提到：「美國有些當權者認為美國人很單純，一次只能討厭一個敵人。『忘掉納粹黨吧。』他們這樣建議，『專注在紅軍身上。』」[61]後來寫《第三帝國興亡史》的知名新聞工作者威廉・夏伊勒，有出席為評論家與作家舉辦的紀錄片特別放映會。他批評道：「軍方阻止播放影片的行徑實在可恥。」[62]

不過什麼都改變不了軍方與政府的想法。影片從未在美國播放給大眾看，史都華・修柏格儘管失望，仍舊繼續幫在德國的美國軍政府製作去納粹化和再教育的新影片，接著從一九五〇年到一九五二年擔任巴黎馬歇爾計劃影片部（Marshall Plan Motion Picture Section）部長，負責製作促成德法和好的影片。

二〇〇四年，史都華・修柏格去世二十五年後，他的女兒珊卓在柏林影展播放馬歇爾計劃的回顧影片，播放一系列的回顧影片之前，影展總監帝特・柯斯立克（Dieter Kosslick）指示，先播放她父親的德國版紐倫堡影片，她從來沒看過，深受感動。[63]

回到美國，珊卓觀看美國版的影片後，發現影片製作人員替在法庭上發言的人配上英文，蓋過原本的現場錄音。這促使她跟影片製作人兼音效編輯師喬許・華利斯基（Josh Waletzky）展開一項耗時費力的工作，把影片恢復成使用法庭的原音，這樣觀眾就能聽到所有主要審判參與人說自己的母語：德語、英語、俄語和法語。他們請演員立夫・水柏（Liev Schreiber）錄製史都華原來的英語旁白。二〇一〇年秋天，新修復的影片首次在美國的電影院上映，到二〇一四年，珊卓也製作了高畫質的藍光版影片。

經過漫長的波折後，美國人終於能看到她父親的作品了，在冷戰結束後的世界，沒人反對了。

第七章 「志同道合的傻子」

「沒有一件事是屬於過去的，每件事都仍舊是現在的一部分，而且可能會再變成未來的一部分。」先後在布倫瑞克和黑森擔任檢察長的費里茲‧鮑爾，解釋自己為何鍥而不捨要讓同胞承認第三帝國期間以他們名義犯下的罪行。1

對於起訴納粹黨，或揭發納粹黨在十二年恐怖統治期間做了什麼事，大家很快就失去興趣，發現這一點的，不只有深入參與戰爭罪行審判及其餘波的美國人。有些獨立自主的納粹獵人本身是猶太大屠殺的生還者，親身經歷與親眼目睹過的恐怖統治驅使他們積極行動，但是面對越來越多人冷漠以對，甚至敵視，他們想繼續完成事業的決心也動搖了。他們也必須決定是否應該把精力投注到新的個人與政治事業上。從一九四〇年代末期冷戰開始，以及一九五〇年韓戰爆發，就可以看出一九五〇年代這十年將會跟前面十年截然不同，占據頭版新聞的將是截然不同的議題。

一九四五年五月五日維森塔爾在毛特豪森被解放後，繼續待在附近的奧地利城市林茲，為戰略情報局工作。組織分部的最高官員提供他需要的協助，給他一張通行證，證明他正在從事「機密調查工作」，並且要求主管當局准許他「在奧地利的美國占領區內自由行動」。[2] 一九四五年底，戰略情報局關閉在林茲的辦事處，他調到美軍反諜報隊（Counter Intelligence Corps）。他的工作內容仍舊一樣：協助美國人找出與逮捕納粹黨員。不過，許多疑犯抓到被拘留後，幾乎就立即被釋放，戰勝國似乎不太願意關押犯人。

維森塔爾跟反諜報隊的軍官聯手共事，逮捕罪犯與搜集用於審判的證據。他也開始密集跟難民一起工作，難民大多是猶太大屠殺的生還者，散布於該區各地。[3] 他一開始就發現，難民能提供不利於罪犯的寶貴證詞。他提供難民各種協助，從取得醫療照護，到填寫美國簽證申請書，最重要的是追蹤失蹤的親人，也因此開發出廣闊的消息來源網路。他到處發送問卷，取得難民的個人故事，這些故事不僅能提供新線索，也可以作為調查難民背景的起始點。從來就不怕惹爭議的維森塔爾堅決要求，如果有人想在猶太組織謀職，在美國占領區協助安置難民，就得找兩名證人，證明自己在集中營沒有通敵；具體來說就是沒當過囚監（kapo），也就是被黨衛軍指派監管獄友的人。他坦率承認：「這樣做，導致我在生還者中樹立了許多敵人。」[4] 這不是第一次，當然也不是最後一次。雖然無數難民感謝他的協助，但是他也很快就捲入各個難民團體之間無可避免的爭吵，這些過往的受害者為了打造新生活，爭相求存，經常互相爭鬥。

在林茲新成立的猶太委員會，維森塔爾等人製作了生還者的名單，會跟帶著自己的名單流浪過來尋找親友的人交換名單。[5] 但是他並不期待會在那些越來越多的名單上找到他最牽掛的人：他的妻子希拉。妻子前往華沙用波蘭天主教假名生活後，他就跟妻子失去聯絡。他後來聽聞一九四四年華沙起義（Warsaw Uprising）期間，德軍用火焰噴射器燒毀托皮爾街（Topiel Street）的一棟建築，他的妻子跟一名波蘭詩人的妻子就住在那棟建築裡。「我不相信奇蹟。我當時以為我的家人都死光了。」他回憶道，「自然也不敢期盼我的妻子還活著。」

不過，真的宛如奇蹟一般，希拉在那條街被夷平之前不久就逃離。她跟那場起義的其餘生還者被圍捕，送到萊茵蘭的一座機槍工廠當奴工。她在那裡被英國人解放，她也耳聞丈夫死了。一名在克拉科夫的共同朋友告訴她驚喜的好消息，說她的丈夫還活著，正在等她。西蒙跟那名朋友一直保持通信。一九四五年十二月，西蒙安排一名奧斯威辛生還者回到波蘭，護送她到林茲，夫妻倆終於重逢。隔年九月希拉生下女兒寶琳嘉（Paulinka），他們的第一個孩子，也是唯一一個。

維森塔爾也熱切想用其他方法為自己打造新人生。美國人在毛特豪森解放他，接著又給他機會追捕納粹黨員，因此他非常敬重美國人，但是儘管如此，他仍舊難以接受快速發展的新局勢和態度。一名反諜報隊的同事直言不諱地告訴他：「你會發現局勢變得有多快。我們需要拉攏德國人來對抗俄國人，如果單純只拉攏善良的德國人，太少了。」[6]

維森塔爾十分驚訝，以前的納粹黨員竟然那麼熱切想幫占領軍效力；還有他們竟然能有效說服西方國家相信他們是專家，會聯手參與對抗蘇聯的新戰役。「美國人天性使然，特別容易相信身材高大、金髮藍眼的德國人，單純因為德國人看起來跟電影裡的美國軍官一模一樣。」他回憶道。[7] 此外，當地的納粹黨員「會使用最厲害的祕密武器——未婚女子」，請未婚女子懇求釋放納粹黨員，勝利者也容易因此心軟。「年輕的美國人自然對獻殷勤的美女會比對『黨衛軍』更有興趣，每個人都想把黨衛軍當成惡夢一樣忘掉。」[8]

不過維森塔爾不打算忘記他們或他們的罪行。一九四六年，他出版第一本書，《毛特豪森集中營》（*KZ Mauthausen*），裡頭有收錄他根據集中營經歷所繪的黑白圖畫。[9] 到了隔年，他負責管理在林茲新設立的歷史檔案中心（Historical Documentation Center），他在那裡全力搜集跟納粹罪犯有關的一切證據，主要來自難民，也就是仍在戰後動亂中飄蕩的生還者。[10] 一九四六年，維森塔爾到巴塞爾（Basel）參加錫安主義代表大會（Zionist Congress），遇見曾經在加利西亞的故鄉布恰奇任教的亞伯拉罕・熙伯先（Avraham Silberschein），說動他資助檔案中心。[11] 雖然他只資助微薄的資金，但是沒人阻擋得了維森塔爾積極展開行動。

許多人不喜歡他做的事，尤其是在戰後的奧地利，戰後奧地利想扮演第三帝國的第一個受害者，而不是熱情的支持者。其實，奧地利人在納粹恐怖政權裡擔任頂層職務的人數高得不成比例，尤其是管理集中營的職務。「奧地利人只占第三帝國總人口的百分之八，但是希特勒下令屠殺的猶太人中，有半數是奧地利納粹黨員負責執行的。」維森塔爾寫道。[12]因此，如果繼續拼命追捕納粹黨員，很多奧地利人會被逮。[13]維森塔爾積極奔走，呼籲根除「在奧地利大肆蔓生的納粹主義」，結果不出所料，引起反撲，有人寫信威脅，因此一九四八年他獲准攜帶手槍。[14]

此外，有一段時間步離家協會偷偷將猶太人從歐洲送到巴勒斯坦，維森塔爾跟步離家協會在奧地利的特工合作。他相信自己很快也會走上同一條路，因此支持偷渡行動，協助把猶太人送到不久後就會變成以色列的地方。但是他始終反對步離家協會特工的主張，用殘暴手段報復必須為納粹罪行負責的人。[15]

令人啼笑皆非的是，猶太人逃離歐洲的路線，許多都是穿越奧地利，以義大利港口為終點，這樣難民才能在港口搭船，但是經常跟納粹逃犯逃往南非的「鼠徑」部分重疊。天主教會成立表面上是人道團體的組織，協助許多納粹黨員逃亡。眾所周知，奧地利主教阿洛伊斯・胡德爾（Alois Hudel）支持納粹黨，協助許多戰犯逃亡。維森塔爾到死都不斷要求梵蒂岡追究罪責，包括要求教廷打開檔案室，不過他也持平指出，天主教會的確協助拯救了許多猶太人。[16]

「我認為教會可能分為兩派：其中一派教團的神職人員與信徒認為希特勒是反基督的，這一派的人積極實踐基督教的善行；另一派把納粹黨視為維持秩序的一股力量，以對抗道德淪喪與布爾什維克主義。」他寫道，「前者在戰爭期間可能有協助猶太人，後者則在戰爭結束後幫忙藏匿納粹黨員。」[17]

維森塔爾在奧地利搜尋證據，希望更多納粹罪犯被逮捕與定罪，但是看到許多新來的美軍執勤時會做出不諳世故的行為，經常感到洩氣；不過更令他惱火的是英國占領軍的態度。有一次，他進入英國占領區搜集戰犯的犯罪證據，一名士官「看似不在乎」他在追捕納粹黨員，盤問起他。「你對經由義大利非法把猶太人送到巴勒斯坦有什麼看法？」士官立即問道。誠如維森塔爾的結論，英國人擔心如何阻止難民湧入巴勒斯坦，遠勝過擔心「如何找出英國占領區裡的納粹罪犯」。[18]

由於各方似乎都對追捕仍舊逍遙法外的罪犯失去興趣，維森塔爾越來越認真考慮前往以色列，以色列在一九四八年建國，成為獨立國家。根據寶琳嘉的說法，希拉從一開始就支持這樣做。「一九四九年，我父母終於願意前往以色列。」他們的女兒說道。[19] 西蒙那年第一次造訪以色列，就覺得那裡會變成他們的新家。

西蒙跟步離家協會合作的同時，也用其他方式間接支持錫安主義運動。一九四七年，他出版第二本書，焦點在談論巴勒斯坦領袖哈吉・阿明・侯賽尼（Haj Amin el-Husseini），侯賽尼曾經是英國任命的耶路撒冷大穆夫提。一九三六年，這名穆夫提煽動民眾胡亂攻擊猶太移民，因而遭到免職，並且逐出巴勒斯坦。但是他從外國繼續鼓動伊斯蘭教徒起義對抗猶太人，並且呼籲支持納粹德國。[20] 一九四一年十一月他與希特勒見面，告訴這位德國領袖：「阿拉伯人自然是德國人的朋友，因為他們跟德國人有相同的敵人，也就是……猶太人。」希特勒回覆時承諾，德國會支持阿拉伯人的大業。[21]

根據維森塔爾的說法，這名巴勒斯坦人也有跟艾希曼一起去視察奧斯威辛和邁丹尼克集中營，瞭解執行最終解決方案的設施。但是維森塔爾的傳記作者湯姆・賽吉夫指出，「沒有可靠的證據能證明這個說法屬實」，而且維森塔爾無法讓那本書順利出版英文版。不過他對這位穆夫提的所作所為仍舊興趣未減，他得知任何事情，都會告訴他的資助者熙伯先，他相信熙伯先會接著把資訊傳到以色列。

一九四九年第一次造訪以色列時，維森塔爾帶了更多證明阿拉伯人與納粹黨接觸的文件。他也記述說，就在這次造訪過程中，以色列的外交部官員包禮士・古瑞爾（Boris Guriel）力勸他留在歐洲，因為這個新國家的情報機關需要他留在歐洲。賽吉夫說維森塔爾在那段期間是「以色列特務機關的新雇員」，他取得以色列的旅行文件，因此獲准在奧地利居住。他還取得記者證件，擔任以色列幾家出版社的特派記者。[22]

不過維森塔爾跟草創的以色列情報機關關係不清不楚，他負責回報奧地利的仇猶聲浪和政治發展，跟以色列駐奧地利的外交官保持聯絡。但是，根據賽吉夫的說法，他們只是把他當成「夥伴」，這是在暗指他並非受過完整訓練的情報人員。到一九五二年，以色列人決定不幫他的旅行文件展期；他要求領事館支付繼續提供情報的酬勞，或者僱用他當職員，他們也斷然拒絕。雖然他大聲抗議後，旅行文件獲得展期到一九五三年底，但是到期後他就得靠自己了。

維森塔爾本來只要搬到以色列，就能成為該國公民，但是當時他既想要取得以色列的公民身分，又想要待在奧地利。雖然無法兩全，至少他取得了奧地利的公民身分；他改變心意，不顧希拉想搬到以色列。雖然當時看不出來，但是此舉其實是關鍵決定，在將來的幾十年，讓他在國際間逐漸獲得認同。

屠維亞·費曼在戰爭結束時，到在但澤新成軍的波蘭共產黨維安部隊服役，報復了德國人，退伍後落腳維也納，負責管理另一個小型檔案中心。就各方面來看，他一開始的經驗與活動跟維森塔爾在林茲的時候相似，他和同事負責訪談從東歐與中歐到維也納的猶太人，負責搜集相關證詞與檔案，在黨衛軍和其他保安官員的審判中作為證據。「我們的辦公室讓奧地利警察忙著逮捕許多嫌疑犯。」他誇耀道。23

有一次，一名維也納大學的羅馬尼亞猶太學生帶著一疊信件來找他。那名學生住在一名奧地利婦女的屋子裡，在租來房間的抽屜裡發現那疊信。24 那些信來自黨衛軍中尉沃爾特・馬樂（Walter Mattner），一九四一年六月德國攻打蘇聯不久後，他曾經到烏克蘭服役。那名學生告訴費曼，他讀完信後，吐了出來。那些信是馬樂寄給當時懷孕的妻子的，內容描述他們如何按部就班射殺猶太人，還就事論事地談論在基輔的受害人數是三萬人，在莫吉廖夫（Mogilev）是一萬七千人。他也寫到公開絞死共產黨官員時，當地百姓被迫觀看。「在俄國這裡，我才體會到當一名納粹黨員是什麼意思。」馬樂補充道。

費曼把信交給一名奧地利警探，警探看完信後顯然非常震驚，把幾名同事也叫來看信。「我能瞭解這些人感覺到的羞愧。」費曼記述道。

幾天後警方在上奧地利邦（Upper Austria）的一個小鎮找到馬樂，把他帶回維也納。最先讀信的那名警探請費曼去見證他審問這名囚犯。馬樂立刻承認信是他寫的，警探馬上氣憤回覆：「你真該死！怎麼可以寫信給懷孕的妻子，說你曾經在俄國毫不留情地射殺孩童？」

馬樂試辯解。「我……我想要讓她覺得我位高權大。」他說。根據費曼的說法，這句話使得警探摑了他一個耳光，警探指出，他的信清楚表明他有參與大屠殺。馬樂開始辯稱自己只是開槍打囚犯的頭部上方，警探又摑他耳光。「為什麼在俄國射殺猶太人取樂？」他問道。

馬樂一直拼命幫自己辯解，說他以前在維也納是「猶太人最好的朋友」，喜歡到猶太商店買東西，直到一九三八年，那年德奧合併，奧地利併入第三帝國。之後發生的一切事情，他強調，都不是他的錯。「都是希特勒的宣傳，毒害了人民，還有我們手中掌控的生殺大權。」他說道。

費曼看得怒氣沖發，擔心自己克制不住，衝去痛毆囚犯，於是猛然離開。馬樂接受審判後被絞死。

戰爭剛結束的那段期間，同盟國占領軍在一旁監看，奧地利法院確實處理了許多案子，比大家普遍以為的還多：兩萬八千一百四十八人受到審判，其中一萬三千六百零七人被定罪。[25]但是，費曼和維森塔爾等人發現，冷戰初期的政治環境在快速改變，眾人對這類審判的熱情也跟著快速消滅，許多被定罪的人很快就獲釋。在奧地利，這個國家舉國上下無不辯稱自己是希特勒的第一個受害者，許多納粹黨員不僅逃過牢獄之災，還回任舊職。

「局勢越來越令人不安，」費曼回憶道，「似乎半數的奧地利警員都曾經執行過納粹黨命令的計劃，迫害猶太社群，尤其是在波蘭。我開始感覺到有人在跟我的檔案中心作對。」[26]有些警員，像是以前跟他合作的警員，被下令不准再插手幫他。

氣惱的費曼於是前去跟維也納反諜報隊總部的首要聯絡人談論情勢。「這裡是奧地利呀，費曼。」那名猶太美軍少校白直告訴他，「俄國人想用鐵幕罩住奧地利，我們不能讓他們得逞。這些人想讓我們鷸蚌相爭，好坐收漁翁之利。他們可不傻，你也知道的。而且他們才不想要自己的法院排滿納粹戰爭罪行的審判。」[27]

這個策略似乎奏效了，因為同盟國占領軍在一九五五年撤離奧地利，包括蘇聯的分遣隊，讓奧地利變成獨立中立。從一九五六年到二〇〇七年，奧地利只舉行三十五場審判審理被指控犯罪的納粹黨員，這絕非巧合。[28]

費曼跟維森塔爾一樣，也和步離家協會合作，協助步離家協會偷渡猶太人到巴勒斯坦。[29]一九四七年，以色列建國的前一年，他跟哈加納（Haganah）的一名領袖進行一場揭露內幕的對話；哈加納是猶太準軍事組織，成員經常陪同偷渡難民到巴勒斯坦。這位領袖讚賞費曼努力將納粹黨員繩之以法，但是也告誡他要謹記第一優先要務：建立猶太人的國家。「全心投入這項任務，塔德。」領袖告訴他，「納粹黨的事可以等，但是建立猶太人的家園，刻不容緩。」

費曼說自己有為哈加納的部隊提供支援，哈加納的部隊負責攔截運送武器到阿拉伯國家的卡車，接著把卡車開到巴勒斯坦的猶太基地。一九四九年，猶太國家建立的後一年，一名新的以色列特務出現在維也納，接管當地的情報活動。[30] 費曼瞭解以色列再不需要他幫忙搜集情報。「那時維也納漸漸出現一種古怪的氣氛。」他記述道，「猶太人分為以色列國民和其他國家的國民，我呢，嚴格來說，是波蘭的國民。」

他繼續在檔案中心工作，然而，跟維森塔爾在林茲的辦公室一樣，營運得很辛苦。到一九五〇年代初期，猶太難民流入奧地利的速度大幅減慢，資金漸漸耗盡。更令人氣短的是，大家對檔案中心的工作快速失去興趣。「我的卷宗裡裝滿檔案和入黨宣誓書，」費曼回憶道，「但是沒人想要拿去起訴納粹黨員。德國人不想要，奧地利人不想要，西方同盟國和俄國人也不想要。」[31]

一九五二年，維也納檔案中心關門，費曼把檔案送到耶路撒冷的猶太大屠殺紀念館（Yad Vashem），這座以色列新建的紀念館是用來收藏猶太大屠殺的檔案與紀念猶太大屠殺。費曼決定跟隨檔案在同一年搬到以色列。他發誓要把以色列當作基地，繼續進行追捕納粹黨員的行動，但是他明白，自己也必須在新國家為自己打造新生活。

回憶那個年代時，費曼記述說，他把舊檔案中心的文件運送到耶路撒冷時，私藏了一份檔案。「那是跟阿道夫·艾希曼有關的卷宗。」他說道。[32]

在維也納期間，費曼經常跟在林茲的維森塔爾見面與通信。「我們承諾互相幫助，交換情報，全力合作。」費曼說道。[33]這兩個自稱納粹獵人的人，一開始是真誠願意互相合作，但是費曼戰爭結束時在但澤為波蘭共產黨工作，維森塔爾則為奧地利的美國人工作，這導致兩人有點互相猜忌。兩人都發誓要達成相同的目標，那就是追捕納粹罪犯，但是後來這個共同目標反而成了兩人毫不客氣地互相敵視的根源。

根據費曼的說法，兩人起初都一心一意尋找艾希曼，這個在幕後運籌帷幄的最終解決方案主謀在戰爭結束時消失。維森塔爾說是艾瑟・班—納頓（Asher Ben-Natan）告訴他艾希曼的事和罪行；班—納頓是在奧地利出生的猶太人，一九三八年逃到巴勒斯坦，加入哈加納，戰後使用亞瑟・皮爾（Arthur Pier）這個名字，在以前的祖國指揮步離家協會的行動。[34]根據維森塔爾的敘述，一九四五年七月二十日在維也納見面時，「亞瑟」給了他一張猶太事務局（Jewish Agency）政治部製作的戰犯名單，名單上有艾希曼的名字和隸屬單位：「蓋世太保總部猶太事務部高級幹員；納粹黨〔國家社會主義德國工人黨〕黨員。」

根據第一本和第二本自傳的記述，維森塔爾接著從一個令人意外的消息提供者獲得另一個消息，那個人就是他在鄉村路四十號的女房東，那裡與林茲的戰略情報局辦事處只相隔幾棟屋子。有一天晚上，他在研究戰犯名單，房東進房幫他整理床鋪，從他身後看到名單。「艾希曼。」房東說道，「那一定是指揮猶太人的黨衛軍將軍艾希曼。你知道他的父母住在這裡嗎？就在這條街上，相隔幾棟房子而已，就在三十二號。」[35]

艾希曼雖然在猶太大屠殺中扮演關鍵角色，但是官階只是中校；不過房東倒是說對了他過去的住處。維森塔爾說，戰略情報局辦事處的兩名美國人根據這個小道消息採取行動，兩天後造訪艾希曼家的房子，跟他父親談話，他父親堅稱自從戰爭結束後，兒子就音訊全無。

維森塔爾說自己就是因為這件事，才開始越來越執著於搜尋艾希曼，也因此，他才會到溫泉小鎮奧爾陶斯（Altaussee）審問名叫薇拉妮卡．李勃（Veronika Liebl）的婦女。36 李勃承認曾經嫁給艾希曼，但是聲稱一九四五年三月兩人在布拉格離婚了，從那時候起就不曾跟他聯絡了。維森塔爾對艾希曼繼續窮追不捨，他說在林茲大家都叫他「艾希曼．維森塔爾」，而且「資訊多到令他應接不暇」。37 其中一個關鍵資料就是找到艾希曼的照片，艾希曼策劃大屠殺期間，刻意跟照相機保持距離。維森塔爾說，他的一名同事好不容易從在林茲的前女友那裡取得一張艾希曼一九三四年拍的照片，於是加進艾希曼的拘捕令上。

後來，批評者與對手開始抨擊維森塔爾，說他過分誇大他在追捕艾希曼中扮演的角色，說他把事情說得越來越複雜。他說的每個部分，他們幾乎都會仔細檢驗，然後斥為無稽之談。有時候，他們甚至會質疑他是不是真的跟他始終堅稱的一樣，戰爭結束後就立刻開始搜尋艾希曼。38

一九四六年從波蘭來到奧地利的費曼，說自己最早也是從本名艾瑟・班—納頓的「亞瑟」口中得知艾希曼的事，而且「亞瑟」說艾希曼是「罪大惡極的凶手」。費曼還說，初到時他承認沒聽過艾希曼的事，那名步離家協會領袖就指示他：「費曼，你必須找到艾希曼。我再跟你說一次：你必須找到艾希曼。」39

無庸置疑，戰爭一結束，維森塔爾和費曼立刻就對艾希曼的下落起了興趣，不論確切的時間點是什麼時候。在德國出生的猶太人羅伯特・肯納是美國在紐倫堡的檢察團隊成員，他在回憶錄中寫道，維森塔爾到那裡問他：「你們有證據可以證明一個叫阿道夫・艾希曼的人有罪嗎？你們會控告他嗎？」40

一九四七年，根據維森塔爾的記述，有一名美國友人通報他，說別名薇拉的薇拉妮卡・李勃「為了孩子」，要求地方法院宣告她口中的前夫已經死亡。據說有一名證人發誓，一九四五年四月三十日，就在戰爭即將結束之際，在布拉格親眼目睹艾希曼戰死。維森塔爾發現這名證人娶了李勃的姊姊，於是將這個消息告訴一名美國情報官，情報官接著把這個可疑的內情轉達地方法院。結果，法院駁回李勃的請求，拒絕宣告艾希曼死亡。「這個不引人注目的舉動大概是我對艾希曼案件最重要的貢獻。」維森塔爾寫道。41

批評維森塔爾的人後來質疑，倘若當年法院宣告艾希曼死亡，是否會影響後來的發展，或者讓以色列人打消追捕艾希曼的念頭。但是鑑於大家普遍對追捕戰犯漸漸失去興趣，任何事只要能讓這個議題繼續延燒，並且讓可能會追捕的人惦記著罪犯，都可能可以發揮關鍵作用。根據費曼的記述，一九五〇年三名以色列人前來奧地利搜尋艾希曼。當時，他們相信戰爭結束後，他雖然曾經被同盟國軍隊拘留在數個臨時營區，但是僥倖沒被認出來，仍躲在奧地利。42

但是一九五〇年那年，艾希曼用李卡多・克萊門特（Ricardo Klement）這個名字前往熱那亞，再從那裡搭船到阿根廷。費曼說，以色列人找他並沒有找很久。「就在那一年，亞瑟准許行動結束，停止追捕艾希曼。」他說道。

費曼強調，只有他和維森塔爾拒絕答應結束追捕。兩人繼續交換關於艾希曼的所有傳聞。「其實沒人知道任何事。」他寫道，「每過一天，大家對艾希曼和納粹黨就越加不感興趣。」43一九五二年費曼搬到以色列後，在那年結束之前有回到奧地利短暫逗留。在那裡，他再次見到維森塔爾，維森塔爾告訴他，「要不斷提醒以色列人關於艾希曼的事……逼他們做點事」。44

根據費曼的回憶，一九五三年一月他要啟程返回以色列之際，兩人握手時，維森塔爾最後說出心裡的想法：「你想想。」維森塔爾告訴他，「艾希曼要是被抓到，就會在猶太國家的猶太法庭接受審判。這可是攸關歷史與我們族人的榮耀呀，塔德。」

對維森塔爾而言，差點將艾希曼繩之以法的最重要線索也在一九五三年那一年出現。45

根據他的記述，他遇見一名年長的奧地利男爵，兩人都熱愛搜集郵票。他後來才揭露，那名男爵叫海因里希・馬斯特（Heinrich Mast），當過反諜報官。[46]維森塔爾說他是「天主教保皇派」，也就是說他「始終懷疑納粹黨」。聽完維森塔爾的工作後，他拿出某人寫的一封信，他說那個人是他以前的軍中同袍，現在在布宜諾斯艾利斯，在胡安・裴隆（Juan Perón）總統的政府裡擔任教官。他指著信的最後一段。維森塔爾說自己讀那一段時倒抽了一口氣：「猜猜我看到誰？我甚至得跟他講兩次話。就是那個掌控猶太人的殘暴豬玀，艾希曼。他住在布宜諾斯艾利斯附近，在一家水公司上班。」[47]

男爵用諷刺的虛問說：「這你能忍受嗎？還有罪大惡極的罪犯逍遙法外吶。」

維森塔爾情緒激動，但是心知肚明自己沒辦法獨力追這條線索。鑒於納粹黨在裴隆統治的阿根廷具有強大的影響力，艾希曼在那裡可以高枕無憂，這點維森塔爾是明白的。「現在我對他來說，只是微不足道的敵人。」他補充道。[48]根據維森塔爾的記述，他找以色列駐維也納的領事艾瑞・艾雪爾（Arie Eschel）商議，艾雪爾建議他把搜集到關於艾希曼的所有資訊，包括他從男爵得知的事，寫成報告，呈交在紐約的世界猶太人大會（World Jewish Congress）。他遵照指示做，另外把一份副本寄給世界猶太人大會會長納漢・葛曼（Nahum Goldmann），一份寄到以色列駐維也納領事館。

維森塔爾回報說自己沒有收到以色列的回應。兩個月後，他倒是有收到世界猶太人大會的亞伯拉罕．康馬諾維茲（Abraham Kalmanowitz）拉比的信，告知收到他的報告，並且詢問艾希曼在布宜諾斯艾利斯的住址。維森塔爾回覆說需要資金，好派人到阿根廷設法查明，但是康馬諾維茲拒絕資助他，並且說美國聯邦調查局已經通知葛曼，說艾希曼在大馬士革，沒辦法抓他，因為敘利亞不會引渡他的。

當時是一九五四年，維森塔爾發現，跟兩年前離開的費曼一樣，對他全力追捕納粹感興趣的人實在不夠多。「美國猶太人當時大概有別的事要操心。」他寫道，「以色列人對艾希曼完全不再感興趣；他們為了求生，必須對抗埃及領袖蓋莫．阿德爾．納瑟（Gamal Abdel Nasser）。[49] 美國人對艾希曼不再感興趣，因為對抗蘇聯的冷戰。」他感覺：「雖然跟一些志同道合的傻子一起繼續奮鬥，但是我還是覺得孤單極了。」他更一度說「戰後追捕納粹的行動結束了」。[50]

然而，維森塔爾卻被留在奧地利的決定困住了。後來，他解釋說，他之所以留在奧地利，是因為認定自己必須在歐洲繼續執行身為納粹獵人的工作。但是一九五四年那年，他也被迫關閉林茲檔案中心，費曼早在兩年前就關閉自己的檔案中心。他也把檔案中心的檔案整理好，運送到耶路撒冷的猶太大屠殺紀念館。[51] 這清楚顯示，他斷定他的記錄文件現在主要是給歷史學家用的，不是檢察官。但是，跟費曼一樣，他也保留了艾希曼的檔案。「老實說，我不知道為什麼我會這樣做，因為我真的已經放棄了。」他說道。維森塔爾繼續留在林茲，為猶太救濟組織工作，幫當地新聞社撰文寫稿，並且找其他方法保持忙碌，供養家庭。

後來，一九六〇年艾希曼在布宜諾斯艾利斯被綁架後，維森塔爾自己的說法引起很大的爭議，包括他跟男爵見面，以及沒有把線索追查到底。畢竟，那暗示著以色列人錯失提早找到艾希曼的機會。埃瑟・哈雷爾（Isser Harel）是摩薩德的頭子，摩薩德就是以色列情報特務局，他最後會負責指揮逮捕艾希曼的行動。他對這個版本的故事十分火大；維森塔爾一九六七年出版第一卷回憶錄，在裡頭首次公開這個版本的故事。如果維森塔爾的故事屬實，那麼將對他造成嚴重的影響。

以色列首次嘗試加入追捕納粹，逮捕艾希曼將是這個龐大事業最引人注目的行動，但是也將為維森塔爾和哈雷爾的終身鬥爭搭設舞臺。

在德國本身，當然，對於追捕納粹的熱血，到一九五〇年代初期大多消失了，不論是禁止他們擔任特定工作或起訴他們。到五〇年代中期，西方同盟國只拘留不到兩百名戰犯；其餘戰犯都受惠於連續的特赦。[52] 阿登納總理一九五二年宣布：「我想我們現在必須結束搜尋納粹。」[53] 德國亟欲相信新領袖的話，因此，在所有地方之中，新納粹獵人似乎特別不可能出現在德國。

但是恰好就發生這種事。有一名獵人出現，他跟維森塔爾或費曼都截然不同，他們行事比較火爆，而且通常獨力行動。費里茲．鮑爾跟波蘭預審法官傑恩．西恩像多了，西恩曾經搜集事證，審判奧斯威辛指揮官魯道夫．霍斯和集中營的其他人員。

但是這兩人的故事卻天差地遠。鮑爾是德國猶太人，成長過程始終不篤信宗教，納粹時代大多流亡在外，因而得以倖存；西恩在源自德國的天主教家庭中成長，哥哥在德國占領期間登記為德意志裔人，也就是德意志人民。但是他們的相似處比差異處更加重要，鮑爾和西恩都是菸不離手的法官和檢察官，作風低調，一絲不苟地穩紮穩打，專注於在法庭取得勝訴。在鮮少人跨越鐵幕的時代，他們證明了可以跟鐵幕國家合作，搜集審判證據。最重要的是，兩人都認為自己的任務不只要懲罰罪犯，還要開創歷史記錄，為教育當前與未來的世代奠定基礎。罪犯躲藏在德國的情況比波蘭嚴重多了，因此，在德國這個罪犯的國度，這麼做不僅是當務之急，也是無比艱難的挑戰。

鮑爾在德國是頭面人物，比西恩在波蘭更有名氣。早在一九五二年，他就因為承辦大案，起訴一名前納粹將軍，登上頭版新聞。他的目標是要證明反抗希特勒是崇高的舉動，並非叛國。一九六〇年代，他費心策劃德國自己的奧斯威辛審判，開始阻止德國刻意遺忘猶太大屠殺和那個年代的其他罪行。他經常參加電視節目，討論德國應該如何處理納粹黨的過往歷史；但是一九五〇年代後期，在逮捕艾希曼的冒險任務中，他所扮演的關鍵要角是在幕後行動。

這一切貢獻應該能為鮑爾贏得廣大群眾的讚揚，但是他的傑出貢獻卻從來沒有獲得祖國的最高獎勵，一九六八年他在六十四歲去世後，許多人都把他給忘了。在德國之外，他一開始根本沒什麼名氣，直到過去幾年，德國人才開始重新發現鮑爾；就跟許多納粹獵人一樣，他被重新認識的過程中爭議不斷，拖了很久才獲得認同。

爾楚德・華捷克（Irmtrud Wojak）經過澈底研究後，寫了鮑爾的第一本重要傳記，這本巨著在二〇〇九年出版。華捷克指出，「當時人們幾乎不想再聽到這段過去，而且『結案』這個詞越來越常被提起」，但是鮑爾卻仍舊隨時隨地告誡人們，不能那麼輕易澈底忘掉近代的歷史。華捷克認為「德國現在能發展成法治國家，鮑爾貢獻重大」。[55]

鮑爾堅持不懈地提醒國人同胞，有人曾經以他們的名義犯下罪行。此舉為他樹立的敵人遠多過吸引來的讚賞者，他面對的威脅也遠多過西恩在波蘭遭遇的。有匿名人士會打電話咆哮：「猶太豬！去死吧！」而且經常有人寫信這樣問：「你是因為被憤怒蒙蔽了，所以無法理解大部分德國人厭倦所謂的納粹罪行審判嗎？」但是他非常受學生歡迎，尤其是學法律的學生。[56]

伊洛娜・宗克（Ilona Ziok）拍攝了鮑爾的紀錄片，那部極具影響力的紀錄片二〇一〇年在柏林影展首映，使鮑爾再次獲得公眾的注目。宗克強調，鮑爾終其一生都在孤獨奮戰。紀錄片名為《分期死亡》（*Death by Installments*），導演把他描繪成「歷史人物」；宗克說自己深信他確實是。宗克的影片也清楚顯示，他經常感到孤單。「基本上，鮑爾只有敵人而已。」導演指出。57

第一本傳記和第一部紀錄片問世後，鮑爾就隨即以歷史人物的身分重現於世人面前。《南德日報》（*Süddeutsche Zeitung*）的編輯羅男．史坦克（Ronen Steinke）二〇一三年出版一本比較簡短輕鬆的鮑爾傳記，裡頭包含一些比較敏感的主題，之前的書和影片都沒有提到，他因此被指控誇大渲染鮑爾的故事。二〇一四年四月法蘭克福猶太博物館舉辦費里茲．鮑爾的展覽，策展人大量採用史坦克那個版本的故事，使得華捷克和宗克格外氣憤。報紙上很快就出現批評文章，在學術界更引發廣泛的爭論。

爭論始於有人質疑鮑爾的猶太根源，以及這部分的身世是否應該成為討論焦點。他在斯圖加特的家庭完全不遵守宗教規矩，宗克說，「對猶太人而言，他不是猶太人；對希特勒而言，他才是猶太人」。58 或者，誠如鮑爾所言，根據以納粹種族政策為核心的《紐倫堡種族法》，他是猶太人；但是除此之外，他完全不是猶太人。在猶太博物館的展覽說明中，「費里茲．鮑爾的家庭代表德意志帝國的猶太中產階級」，在他童年時，「只要祖母與外祖母住在家裡，家人就會慶祝猶太節日」。不過這也表示：「他們家並不特別虔誠，會受到同化並接受猶太教，可能是為了在社會上獲得認可與平等對待。」[59]

鮑爾的父親是參加過第一次世界大戰的退役軍人，堅信德國國家主義，費里茲自己成長在當時最典型的教育環境，因此很瞭解為什麼他那個世代會有那麼多人唯命是從。一九六二年跟學生談話時，他回憶道：「許多人跟我一樣……接受威權教育。我們要乖乖坐在桌子前；爸爸說話時，我們要閉嘴；我們沒有權利說任何話……我們都知道這種父親。有一次星期日下午，我忘了禮儀，左手動來動去，沒有乖乖擺在桌子下，有時候我想到這件事還會作惡夢呢。」[60]

「德國的威權教育是德國道德倫理的真正基礎。」他繼續說，「嚴守法律，謹從命令，這是造就德國效率的最重要原則。」雖然這似乎使他嚴守德國的文化傳統，但是他補充道，父母額外加了一條訓誡，很可能來自他們沒怎麼遵守的猶太價值觀。「你必須永遠懂得明辨是非。」父母告訴他。

鮑爾沒有詳談成長過程親身經歷的反猶主義，但是他實在很難完全避掉這個主題，因為他在慕尼黑讀大學時，有一段時間剛好納粹黨在那裡擴展。跟學生談話時，他回憶說當時看到「許多納粹黨員鬧哄哄的」，還有他們的鮮紅色海報上頭寫著：「禁止猶太人進入。」政府裡最有名的猶太閣員，外交部長瓦爾特．拉特瑙（Walther Rathenau），在一九二二年被暗殺，他補充道：「當時我們萬分震驚，認為我們決心捍衛的威瑪民主政體……岌岌可危。」

兩年前，還在讀高中時，鮑爾就加入社會民主黨，終身都積極參與黨內事務。法蘭克福的展覽說明中，稱他是「猶太社會民主黨員」，宗克和華捷克覺得這讓「猶太」和「社會民主黨員」這兩個詞聽起來好像一樣重要。[61]其實，鮑爾早期跟納粹黨的大部分紛爭是他的政治觀造成的，尤其是他面對極右派與極左派同時攻擊時，仍舊全力捍衛威瑪共和國。他堅信左傾社會秩序的價值，因為它最符合民主原則。

一九三〇年，鮑爾被任命為斯圖加特最年輕的法官，特別關心如何透過法律幫助年輕的罪犯，給他們機會改過自新。一年後，當地的納粹報紙《國家社會主義信使報》（*NS-Kurier*）報導一則新聞，標題是：「一名地方法院猶太法官濫用職權協助政黨。」記者要求司法部說明，是否會「幫猶太人鮑爾的行為辯護」。[62]在納粹黨的眼裡，鮑爾的主要罪過無疑是社會民主黨員的身分，但是他們很樂意利用他的猶太人身分來作文章。

這一回他們失敗了，但不是完全失敗。鮑爾決定控告報社誹謗，法院最後判決他勝訴，但是這是個不清不楚的勝利。《國家社會主義信使報》說：「原來稱人為『地方法院猶太法官』是誹謗啊。」

一九三三年一月底希特勒上臺掌權，鮑爾和寇特・舒馬克（Kurt Schumacher）以及社會民主黨的其他要員被送到賀依貝格（Heuberg），那是在符騰堡（Württemberg）的第一座納粹集中營。無庸置疑，他之所以成為標靶，是因為他的政黨關係。他在同年十一月獲釋，史坦克寫的傳記和法蘭克福的展覽說明都指出，他和其他幾名囚犯簽署對新政權效忠的宣誓書後才獲釋。「吾等無條件支持，為德國爭取榮耀與和平。」宣誓書上載明。[63]戰後成為社會民主黨領袖的舒馬克拒絕簽署，接連被監禁在一座又一座的集中營，直到戰爭結束才被英國人解放。鮑爾總是表達欽佩舒馬克「信念堅定，勇氣十足」。

在法蘭克福的展覽中，有一張印著效忠宣誓書的報紙影本，並且列出因為簽署宣誓書而獲釋的囚犯。列出來的第二個姓名是「費里茲．豪爾」（Fritz Hauer）。籌辦人員認為那是無關緊要的打字錯誤，並且指出，沒有其他重要囚犯的姓氏跟鮑爾那麼相近。他們也堅稱，別的記錄也明確證明鮑爾有簽。但是在篇幅比較長的那本傳記裡，華捷克沒有提到效忠宣誓書，宗克在紀錄片中也沒有提及，兩人都堅稱那是因為沒有明確的證據證明鮑爾有簽署。

「如果他真的有簽，那也是為了家人。」宗克補充道，「他為了解救家人，什麼都做。」宗克認為眾人過度聚焦在鮑爾的猶太人身分，對此感到氣惱，但是也承認，鮑爾當時必須瞭解，納粹既然執行反猶太政策，那麼他和家人可能很快就會因為身分而遭到迫害，即便他最初遭到監禁是因為政治因素。

如果關於效忠宣誓書的爭論算是相當輕微，那麼鮑爾的另一部分人生——性取向——

引發的爭議就激烈許多。一九三六年，他逃到丹麥，他的姊姊和姊夫兩年前就定居丹麥。起初，他認為丹麥是自由的天堂。「丹麥人無憂無慮、若無其事地享受國家的豐厚資產，總是令外國人感到驚奇。」他寫道。64

但是根據史坦克的傳記和法蘭克福的展覽說明，在這個表面自由的國家，警察經常跟蹤他，並且把他帶到警局，審問他是否跟別人指稱的一樣，跟同性戀男子往來。一九三三年，丹麥雖然是將男子合意性交除罪化的第一個歐洲國家，但是男同性戀賣淫仍舊非法。法蘭克福展覽上有一份警察報告，裡頭記錄他承認兩次與人性交，但是否認是性交易。

華捷克暗指，策展單位公布可疑的警察報告，似乎是要破壞鮑爾的聲譽。「那是為了迎合對同性戀仍存有偏見的人。」她說道。宗克堅信：「鮑爾是無性戀者，我不認為他有跟任何人性交過。」不過宗克接著補充道，「就算他真的是同性戀，那也是他的事啊。」兩人都在描述鮑爾的作品中避談這個主題。65

為了把鮑爾的這部分故事納入展覽，法蘭克福展覽的總監莫妮卡・波爾（Monika Boll）提出辯護。「我們的目的不是要揭露他是同性戀。」開展那一天波爾陪我參觀展覽時強調說，「你可能以為他在丹麥沒有政治危險，其實在那裡他又遭到迫害，跟他的私生活有關。這部分，歷史必須承認。這是公開這些檔案的唯一正當理由，那些檔案不會破壞費里茲・鮑爾的名聲，只會讓這些檔案的主管機關失信於人。」

諷刺的是，雖然協助鮑爾的歷史重新獲得注目的那批人搞起內鬥，但他們卻經常忽略了一項事實，那就是各方人士基本上都認同他的主要成就。內鬥主要是因為分裂，一派人認為應該只呈現他的正面貢獻，一派認為公開這類關於私生活的爭議，絕對不會損及他的名望。

一九四〇年德軍入侵並且占領丹麥，鮑爾再次陷入危境。在丹麥社會民主黨員的協助下，他多數的時間都待在藏匿處。一九四三年，他在丹麥路德會（Danish Lutheran Church）的教堂娶了安娜・瑪麗・彼得森（Anna Marie Petersen），據說此舉是為了保護他。66 同年，希特勒命令丹麥當局驅逐猶太人，但是丹麥反抗運動人士反而組織著名的救援行動，協助約莫七千名猶太人逃到瑞典，其中包括鮑爾、他的姊姊和姊夫以及他們的父母。

在瑞典，鮑爾擔任《社會主義者論壇報》（*Sozialistische Tribüne*）的編輯，該報是德國社會民主黨員出版的流亡社群刊物。其中一名比較年輕的共同編輯是未來的西德總理魏利・勃蘭特（Willy Brandt），鮑爾很佩服他在國際圈交友的能力，說他「聰明得像美國人」。67

戰爭結束時，鮑爾和家人決定回到丹麥，一九四五年五月九日，德國投降不久後，他就在反納粹激進分子的聚會中發表告別演說，清楚說明他對祖國的未來抱持什麼看法：

> 德國現在就像一張白紙……我們可以，而且也必須，從地基開始打造更美好的新德國……我們承認，德國有責任為以德國名義犯下的戰爭罪行付出代價……戰犯和協助納粹主義掌權與發動戰爭的罪犯，還有布痕瓦爾德、貝爾森和邁丹尼克的罪犯，應該受到最嚴厲的懲罰……我們不要求世人可憐德國人民，我們知道，德國人未來數十年必須努力彌補過錯，才能獲得尊重與同情。[68]

那年他也在瑞典出版了一本書，書名透露了先見之明：《審判戰犯》（*Die Kriegsverbrecher vor Gericht*）。[69]一九四七年，他寫了題為〈凶手就在你身邊〉（*The Murderers Among Us*）的文章，這個標題二十年後成了維森塔爾的第一本回憶錄書名。鮑爾會選擇使用這個標題，幾乎無疑是受到戰後德國第一部揭露戰犯內幕的電影所啟發，那部電影的片名和他的標題幾乎一樣：《凶手就在你身邊》（*The Murderers Are Among Us*）。

鮑爾想貢獻力量，協助德國從頭重建尊嚴。他從丹麥寫信給友人舒馬克，說他已經填寫許多必要的表格，請求美國人准許他回斯圖加特，但是沒獲得批准。[70]他承認自己不確定原因為何，但是懷疑「美國人不想要任何猶太人」回到公部門任職。勃蘭特和其他同事戰爭結束不久後就能回到德國，但是鮑爾一九四九年才能回去。他的第一份工作在布倫瑞克（Braunschweig），在那裡先後擔任地方法院主任與地方法院檢察長，他將在這裡初次對抗曾經為第三帝國積極賣力的那些人。

鮑爾樹立名號，成為挑戰納粹黨的頭號法界人士，不是靠控告戰爭罪行或違反人道罪的案子。那個案子沒有那麼轟動，卻處於戰後德國關鍵問題的核心：該如何看待一九四四年七月二十日試圖暗殺希特勒的那些德國軍官與平民。

克勞斯・馮・史陶芬堡（Claus von Stauffenberg）上校把一個裝著炸彈的公事包放在東普魯士狼穴（Wolf's Lair）總部的會議桌下，希特勒就在那張桌子前跟高階軍官商議戰爭計劃。由於其中一名軍官碰巧踢到桌腳後面的公事包，希特勒才沒被炸死。那些謀反者是英雄還是叛徒呢？

任何人只要看過二〇〇八年由湯姆・克魯斯主演的電影《行動代號：華爾奇麗雅》，就知道在接下來的劇情中，關鍵角色是柏林大德意志守衛營營長奧圖・雷默（Otto Remer）少校。他曾經在戰鬥中受傷八次，希特勒曾經頒發橡葉騎士鐵十字勳章給他。[71]他的忠誠無庸置疑，但是在爆炸後，狼穴陷入混亂的那段期間，在柏林的謀反者試圖掌控柏林，他們告訴雷默希特勒死了，命令他逮捕宣傳部長戈培爾。

雷默帶著二十個人到部長辦公室要逮人時，戈培爾告訴雷默，說元首還活得好好的，而且他能證明。他拿起電話打給希特勒，希特勒立刻命令雷默逮捕謀反者。謀反者後來被逮捕處決或被迫自殺，雷默在戰爭結束之前晉升到中將。

在戰後的西德，雷默協助創立極右派的政黨——社會主義帝國黨（Sozialistische Reichspartei），並且動員支持者，用氣憤尖刻的長篇演說抨擊國家新選出來的領導人。一九五一年雷默的政黨開始在區域選舉中發揮重要的影響力，使他吸引全國的矚目。看到《明鏡》新聞週刊對他的描述，會讓人以為是在寫早期的希特勒。「他三十九歲，身材纖瘦，臉孔削瘦，像狂熱分子一樣，雙眼炯炯有光。」報導寫道。72

雷默指控德國的民主派新領袖「聽命於外國強權」，這類言論雖然激怒了政治人物，但是還不足以引起對方採取法律行動。然而，一九五一年五月三日，雷默在布倫瑞克的一場選舉集會中說得太過火了，他不只為自己在七月二十日那次功虧一簣的政變中的行為辯護，還對謀反者提出類似的指控。「那些謀反者嚴重背叛國家，而且被外國強權給收買了。」他指控道。

對鮑爾而言，這是表明自己立場的機會，從許多方面來看也體現他的看法，也就是國人應該如何面對德國的近代歷史。雷默圍捕了差點成功刺殺希特勒的謀反者，但是鮑爾沒興趣針對他在這件事中扮演的角色懲罰他。雷默把謀反者說成是叛徒，鮑爾以誹謗的罪名起訴他，心裡卻想要達成更大的目標。他想要教育德國民眾，在希特勒統治期間，什麼樣的行為才是愛國。

一九五二年三月七日審判開始，吸引六十名德國與外國新聞記者。在布倫瑞克的法庭裡，鮑爾提出慷慨激昂的結辯，內含清楚的哲學與政治寓意：「只要發現戰爭不合公義，就能加以反對與阻止，這不是人人應該有權利嗎？」他補充道，「像第三帝國這種不合公義的政府，沒資格指控人民背叛。」雷默指控說外國有付錢給謀反者，但卻沒有證據可以證明。鮑爾講得最振聾發聵的重點是，謀反者這樣做是出於愛國，因為他們的國家被恐怖的政權引入歧途。73

鮑爾私底下認為，這些軍事謀反者的動機根本不像他在法庭裡描述的那樣高尚。一九四五年三月他在一封信中寫道：「七月二十日的謀反者會想要推翻納粹，不是因為在道德或政治上反對納粹主義，而是因為希特勒快打敗仗了。」他們刺殺希特勒的目的是要「防止德國無條件投降」，他補充道，確保德國戰後能成為獨立國家。74

然而，他在布倫瑞克審判的結辯的確是由衷的懇求。「基於我們今日知道的事實，以及基於法律的金科玉律，這個民主法治國家的檢察官與法官，有責任無條件或無限制幫七月二十日的那些英雄恢復名譽。」他陳述道。75 他還提到在斯圖加特讀高中時的私事，當時他跟克勞斯・馮・史陶芬堡是同學。他的這位舊時同窗和其他參與謀反的人「把保護席勒的遺產視為自己的任務」；席勒是受到愛戴的德國詩人、劇作家和哲學家。換句話說，謀反者是出於衷心深愛德國的歷史與文化，才會採取行動；他們是真正的愛國者。76

法官約阿希姆·黑沛（Joachim Heppe）在史達林格勒擔任過軍官，謀反發生時是在俄國當戰俘。他表示鮑爾提出的道德議題「深深感動」他。其實，鮑爾完全專注在陳述論據，證明謀反者的舉動符合道德，忘了要求對雷默具體求刑。最後法院判他觸犯誹謗罪，處以三個月徒刑，但是他始終沒有服刑，因為他逃到埃及，後來趁另一次大赦時回國，獲得赦免。77

不過，對鮑爾而言，這場審判是一場大捷。法院認同他，認為第三帝國這個政權沒有落實法治；因此，反抗者那樣做並沒有違反道德。法院在判決中聲明，「反抗者嘗試推翻希特勒及其領導的政權，全然是出於熱愛祖國，以及無私地體認到對祖國同胞的責任，因而毫不遲疑地犧牲小我。目的並非要破壞帝國或其軍力，而是要挽救兩者」。這個判決道出了鮑爾的心聲。78

審判前進行的民意調查顯示，百分之三十八的德國人認同德國反抗人士的行動；到一九五二年底，也就是審判那一年，百分之五十八的德國人表達認同。鮑爾不僅引起重大的迴響，也開啟一場延續數十年的爭論。79

鮑爾相信，這樣的審判十分重要，能讓德國人瞭解那段恐怖的歲月發生了什麼事，以及正義與邪惡的行為分別有哪些構成要素。民眾學到的鑑戒遠重要於法院判處的刑罰，但是他心知肚明，教育民眾瞭解個人責任與道德的戰鬥還沒結束。儘管雷默的審判後，輿論出現正向的改變，他知道許多國人同胞對於納粹時代仍舊毫無悔意，甚至願意保護戰犯。正因如此，時時刻刻持續追捕戰犯才更加重要。

正因如此，一九五七年鮑爾得知令他心癢難熬的祕密消息時，才會也決定順著良心採取行動；一名有一半猶太血統的德國盲人流亡阿根廷，把艾希曼的下落告訴他。他沒有透過正常的德國管道傳遞這個消息，反而把消息轉傳給以色列人。他這麼做，引發了一連串事件，最後導致一場審判，那場審判不僅吸引以色列與德國，也令全球著迷。

第八章　「等一下，先生」

「眾所周知，至少有一個強大的猶太地下組織，從戰爭結束起，就不停在世界各地運作，追捕一九四五年躲過同盟國法網的納粹戰犯。他聽說那個組織的成員滿腔熱血，全力投入工作，那些勇者奉獻生命，懲罰打造貝爾森、奧斯威辛等地獄的某些冷血禽獸。」

節錄自傑克・希金斯（Jack Higgins）的《鮑曼的遺囑》（*The Bormann Testament*）；這本小說最初出版於一九六二年，出版商採用不同的書名：《舒爾茨的遺囑》（*The Testament of Caspar Schultz*）。[1]

拉斐・艾坦（Rafi Eitan）在特拉維夫的亞非卡（Afeka）社區擁有一棟醒目的新潮房子，二〇一四年三月，他坐在舒適的客廳裡，輕鬆悠閒地回憶在摩薩德服務的漫長歲月；他職業生涯中最重要的一件事，就是一九六〇年五月十一日，率領突擊隊到布宜諾斯艾利斯，在阿道夫・艾希曼的家附近逮住他。他說自己實在是好運，一九五〇年買下要蓋房子的土地，當時他二十四歲，剛開始在摩薩德工作。那塊土地當時很便宜，因為沒有橋橫跨附近的一條河，那條河把那一區跟南邊附近的市區隔開了，而且那裡沒電也沒自來水。「我當時說我要買那塊地，而且有一天我會住在特拉維夫的私人住宅裡。」他說道，露出滿足的微笑。[2]

現在亞非卡可是高級住宅區喔，別緻的別墅和公寓建築林立，透過嶄新的公路跟市區相連。但是他的房子位於一條謐靜的街道上，看起來就像在地中海的度假勝地裡。主樓層種滿花與植物，從幾扇玻璃門和一扇大型天窗照進充足的光線，打開玻璃門可以前往露臺和花園。有幾座動物和人的塑像，用細長堅硬的青銅和鐵設計出極簡主義的風格，裝飾著玄關和擺著一排排書的書房。製作那些塑像是他最喜歡的嗜好，製作塑像的那雙手強而有力，在超過五十年前的那個大日子，曾經幫隊友把艾希曼抬進等待中的車子裡。艾坦身材矮小，年輕時靠著攀繩練就出強而有力的手臂與手掌。

艾坦是薩布拉（Sabra），薩布拉是用來稱在巴勒斯坦或者後來在以色列出生的猶太人。他開始講述近代最有名的綁架案時，無意間說出他一九五三年第一次造訪德國的事。在法蘭克福下火車時，他記得自己當時不禁暗忖：「再早個幾年，八年前如果我在這兒，八成會被處死。不過現在我是以色列政府的代表。」他趕緊補充說那次造訪跟追捕納粹黨員完全沒有關係。

戰後，流言傳得沸沸揚揚，說以色列特務一直在世界各地搜尋藏身處，不停追捕納粹戰犯。那根本不是真的，他解釋道。他來到法蘭克福的任務是要見摩薩德的特務，他們負責監看移民活動：猶太人先從東歐與蘇聯到德國，再前往以色列人的新國家。

結果，冷戰初期從那個地區移入的移民變成摩薩德的一大挑戰。「東方國家的情報機關，包括波蘭、羅馬尼亞，當然還有俄國，吸收了許多移民。」艾坦解釋道。克里姆林宮跟阿拉伯國家密切合作，對付以色列，蘇聯國家安全委員會及其在鐵幕後的附屬機關收到他們安插在以色列的特務回報後，會立即跟以色列的阿拉伯鄰國分享情報。以色列這個新國家亟需更多移民（一九五三年以色列只有約莫一百六十萬居民），但也需要找出為不同主子效力的人。「我們必須檢查每個人，確定是不是間諜。」艾坦說，「我們的第一優先要務是這件事，不是追捕納粹。」[3]

亞伯拉罕・夏龍（Avraham Shalom）是在奧地利出生的摩薩德特務，後來成為以色列國家安全局「辛貝特」（Shin Bet）的局長。他在綁架艾希曼的行動中擔任艾坦的副手。夏龍在二〇一四年六月去世，不過去世的三個月前，他在特拉維夫的家中接受訪問時，不僅道出了艾坦的心聲，甚至講得更深入。「我對這種追捕納粹的工作從來就不感興趣。」他坦承說。他認為，猶太人如果想到那麼多納粹罪犯仍舊逍遙法外就覺得不爽，那麼最好的解決辦法就是「來這裡住」，他補充道。[4]

以色列生存之初，實在沒有足夠的時間、精力或熱血去追捕納粹。維森塔爾一九五三年從奧地利男爵得知有人在阿根廷看見艾希曼，不管那有多重要、惹出多少爭議，艾坦卻絲毫不在乎。就算維森塔爾提出更多的明確消息指出艾希曼的下落，艾坦堅稱，以色列也沒辦法那麼早就投入必要的人力與資源去追捕他。讓以色列在滿是敵人的地區努力求存，才是首要之事。

然而，到一九五〇年代末期，以色列羽翼漸豐，大衛・班─顧林（David Ben-Gurion）總理和以色列的其他頂層領袖對國家的前途比較有信心了。要他們批准大規模行動，逮捕惡名昭彰的納粹戰犯，似乎不再遙不可及，只要機會出現就有可能，當然，這些機會都會落在摩薩德的手上。

結果機會真的出現了。

一九五七年九月十九日，時任西德黑森邦檢察長的費里茲・鮑爾安排行程，要會見在西德的以色列賠償事務代表團團長費利克思・西納（Felix Shinar）。為確保會談機密不公開，兩人在科隆─法蘭克福公路附近的一家小旅館見面。

摩薩德的頭頭埃瑟・哈雷爾後來下達命令，要艾坦、夏龍和其他特務到阿根廷綁架艾希曼。根據哈雷爾的說法，鮑爾當時開門見山就直接告訴西納：「找到艾希曼了。」

以色列代表西納詢問他指的是否真的是阿道夫．艾希曼，鮑爾回答說：「是的，就是阿道夫．艾希曼，他在阿根廷。」

「那你打算怎麼辦？」西納問道。

「我就跟你實話實說吧。我不知道我們能不能完全信賴德國這裡的司法制度，德國駐布宜諾斯艾利斯的大使館人員就更不用說了。」鮑爾答道，清楚表明他不相信祖國的許多公務員。他也擔心，一旦有人知道艾希曼恐遭逮捕，就會馬上去跟本人通風報信。「除了找你談，我實在想不到別的辦法了。」鮑爾繼續說，「你能幹是出了名的，而且可能沒人比你更有興趣抓艾希曼。」接著他插了一句警告：「自然，我希望能跟你保持聯絡，商議這件事，但條件是你必須嚴格保密。」

顯然，鮑爾是指他們交流的全部資訊都不能讓德國執政當局知道，西納欣然答應，表明會謹守保密原則，將訊息傳達在以色列的上司。「由衷感謝你那麼信任我們。」他說，「以色列永遠不會忘記你的貢獻。」

西納信守承諾，呈交詳細的報告給在耶路撒冷的外交部，外交部祕書長沃爾特．伊爾坦（Walter Eytan）在特拉維夫的一間小餐館會見哈雷爾，轉達消息，摩薩德的頭頭答應澈底調查。那天哈雷爾指示局裡的檔案保管員幫他找出艾希曼的檔案後，從晚上一直讀到深夜。「當時我本來不知道艾希曼是什麼樣的人。」他後來寫道，也不知道「他心懷什麼樣的變態狂熱在幹殺人的工作。」但是哈雷爾黎明起身離開桌子時，就知道「有關猶太人的一切事務，艾希曼擁有至高無上的權力，是他在幕後操控逮人與大屠殺的行動。」6

哈雷爾也知道「人們厭倦關於暴行的故事了」。但是他說自己立即做出關鍵決定：「那天晚上我下定決心，如果艾希曼還活著，死活都要抓到他。」

或許他真的有下定決心，但是就連他團隊裡的一些成員後來也質疑，哈雷爾處理這個案子過程是否失當，因為他初期失策，過了很久才針對鮑爾的情報採取行動。西納跟鮑爾見面過了兩年多以後，才認真準備艾希曼行動，綁架這個惡名昭彰的逃犯。儘管哈雷爾一開始的決定容易引起馬後砲，但是他最後的確策動了無比大膽的計劃，而且執行得十分出色。

哈雷爾獲得艾希曼的消息不久後，以色列在西德的代表西納便回到以色列，這讓摩薩德頭子能夠進一步詢問他跟鮑爾的談話，而且，最重要的是，瞭解他個人對鮑爾的評估。「聽完西納博士描述費里茲．鮑爾的品格後，我深受感動。」哈雷爾寫道，他並向西納保證，會派一名特使繼續跟鮑爾聯絡，取得其他情報。7

他選來執行這項任務的蕭爾．戴隆（Shaul Darom）一九四七年曾經到法國讀藝術，接著在法國跟一個協助把猶太人偷渡到以色列的團體搭上線。戴隆當畫家與當情報特務都幹得很好。他對這兩種工作「很有天分」，哈雷爾報告道，而且他藝術成就越來越受肯定，還能說幾種語言，輕鬆在歐洲四處遊走。

一九五七年十一月六日，戴隆和鮑爾在科隆見面，過程中談到了一些關鍵情報。鮑爾解釋說，自己的消息提供者是一名住在阿根廷、有一半猶太血統的德國人，他看到報紙寫說艾希曼消失後，曾經寫信給德國執政當局。鮑爾當時沒有揭露那個人的姓名，因為他直接跟那個人通信，想要保護他的消息提供者。鮑爾已經知道一些關於艾希曼跟他家人的情報，包括他兒子的年齡；他的兒子出生後，跟他的妻子薇拉離開德國，據說跟薇拉的第二任丈夫住在一起。鮑爾強調，消息提供者描述的細節跟他已經知道的情報吻合。消息提供者認為那個人就是艾希曼，也知道他住在哪裡：布宜諾斯艾利斯的近郊住宅區奧利沃斯（Olivos），查卡布科街四二六一號（4261 Chacabuco Street）。

鮑爾直言為什麼自己會求助於以色列人，而不找德國執政當局幫忙。「我確定只有你們願意而且準備好要行動了。」他告訴戴隆。這位以色列特務說自己擔心任何引渡行動都可能會讓艾希曼得知風聲，再度逃跑。鮑爾回答說：「這也是我擔心的，所以我認為你們可以用自己的方法把他抓回以色列。」

那句話幾乎沒有留下模糊的空間。鮑爾身為西德的法律代表人，竟然慫恿以色列人無視正當法律程序，只管想出實際可行的解決辦法。在德國，他只跟一個人透露自己在做什麼，他完全信任那個人，那個人就是他的社會民主黨同志喬治—奧古斯特・季恩（Georg-August Zinn），同時也是黑森的邦長。

戴隆佩服鮑爾的「勇氣」；鮑爾不只背著自己的政府，向以色列人求助，甚至願意保證，不論他們決定採取什麼行動，他都欣然接受。哈雷爾後來寫道，他認為鮑爾「為人誠正，擁有猶太人的古道熱腸」。他還說：「我猜他一定對德國現在的發展很失望，我覺得他一定無法心平氣和接受自己當初決定在這樣的德國繼續投入政治活動。」暗指許多舊納粹黨員回任公職。

不過，哈雷爾嘗試追查鮑爾給的線索，起初一無所獲。一九五八年一月，他派在南美待了很久的特務葉爾・高倫（Yael Goren）到布宜諾斯艾利斯，嚴格指示絕對不可以採取會引起注目的行動。[8] 一名在阿根廷做研究的以色列人，陪高倫去查看鮑爾提供的住址與鄰近地區，但是他們立刻就斷定事情不對勁。那裡是貧民區，街道沒有鋪砌，而且，哈雷爾說：「那棟破爛的小屋跟我們想像的完全不一樣，像艾希曼那種階級的黨衛軍軍官怎麼可能過那種生活。」當時，一般人認為重要的納粹逃犯都有設法偷運出龐大的財富，大部分的財富都是他們戰時向被害人奪取的。

這兩個人看到屋子的後院裡，有個模樣邋遢的歐洲女人後，也被矇騙了。艾希曼性好女色，人盡皆知，他們無法相信那個女人是他的妻子。哈雷爾表示高倫的任務報告令他「大失所望」。一九七五年，卸下摩薩德的局長職務十二年後，他才能出版艾希曼事件的完整記述，他在記述中表示：「結果明顯指出鮑爾給的消息沒有事實根據，但是我相信不是那樣。」

哈雷爾可能有的問題，頂多只是信念不太堅定而已，但是他接下來確實採取了合邏輯的行動：他請戴隆再次跟鮑爾見面，並堅持他們必須知道他的消息提供者姓甚名誰，這樣他們才能進一步查證那個人的談話內容。一九五八年一月二十一日，戴隆和鮑爾在法蘭克福見面，鮑爾很快就軟化態度，說出羅薩・赫爾曼（Lothar Hermann）的姓名和他在蘇亞雷斯上校鎮（Coronel Suárez）的住址，該鎮與布宜諾斯艾利斯相距超過三百哩。鮑爾也寫了一封引見信，哈雷爾決定人選後，讓那個人帶著信去找赫爾曼。

那個人就是伊富連・何夫斯戴特（Efraim Hofstaetter），以色列警方的頂尖調查員，他正在前往南美的途中，要處理另一件案子。哈雷爾把鮑爾的引見信交給他，請他辦完其他公事後去查查赫爾曼。赫爾曼拒絕他的要求，不願意在布宜諾斯艾利斯見面，因此何夫斯戴特只好連夜搭火車到蘇亞雷斯上校鎮。他敲赫爾曼家的門後，赫爾曼請他進屋，但是立刻要求他保證自己是德國執政當局的代表人（何夫斯戴特跟哈雷爾同意先用這個名義騙赫爾曼）。「我怎麼知道你說的是實話？」赫爾曼問道。[9]

何夫斯戴特解釋，自己有鮑爾寫的引見信，並伸出手要把信交給赫爾曼，但是這位東道主不理會。就在那一刻，赫爾曼把妻子叫來，請她接過信並且大聲唸出來。那時何夫斯戴特才發現赫爾曼眼盲。妻子唸完信後補了一句：「簽名的確是鮑爾博士的。」

明顯看得出來赫爾曼放鬆了，開始說自己的故事。他的父母死在納粹的手中，自己則曾經在集中營待過一段時間。「我的身體裡流著猶太人的血，但是內人是德國人，而且我們是遵照內人的傳統養育小女的。」他補充道。他想追捕艾希曼的唯一動機是：「納粹罪犯害我和我的家人吃盡苦頭，我要報仇雪恨。」

赫爾曼家一家人本來住在布宜諾斯艾利斯的奧利沃斯近郊住宅區，直到十八個月前才搬走，在那裡，他們「在各個方面都被當成是德國人」。女兒希薇雅開始跟名叫尼可拉斯．艾希曼（Nicolas Eichmann）的少年約會，他不曉得希薇雅有一部分的猶太血統。他到過希薇雅的家幾次，有一次還說要是德國人當時把猶太人殺光就好了。他也解釋說他講話沒有明顯的地區口音，是因為他的父親戰爭期間曾經在許多不同地方服役。

由於看到一則關於戰爭罪行審判的新聞報導談到艾希曼，赫爾曼推斷尼可拉斯就是他的兒子。在那段日子，許多納粹黨員在阿根廷逍遙自在，只採取最簡單的防備措施；阿道夫．艾希曼一直用假姓氏過生活，他的兒子們則連姓氏都懶得改。但是尼可拉斯開始跟希薇雅交往時，倒是有採取一項防備措施：他一直刻意隱瞞他家的住址。希薇雅搬走後，兩人通信時，尼可拉斯吩咐她把信寄到朋友的地址。這反而讓赫爾曼更加懷疑，不久後，他就開始跟鮑爾通信。

就在那一刻，希薇雅走進房間；何夫斯戴特對哈雷爾說她「二十歲左右，嫵媚迷人」。顯然，不論她曾經對尼可拉斯有什麼樣的情意，仍舊決定幫父親確認心裡的揣測。鮑爾請赫爾曼前往布宜諾斯艾利斯深入調查，那位盲人便帶女兒一同前去，不只作為他的眼睛，同時也利用女兒跟尼可拉斯的關係。在一位朋友的協助下，女兒找到了尼可拉斯的家，直接去敲門。

一名婦女打開門，希薇雅詢問艾希曼家一家人是不是住在這裡。「她沒有馬上回答，她猶豫的時候，一名戴著眼鏡的中年男子走到她身旁。」希薇雅回憶道，「我問他，阿尼在不在家。」他講話「粗聲粗氣」，告訴希薇雅阿尼在加班。希薇雅繼續說：「我問他是不是艾希曼伯父，他沒回答。於是我問他是不是阿尼的爸爸，他這才說是，但是猶豫很久以後才說。」

那一家子有五個孩子，三個在德國出生，兩個在阿根廷出生，希薇雅補充道。雖然在德國出生的那幾個兒子，年齡跟鮑爾已知的情報吻合，但是何夫斯戴特仍舊謹慎查證。「你說的非常有說服力，但是終究沒有確定身分。」他說。他還說可能是薇拉改嫁，但是讓前三個孩子保留第一任丈夫的姓氏。羅薩・赫爾曼堅持認為跟她住在一起的那個男人毫無疑問就是阿道夫・艾希曼。

這位以色列人承諾支付赫爾曼的開銷，並且告訴他必須取得更多關於這名嫌疑人的情報，像是他使用的名字、工作地點、任何正式照片或私人文件、指紋。回到特拉維夫後，何夫斯戴特向哈雷爾報告，他認為赫爾曼「性急魯莽，過度自信」，因此多少懷疑赫爾曼說的事。但是何夫斯戴特對希薇雅留下了好印象，建議立刻請赫爾曼父女追查，因為她計劃不久後就要出國旅行。

哈雷爾批准增加經費，支付赫爾曼的開銷，好讓他能在布宜諾斯艾利斯深入調查。羅薩・赫爾曼和希薇雅・赫爾曼從房地產登記處得知，查卡布科街那棟屋子的所有人是名叫法蘭西斯可・施密特（Francisco Schmidt）的奧地利人，屋裡有兩間套房，有兩個電表，一個是達高圖（Dagoto）在使用，另一個是克萊門特在使用。赫爾曼推斷施密特一定就是艾希曼，認為他動過整型手術，易了容。10

但是之前調查過這個案子的那名以色列調查員在阿根廷繼續追查後，發現施密特不可能是艾希曼：施密特的家庭狀況不一樣，而且他根本沒有住在他擁有的那棟房子裡。「這些調查結果無法彌補地減低了赫爾曼的可靠度。」哈雷爾報告道。到了一九五八年八月，他補充道，「上級指示我們可以漸漸停止跟赫爾曼聯絡」。11

就在那一年，西德在路德維希堡（Ludwigsburg）設立國家社會主義分子罪行調查中央辦公室（Central Office for the Investigation of National Socialist Crimes），風景如畫的路德維希堡在斯圖加特北方附近。一九五九年八月，屠維亞・費曼說收到路德維希堡辦公室主任爾文・舒勒（Erwin Schüle）的來信，信中談到一個消息，指出艾希曼可能在科威特。興奮的費曼找艾瑟・班－納頓幫忙；班－納頓是他以前在維也納的以色列聯絡人，現在任職於國防部。[12]他甚至猜想自己會跟幾個人一起被派到科威特，執行逮捕艾希曼的任務。但是班－納頓卻拒絕幫忙，請他去找一名高階警官，但後者也拒絕了。費曼推斷那些官員對追捕艾希曼不再感興趣，於是找以色列的新聞界幫忙放風聲「據說那名逃犯在科威特」。

摩薩德沒有協助赫爾曼追查到底，媒體又突然報導艾希曼可能在科威特，這兩件事令鮑爾心灰意冷；他越來越擔心艾希曼會得知追捕行動而再度逃跑。一九五九年十二月，鮑爾帶著更多情報前往以色列。[13]根據新的消息來源，他報告道，艾希曼已經用李卡多・克萊門特這個名字已經前往阿根廷，在赫爾曼從一開始就一直說的查卡布科街那棟屋子裡，其中一個電表上也有這個名字。哈雷爾替自己辯護說，赫爾曼誤以為艾希曼是屋主，不是其中一個房客。發現真相後，摩薩德頭頭派新人子魏・艾海羅尼（Zvi Aharoni）去追查。突然間，赫爾曼的線索看起來又有希望了，但是沒人知道艾希曼是不是還在那裡。

鮑爾在耶路撒冷跟哈雷爾、艾海羅尼和以色列的檢察長錢姆・柯漢（Chaim Cohen）

見面時，毫不掩飾心中的怒氣。「真是難以置信！」他怒道，指出克萊門特這個名字赫爾曼很早以前就提過，現在新的消息來源再次提到。「隨便一個二流的警察都能追查這樣的線索。只要問問附近的肉販或菜販，就能得知關於克萊門特的大小事。」14

艾海羅尼描述鮑爾暴怒的樣子，也嚴厲批評哈雷爾的指揮，認為他調查艾希曼的過程失當。「那名盲人找到艾希曼，但是摩薩德卻花兩年才相信他的話，這實在是可悲。」他後來批評道。15

哈雷爾向班—顧林總理呈報，案子可能會有突破，總理指示他，線索如果屬實，務必把艾希曼抓回以色列審判。根據哈雷爾敘述兩人的談話，班—顧林相信這樣的審判「能取得巨大的道德與歷史成就」。16

這次哈雷爾挑艾海羅尼到阿根廷，確認現在是否終於能在赫爾曼最初提供的住址找到艾希曼並且驗明正身。摩薩德頭頭認為他是以色列「數一數二的調查員」；他在德國出生，一九三八年逃到巴勒斯坦，後來在英軍服役，審訊德國戰俘。17

艾海羅尼必須先完成另一項任務，這表示會再耽擱幾個月，也搞得哈雷爾「焦急難安」。18但是在那段期間，艾海羅尼一方面也在為任務做準備，瞭解案子的背景，以及會見鮑爾。一九六〇年三月一日，他終於搭機抵達布宜諾斯艾利斯。他攜帶以色列外交人員的護照，使用假名，佯裝是為外交部的會計處辦事。[19]

三月三日，一名當地學生答應幫忙，陪同艾海羅尼開租來的車子到奧利沃斯的查卡布科街。[20] 兩人抵達那棟雙套房的屋子後，學生走向屋子，假裝要找別人，結果兩間套房裡都沒有房客。學生透過窗戶看見房裡沒人住，倒是有油漆工在裡頭施工。艾希曼和家人如果之前住在裡面，那現在肯定已經搬走了。

隔天艾海羅尼靈機一動，想到一個可以得知更多消息的計劃。他記得艾希曼的檔案裡有提到，艾希曼的長子克勞斯在三月三日出生，於是他指示自願幫忙的當地少年胡安開車回到那棟沒人住的屋子，帶著要給克勞斯的一份禮物和卡片。為了掩飾動機，胡安準備好一套說詞，說有個朋友在布宜諾斯艾利斯的大飯店當行李搬運員，託他幫忙遞送一名年輕女子送的包裹；若對方追問包裹打哪來，就堅稱只知道這麼多。

胡安在屋子前側沒發現任何人，於是繞到後側。他在後側看到一個男人在跟在一間小屋附近清理東西的一個女人講話。

「冒昧請教，克萊門特先生是不是住這裡呢？」他問道。男女都立即證實知道這個名字，男子答道：「你是指那些德國人嗎？」

為了避免啟人疑竇，他說不知道他們的國籍。男子補充道：「那你指的是有三個成年兒子和一個未成年兒子的那個人嗎？」

胡安又佯稱不知情，說自己只是來遞送一個小包裹給他的。男子於是主動說出那一家子十四或二十天前搬走了，但是他不曉得他們去哪裡。

這差點成了令人萬分懊惱的噩耗，暗示如果艾海羅尼早一點來，就能在這棟屋子裡找到他們。幸虧男子顯然相信胡安的謊話，帶他去找在後側房間工作的一名油漆工。油漆工一樣熱心坦率，說克萊門特家一家人搬到布宜諾斯艾利斯的另一個近郊住宅區，聖費爾南多（San Fernando）。他不知道住址，但是建議可以去找克萊門特在附近修車廠工作的兒子談談。

一名穿著像技工的年輕德國人證實自己就是克萊門特的兒子，胡安聽到別人叫他好像阿提或阿帝。艾海羅尼後來記述說，顯然這個人就是帝特（Dieter），艾希曼的第三個兒子。帝特比阿根廷工人更加多疑，懷疑胡安說的話，詢問他送包裹的是誰。胡安把謊言再說一遍後，帝特說他們現在住的那條街沒有街名和門牌號碼。明白沒辦法再直接得知任何消息後，為了避免再被質問，胡安把小包裹交給帝特，請他轉交給他哥哥。

艾海羅尼和他的小批人馬監視著修車廠，決定追蹤帝特下班後的動向。[21]第一晚他們完全沒有發現他離開；後來，他們看見兩個人騎輕型機車，猜測坐在後側乘客座的是帝特。機車朝聖費爾南多的方向駛去，駕駛人讓乘客在一個攤販附近下車，那裡離加里波第街（Garibaldi Street）的一棟新建小屋約莫一百碼，結果，他們很快就得知，原來艾希曼家一家人最近才搬進那間小屋。

艾海羅尼確信「克萊門特」確實是艾希曼，但是他繼續找更多能確認的證據。他派胡安回修車廠找帝特，謊稱送包裹的人抱怨包裹根本沒送達。在接下來的談話中，帝特堅稱有轉交包裹，而且還說溜了嘴，說收件人應該寫尼可拉斯・「艾奇曼」（Aitchmann），胡安後來提到，對方是表明是那個姓氏，而不是「克萊門特」。胡安以為這是壞消息，表示沒找到要找的人。但是不想讓他知道實際在找誰的艾海羅尼，向他保證他「做得很棒」。

艾海羅尼反覆前往聖費爾南多，設法找各種藉口跟鄰居攀談。他確認了那個德國家庭最近才搬進來，一名建築師取得文件，證明那棟新房子所在的加里波第街十四號那塊地，是以薇拉妮卡・卡塔李娜・李勃・迪・艾希曼的名字登記，同時列出婚前和婚後的姓氏。反覆前去觀察那棟房子後，三月十九日艾海羅尼終於第一次瞥見「一名男子身材中等，約莫五十歲，前額高高的，局部禿頭」。那名男子從曬衣繩上收掉洗好的衣物後，便回到屋內。

艾海羅尼興奮地拍電報給上司，說在薇拉・艾希曼的家裡發現一名男子「跟艾希曼十分相像」，不用再懷疑他的身分了。艾海羅尼也建議讓自己立刻回以色列，協助策劃綁架他的行動。然而，回以色列之前，艾海羅尼打算取得一張追捕目標的照片。

艾海羅尼坐在蓋著防水帆布的小卡車後側，叫駕駛員把車停到攤販附近，去買點東西吃。此時，他則觀察著那棟房子，透過防水帆布上的一個洞用照相機拍照，拍攝那棟屋子和周遭。不過他必須請另一名以西班牙語為母語的當地人來幫忙，用藏在公事包裡的照相機拍攝艾希曼。幫手趁艾希曼和他的兒子帝特在外頭時攔下他們，跟他們簡短攀談，時間只要夠啟動照相機就行了。

四月九日艾海羅尼離開阿根廷，哈雷爾從巴黎跟他一起搭飛機回特拉維夫。「你完全確定他就是我們要抓的人？」他問道。艾海羅尼給他看用公事包照相機拍的照片。「我完全不懷疑。」艾海羅尼答道。

透露出那一家子態度越來越鬆懈的跡象，不只有薇拉．艾希曼用本名登記房地產。維森塔爾在奧地利繼續監視艾希曼家的其餘家人，發現了其他洩漏祕密的證據，證明自稱寡婦的薇拉其實跟罪大惡極的逃犯丈夫住在一起。阿道夫．艾希曼的繼母去世時，林茲的日報《上奧地利新聞報》（*Oberösterreichische Nachrichten*）刊登的死亡通知便是薇拉，署名還使用夫姓艾希曼。「沒人會在這種通知上簽假名的。」維森塔爾在回憶錄中寫道。一九六〇年二月艾希曼的父親去世，薇拉也在同一份報紙上的死亡通知簽名。「艾希曼家的親情顯然害他們看不見危險。」維森塔爾補充道。22

維森塔爾報告說，自己僱用兩名攝影師，配備遠攝鏡頭，拍攝阿道夫父親葬禮上的送葬者，包括阿道夫的兄弟，其中一人奧圖像極了阿道夫。維森塔爾說，這解答了為什麼多年來屢屢有傳言說在歐洲看到阿道夫。根據他的記述，他把照片給兩名被派來取照片並且緊急呈交上司的以色列特務。「任何人手中只要有奧圖・艾希曼的照片，就能認出阿道夫・艾希曼，即便他現在改名為李卡多・克萊門特。」維森塔爾寫道。[23]

後來哈雷爾和其他批評維森塔爾的人會駁斥他的許多記述，認為維森塔爾誇大自己的角色，甚至捏造某些故事。維森塔爾在回憶錄中描述跟兩名以色列特務見面，「根本子虛烏有」，哈雷爾強調。[24]維森塔爾是把照片寄到以色列駐維也納大使館，摩薩德頭頭補充道。沒人「對那些照片有興趣」，因為那些照片並沒有那麼重要。但是艾海羅尼卻認為在奧地利的那位納粹獵人提供「一份重要的情資」，功不可沒；他後來一方面表達十分敬佩維森塔爾，一方面也表示極度鄙視哈雷爾。[25]

不論那些不同版本的故事是真或假，無庸置疑，越來越多證據指出以色列人已經步上正軌，從四面八方逼近目標。[26]但是哈雷爾和他指派到現場指揮行動的艾坦都知道，必須想辦法先把艾希曼弄出阿根廷，才能綁架他。那表示要安排安全的藏身處，先囚禁犯人，再送到以色列。

哈雷爾負責安排優先選項：用飛機把艾希曼送出去。但是以色列航空公司（El Al）當時沒有飛機飛到阿根廷，因此需要找藉口派專機。[27]無巧不成書，阿根廷正在計劃五月底要紀念獨立一百五十週年，以色列受邀派代表參加慶典。哈雷爾向外交部建議代表團應該搭專機到布宜諾斯艾利斯，而且他跟以色列航空公司的執行主管們直接合作，確保航空公司完全配合他。他們甚至讓摩薩德頭頭來批准遴選出來的專機機組人員。

哈雷爾負責安排飛機，艾坦則負責研究備案：從海路進行漫長的旅行，相較之下，大家非常不喜歡這個選項。艾坦跟以星航運公司（Zim）的董事長聯絡，以星公司當時有兩艘冷藏船。艾坦笑說冷藏船是用來把符合猶太教規的牛肉從阿根廷送到以色列。艾坦跟一艘冷藏船的船長合作，安排一間專屬隔間，作為艾希曼的船上臨時囚室，以防搭飛機的計劃因故失敗。換句話說，艾希曼會跟符合猶太教規的普通牛肉一起被偷偷運走。

在以色列待兩星期後，四月二十四日艾海羅尼搭機回到布宜諾斯艾利斯；在這段期間，哈雷爾督導前置作業，組員們馬上就要用各種護照與身分劇本前往阿根廷。艾海羅尼不再假冒以色列的外交官，這次使用新護照假扮成德國商人，還黏上新鬍鬚，穿著新服裝。[28]第一個跟過去的是亞伯拉罕·夏龍，他是艾坦在這次行動中的副手。夏龍在亞洲長時間執行任務回到以色列後，就接獲指示立即去找哈雷爾報到。[29]摩薩德頭頭要他跟艾海羅尼會合，確認在加里波第街看見艾希曼及其家人的報告一切屬實，倘若確定發現的那個人是艾希曼無誤，就傳送加密暗號。

夏龍是經驗豐富的特務，但是不知為何，卻有兩次差點暴露真實身分。第一段旅程抵達巴黎後，他拿到德國護照和新的身分證件。在里斯本轉機時，他和其他乘客被要求交出護照，等到準備搭下一班飛機時再取回；他要轉機去布宜諾艾利斯。夏龍忘記自己的假名，於是把手伸到一名機場官員的背後，指著單純從顏色認出來的那本護照，害官員嚇了一跳。最後抵達布宜諾斯艾利斯的飯店，他在飯店櫃檯登記時，腦筋又空白好久一段時間。夏龍雖然說自己對追捕納粹絲毫不覺得興奮，不過他的情緒肯定比他表露出來的激動許多。

艾海羅尼帶夏龍去看加里波第街，夏龍看完後覺得很好。「那根本不是街道。」他回憶道，「那是停車用的小徑，那個地方很適合展開行動。沒有電，人煙稀少。」唯一的燈光來自偶爾經過的車輛。那時候，以色列人已經不再驚訝曾經呼風喚雨的艾希曼竟然住在這麼破爛的地方。更多組員抵達時，艾海羅尼已經確認他們跟蹤的人確實是艾希曼。他們也從安全的距離觀察他的日常作息，發現他每天早上會走路到公車站，搭車到賓士工廠，每天晚上同一時間搭公車回到街角的站點。艾希曼會從那裡走一段很短的距離回家。

組員彼得・馬金（Peter Malkin）特別強壯，受命率先抓住艾希曼。「以前工作時從來就沒怕過。」他回憶道，「這次我倒真的很怕搞砸。」[30]不過最後抵達的艾坦跟夏龍都認為，從情況看來，成功機率很高。「我從一開始就仔細分析情況、那個地區、那棟房子、周遭環境，我確定我們沒理由會失敗。」他強調道。[31]

然而，回顧特務小組在布宜諾斯艾利斯的那次重要集合，艾坦坦承其實還是有可能會出差錯。在布宜諾斯艾利斯很難取得好車，行動小組租的破車經常故障；再說，以色列人也隨時可能會因為疏忽大意而引起懷疑。哈雷爾也搭機到阿根廷，但是待在布宜諾斯艾利斯市區，在不遠處監督行動。他給了艾坦一副手銬，把鑰匙留在自己身上。哈雷爾指示艾坦，倘若他們抓到艾希曼後，被阿根廷警察逮住，他務必要把自己的手跟艾希曼的手銬在一起，接著請警方把他們兩人帶去找以色列大使。

艾坦收下手銬，但是向哈雷爾隱瞞一件事：艾坦和艾海羅尼同意，如果行動真的失敗，他們要殺掉艾希曼。這完全不需要武器，他說道。其實，他跟執行任務的其他人都不會帶槍，他認為如果他們帶槍，萬一被逮，只會引起更嚴重的麻煩。「徒手殺人很簡單，把脖子弄斷就好了。」他說道。

五月十日晚上，預定行動的前一天，哈雷爾集合整個行動小組進行最後簡報。32 此時，每個人都知道自己的任務，團隊一共準備了七間安全藏身處和套房，主要用於輪流監禁囚犯，直到能把他偷運出阿根廷，不過也供組員使用。本來下榻飯店的組員已經被告知退房，搬到安全藏身處。摩薩德頭頭不想要每個人都在綁架當天才退房離開飯店，那樣警方就有可能掌握他們的身分。

由於後勤工作已經處理好了，哈雷爾在簡報中大多在談論行動本身。「我全力要大家深刻明白，他們的任務擁有無可比擬的道德與歷史意義。」他回憶道，「他們是獲得命運挑選……前來將其中一名史上最罪大惡極的罪犯……抓到耶路撒冷接受審判。」「這將是史上頭一遭，猶太人自己審判殺害族人的兇手。」他繼續說，「世人與以色列的年輕世代也將聽到完整真相，居然有政府下令把整個民族趕盡殺絕。」他讓他們深刻明白成功完成行動有多重要。他們要採取的手段雖然不光明磊落，他補充道，「但是要彰顯道德與伸張正義，只能透過這項特殊行動，別無他法」。

接著他照例提出警告。如果他們被逮，哈雷爾說，就承認自己是以色列人，但是要堅稱是自發採取這項行動，不能承認是以色列官方下令行動的。

哈雷爾相信他們會成功，他確定大部分組員也這麼認為。但是每個人正常也都會想到另一種結果。一名組員白直問道：「你覺得要是我們被抓，得坐多久的牢啊？」

摩薩德頭頭一樣白直答道：「好幾年喔。」

行動小組部署兩輛車，要在艾希曼下班下公車時攔截他，他們確認過，時間通常是晚上七點四十分。艾海羅尼開第一輛車，載艾坦和組員莫許・塔沃（Moshe Tavor）以及負責抓艾希曼的馬金。哈雷爾特別關心馬金的任務。「我警告你喔。不准弄傷他的身體。」哈雷爾吩咐馬金，「我要他毫髮無傷。」

善於偽裝的馬金這次戴著假髮，穿深色服裝。他還戴著一雙內襯毛皮的手套。當時阿根廷是冬天，因此這樣的裝扮看起來幾乎沒有不尋常。「手套當然能禦寒，但是那到不是我帶手套的主要原因。」他記述道，「想到赤手摀住他那張曾經下令屠殺數百萬人的嘴巴，想到我的皮膚會感覺到他呼出來的熱氣、碰觸到他流出來的口水，我就覺得噁心到極點。」[33]馬金和許多組員一樣，在猶太大屠殺期間失去幾位家人。

艾坦的副手夏龍跟幾名組員在第二輛車上，他們把車停在大約三十碼外，打開引擎蓋，假裝在修車。他們一發現艾希曼，就會打開明亮的車燈，讓艾希曼無法視物，這樣他才不會看見第一輛車就在面前。

艾希曼通常每天作息時間都一樣，但是那天晚上卻沒有從以色列人守候的那班公車下車。到了八點，他仍舊沒現身，艾海羅尼輕聲對艾坦說：「咱們要離開還是繼續等？」艾坦雖然回答繼續等，但是卻也認為不能再等太久。天色雖然昏暗，兩輛車停在那裡還是可能會引起注意。[34]

夏龍走下第二輛車，約莫八點五分在夜晚的黑暗中發現艾希曼。他趕緊回到車上，另一名組員迅速啪一聲蓋好引擎蓋。夏龍用車頭燈發訊號。在第一輛車裡，艾海羅尼用雙筒望遠鏡清楚看見艾希曼。他把身子探出窗外，警告等待中的馬金：「他一手插在口袋裡。小心有武器。」

艾希曼從公車站轉過街角後，直接走過他們的車子，馬金轉身擋住他的去路。「等一下，先生。」他用西班牙語說，這句話他練習了好幾個星期。35艾希曼突然停下腳步，馬金趁那一瞬間撲向他。這裡出了問題，由於艾海羅尼的警告，馬金抓住他的右手，沒有掐住他的喉嚨，兩人滾進水溝裡。

艾希曼大叫了起來。「這讓計劃周詳、仔細演練過的行動澈底亂了套路。」艾海羅尼後來報告道。他用力踩油門，要蓋過叫聲；艾坦和塔沃則跳下車幫忙。馬金抓住艾希曼的雙腿，另外兩人抓住他的雙臂，迅速從後門把他拖進車裡。他們把他放在前後座之間的踏板上，在那裡預先放了毯子，一來防止他受傷，二來可以蓋住他。艾希曼的頭被艾坦的雙膝壓住，馬金坐在另一邊。他們的俘虜沒有攜帶武器。

艾海羅尼用德語厲聲命令艾希曼：「乖乖別動，否則開槍殺了你。」馬金仍舊用手摀住艾希曼被毯子蓋住的嘴巴，但是他點頭表示瞭解後，馬金就把手放開。接著他們安靜地開車，艾坦和馬金用力甩著手。艾希曼現在被戴上厚厚的護目鏡，什麼都看不見，一動也不動地躺著。

前往主要的安全藏身處途中，他們停下來更換車牌。應該緊跟著他們的第二輛車短暫跟丟了，不過很快就又跟上了，跟著他們開到指定的別墅，其餘組員正在別墅裡焦急等待著。

以色列人帶艾希曼走到為他準備的二樓小房間，把他安置在一張鐵床上，用腳鐐把他的一條腿鎖到沉重的床架上。他們脫掉他的衣服，一名組員是醫生，檢查他的嘴巴，確保他沒有藏任何毒藥。俘虜說自己自由這麼久了，沒有採取那種預防措施，但是醫生仍舊拿掉他的假牙確保無虞，接著再檢查他身體的其餘部位。艾坦、夏龍、馬金和艾海羅尼都在房間裡，看著醫生檢查他的腋下；黨衛軍軍官通常會在腋下刺上血型。然而，艾希曼的腋下只有一個小疤痕；後來他承認，戰爭結束後，他被美國人拘留時，用菸把刺青圖案燙掉，才會留下那個小疤痕。當時抓到他的人沒有發現他的真實身分。

由於在英軍裡當過審問員，艾海羅尼這次負責讓俘虜承認身分。他研究過費里茲·鮑爾跟以色列人分享的艾希曼檔案，為了逼供，準備打破沙鍋問到底。他通常的作風就是反覆慢慢問。「他的審問方法實在無聊死了。」夏龍微笑回憶道，「你可能還沒聽到他講下一個字就發瘋了。他聰明絕頂，同樣的問題會問十遍。」

結果，艾希曼一下子就招認了，比任何人預期的都還要快許多，這倒省了那個不必要的步驟。艾海羅尼問他叫什麼名字，他回答：「李卡多·克萊門特。」但是艾海羅尼問他身高、鞋子尺寸和衣服尺寸時，他的每個回答都跟他的檔案吻合。接著艾海羅尼問他的納粹黨黨員編號，他據實回答；問他黨衛軍編號，他也據實回答。他也提供正確的出生日期與地點，一九〇六年三月十九日，德國索林根（Solingen）。

「你的出生姓名是什麼？」艾海羅尼接著問。

「阿道夫．艾希曼。」他回答。

艾海羅尼這樣說：「總算撥雲見日了……漫長艱困的行動造成的緊繃消失了。」就在午夜將至之時，艾海羅尼和夏龍驅車前往布宜諾斯艾利斯的市區，哈雷爾在市區的一家咖啡館等待消息。夏龍回憶說，摩薩德頭頭根據時間表定時更換咖啡館，以免引起注意。「真不知道他喝了多少杯茶。」他哈哈笑道。

以色列航空公司的專機，渦輪螺旋槳發動機式布里斯托不列顛尼亞型客機，載著以色列代表團，五月十九日接近下午六點在布宜諾斯艾利斯降落。[36] 代表團由亞勃．伊本（Abba Eban）帶團；他是政務委員，擔任過以色列駐美國與聯合國大使，後來會成為以色列外交部長，辦事效率非常高。班—顧林總理一開始就告訴他，專機的真正任務是要把艾希曼帶回以色列，機上只有少數幾個人知道這件事。但是現場出現三名穿著以色列航空公司制服的陌生人，他們甚至沒有假裝自己是負責任何一項飛航工作，大部分的機組人員因此知道他們在執行某種任務。

在安全藏身處，等待飛機抵達之際，艾海羅尼和馬金繼續審問艾希曼。艾希曼預先讓大家聽聽他在審判中會怎麼辯解，也就是聲稱自己從來就不仇視猶太人。「你們要相信我呀，我沒理由討厭猶太人呀。」他堅稱。[37]但是希特勒「絕對正確」，而他又以黨衛軍軍官的身分親自向希特勒宣誓效忠，這表示他別無選擇，只能唯命是從。馬金總結他的主旨：「他有任務要完成，他只是完成任務而已。」[38]

變成俘虜的艾希曼聽話得不得了。「他的舉止活像害怕又聽話的奴隸，全力取悅新主子。」哈雷爾評論道。[39]起初，這名俘虜害怕抓他的這群人會把他處死或在他的食物裡下毒，後來聽到他們的目的是要他接受審判，似乎放了心。他試圖說服抓他的人送他到德國、阿根廷或奧地利接受審判，但是艾海羅尼告訴他不可能時，他甚至還答應簽署聲明書，表明願意到以色列接受審判。[40]

在這整個期間，以色列行動小組仍舊繼續監看報紙，擔心有跡象顯示阿根廷當局已經得知艾希曼遭到綁架。但是誠如尼可拉斯．艾希曼後來表示，家人縱然懷疑父親失蹤是以色列人在背後搞鬼，但卻不打算公開發表聲明，因為那可能會讓阿根廷人知道父親的真實身分。[41]

以色列行動小組的主要任務是準備把艾希曼弄上以色列航空公司專機。夏龍反覆開車到機場熟悉路線，並且跟守衛打熟。專機停在保養維修區時，他可以自由進出，不會受到攔阻。[42]五月二十日，專機預定在這天飛離，夏龍最後一次檢查專機後，派一名信使去告訴哈雷爾，說專機安全，可以起飛了。[43]那天稍早，另一名組員告訴關鍵的機組人員，說專機即將載一名穿著以色列航空公司制服的乘客，那名乘客看起來像生病了。他們沒被告知那名乘客的身分，但是這趟任務的目的現在昭然若揭了。

在安全藏身處，別人幫忙洗澡、刮鬍子和穿上航空公司制服時，艾希曼完全配合。行動小組的醫生拿出針筒要幫俘虜打鎮定劑時，他向醫生保證沒有必要，他會保持安靜。44 但是以色列人不打算冒這個險。看見他們決意依計行事，艾希曼再次完全配合。行動小組準備帶他離開屋子時，藥效已經開始發揮，但是艾希曼仍舊很清醒，還能告知他們忘了幫他穿上上衣，請他們幫他穿上，這樣他看起來才會跟其餘的機組人員一模一樣。

艾希曼被三輛車護送到機場途中打起瞌睡。守衛看見第一輛車的所有乘客都穿著以色列航空公司制服，便打開門，讓所有人通過。到專機旁後，特務們立即緊緊包圍艾希曼，謹慎扶著他走上階梯。他被安置在頭等艙，附近是其他也在裝睡的「機組」人員。他們全都假裝成要接班的機組人員，需要好好休息，晚點才能接班。午夜剛過不久，月曆上是五月二十一日的那一天，飛機起飛了。飛機離開阿根廷領空後，頭等艙的「機組人員」一起身互相擁抱，慶祝行動成功。其餘真正的機組人員終於知道那名神祕乘客的身分了。45

哈雷爾在飛機上，但是執行行動的大部分其他特務都沒有搭那架飛機，包括艾坦、夏龍和馬金。他們必須單獨離開阿根廷，晚幾天才會回到以色列。他們的行動很快就會為眾人所知，但是他們在行動中扮演的角色會再保密好幾年。

這後來引發激烈爭辯，也就是抓到艾希曼到底應該歸功於誰。屠維亞．費曼和西蒙．維森塔爾等民間納粹獵人可以自由訴說個人版本的故事，而他們也樂得那樣做。費曼馬上出版回憶錄，誇談自己的功績。根據他的記述，艾希曼得知要抓他的人是已經追蹤他很久的猶太人之後，昏了過去。醒來後，費曼繼續寫道，他不停地問：「你們誰是費曼？」46 費曼倒是有補充說：「那個故事是我間接聽來的，所以我不敢保證是否屬實。」幫忙把艾希曼拖進車裡的綁架行動現場指揮官艾坦，斷然說根本沒有那回事。

維森塔爾也在一九六一年的書《我追捕過艾希曼》（*Ich jagte Eichmann*）中，首次記述自己的貢獻；光是書名就暗示他自認為厥功至偉，不過他在書中的敘述以及後來的公開聲明與文章就比較慎重。他不亦樂乎地記述一九六〇年五月二十三日，班—顧林宣布被逮捕的艾希曼抵達以色列後，猶太大屠殺紀念館發電報給他。「由衷恭賀您成就偉業。」電報寫道。47

後來在耶路撒冷的記者招待會中發言時，維森塔爾就審慎遣辭：「逮捕艾希曼絕非單獨一人的成就，是眾人戮力合作的結果。那就像創作馬賽克拼畫，尤其在最後的關鍵階段，許多人雖然多半互不相識，但卻都是其中的一小片拼塊。我只能談我自己的貢獻，我根本不知道我的貢獻有沒有特別重要。」48

他在一九八九年的回憶錄《是伸張正義，不是報仇雪恨》（*Justice Not Vengeance*）中寫道：「我是頑固的追捕者，但是我不是射手。」49他女兒寶琳嘉和女婿杰洛・奎思伯格（Gerard Kreisberg）認為，他從來沒有把功勞全攬到自己身上。談到以色列人，他說：「我永遠沒辦法做到他們能做的事，我怎麼能拿自己跟以色列這樣的國家相提並論呢？」50

黑森的檢察長鮑爾雖然提供了關鍵情報，讓以色列人找到艾希曼，但一直到一九六八年去世前，卻始終沒有想要公眾肯定他的貢獻。把艾希曼抓回以色列後，哈雷爾旋即傳訊給在德國的一名手下。51班－顧林宣布抓到艾希曼的幾個小時前，那名以色列人跟鮑爾在一間餐廳見面。他轉告消息後，鮑爾跟他互相擁抱，淚珠盈眶，激動欣喜。

雖然鮑爾謹慎避談自己的角色，但是不禁注意到媒體把焦點放在維森塔爾身上，說他是追捕艾希曼的關鍵獵人。「他可以那樣自稱，即便他沒有親手逮到本人。」鮑爾私下對一位朋友說，「但他確實有在搜尋艾希曼啊。」52

鮑爾和維森塔爾偶爾會互相聯絡，但是鮑爾從來不會表露任何嫌惡，怪罪對方比自己更受到公眾矚目。

然而，哈雷爾就不是這麼一回事了。由於他還在擔任摩薩德的局長，不能公開邀功，因此他打從一開始就氣惱，越來越多人以為維森塔爾在逮捕艾希曼的行動中扮演核心角色，同時也氣維森塔爾不亦樂乎地配合輿論演出。

一九七五年，哈雷爾終於可以出版《加里波第街的那棟屋子》（*The House on*

Garibaldi），記述綁架艾希曼的行動。他刻意隻字不提維森塔爾。後來，在沒出版的手稿《維森塔爾與逮捕艾希曼》（*Simon Wiesenthal and the Capture of Eichmann*）中，他寫說維森塔爾「根本沒有參與」逮捕艾希曼，但卻「無法接受事實」。[53]

這位摩薩德前局長並沒有說維森塔爾「那幾年沒有全力追捕艾希曼，也沒說有人求助於他時，他會拒絕協助」。[54] 哈雷爾之所以惱火，是因為他認為維森塔爾利用以色列官方對行動保持緘默，趁機大肆攬功。「一開始他說得審慎些，但是後來以為以色列官方保持沉默就是贊同他的作為，於是他變得越來越厚顏無恥，甚至妄自把功勞全往自己身上攬，說自己是逮捕阿道夫．艾希曼背後的智囊。」哈雷爾寫道。這份表面凹凸不平的手稿裡頭，前局長用情緒化的字眼抨擊維森塔爾的人格，還附上相關檔案。最重要的是，作者也含蓄地請求讀者認可，自己才是主角。

哈雷爾的部分團隊成員也不大認同維森塔爾有什麼貢獻，比如維持眾人追捕艾希曼的熱度，或是提供有用的線索。但是哈雷爾和維森塔爾的爭吵不只是兩個強人個人的衝突，也在爭奪對事件的詮釋權。在布宜諾斯艾利斯擔任行動小組副指揮官的夏龍明白兩人到底在爭什麼。「他們在爭獎賞。」他說，「獎賞就是抓到艾希曼的美名。」[55]

在納粹獵人的小圈子，即便敵對的兩人都去世後，這個爭論仍舊持續延燒，沒有減弱；哈雷爾二〇〇三年去世，維森塔爾二〇〇五年去世。但是廣大的民眾很少注意到圈子裡的內鬥，他們遠遠更加感興趣的是，哈雷爾在布宜諾斯艾利斯到安全藏身處見那名惡名昭彰的俘虜時問自己的一個問題。

「第一次實際看到艾希曼時，我對自己的反應感到驚訝。」他回憶道。他沒有感到恨意，他的第一個想法反而是：「天呀！他看起來跟普通人沒兩樣啊！」他不確定自己原本猜想艾希曼長什麼模樣，但是他對自己說：「如果我在街上遇見他，一定看不出來他跟其他擦身而過的無數人有什麼不同。」接著他問自己：「這種長得人模人樣的人，怎麼會變成禽獸呢？」56

艾希曼在耶路撒冷接受審判時，每個人的心裡都會想著這個問題。

第九章 「冷血」

許多人，包括我，被監禁期間與獲釋後，都會感到『羞愧』，那是一種愧疚感，許多證詞都證實這是不爭的事實，或許聽似荒謬，但卻是事實。」奧斯威辛生還者普里莫・萊維，義大利猶太化學家與作家，在最後一本談論猶太大屠殺的書中寫下這句話。他在一九八七年自殺。[1]

載艾希曼的專機一九六〇年五月二十二日早上降落在特拉維夫的立達機場（Lydda Airport，後來改名為班顧林機場）。隔天班—顧林告訴內閣：「國家安全局搜尋阿道夫・艾希曼已久，現在最後終於找到他了。他現在在以色列，將會在這裡接受審判。」他那天稍後向國會（Knesset）報告這項消息，總理補充道，強調艾希曼將接受審判，他的罪行在以色列仍舊能判處死刑。[2]

根據二〇一三年才公開的內閣會議最高機密文字記錄，驚愕的內閣團隊立即像放連珠砲似的，不停對班—顧林提問。「怎麼抓的？用什麼辦法抓的？在哪裡抓的？怎麼會有人抓得到他？」交通部長葉慈翰・班—亞海倫（Yitzhak Ben-Aharon）問道。總理回答：「這就是我們設立國家安全局的原因啊。」其他人紛紛道賀，財政部長萊維・艾師科（Levi Eshkol）建議班—顧林在對國會的演說中「特別表揚這次行動，或許可以頒個獎」。

「頒什麼獎？」總理問道。

艾師科說以色列沒有勛章可以發，班—顧林答道：「密刺瓦的獎賞就是密刺瓦本身啊。」密刺瓦來自希伯來語的「mitzvah」，原意是戒律，但是通常用來指善行。

閣員萬分好奇艾希曼在哪裡與如何被抓到，但是司法部長賓哈斯・羅森（Pinhas Rosen）建議別透露「任何細節」。

短暫討論誰能當艾希曼的律師時，羅森解釋說會給他「任何一個他想要的律師」。不過外交部長葛達・邁爾（Golda Meir）突然插了一句：「條件是律師不能是納粹黨員。」

農業部長莫許・戴揚（Moshe Dayan）問說如果律師是阿拉伯人怎麼辦，班—顧林斬釘截鐵地說：「我確定阿拉伯人不會答應幫他辯護的。」

摩薩德頭頭哈雷爾也有參加會議，眾人問道艾希曼在獄中表現得如何，他回答：「艾希曼不瞭解我們的做法，以為我們會打他，殘忍對待他。」哈雷爾說，「我們遵照以色列的法律來對待他。」

會這樣做，是有充分理由的。檢察長吉登・霍斯納（Gideon Hausner）後來說，一旦世人得知艾希曼被抓，「以色列本身也會受到審判。全世界似乎都在等著看我們怎麼辯解我們的行動沒有違法」；他會在即將到來的審判中擔任檢察長。[3]

就在班─顧林向國會發表震撼人心的簡短說明的那一刻，世人得知了真相：「本人必須向國會報告，不久前，惡名昭彰的納粹戰犯阿道夫・艾希曼被以色列國家安全局發現；艾希曼連同其他納粹領導人，必須為他們所稱的『猶太問題最終解決方案』承擔罪責，也就是將六百萬歐洲猶太人趕盡殺絕。阿道夫・艾希曼已經被監禁在以色列，不久後就要在本國根據審判納粹及其幫凶的律法接受審判。」[4]

霍斯納說得一點都沒錯，以色列也立刻受到審判。正如班─顧林等人所料，各國紛紛譴責以色列的行動。以色列人聽到領袖宣布的事情後，先是震驚，接著歡喜；但是阿根廷政府卻是震驚、尷尬而且氣憤，外交部長召見以色列大使，要求給個說明，並且將艾希曼釋回。[5]

以色列大使斷然拒絕第二項要求，以色列政府編造了稍加掩飾過的謊言，說找到艾希曼的人「是猶太自願者，其中包含一些以色列人」，接著取得他本人的書面同意，才將他送到以色列接受審判。阿根廷駐聯合國大使代表國家提出抗議，也獲得各國支持，安全理事會便通過決議，譴責以色列侵犯阿根廷的主權。但是決議內容也提到艾希曼應該面對法庭審判。

綁架艾希曼引起眾怒，原本各界就有反對以色列的聲浪，《華盛頓郵報》也加入批評，在社論中指控以色列仰仗「叢林法則」，弱肉強食；社論也抨擊，猶太人自以為是，聲稱自己有權利「代表一個虛構出來的猶太民族身分採取行動」。[6] 海外的猶太知名人士也聯合呼籲以色列不要舉行審判，哲學家以撒．柏林（Isaiah Berlin）寫信給耶路撒冷市長泰迪．柯雷克（Teddy Kollek），說那樣做是「愚蠢的政治舉動」。[7] 他認為，以色列最好把艾希曼交給別的國家審判，證明以色列「拒絕把匕首插到底」。心理學家埃里希．佛洛姆（Erich Fromm）說綁架艾希曼是「目無法紀的舉動，跟納粹本身犯下的罪行……一模一樣」。[8]

美國猶太委員會（American Jewish Committee）告訴外交部長邁爾，說他們反對在以色列舉行審判，因為艾希曼「犯下十惡不赦的罪行，傷害了全人類，不只是猶太人」。委員會也找來一群法官和律師，建議以色列先調查艾希曼的罪行，之後把證據交給國際法庭就好。[9]

班—顧林毫不考慮地駁回所有這類的諫言。將近一年後，一九六一年四月十一日，審判開始，誠如霍斯納在檢方開審陳述中清楚表明的，以色列的領導人們由衷認為自己是代表猶太大屠殺的所有受害者提起告訴。「此刻，此處，有六百萬原告跟我站在一起。」霍斯納陳述道，「但是他們沒辦法站起來、用手指著坐在被告席玻璃包廂裡的那個人，大聲怒吼：『我要告他！』」霍斯納接著說他們的遺骸現在散布在奧斯威辛、特雷布林卡和「遍布歐洲」的其他屠殺地點。10

霍斯納有兩名助理檢察官協助辦理這件案子，其中一名是嘉比爾・巴赫（Gabriel Bach），檢察團隊的成員中，只有他在我寫這本書的時候還活著。為何班－顧林認為以色列絕對必須在耶路撒冷舉行審判，巴赫有跟我解釋過另一個重要的理由。「在以色列，審判展開之前，有教師告訴我，國內許多年輕人都不想聽關於猶太大屠殺的事。」他說，「為什麼呢？我國許多年輕人都覺得很丟臉。打仗會受傷，打仗會被殺，打仗會戰敗，這些以色列的年輕人都能理解，但是他們就是無法理解幾百萬人怎麼會不起義反抗，任人屠殺。這就是為什麼他們不想聽。」11有些猶太大屠殺生還者還被嘲笑是肥皂原料，因為民眾普遍相信德國人當時會用受害者的屍體製作肥皂。12

審判會改變那些態度，讓以色列的年輕人知道，受害者「如何一直受騙到最後一刻」，巴赫繼續說，以及「猶太人清楚知道走到死路時，像是華沙猶太區出現時，其實有起義反抗，戰到最後一人倒下，無比英勇」。但是訴訟過程仍舊充滿爭議，猶太大屠殺受害者的作為後來也引起激烈爭論，除了控告艾希曼的人，全球各地也有觀眾提出不同論述，試圖解析這場戲劇的核心人物的本性。

以色列人審慎計劃艾希曼抵達後要怎麼處置他。他們把他關入亞爾營區（Camp Iyar）裡的一座大型監獄，那是一座守衛森嚴的警察營區，在海法附近。艾希曼待在長十三呎、寬十呎的囚室，裡頭僅有的傢俱是一張行軍床、一張桌子和一張椅子。除此之外，還有一盞一直保持亮著的電燈，和毗連的馬桶和淋浴間。監獄裡的其餘囚房都沒有關犯人，固定待在那裡的，只有另外三十幾個警察，和一支邊境警察分遣隊，隊員同時也擔任守衛。為了防止有人試圖報復，凡有家人在猶太大屠殺中喪命的人都不得擔任守衛。[13]

不過這條規定就不適用於被選來審訊囚犯的人，在幾個月的審判準備期裡，審訊人員有兩百七十五個小時可以直接從艾希曼口中搜集證詞。警察隊長亞夫納．雷斯（Avner Less）十幾歲時就逃離德國，當時希特勒剛掌權。[14]他的父親是柏林的商人，第一次世界大戰曾經為國效力，獲頒鐵十字勛章，但卻死在奧斯威辛的毒氣室裡。雷斯拐彎抹角揶揄寫道，父親的出色戰功使他獲得「殊榮」，成為最後一批被送出柏林的猶太人，也是最後一批被殺死的。[15]

艾希曼跟外界的主要聯絡人是後來在他的審判中擔任助理檢察官的巴赫。雷斯忙於處理囚犯的證詞，巴赫的任務則是確保調查順利進行，並且擔任中間人，處理實際事務；比方說，他負責告知艾希曼可以挑選任何人擔任辯護律師，以色列政府會買單。囚犯選擇羅伯特・瑟華特斯（Robert Servatius），他是科隆的知名律師，紐倫堡的辯護團隊成員。

在調查階段，巴赫住在海法的一間飯店，在監獄有一間辦公室。這位年輕律師第一次跟艾希曼見面的那一天，正在讀魯道夫・霍斯的自傳；那位奧斯威辛的指揮官在波蘭被絞死了。他正好讀到霍斯描述手下如何把母親們和孩童趕進毒氣室；段落中也談到，霍斯總是覺得，面對他們求饒，絕對不能露出一絲心軟。為何納粹有必要進行這場大屠殺，他也讀到艾希曼的解釋。片刻後，警察前來說艾希曼想見他。「我聽見他的腳步聲從辦公室外傳來，接著他坐到我對面，就像你現在這樣。」巴赫回憶道，「當時要保持撲克臉，面無表情，可沒那麼容易呀。」

巴赫面對的挑戰比雷斯的小多了，雷斯天天都得跟囚犯見面，問一大堆問題，接著仔細檢閱每次審訊的文字記錄，最後總共有三千五百六十四頁，後來全部呈交為審判證據。

一九六〇年五月二十九日，兩人首次見面，雷斯見到的艾希曼，頭髮漸禿，穿著卡其襯衫和褲子以及涼鞋，「看起來非常普通」，他回憶道。[16]審閱過手邊關於艾希曼的檔案後，包括屠維亞・費曼提供的檔案，雷斯坦承感到失望。「他看起來非常正常，冷靜說著證詞，令我失望透頂，跟我看完文件後預期的天差地別。」他寫道。

不過雷斯也指出第一次見面時，艾希曼「非常緊張」，一直把手放桌子底下，怕被看到雙手在發抖。「我感覺得到他很害怕，要不是他那麼害怕，我可以輕鬆就快速完成審問。」他報告道。這名以色列人知道，艾希曼以為自己會受到的待遇，是兩人角色互換時艾希曼會給雷斯的那種排頭。但是雷斯行事嚴格遵守規定，一個星期後，艾希曼顯然放寬心了。警察隊長知道他審訊的那個人是大菸槍，於是幫他安排增加香菸的供應量。「那樣做是因為這樣他會說比較多，而且比較能專注。」雷斯回憶道。波蘭的預審法官傑恩．西恩也用同樣的方法應付霍斯。

艾希曼無所不用其極地淡化自己在猶太大屠殺期間的角色和影響力，否認自己本身仇視猶太人；整個審判中他要採取哪種辯解，由此可見一斑。他向雷斯解釋說，他讀國小時有一個猶太朋友，而且他一開始接觸猶太事務時，還跟布拉格的猶太領袖密切合作。他最初的目標是要想辦法讓猶太人移居到別的地方，他還強調：「我並沒有仇視猶太人」。17

原本毒殺猶太人的方法，是把引擎排出的廢氣，用管子導入權充毒氣室的小屋或卡車裡，艾希曼最初觀察過幾次，他說：「我嚇壞了。」尖叫聲害他聽得「渾身發抖」，接著屍體被扔進壕溝，有一個平民開始用鉗子拔掉屍體上的金牙，看到這裡他就逃離現場。18他聲稱自己會作惡夢，因為無可避免受到那種暴行和受害者受苦的畫面影響。「就連到現在，我看到有人身上有很深的割傷傷口，都會把目光移開。」他說道。但是他並沒有因此停止視察奧斯威辛等集中營，仍舊定期檢查那種處死設施。他也有參加萬湖會議

（Wannsee Conference），也就是一九四二年一月二十日納粹頂層保安官員在柏林市郊舉行的那場會議；他們在會議中協商要如何執行最終解決方案，而艾希曼負責替這場惡名昭彰的會議製作會議記錄。不過他聲稱自己跟速記員坐在角落，表示他有多「無足輕重」。19

至於安排把猶太人送到奧斯威辛等集中營，艾希曼再三聲明，他單純只是聽命行事。他坦承執行職務時「極度拼命」，但是爭辯說，不能因為這樣就叫他承擔謀殺的罪責。那些攸關生死的決定是別人作的，他堅稱。20「如果他們告訴我，我自己的父親是賣國賊，叫我殺了他，我也會幹。」艾希曼說，「當時，我只管遵守命令，不會思考。」21

有幾次艾希曼試圖表現出正常的情緒和好奇心，想跟審訊員攀扯私人交情。有一次他問雷斯的父母是否還活著。審訊員說出父親的命運後，艾希曼大聲說：「天呀！太可怕了！隊長！實在太可怕了！」22

審訊員發現要突破艾希曼的心防，最有效的利器是霍斯的鬼魂，尤其是巴赫之前讀的那本奧斯威辛指揮官自傳。霍斯是在波蘭被審判與處死，在新豎立的鐵幕後面，因此，他在審判期間沒有像艾希曼那樣臭名傳得那麼響。不過雷斯仔細研讀過霍斯寫的內容，知道怎麼加以利用。

雷斯開始唸霍斯的自傳、對那位指揮官冷嘲熱諷時，艾希曼明顯焦慮了起來，跟第一次兩人見面時一樣，他的手開始發抖。23 霍斯在書中多次提到跟艾希曼討論最終解決方案的情景。兩人獨處時，「盡情暢飲」，霍斯回憶道，「艾希曼態度很明顯，一心一意想要全力捕殺猶太人」。他的旨意再清楚不過了：「我們必須無情冷血，盡快完成這項滅絕行動。任何讓步，哪怕只是極小的讓步，以後有一天會付出慘痛代價的。」[24]

雷斯揣摩作者的語氣把內文唸出來，艾希曼聽後，堅稱那些完全不是真的。「我跟殺猶太人沒關係，」他說，「我從來沒殺過猶太人，也沒命令過任何人去殺猶太人。」他補充說，就這一點自己感到「問心無愧」。不過他倒是承認：「我有罪，因為我幫忙遣送猶太人，我願意為此付出代價。」但是接著他馬上解釋，他安排猶太人搭上列車，是要去服「勞役」，因此他們抵達東邊的目的地後，他就不為他們的命運負責了。[25]

艾希曼自稱從來沒作過攸關生死的決定，為了加以反駁，雷斯繼續舉幾個案例，證明艾希曼蓄意從中作梗，無所不用其極防止一開始逃過遣送的猶太人成為漏網之魚。[26]在他簽署的一份文件中，艾希曼認為，泰國駐柏林大使僱用一名猶太語文教師，單純為了「幫那名猶太人避難」。艾希曼極力要求外交部向泰國大使施壓，「停止繼續僱用那名猶太人」。雷斯指出，這差點害那名猶太人「跟著下一批或下幾批人一起被遣送」。艾希曼還指示自己在海牙的代表，撤消一名荷蘭猶太婦女的遣送豁免權，她本來計劃前往義大利，顯然是遵照義大利法西斯政府的要求前往，義大利政府比較沒興趣幫德國執行最終解決方案。應該將那名婦女「立即送到東邊服勞役」，艾希曼這樣寫道。

誠如雷斯所指出的，他的行為最後造成那名婦女被送到奧斯威辛。面對這樣的證據，艾希曼回答得結結巴巴：「那是……呃……呃……那是我們的工作啊。」稍微恢復冷靜後，他又提出慣常的抗議：「這些不是我個人的決定。」他只是依令行事，他繼續說，就算他當初沒有下達這類命令，任何人只要擔任他的職位，也會做一模一樣的事；真正的決定永遠都是上級作的。「我沒有資格作任何決定啊。」他結論道。

艾希曼急於證明自己沒想過、也沒動手殺過人。但是在持續審問下，他完全無法如願淡化自己的角色。雷斯最後推論，艾希曼只是拼命想要隱瞞自己「冷血無情，工於心計，狡猾奸詐，策劃並且執行了滅絕猶太人的行動」。[27]審判會再給他一次機會，為自己的所作所為提出類似的辯解。艾希曼只希望，法院內外的廣大聽眾會比雷斯更能接受自己的辯詞。

「思考本身是一件非常危險的事。」漢娜・鄂蘭在一九七五年去世前的最後一次電視專訪中說道；跟她談話的是法國法律學者羅傑・艾雷拉（Roger Errera）。這句話套在這位德國出生的猶太哲學家身上絕對合適，尤其在她幫《紐約客》寫了一系列分為五篇、談論艾希曼審判的文章時，以及一九六三年她根據那些文章出版《平凡的邪惡：艾希曼耶路撒冷大審紀實》（*Eichmann in Jerusalem: A Report on the Banality of Evil*）這本書時。[28]

鄂蘭說艾希曼是「最重要的輸送帶」，負責把猶太人送到死亡營，暗指受審的艾希曼比較像殺人機器的一個機件，而不是衣冠禽獸；這同時引發了廣大的讚揚和尖刻的譴責，尤其是來自猶太同胞，其中許多人一輩子都排擠她。[29]不過，在這場持續到現在的爭論中，不論大家選擇站在哪一邊，鄂蘭的論點始終是爭論焦點，每個關於艾希曼和邪惡本質的討論，都從鄂蘭如何解析這個人和他的動機開始。

審判開始前不久，鄂蘭抵達耶路撒冷，助理檢察官巴赫讓鄂蘭知道他願意見面。「兩天後我收到訊息，說鄂蘭沒打算跟檢方的人談。」巴赫回憶道。儘管如此，他仍指示法院准許鄂蘭取得檢方與辯方的所有文件，包括雷斯審訊艾希曼的文字記錄。

大量的文字記錄深深吸引鄂蘭仔細閱讀，她雖然是來幫《紐約客》報導的，但是同時肩負另一項任務，那就是親自解析審判期間將坐在被告席玻璃包廂的那個人。她堅決不讓別人影響她的想法，尤其是檢察官；從所有跡象看來，她預先就傾向提出將引發最大爭議的結論。十年前，她出版了廣受好評的書，《極權主義的起源》，由此可知她專注於研究希特勒的德國和史達林的蘇聯如何運用恐怖統治搭配宣傳，強行建立一套體制，否定猶太教與基督教共有的一切傳統價值觀。書中也廣泛談論反猶主義的起源。

她對這類主題的興趣自然跟她個人的故事關係密切。生於一九〇六年的鄂蘭告訴過一位採訪者，說她童年在柯尼斯堡成長，從沒聽過「猶太人」這個名詞。她父親英年早逝，母親沒有信仰宗教。鄂蘭說，直到別的孩童用仇視猶太人的話罵她，她才「長知識」。一九三三年希特勒掌權，她就逃離德國。「人如果因為猶太人的身分遭到攻擊，就得以猶太人的身分捍衛自己。」她說道。[30]

她逃到巴黎，在當地協助相關組織把德國與波蘭的猶太年輕人送到巴勒斯坦。一九四〇年德國攻陷法國後，她再度逃離，這次逃到美國，在美國展開新生活。儘管早期曾經參與錫安主義運動，但是她後來卻嚴厲批評以色列和錫安主義運動的許多重要人物，尤其是擔任頂層領導職位的東歐猶太人。這說明了為什麼她個人瞧不起檢察長霍斯納；她說霍斯納是「典型的加利西亞猶太人」，抱持「猶太集中區居民的心態」。[31]

艾希曼的審判一九六一年四月十一日開始，打從一開始，鄂蘭就批評霍斯納對審判的態度。霍斯納把焦點放在證明艾希曼的罪行十惡不赦、他個人必須承擔罪責、他強烈仇視猶太人，但是鄂蘭心裡有不同的見解。「我的其中一個主要目的是要顛覆既定的迷思，也就是邪惡是強人與邪惡力量造成的。」她在最後一次電視訪談中說道。[32]她在別的場合也強調：「如果要說有人害自己喪失了任何邪氣，那個人就是艾希曼先生。」[33]

在文章與書本中，她都把艾希曼寫成思考能力有限、死氣沉沉的官員。她撰文指出：「艾希曼真的沒辦法說出任何不是陳腔濫調的句子。聽他講越久，就會越明顯發現，他沒有論述能力跟他沒有思考能力關係密切，也就是說他只會從別人的觀點來思考。」[34]接下來鄂蘭提出的主張，引起了最強烈的反彈：「儘管檢方全力舉證，但是人人都看得出來，這個人不是『禽獸』，不過確實很難不去懷疑他是丑角。」其實，這個看似平凡的人就是「平凡的邪惡」的例子。35

艾希曼的動機不是意識形態的信念和仇視猶太人，鄂蘭認為，是事業野心，渴望在納粹的官僚體系中更上層樓。「他單純只是汲汲營營追求個人升遷而已，完全沒有動機。」鄂蘭寫道。36 換句話說，假設有另外幾百萬人跟猶太人一樣，被納粹政權鎖定為目標，他才不會管他們的種族和信仰，照樣把他們送上死路。

在法庭內，檢方打算提出赤裸裸的證據，提出引人注目的不同論述，證明艾希曼對納粹主義的堅信，實際上造成什麼結果。一長串的證人提出令人痛心的證詞，敘述在集中營的生與死；這一切證詞，讓世人從此更加廣泛瞭解猶太大屠殺。生還者訴說對摯愛的最後記憶，在場的人經常聽得倒抽一口氣和嗚咽啜泣。但是幾乎跟在場的每個人都不一樣，「艾希曼看起來絲毫不受影響」，霍斯納指出。在為自己作證辯解之前，對雷斯說自己「只是微不足道的運輸官」的艾希曼，在整個訴訟過程中都「緊張、僵硬、沉默地坐在被告席玻璃包廂裡」。

檢方準備了一部關於猶太大屠殺的影片，在審判中播放之前，檢方先邀請艾希曼和他的律師團到法庭觀看。由於巴赫已經看過影片，因此仔細觀察著艾希曼觀看影片時的反應。37艾希曼對呈現毒氣室與屍體的片段毫無反應，但是一度激動地對典獄長說話。後來，巴赫問典獄長為什麼他突然變得那麼激動，典獄長的解釋是：艾希曼氣憤穿著毛衣和灰色西裝外套被帶到法庭；他提醒典獄長，法院答應讓他每次出庭都穿深藍色西裝外套。巴赫冷笑一聲，說艾希曼竟然抗議這種事，認為這是虐待，一方面強調必須信守這種承諾，但卻對影片內容隻字不提。

在審判中，許多證人描述抵達奧斯威辛—比克瑙後的篩選過程，當時受害者才剛下火車，不知所措，筋疲力竭，飢腸轆轆。超過半世紀後，巴赫回憶說，有一名證人說當時有一名黨衛軍軍官命令他的妻子和小女兒往左走；那名證人是工程師，被命令往右走。證人問黨衛軍軍官說他兒子應該走哪一邊，軍官短暫詢問上司後，便命令男孩跑去追母親和妹妹。證人說擔心兒子無法追上妻子和女兒，因為中間隔了數百名也要往左走的人。結果男孩很快就消失在人海中。但是他仍然看得見女兒的身影，因為女兒穿著紅色外套，紅色外套變成一個紅點，越來越小。「他的家人就是這樣從他的生命中消失。」巴赫記述道。

史蒂芬．史匹柏在電影《辛德勒的名單》中，也用一個穿著紅色外套的小女孩呈現出類似的場景，巴赫確信這位導演是從艾希曼的審判中取得靈感的。

聽到那位證人陳述的兩個星期前，巴赫剛好買了一件紅色外套給當時兩歲半的女兒。他聽到證人的證詞時，「我完全說不出話來。」他回憶道。他開始胡亂翻動文件，直到控制住情緒，才開始詰問。巴赫有一張在審判期間憂鬱深思的照片被廣泛刊登，那張照片就是他剛聽完這個令人心碎的故事後被拍到的。「直到今天，不論在足球場、街上，還是餐廳，只要轉身看到穿著紅色外套的小女孩或小男孩，我仍舊會突然感覺到心臟怦然狂跳。」超過半個世紀後他在我們訪談時這樣說。

那些個人證詞沒有動搖鄂蘭的想法，鄂蘭確信艾希曼的作為跟他在納粹官僚體系中的職責有關，並非他的個人想法造成的。在審判中，霍斯納一度用被告在戰爭最後一段日子告訴手下的話來質問他：「我會含笑九泉，因為我殺了五百萬『猶太人』，痛快極了。」根據這位檢察官的說法，艾希曼試圖辯稱他當時是說「帝國的敵人」，不是猶太人；但是後來向一名法官承認，他確實是指猶太人。無論如何，霍斯納指出，被告聽到那句話被唸出來後，表情「目瞪口呆，而且露出片刻的驚慌」。[38]

對鄂蘭而言，這種供詞只能證明艾希曼的罪行是誇耀，雖然那也毀了他。[39] 艾希曼到阿根廷後，越來越自在，覺得那個國家簡直就是納粹黨員的安全避難所，甚至在一九五七年答應接受荷蘭納粹黨記者威廉·薩森（Willem Sassen）的詳細專訪。薩森摘錄專訪的片段內容賣給《生活》雜誌；艾希曼可能也想像過，完整的文字記錄稿有朝一日能幫他說出他個人版本的故事。但是他在專訪裡自我吹噓的語氣跟他在耶路撒冷採取的辯護方針大相逕庭，他在耶路撒冷拚命淡化自己的角色。艾希曼堅稱專訪是在「氣氛輕鬆的餐飲店」裡進行，而且內容不可靠，即便他審閱與改正過部分文字稿。由於他提出抗議，法庭判定訪談內容不可作為證據。[40]

不過，就鄂蘭看來，艾希曼願意冒這種險，證明了她的論點。「最後導致艾希曼被抓的，就是他愛吹牛的衝動。」鄂蘭寫道。[41] 艾希曼隨時隨地都想捏造與誇談他覺得對當前情況有助益的話，但卻沒有想過將來會有什麼後果，鄂蘭認為這說明了他為什麼在第三帝國會扮演那樣的角色。「他並不蠢。」鄂蘭寫道，「粗心大意早就註定他要成為當代十惡不赦的罪犯，但是粗心跟愚蠢絕對不同。」鄂蘭結論道。[42]

鄂蘭也有討論到歐洲占領區的猶太地方議會是否為共謀，這個議題激怒了批評者，招致有人指控她其實憎恨自己身為猶太人。猶太地方議會的其中一項主要任務是，依德國人要求的人數把猶太人送到死亡營，確認有符合德國人嚴格規定的猶太人口比例。審判期間，檢方傳喚證人作證，證明德國人無所不用其極欺騙受害者，強迫到東方的人寄明信片給親戚，謊稱來到新的居住地，生活與工作條件都很好。證人異口同聲解釋說，人人儘管絕望，仍舊抱著一絲希望，但願親戚別相信德國人的謊言。

鄂蘭完全受不了居然有這樣的謊言，於是譴責猶太領袖們這樣共謀蓄意欺騙，只是希望能保住自己的性命。「對猶太人而言，猶太領袖幹這種勾當，殘害自己的族人，無疑是這整個悲慘故事裡最悲慘的一章。」她寫道。[43] 猶太領袖們也許有難以反抗的苦衷，但鄂蘭絲毫沒有流露理解之情；德國人不斷施壓，要求把更多人趕上火車送到東邊，一方面加強恫嚇，一方面承諾會饒過某些猶太人，但卻幾乎總是食言。

這個議題在耶路撒冷的法庭裡格外敏感。「猶太領袖在歐洲占領區陷入的困境與悲劇再度赤裸裸浮現。」霍斯納回憶道。[44]名氣極高的匈牙利猶太領袖魯道夫・卡斯特納（Rudolf Kastner）就是其中一人，他安排遣送超過四十萬匈牙利猶太人到奧斯威辛時，有跟艾希曼協商。最後，鄂蘭尖刻寫道，卡斯特納「救了一千六百八十四人，但卻害了大約四十七萬六千人」。[45]獲救的人包括卡斯特納和他的一些家人，以及他口中的「重要猶太人」。卡斯特納還洽商支付德國人高額贖金，以換取自己能安全前往瑞士。他後來定居以色列，成為貿易暨工業部的發言人。

一九五三年，匈牙利出生的以色列獨立新聞工作者莫秋・古恩華德（Malchiel Gruenwald）控告卡斯特納勾結納粹黨，由於卡斯特納為政府工作，因此以色列當局也控告原告誹謗。法庭起初判決古恩華德勝訴，法官認為卡斯特納「把靈魂出賣給了惡魔」。[46]政府對判決提起上訴，一九五七年，法律攻防仍舊未見分曉，卡斯特納就在特拉維夫被暗殺。不久後，他獲判免罪，這件案子正式結案。

但是輿論對於卡斯特納的作為仍舊嚴重分歧，對於協助政府提出誹謗告訴的巴赫以及艾希曼審判中的檢察團隊其他成員而言，艾希曼跟卡斯特納的交易只不過凸顯了納粹官員採取的惡毒手段。他們不打算譴責鋌而走險的當地猶太領袖，卡斯特納的辯護者們更是視他為英雄，因為他確實救了許多人。

然而，鄂蘭堅稱，當地猶太領袖及其組織讓艾希曼等人更容易達成目標，幾乎將猶太人搜捕殆盡。倘若沒有這種猶太領袖幫他們，雖然仍舊會「出現亂局與許多悲劇」，她寫道，「但是至少受害總人數很難高達四百五十萬到六百萬人之間。」47

一九六三年鄂蘭一出版《平凡的邪惡：艾希曼耶路撒冷大審紀實》，立刻受到批評者尖刻抨擊。檢察官自然從來就不認同她對艾希曼的論點。「漢娜・鄂蘭認為艾希曼只是聽命行事，這種想法完全是狗屁。」巴赫批評道。巴赫還說，倘若上司不認為艾希曼有全力投入種族滅絕的工作，就不會在整個猶太大屠殺期間指派他在治安機關負責處理猶太事務。巴赫提醒說，德國顯出即將戰敗的跡象時，上級老早就已經開始拼命掩蓋猶太大屠殺的物證，艾希曼卻仍舊繼續拼命殺害猶太人。此外，還有別人在媒體與其他公共論壇對鄂蘭發動反擊。

其中一個帶頭的是麥克・穆斯曼諾，在紐倫堡審判特別行動隊指揮官的法官；特別行動隊就是毒氣室開始運作前，在東部戰線執行大規模處決猶太人與其他人的特種部隊。艾希曼被抓後，穆斯曼諾寫了一本書，以《艾希曼突擊隊》（*The Eichmann Kommandos*）為書名；並且在耶路撒冷的艾希曼審判中為檢方作證。接受辯方律師瑟華特斯質詢時，他描述自己在紐倫堡跟納粹頂層囚犯的談話。他作證說：「戈林說得一清二楚，艾希曼在滅絕猶太人的問題上擁有至高無上的權力……他幾乎擁有無限的權力，能隨心所欲指定殺哪個猶太人。」這直接反駁了艾希曼長久以來的辯詞，也就是反覆自稱無權獨自決定任何事。48

還有一次，會毫不遲疑發表戲劇化言論的穆斯曼諾寫說，在紐倫堡，艾希曼的名字「反覆出現在證詞中，就像風吹過廢棄空屋發出的颯颯聲，就像樹枝摩擦屋頂的窸窣聲，總是令人不禁聯想到鬼神來訪」。49

穆斯曼諾獲得機會，到重要的論壇發表見解；《紐約時報》請他評論鄂蘭的《平凡的邪惡：艾希曼耶路撒冷大審紀實》，顯然預料到他會怎麼評論。果然不出所料，他提出尖刻的評論，蔑視地駁斥鄂蘭的論述。穆斯曼諾這樣寫道：「鄂蘭竟然認為艾希曼實際上不是真的納粹黨員；認為他加入納粹黨時並不知道希特勒的計劃；認為蓋世太保有助於猶太人移居巴勒斯坦；認為希姆萊（希姆萊喔！）有惻隱之心。」穆斯曼諾還說，艾希曼自稱不恨猶太人，但沒人相信，倒是鄂蘭同情他，對他自己編出來的多數歷史與想法信以為真。50

穆斯曼諾用最尖酸刻薄的言辭批評鄂蘭，特別是她竟然願意相信艾希曼的說法，自稱雖然「反覆視察過」奧斯威辛，卻從來沒看過那裡的「殺人設施」。「鄂蘭的話就像在說，有人反覆到尼加拉瀑布短暫逗留，但卻從來沒注意到瀑布。」穆斯曼諾寫道。對於鄂蘭譴責猶太地方議會，他跟批評者的口徑一致，認為鄂蘭完全把怒氣發洩錯對象。「艾希曼確實偶爾會用死亡威脅來脅迫對方『合作』，就像對待挪威的吉斯林和法國的賴伐爾一樣，但是這只會凸顯他的罪大惡極。」他結論道。

那篇評論跟那本書一樣大為轟動，在這場兩個知名頭面人物的筆戰中，讀者紛紛選邊站。接下來，《泰晤士報》在書評版上刊登鄂蘭寫的反駁文章、穆斯曼諾的反擊文章，以及數封來自爭論雙方的激辯書信。鄂蘭在回應中嚴厲批評這份報紙「不尋常地」選擇穆斯曼諾當評論者，因為她之前就曾經駁斥，穆斯曼諾對極權主義與艾希曼的作為的看法是「危險的胡扯」，但是《泰晤士報》和穆斯曼諾都沒有告訴讀者這件事；言下之意就是報社「惡意違反標準編輯規範」，她譴責道。至於那篇評論，她這麼說：「就我所知，那篇評論抨擊的那本書根本沒有人寫過或出版過。」換句話說就是穆斯曼諾完全扭曲了她的著作。[51]

穆斯曼諾反擊說，他有責任指出「鄂蘭女士對艾希曼案的真相有諸多錯誤的陳述」，而且他「絕對沒有扭曲任何內容」。支持鄂蘭的讀者說穆斯曼諾的評論是「史上最爛的評論」，「嚴重錯誤解讀」那本書，並且暗指他「不懂鄂蘭的反諷天賦」。反對鄂蘭的讀者則讚揚穆斯曼諾盡責「匡正錯誤」，並且譴責鄂蘭為了同情艾希曼，「費盡心機」，而且

「漢視甚至不明歷史真相」。

爭戰並沒有就此結束。雅各．羅賓森（Jacob Robinson）在紐倫堡審判擔任過羅伯特．傑克森法官的猶太事務顧問，後來又擔任聯合國以色列代表團的法律顧問。他寫了一整本書來駁斥鄂蘭的論辯：《把壞人說成好人：艾希曼的審判、猶太人的大災難和漢娜鄂蘭的論述》（*And the Crooked Shall Be Made Straight: The Eichmann Trial, the Jewish Catastrophe, and Hannah Arendt's Narrative*），一九六五年出版。身為律師與學者，他決意要把主張一一闡明，再微不足道的細節都要辨明。

羅賓森自然會抨擊的，就是鄂蘭認為艾希曼在猶太大屠殺中的角色被檢方誇大。「漢娜．鄂蘭竟然會對艾希曼產生那樣的印象，著實令人摸不著頭腦。」他寫道，並且說相關文件證明了「真正的艾希曼十分積極主動，深諳詐騙之道，在個人領域機靈能幹，一心一意想完成任務，讓歐洲『沒有猶太人』，也就是德文所指的『judenrein』。簡言之，沒人比他更適合監督納粹黨滅絕猶太人的大部分計劃」。[52]

羅賓森說，鄂蘭談論歐洲占領區猶太地方議會的角色時，「竟然扭曲歷史真相」，他對這點格外「驚駭」。德國人用來管理猶太集中區的猶太組織打哪兒來的，他花費冗長的篇幅解釋，並指出猶太議會「在各種情況下，都積極設法維護社區的實質運作與道德精神」，不過他承認「他們有全力建議眾人不要公開反抗納粹統治者，深信這樣做能保護社區，阻止更大的災難」。他也極力切割猶太議會和猶太警察；德國人經常利用猶太警察來搜捕要遣送的猶太人，他說執行這種任務時，猶太警察是直接聽命於德國人。[53]

認為這種論述沒有說服力的不只有鄂蘭，西蒙・維森塔爾也指出，大家普遍不願談論猶太地方議會和猶太警察的作為，就是因為認為討論這類議題有可能會減輕納粹統治者的罪孽，而納粹統治者才是真正的罪犯。但是維森塔爾駁斥這種想法。「我們很少譴責猶太人跟納粹黨合作。」他寫道，「這件事別人沒權利怪我們，但是總有一天我們自己還是必須面對啊。」[54]

但是這類的聲音通常是明顯少數，羅賓森總結比較廣為接受的看法：「就法律和道德層面而言，我們都不能說猶太地方議會的成員是納粹統治者的共犯，這就像我們不能說被強盜用槍抵著而交出商店的老闆是強盜的共犯。」[55]

尤其在爭論艾希曼與其所代表的邪惡本質時，反對鄂蘭的聲音經常大過願意幫她辯護的聲音，至少在學術圈是如此，她經常被排擠當成邊緣人。在二〇一二年的電影《漢娜鄂蘭：真理無懼》中，德國導演瑪格麗特・馮・卓塔（Margarethe von Trotta）也呈現出鄂蘭的困境，她被以前的朋友與同事唾棄，雙方還互相攻訐，交惡日趨嚴重。

不過就連在綁架艾希曼的那些以色列特務中，也有一些人認同她的觀點，認為他們追捕到的那個人確實如她所說，所作所為呈現的是平凡的邪惡。「她說的不無道理。」在布宜諾斯艾利斯指揮摩薩德綁架小組的拉斐・艾坦說，「艾希曼本身從來就不恨猶太人，他代表的確實是平凡的邪惡。明天叫他去殺法國人，他也會比照辦理。」56

關於艾希曼到底代表什麼，論戰持續了數十年。二〇一一年，另一名德國哲學家貝蒂娜・史坦尼斯（Bettina Stangneth）廣泛研究艾希曼的更多記錄後，包括荷蘭納粹黨員威廉・薩森專訪他的文字稿，出版了一本書，焦點放在他在阿根廷的那段時間；英文版二〇一四年出版，書名為《到耶路撒冷之前的艾希曼：大屠殺凶手不為人知的一段人生》（*Eichmann Before Jerusalem: The Unexamined Life of a Mass Murderer*）。書中收錄大量證據，支持羅賓森等人早先提出的論述。57

史坦尼斯認為，艾希曼根本不是平庸的官僚，並非碰巧成為大屠殺機器的關鍵零件，他根本就是狂熱的反猶太分子，「受到極權主義思想主宰」，完全不是單純唯命是從的那種人。「如果有一種意識形態視人命如草芥，將傳統司法與道德觀念譴責的行為合法化，而你剛好屬於讚揚這種意識形態的優等民族，那麼你可能就會認為這種意識形態非常吸引人。」她寫道。58

但史坦尼斯也讚揚鄂蘭，在早期的猶太大屠殺研究中，她的著作與觀點引起極度重要的討論。蘇格拉底以後的哲學家都以「爭辯只是為了瞭解真理」為主要目標，而鄂蘭的書達到了這個目標。史坦尼斯的結論是，鄂蘭的研究對象蓄意捏造虛假的人生故事，導致鄂蘭落入陷阱。「在耶路撒冷的艾希曼只不過是戴著面具的人，」史坦尼斯寫道，「鄂蘭沒有發現這點，不過她倒是一清二楚，她並沒有像原本以為的那樣瞭解整件事。」59

毫無疑問，鄂蘭主要仰賴艾希曼的審訊文字記錄和他在審判後半段的直接證詞，把他辯稱自己只是配角而且沒有仇視猶太人的抗辯當真了。鄂蘭急於證明自己的論點，也就是極權體制如何有效利用庸庸碌碌而且本身沒有真誠信念的人。無可否認，鄂蘭也傲慢自負，深信唯有自己提出的理論架構，才能真正瞭解艾希曼與他在歷史中的角色。

不過鄂蘭說得對，她的觀點確實經常被憤怒的批評者扭曲得面目全非，因此《平凡的邪惡：艾希曼耶路撒冷大審紀實》出版後的那十年，她在一連串的德國與法國電視專訪中全力反擊。她很容易被誤解，但是她一開始屢屢使用引人困惑的措辭，根本無法幫她澄清誤解。在早期的一次專訪中，她持續強調艾希曼真是「活寶」，還說她讀艾希曼的審訊文字記錄讀到「哈哈大笑」。60

在後來的訪談中，她就比較清楚解釋自己的話中含意。跟德國歷史學家約阿希姆・費斯特（Joachim Fest）對談時，她闡明她所說的平庸行為絕非指好事——恰恰相反。艾希曼和之前的紐倫堡審判被告，個個聲稱自己不該為大屠殺承擔罪責，因為他們單純奉命行事，不用為自己的行為承擔任何罪責，鄂蘭痛批這些人簡直是「活假的」。「這樣辯解實在愚蠢到極點。」她補充道，「這些人實在太可笑了！」在訪談中，她說的「可笑」，顯然不是指有趣。61

儘管如此，鄂蘭仍舊堅信自己的論點，認為艾希曼「只不過是官員」，而且意識形態在他的行為中並非扮演主角。鄂蘭的許多批評者認為艾希曼是禽獸，是惡魔的化身，她堅稱這樣的解讀非常危險，會給德國人有藉口替自己的行為辯解。「相較於屈服於徹頭徹尾的禽獸的淫威，屈服於艾希曼這種十足的庸才，自然會令人覺得更加內疚許多。」她堅稱。62正因如此，她才如此堅決反對把艾希曼之輩說成惡魔，極力駁斥這類觀點。

鄂蘭提出非常複雜細膩的論辯，詳述自己對艾希曼的看法，內容至少應該能讓一些過度激動的指控者暫時閉嘴，不過對於譴責猶太人通敵，她並沒有退讓很多。然而，她確實顯得更加體諒猶太議會的難處，認為那些領袖是「受害人」；她表明，儘管他們的行為有待商榷，但是他們絕對不等同於罪犯。這代表她間接承認原本的說法批判得太過嚴厲。63

在《平凡的邪惡：艾希曼耶路撒冷大審紀實》裡，有一段被忽視的內文證明了鄂蘭其實並不責怪受害者，不像批評者經常指控的那樣。巴赫指出，以色列的領袖們舉行審判的其中一個目的，就是要年輕世代看看德國人使用的手段，他們讓受害人一直誤以為有希望，直到最後一刻。鄂蘭有提到，大家普遍認為猶太人「像綿羊一樣乖乖去送死」，她寫道：「其實，大家會錯意了，因為猶太人以外的團體或民族也通通做一樣的事。」這一點，鄂蘭和檢察官們想法一致。64

從半個世紀後的觀點來看，現在我們大可以說艾希曼確實有別人說的許多特質，包括鄂蘭對他的看法和批評鄂蘭的人對他的看法。他不只是極權體制下的事業狂，為了討好上級，什麼事都願意幹；他也是心狠手辣的反猶太分子，陶醉在能把受害者送上死路的權力中，用盡心思追捕任何試圖躲避納粹羅網的人。他很清楚自己的邪惡超過鄂蘭願意承認的程度，但是他確實也體現了平凡的邪惡這個概念。這兩個見解不必然是互相矛盾的。他確實以一個恐怖體制的名義犯下恐怖的罪行，但是把他貼上禽獸的標籤，會讓許多人有藉口脫罪，而且會使我們忽視暴政專制的政權如何能輕易引誘平民百姓參與罪行。

鄂蘭的著作立即引發後續效應，那就是促使人們紛紛開始研究，為何普通百姓習慣不加思考就遵從命令。最有名的，莫過於耶魯大學心理學家史丹利・米爾格倫（Stanley Milgram）在一九六〇年代初期用信以為真的自願者來進行實驗，讓他們以為自己在隔離的房間內能對人施加強力電擊。參與者被告知自己正在參與一項教育實驗，隨時都能退出，但是多數參與者都持續遵從命令，對人施加他們以為會越來越痛的電擊，即便聽見喊叫聲或敲擊牆壁的聲音，他們仍舊繼續聽從命令。假裝受到電擊的人是演員，其實並沒有真正遭到電擊。

米爾格倫推論說，這種行為暗示「鄂蘭的『平凡的邪惡』這個概念接近真實的程度令人不敢想像」。納粹德國和其他社會能讓人盲目聽命，他解釋說，就是利用現代社會「責任感消失」；人人聚焦於狹隘的技術工作，聽從上級命令行事。[65]「為行為擔負全責的那個人消失了，」他寫道，「在現代社會中，這或許是社會組織型邪惡最常見的特徵。」[66]

米爾格倫在《權力服從研究》（*Obedience to Authority*）一書中描述自己的這項實驗，這本書跟鄂蘭的《平凡的邪惡：艾希曼耶路撒冷大審紀實》一樣，引發新的激烈爭論。他對人類行為和極權體制提出了總結，他的論述顯然跟猶太大屠殺之前就開始出現的觀點一致。美國作家辛克萊．路易斯（Sinclair Lewis）目睹希特勒在德國崛起後，一九三五年出版《這裡不可能發生那種事》（*It Can't Happen Here*）這部小說，內容要傳達的訊息跟書名恰恰相反，也就是像納粹那樣的政權可能會在美國上臺掌權。換句話說，人類面臨的最大危險，不是禽獸造成的，而是盲目聽從禽獸的恐怖命令造成的。

有人強烈呼籲找出某些人的邪惡特質，尤其在遭遇真正的恐怖行為時。很少人願意相信自己或鄰居會單純因為某個當權者認為有必要，就聽命幹出似乎很愚蠢的暴行。英國首相大衛．卡麥隆二〇一四年說過，把美國和英國人質斬首的恐怖分子是「禽獸」，多數人直覺上認同他的看法，就如同以前許多人偏向把頂層納粹黨員歸類為禽獸。[67]

精神科醫師和調查人員審問在各地被逮捕與審判的納粹重大戰犯時，努力想找出那些戰犯特有的人格特質，但是最後沒有取得共識。不過倒是有些特質會反覆出現：狂熱投入自己視為工作的事情；對受害者完全沒有憐憫之心；認為自己不用為自己的行為負責，因為上級永遠必須承擔罪責；極度自憐。此外，許多戰犯欺騙自己的功力令人驚訝不已。在紐倫堡的被告中，被視為最聰明睿智、長袖善舞的戈林告訴美國精神科醫師道格拉斯・凱利（Douglas Kelley），說自己「決心要在德國歷史裡被寫成偉人」。即便無法說服法庭，他仍要說服德國民眾，他強調。「五、六十年後，德國各地都會有赫爾曼・戈林的塑像，」他說，「或許只是小塑像，但是德國家家戶戶都會有一尊。」[68]

另一名美國精神科醫師季伯特推論說，像奧斯威辛指揮官霍斯那種人，顯露出「精神病患者的明顯特質」。[69]不過凱利努力想找出某些特質，顯示這些戰犯有任何精神失常或根本不同於其他人類，但卻始終找不到。換句話說，他們並非「禽獸基因」創造出來的。

「沒辦法用精神失常來解釋納粹黨員。」凱利寫道，「他們單純是環境創造出來的，跟所有人類一樣；他們也是環境的創造者，影響程度甚至高於其他大部分的人類。」對於本來希望用羅夏克墨漬測驗找出精確科學答案的人而言，這種含糊的解釋其實就是承認分析失敗，但是這也讓凱利得到更加明確駭人的推論：倘若納粹黨員沒有澈底精神失常的跡象，那麼就表示辛克萊那種論述是正確的，不僅「這裡可能會發生那種事」，任何地方都可能會發生。[71]

艾希曼的審判結束後，無論審判本身、鄂蘭對審判的解讀、或是其他早期對審判的評論，無疑都沒有解決上述的爭論。其實，審判後的那十年，從電視上的談話隱約可見，她對於整個審判的價值，看法改變許多。儘管對審判的許多層面都批評得尖刻，但是她越來越肯定審判產生的作用，認同審判能作為「催化劑」，刺激未來德國人自己去舉行審判，以及刺激國民進行道德反省，讓她以前的祖國重拾國際地位。72

改變看法的不只有鄂蘭。當初媒體開始報導艾希曼的綁架案時，明顯地有許多人懷疑以色列是否能進行公平審判，但是審判開始後，許多初期的懷疑論調就漸漸消失了。審判進入大約第六週時，蓋洛普公司進行的調查顯示，百分之六十二的美國受訪者和百分之七十的英國受訪者認為艾希曼獲得公平的審訊。73

一九六一年十二月十五日，艾希曼被判絞刑處死，這是以色列法院首次、也是唯一一次批准死刑。74 一九六二年五月二十九日，最高法院駁回他的上訴，兩天後，五月三十一日下午七點，他被告知，班―顧林拒絕從寬量刑的請求。但是以色列官方到下午十一點才向全球宣布這項決定，而且完全沒提到再過多久要實際執刑。巴赫建議間隔時間不要超過兩個小時，以防艾希曼的同情者有機會去抓人質來試圖阻止絞刑。「我擔心如果時間拖太久，他們可能會抓夏威夷、葡萄牙、西班牙或任何地方的猶太孩童當人質。」這位助理檢察官說。

一直到官方宣布後，巴赫才知道艾希曼到底什麼時候要被絞死。五月三十日，他去探視這名囚犯，結果這成了最後一次。隔天晚上十一點，他在洗澡時，妻子露絲大喊說，剛剛聽到收音機的新聞報導，總理拒絕從寬量刑的請求；當時他住在耶路撒冷總理官邸附近的一間公寓，巴赫一家人今天仍舊住在那裡。巴赫跟一小群官員知道這表示一、兩個小時後就會執刑。「唉，對於這結果我毫不意外，但是我的臉色確實稍微發白。」他回憶道，「畢竟兩年來我幾乎天天都會親眼見到那個人吶……」

被指派擔任絞刑手的是夏龍・那葛（Shalom Nagar），二十三歲的葉門猶太人，職司監獄守衛。艾希曼的最後要求是白酒和香菸，但是獄方拿出頭罩時，他斷然拒絕。那葛認為這表示他不怕面對命運。75

艾希曼說出遺言：「德國萬歲。阿根廷萬歲。奧地利萬歲……我必須服從戰爭的律法和祖國的命令。我準備好了。」76

那葛一開始有詢問過上級，為什麼自己得執行這項任務，但那個午夜還是由他拉下拉桿。過很久之後，他接受美國猶太雜誌《入門》（*Zman*）的專訪時解釋說，當時在場的每個人都「想報仇，畢竟那是人性嘛」。那葛緊接著又說：「不過報仇不是重點。如果他可以的話，他會殺了我們所有人，我肯定也會在他的名單上，不管我是不是葉門人。」

那葛接下來的工作是把屍體處理好，立即進行火化。他說，他對這種事完全沒經驗，看到屍體看似盯著他瞧時，他嚇死了。他也不曉得人被絞死後，氣體還會留在肺裡。「所以我抬起他的時候，肺裡的氣體全排到我臉上，他的嘴巴發出『咯呃啊啊呃啊呃啊……』的聲音，嚇死我了，聽起來活像在說：『喂，你這個葉門人……』我不禁覺得死亡天使也來抓我了。」

屍體火化完兩小時後，骨灰被收到罈子裡，帶上在雅法港（Jaffa）等待的一艘巡邏船。船長一把船開出以色列的領海後，艾希曼的骨灰就被從罈子裡倒進海裡。

至於那葛，他回家後解釋自己做了什麼事，妻子起初不相信。他本來應該到雅法港完成倒骨灰的最後旅程，但是絞死艾希曼接著處理屍體的苦差事令他心神極度不寧，上級於是准許他不用去倒骨灰。接下來一年，他回憶道：「我活在恐懼之中。」妻子問他為什麼那麼緊張不安，他回答說他覺得艾希曼會來找他索命。

「其實，我不知道自己在怕什麼。」他坦言，「但我就是覺得害怕。那種經歷會讓人怕得不明不白。」

第十章 「小人物」

「我們這些第二世代的人當時應該怎麼做才對？知道滅絕猶太人的恐怖罪行，我們該怎麼辦……我們應該因為感到厭惡、羞愧和罪惡而沉默不語嗎？為什麼？」摘錄自徐林克的《我願意為妳朗讀》，這本小說是在描述德國的戰後世代，受到各國讀者的喜愛。[1]

第二次世界大戰甫結束的那一段時間，西德的新民主領袖們創造了有名的經濟奇蹟，大部分人民亟欲盡快把第三帝國的記憶拋諸腦後，但是費里茲・鮑爾始終反對這樣做。這位黑森的檢察長雖然安處於位在法蘭克福的辦公室，卻決心竭盡所能繼續逼國人同胞面對最近的往事。他認為西德人民光是從遠處觀看艾希曼的審判還不夠，必須目睹罪犯被帶到國內審判。

早在以色列人根據鮑爾的線索綁架艾希曼之前，鮑爾就收到一個消息，這個消息後來造成二十四名奧斯威辛的官員與守衛被起訴，而那正是他一直在等待的機會。

《法蘭克福評論報》（*Frankfurter Rundschau*）的年輕記者湯馬斯・聶卡（Thomas Gnielka）一直在調查賠償案，以及搜集前納粹黨員的犯罪證據。一九五九年一月初，他訪談奧斯威辛的生還者伊莫・吳肯（Emil Wulkan）。[2]訪問期間，聶卡一度詢問放在櫥櫃上、用紅緞帶綁著的一疊文件是什麼文件；不過也可能是吳肯主動交給他的。「或許你們記者對這些東西會有興趣。」根據記述吳肯是這樣說的。[3]

那些文件是一九四二年八月起的奧斯威辛記錄，主題是「射殺逃跑的囚犯」，是在一次無法確定目標的內部調查中搜集的，裡頭有囚犯名單以及射殺囚犯的黨衛軍軍官名單。不論納粹調查人員為何決定審查這些名單，無疑這些名單構成了明確謀殺行為的證據。吳肯向聶卡解釋說，一名朋友戰爭結束後，在布雷斯勞的一棟警察法院大樓裡，從燃燒的碎石瓦礫中搶救出名單，小心保存，作為「紀念品」。雖然吳肯後來成為法蘭克福猶太地方議會的一員，但是這顯然是他第一次發現那些文件可能具有「法律重要性」，聶卡是這麼說的。[4]

聶卡看完那些處決名單回到家後，妻子英格堡回憶道，「他面皮鐵青」，看起來像生病似的。[5]聶卡請吳肯找機會善用名單，旋即把名單交給鮑爾。這引爆了一連串的事件，最後導致西德舉行戰後費時最長、大眾最為知悉的審判。鮑爾批准團隊裡的兩名年輕成員來起訴這個案子，在法庭裡始終沒有扮演正式角色，但是他卻是這場審判背後的驅動力，也最堅決要讓國人同胞瞭解，他認為從這場審判能學到什麼教訓。

那些教訓或審判本身一點都不簡單，審判從一九六三年十二月二十日持續到一九六五年八月二十日，一共在法蘭克福的法庭開庭一百八十三次，超過兩萬人次到庭觀審，德國與國際新聞界都熱烈報導。[6] 二十二名列席出庭的被告跟紐倫堡的「大尾」頂層納粹黨員不一樣；也不像艾希曼，並沒有在策劃猶太大屠殺中扮演關鍵角色。[7] 他們之所以會變得臭名昭著，是因為被指控在奧斯威辛裡扮演配角；聶卡交給鮑爾的名單，以及兩百一十一名集中營生還者作證時提出的證詞，再再揭露了他們個人的駭人暴行。[8]

鮑爾認為，這二十二名被告「其實只是被選中的替罪羊」，他們的用途是要揭露以全德國人民名義犯下的罪行。「問題是我們會怎麼處理這些人。」他補充解釋說，不只是這二十二名被告，而是「五千萬德國人，甚至說得更準確，應該是七千萬」。[9] 他補上後面那個數字，無疑是指東、西德加起來的總人數，以及他們應該從審判得到什麼結論。這場審判「可以而且必須讓德國人明白發生什麼事」。真正的教訓，他強調，是「凡操控過這部謀殺機器的人，不論做了什麼事，只要知道這部機器的用途，就是參與謀殺的幫凶」。[10]

但是漢斯・霍夫梅爾（Hans Hofmeyer）法官反覆聲明，他對這場審判的看法完全不同：那不過是「尋常的刑事審判，不論背景為何」。[11] 法院指出，宣判時，「只能考慮刑事罪責，也就是刑法上規定的罪責；法院不負責裁判政治罪責與道德倫理罪責」，《法蘭克福匯報》（*Frankfurter Allgemeine Zeitung*）的記者本特．瑙曼（Bernd Naumann）在總結中這樣寫道；他提供的審判報導是最詳盡的。[12]換句話說，這場審判的目的不是要建立奧斯威辛的明確記錄，或證明所有集中營軍官與守衛都有罪的這項原則；而是把焦點放在被告的個人行為。

霍夫梅爾全力把這場審判描述成尋常的刑事審判，會像一般刑案一樣，獲得公平客觀的審理，即便如此，談到個人罪責時，他也難免偶爾會洩漏情緒。「我還沒遇到在奧斯威辛幹過壞事的人呢。」聽到被告和辯護律師一直辯稱他們是無罪的時候，他不禁譏諷說道。[13]

被告在法蘭克福的被告席立即營造出跟艾希曼獨自坐在耶路撒冷的玻璃包廂不一樣的印象。根據作家羅伯特．紐曼（Robert Neumann）的記述，「他們緊緊坐在一塊，你根本無法分辨他們彼此……每位檢察官看起來都跟被告很像……每個被告看起來就像你的郵差、銀行職員、街坊鄰居。」[14]在那段期間，新聞影片也有播放其中五名被告，在開庭審判休息時走在法蘭克福的街道上，看起來跟其他行人沒有兩樣，唯一不同的就是一名被告脫帽向一名警察致敬，而警察也向他回禮。[15]

德國當局希望至少能有一名被告確定是高官，檢方進行長時間的調查後，發現重大突破：展開全國搜索後，警方在一九六〇年十二月發現並且逮捕到奧斯威辛的最後一任指揮官理查・貝爾（Richard Baer）；第一任指揮官霍斯與他的接任者亞瑟・李伯漢肖（Arthur Liebehenschel）分別在一九四七年與一九四八年在波蘭被處死。貝爾順利逃跑，用化名找到工作，在普魯士政治家俾斯麥的曾孫的莊園擔任林務員。德國最大的畫報《畫報》（*Bild*）刊登出他的照片後，一名同事認出他來，向警方告發。不過一九六三年六月十七日，審判開始的六個月前，貝爾就死於獄中。16

檢方失去原本以為能獲得最大矚目的被告後，更加堅決把焦點放在剩餘被告的個人行為上。這凸顯了霍夫梅爾法官的主張，也就是說，這場審判儘管整個背景特殊，仍舊只是普通的刑事審判，不是鮑爾預想的那種比較具有教育和政治意義的審判；不過，最後在審判中明顯可以看見這兩個層面的一些元素。

法庭擠滿聽眾，其中包括許多集中營的生還者，最吸引媒體與聽眾矚目的，莫過於證人訴說惡毒的暴行，聽來著實令人痛心。奧斯威辛不只是機械化的殺人機器，根據沒有人性的規則運轉；也可以算是負責管理那臺機器的那些人，用個人行為、獨特手段和虐待病態打造出來的作品。法蘭克福的審判證明了，囚犯有很多求生或找死的方法，只要被告和其他跟被告一樣的人一時興起，隨時會動手折磨任何人，手段幾乎多不勝數。

檢方提出控訴時，有幾名被告格外罪大惡極，因為證人提出駭人聽聞的證詞指控他們的罪行。黨衛軍上士威廉·伯傑（Wilhelm Boger）是那座集中營裡最令人聞風喪膽的審問員之一，因為他經常使用「伯傑吊架」。以前的囚犯莉莉·馬傑奇克（Lilly Majerczik）曾經在伯傑任職的政治部擔任祕書，她解釋說：「受害者手腕會被綁在這部刑具的一根棍子上，接著遭到鞭子毒打。」[17]其實，這部刑具是一個吊架，囚犯被拷打時是頭下腳上倒吊著的。她和在辦公室裡工作的其他囚犯看不到拷打的過程，但是聽得到「受害者淒厲的哀號」。囚犯被迫大聲說出供詞後，不僅指甲會被拔掉，還得接受其他酷刑。

還有一名證人描述伯傑如何用手槍射殺被帶進天井、排在「黑牆」前的囚犯；有一次，囚犯兩兩被帶進去，他一共射殺五、六十人。但是最令人不寒而慄的，應該是生還者道妮雅·華瑟斯充（Dounia Wasserstrom）的證詞。[18]她說有一次她看見一輛卡車載滿猶太孩童，停在政治部前面，一名四、五歲的男孩跳下車，手拿著一顆蘋果。剛好就在那一刻，伯傑來到門口。「伯傑抓住那個孩子的雙腳一甩，猛力把那孩子的頭撞到牆壁上。」她敘述道。華瑟斯充被命令去清洗牆壁，後來又被叫進去辦公室裡幫伯傑翻譯。「他坐在辦公室裡吃著那個男孩的蘋果。」華瑟斯充補充說。[19]

雖然毒氣室殺死最多受害人，但是其實殺人的手法多不勝數。擔任醫療護理員的另一名黨衛軍上士約瑟夫·柯樂爾（Josef Klehr），應該是用苯酚注射多達兩萬名囚犯，導致囚犯立即死亡。[20] 羅馬尼亞黨衛軍少校維多・卡培希斯（Victor Capesius）掌管奧斯威辛的藥局，供應這種致命的毒物給柯樂爾。[21] 接著是黨衛軍下士奧斯華・柯達（Oswald Kaduk），他會突然勃然大怒，開始折磨人與殺人，因此在坐滿殘暴殺人凶手的被告席中格外引人注目。他喝了酒後，經常恣意射殺囚犯。而且，他跟伯傑一樣，喜歡一種特殊的酷刑：他喜歡把一根枴杖放在受害人的脖子上，接著站在枴杖上，直到囚犯死掉。[22]

這類證詞凸顯了檢方的論點：守衛與軍官在奧斯威辛裡的行為根本不是未經思考的。奧地利醫師艾拉・林瓊斯（Ella Lingens）被逮捕遣送到奧斯威辛之前，曾經協助幾名猶太人躲藏或逃亡。她在證詞中特別強調，軍官與守衛的個人行為五花八門，由此可知，這些被告並非被迫那樣做。[23] 霍夫梅爾法官無法置信，問說：「妳的言下之意是，在奧斯威辛，每個人都能自己決定要當好人或壞人囉？」林瓊斯回答說：「這正是我的意思。」猶太大屠殺紀念館後來表揚她和丈夫在她被監禁前與被監禁期間不遺餘力拯救猶太人。[24]

這跟美軍檢察官班哲明・佛倫斯在紐倫堡特別行動隊指揮官審判期間提出的論述一致。在法蘭克福的審判，來自哥廷根大學、經驗豐富的證人漢斯—崗瑟・賽洛分（Hans-Günther Seraphim），作證時提到早期的審判，說有些黨衛軍軍官基於各種理由決定不參與那些大屠殺，卻從來沒受到懲處。他作證說，在十年研究期間，「沒發現過有黨衛軍軍官因為拒絕執行『滅絕命令』而喪命或受重傷」。但是他承認，這樣的軍官可能會被送到東部戰線打仗；許多在集中營服役的人都會不惜任何代價避免被送去東部戰線打仗。[25]

被告與辯護律師窮盡全力反駁這類證詞。「我在奧斯威辛只是個小人物，沒有權力決定生死。」柯樂爾堅稱，拐彎抹角地為用注射苯酚殺人辯解，「我只是執行醫生的命令，而且我打從心底就不願意幹。」卡培希斯則說自己只是熱心助人的藥劑師：「在奧斯威辛，我沒傷害過任何人。我客氣和善地對待所有人，樂意到我幫得上忙的地方幫忙。」他還說他的妻子有一半的猶太血統，他只是「倒霉」才被派來掌管這座集中營的藥局。[26]

法庭內外都有完全超現實的說詞出現。伯傑因為「伯傑吊架」而臭名昭著，他的妻子接受一組電影製作小組採訪時，強調夫妻倆在二十四年婚姻期間，「生活非常和諧」。這包括了她跟伯傑一起住在奧斯威辛的那段時間。「我無法想像伯傑做過被指控的那些事。」她說。她承認伯傑個性嚴厲，「但是我實在無法想像伯傑殺小孩的指控是真的。因為他當時自己有小孩，回家後是個疼愛小孩的好父親」。還有生還者林瓊斯，她當過醫生，回憶說第一任指揮官霍斯的妻子曾經「寄一件粉紅色毛衣到這個人間煉獄，並且表達關心」，顯然是想表現出同情囚犯。[27]

新聞報導奧斯威辛審判時，把焦點放在對被告最駭人的指控，把被告描寫成「禽獸」、「魔鬼」和「野蠻人」，把奧斯威辛本身描寫成但丁的地獄或人間煉獄。[28] 隨便挑選幾個新聞標題，就可以清清楚楚看出報導的論調：〈奧斯威辛的拷打吊架〉、〈魔鬼坐在被告席〉、〈婦女被活活丟入火裡〉以及〈病入膏肓的人遭老鼠啃食〉。29

對於德國人以及他們如何辛苦處理納粹的過去，作家馬丁・華爾澤（Martin Walser）經常發表評論，也引發許多爭議。他引用這類新聞標題，警告大家把奧斯威辛的被告妖魔化很危險。「報導把奧斯威辛寫得越可怕，我們跟奧斯威辛的距離就變得越明顯。」他寫道，「我們跟那些事件沒有關係，跟那些暴行也沒有關係；這點我們確定無疑。我們跟被告沒有相似處，這場審判的主角不是我們。」鄂蘭堅稱，把艾希曼妖魔化，會讓其餘為第三帝國效力的人認為他心理失常，不用理會他；華爾澤和鄂蘭一樣，試圖闡明類似的論點。「奧斯威辛不是地獄，只是一座德國集中營。」他指出。30

這也是鮑爾的論點。即便被告是因為犯行特別惡毒，合理依法被挑選出來的，鮑爾也不想要讓大家認為，其餘在奧斯威辛任職的人，也就是操控這部死亡機器、但是沒有特別顯露出虐待暴行的人，就是沒有罪。但是這不是他的多數國人同胞想要聽的；他們也不想要偶爾在報紙上讀到類似報導，暗示被告跟普通人沒有太大差異。在《南德日報》，鄂蘇拉・馮・卡道夫（Ursula von Kardorff）撰文談論被告：「被告頭髮灰白，嘴巴薄小，相貌平凡，謀殺的幫凶是長這樣嗎？」從她的語調聽來，她似乎是在附和鄂蘭的「平凡的邪惡」理論。31

霍夫梅爾法官宣布法庭裁決時，仍舊強調這次審判的目的是裁決個別被告的刑事罪責，並非廣泛的政治起訴，告發曾經執行納粹殺人政策的所有人。許多人以為比較低層的官員能逃避承擔罪行的罪責，他也加以駁斥，指出「有人說『小人物』因為沒有發動屠殺，所以沒有罪，這是錯誤的說法」。他補充說：「他們對執行滅絕計劃極其重要，跟在桌子前擬定這項計劃的人一樣重要。」[32]

幾乎沒人滿意這場審判的結果。五名被告離開法庭，重獲自由；其中三名獲判無罪，另外兩名因為審判前已經被羈押夠久，所以獲得釋放。伯傑、柯樂爾和柯達被判無期徒刑，但是藥劑師卡培希斯只被判處九年徒刑；其餘被告大多被判更輕的刑罰，有一名被告甚至只判處三年徒刑。[33]

鮑爾認為那些刑罰實在太輕了，但是，就他看來，法蘭克福的法官和審判納粹案件的其他法院還有更嚴重的錯判，那就是堅持只把這些罪犯當成普通罪犯。他說這樣會助長「民眾繼續自欺幻想，認為只有少數人必須為納粹時代的極權國家負責，其餘的人只不過是因為受到脅迫侵擾而聽從命令，或因為被迫做完全違背本性的事情，而喪失原本的人格與人性。據此，德國不是一個迷信納粹主義的社會，這個國家只是被敵人占據了」。接著他尖銳地補充說：「史實根本不是如此。」[34]

審判結束不久後，《法蘭克福匯報》的記者本特．瑙曼出版一本書，鉅細靡遺記述審判，提出另一種冷靜穩重的評論。「犯罪事實、奧斯威辛的罪孽和贖罪的嘗試不成比例，」他寫道，「謀劃者、幫凶、凶手和受害者，也不能冀望在法治國家的普通法院最終能獲得公平的判決。」35

漢娜・鄂蘭幫瑙曼的書寫序，這讓她能闡明之前的觀點。在一個關鍵的著眼點，她表示認同鮑爾的看法。「凡是在任何一座滅絕營工作過的黨衛軍，以及許多從未進去過滅絕營的黨衛軍，都可以、也應該被指控為『大屠殺的凶手與共犯』。」她寫道。至於瑙曼記述的那整場審判有什麼意義，鄂蘭結論道：「讀者不會找到真相……只能找到關鍵時刻，其實，只有那些關鍵時刻才能清楚說明那個充斥惡毒暴行的混亂時代。」36

許多德國人不想瞭解審判或窺探任何關鍵時刻，對他們而言，媒體廣泛報導只會越來越令人火大。一名讀者寫信給法蘭克福的畫報《晚間郵報》（*Abendpost*）：「天殺的！別再報導奧斯威辛了啦！你真的以為可以說服全世界相信你關心真相？少來了，你和你的同事只是關心廉價的驚悚報導。」37 一九六五年初，審判仍如火如荼進行，但是當時民意調查卻指出，百分之五十七的德國人不想再看到這類的審判了，比例大幅增加，在一九五八年的民意調查中，只有百分之三十四的人表達這樣的想法。38

路德會牧師與神學家戴德利・潘霍華（Dietrich Bonhoeffer）為了捍衛堅定的反納粹理念，付出了生命，他的遺孀愛米・潘霍華（Emmi Bonhoeffer）對於輿論並不意外。「奧斯威辛審判自然不受歡迎。」她寫信告訴一位朋友，「新聞大軍天天報導，甚至每篇都報導得鉅細靡遺，只會令人更加反感。他們寫的報導其實沒人想讀，不是非常需要瞭解案情的人自然不會想讀。」神學家黑爾穆特・高為策（Helmut Gollwitzer）附和她的想法，解釋說審判讓國人同胞感到不安，因為會讓人認為許多人可能「跟被告在同一條船上」。[39]

這一切都是不爭的事實，儘管接連不斷的新聞報導把被告寫成禽獸，跟常人迥異。多倫多大學的歷史學家蕾貝卡・惠曼（Rebecca Wittmann）針對審判提出極具洞見的解釋，指出這絕非偶然。「在許多方面，新聞報導單純只是反映出法律策略，尤其因為審判能滿足大眾需求，提供轟動的標題和驚悚的細節。」她寫道。但是數百萬人心中的痛苦不安沒辦法完全獲得撫平，即便他們聲明自己跟被告犯下的罪行沒有關係，仍舊直覺認為自己受到牽連。[40]

「如果沒提到阿登納時代令人不快的生活現實，就怪『多數德國人』對依法審判納粹罪犯興趣缺缺，那是非常不公平的。」鄂蘭在審判後寫道。她特別指出「西德政府各個層級都充斥著前納粹黨員」，這促使輿論批評「小魚被抓，大魚卻繼續擔任老本行」。她補充道，並用粗體字標示來強調這句話。[41]

最能象徵政府無力澈底擺脫納粹過往的人物，莫過於漢斯・葛洛布克（Hans

Globke）。在第三帝國期間，葛洛布克任職於內政部，擔任《紐倫堡種族法》的評論員；納粹政府透過這部法律制定了反猶太的政策與辦法，葛洛克的工作就是提出解釋並加以合理化。但是他卻出任阿登納的國務祕書，掌管總理辦公室，從一九五三年到一九六三年阿登納下臺，他都是相當受到信任的顧問。[42]

鮑爾試圖調查葛洛布克扮演的角色，尤其是一九六一年他的名字在艾希曼的審判中出現時。鮑爾向東德當局要求借閱關於葛洛布克的文件，但是阿登納政府把來自東德的指控一概視為抹黑，畢竟當時正在進行冷戰，東、西德政府慣常以抹黑戰術互相攻擊。不久後，鮑爾就被迫把調查權交給波昂檢察署，而該單位最後決定停止調查。[43]

一九六三年，東德最高法院起訴葛洛布克犯下戰爭罪行與違反人道罪行，西德政府發言人駁斥那是「表演式假公審」，聲明葛洛布克已經接受過調查，查證所有指控都「不是真的」。發言人補充說，有證據可以證明葛洛布克在那個時代保護過一些人躲過迫害。[44]

當然，東德是在玩尋常的宣傳遊戲，根本不理會國內的前納粹黨員有多重要。但就算是作為宣傳用途，西德的記錄明顯沒看頭；在起訴為納粹政權效力過的人這方面，西德的記錄也不醒目。從一九五〇年到一九六二年，主管當局調查了三萬名前納粹黨員，但是在五千四百二十六名接受審判的人當中，卻有四千零二十七人獲判無罪，只有一百五十五人被判謀殺罪成立。這樣的結果幾乎不令人意外，因為西德法律正如鮑爾經常抱怨的，處處受限。45

國家社會主義分子罪行調查中央辦公室一九五八年在路德維希堡成立，職員只有權力對案子進行初步調查，如果找到足夠的證據，顯示應該深入追查，就得把案子交給地區檢察官。檢察官會不會有興趣追查與起訴，就不得而知了。時至今日，這種情況仍舊令路德維希堡的調查團隊氣短。「我們沒辦法起訴。」二〇一四年副主任湯馬斯・威爾（Thomas Will）說：「我們應該要有起訴的權力才對。」46

不過在一九五〇年代，阿登納政府一方面要展現自己調查戰爭罪行是認真的，一方面想讓緊張不安的人民安心，保證這類調查不會做得太過分，因此制定了政策，刻意限制調查人員的權限。判斷輿情的其中一項指標就是路德維希堡辦公室的職員經常受到不友善的對待。「前幾年，這間辦公室在這裡並不受歡迎。」威爾解釋道。職員找公寓時，會避免談到自己在哪裡工作，有些人甚至連要請搭計程車司機載他們到辦公室，都成了問題；辦公室設立在一座十九世紀時曾經是監獄的設施裡。這一切會隨著時間改變，但是過程非常緩慢。現在辦公室搜集了大量關於第三帝國的歷史檔案，繼續進行調查，大部分的人也接納這個單位，有些當地人甚至引以為傲。

儘管大家普遍對奧斯威辛審判不滿，不管是直覺反對起訴前納粹黨員的人，或是認為審判範圍不夠大的人，都有所不滿，但是這場審判仍舊算是重大突破。第一，光是報導的規模，就能讓許多德國人無可避免會注意到法蘭克福法庭裡的戲劇，否則他們原本習慣無視以前的審判。第二，雖然起初民眾的反應大多是負面的，政府應該停止算第三政府的舊帳了，但是一年後進行的民意調查指出，有些人開始重新考慮也許不應該停止。一九六五年的民意調查顯示，百分之五十七的人反對繼續審判前納粹黨員，相較之下，一九六六年的民意調查顯示比例減少到百分之四十四。47

這場審判不僅向民眾揭露大量新證據，證明在奧斯威辛發生的恐怖事件；也讓冷戰雙方陣營能展現罕見的合作。絕非偶然，促成這項突破的那兩個人正是費里茲・鮑爾和傑恩・西恩；波蘭的預審法官傑恩・西恩之前曾經在波蘭策劃奧斯威辛審判，將指揮官魯道夫・霍斯定罪。西恩提供德國夥伴證詞以及他在波蘭搜集到並且用於審判的證據；他曾經不只一次親自前往法蘭克福遞交這類證物。

法蘭克福舉辦一場特別的展覽時，西恩同樣熱心幫忙；這場展覽的名稱叫作「奧斯威辛：照片與文件」，一九六四年十一月十八日在審判期間開幕。根據卡爾・泰施（Carl Tesch）的說法，展覽的目的是要教導年輕人明白「絕對不能讓這種事再次發生」。48泰施是展覽的籌辦人，但是鮑爾不只是催化劑，也是最堅定的支持者。在西恩的安排下，位於波蘭集中營遺址的奧斯威辛博物館提供展覽需要陳列的文物。

審判期間，西恩也扮演關鍵角色，安排西德代表團，包括一名法官以及數名檢察官、被告辯護律師和政府代表，在一九六四年十二月到奧斯威辛參觀。這讓他們能視察舊址，並且根據集中營裡的實際距離等要素，來確認證人的證詞是否屬實。當時，由於戰後的緊張關係仍舊存在，波蘭跟西德還沒建立外交關係，因此這次參訪算是了不起的功績。西恩和鮑爾跟各自的政府合作，排除參訪的障礙，希望除了這次參訪，還能促成更多合作。「希望這次合作能鋪平道路，促使兩邊的人民建立更密切的關係。」西恩表示。[49]

這場審判還產生了其他影響。劇作家彼得．魏斯（Peter Weiss）寫了《調查》（*Investigation*）這部劇本，「分為十一段的清唱劇……以戲劇手法重建法蘭克福戰爭罪行審判」。[50] 一九六五年十月十九日，同時在東、西德的十三個劇院上演，當時審判才結束兩個月。同一天晚上，皇家莎士比亞劇團（Royal Shakespeare Company）由彼得．布魯克（Peter Brook）擔綱導演，在倫敦奧德維奇劇院（Aldwych Theatre）表演朗讀這部劇作。

《調查》裡有精簡過的審判證詞，在魏斯的版本中，有一名證人敘述自己從奧斯威辛集中營裡特別惡名昭著的伯傑手中千鈞一髮逃過死劫：

我從吊架上被放下來後
伯傑對我說

現在我們幫你準備好了
你即將前往天堂快樂逍遙
我被帶到十一區的一間囚室
在那裡等過一個鐘頭又一個鐘頭
等著被槍決
我不知道
我在那裡待了幾天
屁股潰爛
睪丸變成藍黑色
腫得好大
大部分時間我都倒在地上不省人事
接著我
跟一大群人
被帶到盥洗室
我們必須脫掉衣物
我們的胸口上

被用藍色鉛筆
寫上號碼
我知道
這是死刑
我們光著身子站成一排
聯絡官過來詢問
他應該登記幾名囚犯
準備執行槍決
他離開後
我們又被數了一遍
結果多了一個人
多虧我早就學聰明
總是刻意排在最後一個
於是我被踹了一腳
拿回衣物
我本來要被帶回囚房

等待下一次槍決
但是一名男護理員
他也是囚犯
把我帶到醫院
奇蹟就這樣發生了
有一、兩個人逃過死劫
我
就是其中一人[51]

徐林克（Bernhard Schlink）生於一九四四年，屬於西德戰後世代，最後被稱為六八年世代。這一代的年輕人在一九六〇年代開始質問父母，到一九六八年，幾乎所有權威人物都遭到質問。那一年，他們上街抗議，抗議風潮橫掃歐洲與美國。越戰、民權運動與其他抗爭運動如火如荼之際，西德也有個特殊因素導致動盪不安。「要瞭解一九六八年，就得瞭解世界各地發生的大事；但是在德國，要瞭解一九六八年，就得瞭解奧斯威辛審判。」徐林克指出。[52]

徐林克後來成為法學教授與成功的作家，對他而言，那場審判無疑產生了影響。「奧斯威辛審判在我和我那個世代留下的印記，遠大於艾希曼審判。」他說，「當然，我們記得艾希曼的審判，而且密切追蹤，所有報紙都有刊登相關報導。但是奧斯威辛審判貼近了許多。」因為被告不是高官，他補充說，所以那場審判立刻使他那個世代的人提出這個疑問：「那到底誰才是上級？」

審判期間，徐林克試圖藉由讀魯道夫．霍斯的自傳來滿足對這個疑問的好奇。霍斯在傑恩．西恩的力勸下，在一九四七年被絞死前寫下自己的故事。徐林克仍舊記得，「看到霍斯寫得自己好像是被艱鉅任務壓得不知所措的管理員，著實萬分震驚」。根據徐林克的記述，霍斯在書中記述為大批匈牙利猶太人湧入而苦惱發愁：「天哪……我們要怎麼安排營舍給他們住？我們要怎麼燒死他們？我們要怎麼殺死他們？」他認為這位指揮官只是「技術官僚，單純負責解決這個邪惡政權製造出來的問題。這實在太可怕了，太可怕了」。他認為霍斯的敘述「非常可信」；後來其他審判的被告也拼命編故事，希望能獲得赦免，但是他們的辯詞就沒有那麼可信了。

那場審判在戰後世代引發的另一個問題是，他們的父母、親戚和其他熟識的長輩，在第三帝國期間扮演什麼角色，在他的成長過程中，大家經常對這個主題不聞不問。「在我們那個世代的施壓下，這些主題一一浮現。」徐林克記述道。而且在許多個案中，眾人最後發現了不可告人的祕密。雖然奧斯威辛審判引發像徐林克一樣的學生討論這類的主題，不過十年後，德國社會，包括他們的長輩，才會進行比較廣泛的自我檢討。當時的觸發元素是一九七八年美國國家廣播公司播放的迷你影集《猶太大屠殺》，這部影集逼真地描繪一個猶太家庭，以及一名野心勃勃、但是後來變成黨衛軍大屠殺凶手的律師，劇情寫實，吸引了許多德國觀眾。

探索過去的過程中，根本找不到什麼令人振奮的發現。但鮑爾一直以來都不斷敦促大家繼續探索，身為法律系學生的徐林克和許多朋友都非常欽佩。但是後來成為知名作家的另一名六八年世代人彼得・施奈德（Peter Schneider）坦承，自己在一九八〇年代才認識到鮑爾與他在奧斯威辛審判中扮演的角色；當時施奈德正在寫一本跟約瑟夫・門格勒（Josef Mengele）的兒子有關的小說，約瑟夫・門格勒是奧斯威辛集中營裡令人聞風喪膽的醫生。但是，施奈德在一九六〇年代就受到奧斯威辛審判影響，尤其當他讀到彼得・魏斯的劇本時。後來，他受的教育促使他在一九六八年的抗議運動中擔任領頭要角。53

徐林克並沒有在一九六〇年代的抗議運動中擔任相同的發言角色，但是那個年代在他身上留下了其他的痕跡，種下了數十年後才會開花結果的種子，最有名的果實就是他在一九九五年出版的抒情短篇小說《我願意為妳朗讀》。這本書出版英文版後，旋即竄升到暢銷排行榜榜首，徐林克獲邀到《歐普拉脫口秀》談論這本書。故事背景在戰後時代初期，十五歲的男主角講述自己愛上年紀大他一倍的電車車掌小姐，兩人相戀很長一段時間後，車掌小姐消失了；再出現時，竟然在集中營守衛的審判中淪為被告，而男主角則必須以法律系學生的身分觀察審判。不過故事比劇情概述寫得複雜多了，而且遊走於道德模糊地帶。徐林克巧妙地描寫個人的罪惡與背叛。

嚴格來說，《我願意為妳朗讀》並非自傳；徐林克十幾歲時沒有談過類似的戀愛。但是就讀海德堡高中時，他倒是曾經「景仰一位英文老師」，而那位老師曾經加入黨衛軍。在那段日子，他相信這位「好老師」在戰爭期間不可能涉及任何敗德的事情。老師退休後，徐林克聽說事實並非那樣，但是徐林克仍舊不願談論具體細節，因為他是私底下得知內幕的。徐林克很快就發現，他那一代的人普遍有這種經歷：「你愛某人，仰慕某人，感激某人，但是最後卻發現不可告人的祕密。」他補充說：「許多人發現自己的至親就是這樣，像是父親或叔伯。」這也是奧斯威辛的遺緒和奧斯威辛所代表的一切。

傑恩．西恩離開克拉科夫法醫研究所的所長辦公室到國外時，有一套固定的做法。他會把大部分桌子抽屜的鑰匙交給年紀比他小的同事兼鄰居瑪利亞．柯斯沃思佳，但是不會把中間抽屜的鑰匙交給柯斯沃思佳，因為中間抽屜裡放著他的私人文件。一九六五年底，他要展開另一趟旅行時，改變了習慣做法，令柯斯沃思佳大為驚訝。「上一次他離開之前，把中間抽屜的鑰匙也交給我。」柯斯沃思佳回憶道。接著，彷彿還在沉思他這樣做有什麼意思似的，柯斯沃思佳說出唯一能確認的事實：「我拿到所有鑰匙了。」[54]

對柯斯沃思佳而言，回過頭來看，上司這樣做似乎別有含意，因為西恩在那次出訪法蘭克福期間去世。一九六五年十二月十二日，他準備就寢之際，請隨扈人員幫忙買一包香菸；那名隨扈是波蘭共產黨當局派來監視他跟外國人接觸的一舉一動。隨扈回來後，西恩就死了，當時他才五十六歲。在克拉科夫，研究所的同事大為震驚，為他感到哀慟，柯斯沃思佳說，但是有人懷疑「他的死亡有人為介入」。

柯斯沃思佳和多數同事駁斥這樣的揣測，因為沒有證據支持這樣的推論。再說，西恩是老菸槍，大家都知道他以前接受過心臟疾病的治療，認為他是死於心臟病發作。然而，懸而未解的問題是，他決定把所有鑰匙都交給柯斯沃思佳，是否表示他早已預知命運。

西恩曾經幾次收到威脅他的匿名信，有些信是用剪下來的印刷字母拼湊出訊息，有些是德文，有些是波蘭文，但是柯斯沃思佳以為大部分的信是使用德語的人寫的。根據推測，寄那些信的人氣憤他想方設法要把奧斯威辛的人員和其他戰犯繩之以法。

不過西恩在波蘭的爭議性和知名度，都遠低於在西德的鮑爾。雖然鮑爾讓比他年輕的檢察官來處理奧斯威辛審判，但是卻經常在公開場合，包括在電視上呼籲，負責大屠殺的人必須接受法律制裁。「審判能讓世人看見德國是嶄新的民主國家，願意保護每個人的尊嚴。」他在審判開始的時候聲明。[55] 同時，對於被告在奧斯威辛中的行為，他也毫不掩飾自己的氣惱。審判期間，在另一次訪問中，他指出檢方一直在等「任何一名被告……向獨自倖存下來、但是全家都被殺光的證人說出任何一句同情的話語……只要那樣的一句話，就能緩和氣氛」。但是沒有一位被告肯說。56

鮑爾也緊迫要求肅清西德的法官與檢察官，那些圈子裡仍舊充斥著前納粹黨員。他非常氣惱，他那個世代的人顯然漠不關心這種新舊延續的做法，因此用越來越多時間談論這個問題，想要說服跟他相處融洽的年輕人，制裁納粹黨員可以帶來多廣的邊際效應。他經常到酒吧跟年輕人相處，或在客廳跟他們長談，一根接著一根抽著菸，一邊喝葡萄酒。一九六八年，年輕人抗議的聲勢增長，有些貶損他的人指控他煽動接踵而來的暴動。57

許多德國人氣憤鮑爾的言行，他收到的恐嚇信遠多過西恩收到的；他還有接到恐嚇電話，即便他的電話號碼沒有公布在電話簿上。58「我離開辦公室時，感覺自己好像處於充滿敵意的異國。」鮑爾說道。59在奧斯威辛審判期間，有人把一個卐字納粹黨徽漆到他的公寓牆上，每當他擦洗掉後，卐字納粹黨徽還是不斷重新出現。鮑爾在公寓裡放置一把六點三五公釐手槍防身，而且有一名官派保鏢。一九六六年十月十四日，《法蘭克福評論報》報導，據說有人密謀要暗殺他，新聞標題為：「檢察長可能會被謀殺。」60

但是鮑爾從來就不怕。他繼續公開發表看法，未來幾年必須舉行更多納粹罪犯的審判，以及談論德國的「強烈反猶太情緒」。61一九六七年，他阻止《褐皮書》

（*Braunbuch*）在法蘭克福書展被沒收；那本書一九六五年在東德出版，裡頭有約莫一千八百個西德重要人士的名字，他們被指控在納粹時代曾經擔任官職。[62] 波昂政府駁斥說，那本書只是政治宣傳工具，但是鮑爾堅信自己的看法。當時，西德總理是寇特・喬治・齊辛格（Kurt Georg Kiesinger），他在一九三三年加入納粹黨，戰爭期間在外交部的宣傳部門任職。社會容許前納粹黨員擔任國家最高職位，這種氛圍對比鮑爾發表的言論，簡直水火不容。

鮑爾總是強調，他不是在批評國人同胞沒能夠積極破壞希特勒的政權，但是他仍舊訂定了一個影射數百萬國人的標準。「只要盡義務消極反抗，只要盡義務不做壞事，只要盡義務不當不公不義的幫凶。」他在最後一場演說中說道，「唯有盡了這項不服從的義務，我們才能夠審判納粹罪犯。這些審判有助於打破過去、現在與未來的不公平狀態。」[63]

一九六八年七月一日，鮑爾再過兩個星期就是六十五歲生日了，但卻被發現死在浴缸裡；顯然死了大約二十四小時。立刻有人開始推測他是被殺或是自殺，但是檢驗屍體的驗屍官排除這兩種推測。鮑爾跟西恩一樣，是個大菸槍。他還罹患慢性支氣管炎，而且，根據二〇一四年法蘭克福的鮑爾人生展，他有時候會在服用安眠藥時喝酒。鮑爾總是對不健康的習慣不以為意，有一名記者曾經問他一天抽多少菸，他回答說：「你猜我抽一根菸要多久？」記者猜五分鐘，於是他說：「那把十八小時除以五分鐘，算出來就是我一天抽的數量囉。」64

不過不是人人都相信鮑爾死於這些壞習慣對身體造成的傷害。伊洛娜・宗克在具有強大影響力、二〇一〇年首映的鮑爾紀錄片中指出，驗屍官沒有解剖驗屍，對死因有疑慮的人也在片中陳述證詞。鮑爾的丹麥籍外甥羅夫・帝分索（Rolf Tiefenthal）雖然在片中坦承對於死因只有推測，但是補充說：「他的敵人，他的眾多敵人，可能有幫助他走上死路，也可能逼他自殺，甚至可能謀殺他。理由充足的很。」

德國最近在爭論應該凸顯鮑爾一生的哪些部分，他的死因也引發嚴重分歧的看法。二〇一四年在法蘭克福猶太博物館舉辦的費里茲・鮑爾展覽，主辦方似乎接受驗屍官的判定。宗克在紀錄片中坦承，「沒有證據」可以證明鮑爾遭到殺害，所以無法直接提出指控。但是被劈頭問到是否相信鮑爾是被殺害的，她回答：「相信。」65

德國出生的猶太人羅伯特・肯納是美國在紐倫堡的檢察團隊成員，他在鮑爾的葬禮上談論鮑爾留給世人的教誨。「鮑爾是德意志聯邦共和國有史以來最偉大的代言人。」他說道，「不同於許多目光短淺的人，他清楚知道必須做什麼事來幫助德國，全力協助德國。」66 週刊《時代週報》（*Die Zeit*）尖銳寫道：「他為我們在國外贏得許多榮譽，但是我們根本不配擁有那些榮譽。」67

直到最近大家對鮑爾的一生重新產生興趣之前，許多德國人對他一無所知。在波蘭，西恩幾乎被澈底遺忘了，只有在他曾經帶領的研究所裡繼續工作的人還記得他；後來研究所改名為傑恩・西恩法醫研究所。在這兩個國家，似乎沒人注意到，這兩個曾經合作制裁納粹黨員的人都死在法蘭克福，死亡時間相隔兩年半，死因至今都仍舊不清不楚。那些陰謀論或許大錯特錯，但是相似點實在怪得令人難安。

第十一章　讓人牢記不忘的一巴掌

「因為我們是弱者，所以我們必須採取強悍的行動。而最強悍的行動就是到敵人掌控大權的地方，當場說出真相。」——法國納粹獵人施爾季・克拉斯費德[1]

當然，碧特・克拉斯費德（Beate Klarsfeld）的父母把她養大，並不是要她去冒險。她一九三九年二月十三日出生於柏林，幾個月後，納粹德國入侵波蘭，開啟了第二次世界大戰，當時她年紀太小，對那場戰爭記得不多。不過她倒是記得「曾經在幼稚園裡朗誦詩歌，歌頌元首」，不久後戰爭就以德國投降劃下句點。[2]

她的父親一九四〇年在德意志國防軍服役，駐守法國，隔年希特勒下令攻打蘇聯，她父親的部隊被調到東部戰線。但是她父親運氣很好，得了雙肺炎，因而回到德國，在德國的軍隊裡擔任簿記員。戰爭結束時，她父親被英國人短暫俘虜，接著便到同盟國轟炸柏林期間家人避難的那個村子跟家人團聚。一九四五年底，他們回到柏林，碧特在柏林讀小學，跟朋友在被炸彈炸毀的建築與碎石瓦礫堆中玩捉迷藏。3

她記得，她在小學「是個認真乖巧的學生」。「那時候沒人會談論希特勒。」她補充說。老師和父母大多會避談德國在希特勒的統治下發生了什麼事。她的父母沒有加入納粹黨，但是他們跟許多德國同胞一樣，把票投給希特勒。「儘管如此，他們認為自己不用對納粹統治下發生的事負責。」她記述道。他們和鄰居只會悲嘆在戰爭中的損失，「卻從來沒說過同情或諒解其他國家」。成長過程中，她沒聽過真正的解釋，說明為什麼他們會淪落到這步田地，她反而不斷聽到有人說：「我們打了敗仗，現在必須工作了。」

十幾歲時，她跟父母不一樣，父母支持阿登納總理的基督教民主聯盟，她則支持魏利．勃蘭特的社會民主黨；不過主要是因為勃蘭特「擁有年輕開闊的臉龐，跟其餘政治人物截然不同」，不是因為她對社會民主黨的政見有任何瞭解。她跟典型的十幾歲青少年一樣，漸漸失去耐性，而且認為家裡「死氣沉沉」，越來越難忍受。她父親嚴重酗酒，母親要她開始找合適的丈夫。然而，從高級商業職業學校畢業後，她就在一家大型製藥公司找到工作，擔任速記員。她的目標是賺足夠的錢，獨立自主。

一九六〇年三月，時年二十一歲的她來到巴黎，在巴黎學習法文，當互惠生，也就是幫寄宿家庭照顧小孩，打理家務，換取住宿。她睡在「骯髒的閣樓，被蜘蛛嚇得直發抖」，她回憶道。但是，果不其然，她很快就愛上這座城市，發現巴黎比西柏林有生氣與優美多了。她也很快就愛上未來的丈夫。

一九六〇年五月十一日，來到巴黎的兩個月後，碧特在平常搭車的聖克盧門地鐵站（Porte de Saint-Cloud）候車，一名深色頭髮的年輕男子盯著她瞧。「妳是英國人嗎？」男子問。碧特後來記述道：「這當然是搭訕的伎倆囉。」那名年輕男子就是施爾季・克拉斯費德（Serge Klarsfeld），他後來坦承，那是跟德國女孩攀談的慣用伎倆，一旦女孩回答「不是」，就很難切斷談話了。施爾季在政治科學學院（School of Political Science）附近的車站下車時，已經要到碧特的電話號碼；施爾季在政治科學學院即將完成畢業作業，畢業後就要展開職業生涯，他希望能成為歷史教授。

那一天在布宜諾斯艾利斯，以色列特務小組展開行動，綁架艾希曼。當時，施爾季和碧特當然都完全不知道那件事。但是二〇一三年兩人一起坐在兒子在巴黎的公寓裡，回顧一生做的事時，不禁覺得這絕非單純巧合。這兩人就在摩薩德在阿根廷展開行動的那天初次相識；兩人後來打響名號，成為非常喜歡與人針鋒相對的新納粹獵人，不過有人認為那是惡名。

三天後，兩人初次約會，去看《痴漢嬌娃》（*Never on Sunday*）這部電影，接著坐在布洛涅森林（Bois de Boulogne）的長椅上，開始第一次分享各自的人生故事。在那裡，碧特得知施爾季是猶太人，而且他的父親死在奧斯威辛。碧特坦承，當時自己是年輕的德國人，對「祖國的歷史瞭解甚少」，因此聽到施爾季說的事情後，極度震驚。「我既驚訝又感動，但是確實也稍微感到畏懼退縮。」她記述道，「在柏林，我幾乎沒聽過關於猶太人的好事，為什麼現在這種糾葛會發生在我身上呢？」

但是施爾季沒有因此就打退堂鼓，兩人討論個不停，他客氣地教導碧特。「我們聊個不停。」碧特回憶道，「他把歷史、藝術和所有想法都灌輸到我的生命中。」最重要的是，他教碧特瞭解祖國德國的近代史。碧特說：「就是納粹主義的恐怖現實。」而在施爾季的人生故事中，那段現實實在太明顯易見了。

施爾季的父母亞諾和蕾莎是來自羅馬尼亞的猶太人，一九二〇年代定居法國。亞諾是亞美尼亞人，蕾莎則是來自比薩拉比亞的一個俄羅斯民族居住區。施爾季一九三五年生於布加勒斯特，當時他的父母到那裡拜訪親戚。一九三九年父親亞諾加入外籍兵團，在一九四〇年德國人快速攻下法國期間對抗德國人。亞諾逃離戰俘營後，加入尼斯的反抗組織。不過全家陷入危險並非因為他做的任何事，單純因為他們是猶太人。

一九四三年六月，黨衛軍上尉阿洛伊斯·布朗樂（Alois Brunner）被派到法國監督圍捕猶太人的行動；他很快就把大約兩萬五千名猶太人送到東邊的死亡營。[4] 他跟艾希曼密切合作，也在祖國奧地利與希臘執行過相同的任務，那裡的受害人數更高。布朗樂在尼斯開始圍捕猶太人時，亞諾用薄夾板製作一片分隔板，放在一個深櫃子裡當假後板；在分隔板後面，有剛好夠讓一家人躲藏的空間。

一九四三年九月三十日晚上，德軍包圍克拉斯費德家一家人住的那個區域，開始逐戶搜查公寓。德軍搜到隔壁住戶時，克拉斯費德家一家人聽到鄰居驚恐尖叫和苦苦哀求，包括鄰居的十一歲女兒，她竟然貿然要求德國人證明身分。一名蓋世太保軍官用手槍打斷她的鼻子，造成更大的驚慌。她父親朝窗外大叫，向法國警察求救：「救救我們啊！救救我們！我們是法國人啊！」

跟家人一起躲在櫃子裡的亞諾聽到這一切後，立即作了決定。「萬一德國人抓到我們，因為我身強體壯，還能活下去，但是你們沒辦法。」他告訴妻子和施爾季以及施爾季的姊姊譚雅。蕾莎試著阻止他，但是他仍舊爬出櫃子。德國人砰砰敲門時，亞諾毫不遲疑前去開門。施爾季聽到一名德國人用法語問父親：「你的老婆跟小孩在哪？」亞諾回答說妻兒趁公寓進行消毒時，到鄉下住一陣子。

德國人立即開始搜索公寓，其中一人甚至打開櫃子，但是只是撥弄衣服，沒有碰到隔板。後來，施爾季記錄布朗樂等人圍捕法國猶太人時，寫道：「我對他很瞭解，但是卻從來沒見過他。」施爾季還說，「那晚我跟他之間就只隔著」那片薄夾板分隔板。回顧那一刻，施爾季說自己無法確定布朗樂是否在公寓裡。「他本人可能在公寓裡，但是我沒有證據可以證明。」施爾季說道，指出布朗樂跟一群奧地利黨衛軍軍官和蓋世太保付錢收買的法國人合作。[5]但是不論進公寓的是哪些人，一切都是布朗樂策劃的，逮捕猶太人後，接著當成囚犯送到德朗西拘留營（Drancy），最後一去不回地送到奧斯威辛。

蕾莎帶著兩個孩子逃到位於法國中南部的上羅亞爾省（Haute-Loire），她們住在聖瑞利安沙普特伊（Saint-Julien-Chapteuil），根據施爾季的記述，這個小村莊「對猶太人非常友善」。或許真的是那樣，但是蕾莎仍舊盡量隱瞞她們的猶太人身分，她對外宣稱丈夫在戰俘營，並且把孩子送去當地的天主教學校讀書。等到覺得尼斯不再是搜捕猶太人的目標時，蕾莎旋即帶著施爾季和譚雅搬回那裡的公寓。儘管如此，她仍舊凡事作最壞的打算。她告訴孩子們：「萬一德國人找上門，你們就躲進櫃子裡，我去開門。」

施爾季一家人的故事促使碧特仔細省思，身為德國人，自己應該從中歸納出什麼結論。她不覺得自己個人要為納粹主義負責，「不過由於我是德國的一分子，我發現了自己的新責任」，她回憶道。但是當她思索是否應該停止認為自己是德國人時，施爾季立即駁斥這種想法，說那樣太簡單了。「在納粹主義消失後才成為德國人，一方面令人欣慰，一方面又很為難。」碧特結論道。

施爾季還告訴她關於漢斯・索爾（Hans Scholl）和蘇菲・索爾（Sophie Scholl）這對德

國兄妹的事，這對兄妹組織了一個團體，一九四三年在慕尼黑孤注一擲，發動反抗行動，分發反納粹的傳單。兩人很快就被逮捕、判刑、送上斷頭臺。碧特認為，這是德國人拒絕服從希特勒政權的典範，著實激勵人心。「雖然這樣的舉動在一九四三年似乎沒有意義，只是白白犧牲，不過隨著時間過去，他們的義舉顯得越來越意義重大，最後影響了施爾季，並且透過他影響了我。」碧特寫道，「我在他們身上看到了我自己。」

然而，那一切意義並不是立刻就能夠明顯看出來的。施爾季和碧特一九六三年十一月七日結婚，開始做看似尋常的工作。施爾季在法國電臺與電視系統公司（French Radio and Television System）擔任副經理，碧特開始在德法青年聯盟（Franco-German Alliance for Youth）工作，擔任雙語祕書；這個新創立的組織獲得了西德總理阿登納和法國總統戴高樂的支持，目的是想在讓這兩個以前交戰的鄰國在各個層面建立新連結。

碧特回憶道，當時完全沒有跡象顯示他們的生活會最後步上什麼樣的軌道。「我們當時準備過穩定規律的生活，跟眾多年輕夫妻一樣。」她記述道。一九六五年，碧特生了個男孩，夫妻倆決定把他取名為亞諾，紀念施爾季的父親。

不久後就可以看見徵兆，顯示克拉斯費德夫婦不甘於穩定平淡的生活。碧特毫不掩飾越來越強烈的左派政治意識形態，不只支持勃蘭特的社會民主黨，也違反禁忌，把東德視為合法夥伴。她在德法青年聯盟的其中一項工作，就是統整列出各個德法文化協會，收錄在她撰寫的手冊裡，給前來法國的德國互惠生參考，當中有收錄一個跟東德聯誼的法國協會。西德的出版社火速回收那個版本的手冊，重新製作列表，刪掉那個被認為是刻意要惹爭議的內容。「妳保准是瘋了！」她遭到訓斥。

她也會公開發表女權主義的觀點，在《二十世紀的女性》（*Women in the Twentieth Century*）這本刊物中，她在一篇文章中寫道：「我開始納悶是什麼原因促使我和許多德國婦女離開祖國。」她承認，經常有人出於普通的原因，像是想學習新語言和文化，而離開祖國，但是她結論道：「我認為我們所做的一切努力，透露了一個更強大的動機，但是我們經常沒有意識到，那就是渴望獲得自由。」

至於女性在祖國的角色，她這麼寫道：「戰爭結束後，女性就貢獻心力，打造嶄新的德國。結果，現在的德國依舊沒有多新潮，女性現在在德國跟以前一樣，在政治上幾乎沒扮演任何角色。」她也警告說，輿論「現在正出現危險的轉折，將再次把家庭主婦變得服服貼貼，只懂得全力把丈夫照顧得無微不至，以及克盡天生賦予的生育職責」。

她的這一切作為再再都令保守的上司們看得不順眼，因為在他們聽命的董事會裡，至少有兩名董事是以前是納粹黨員，擔任過德國外交部的官員。一九六六年休完產假回去工作時，她在資訊部門的職務以「經費不足為由」被裁掉，她再次被派去做低層祕書的工作，負責打字和接電話。

不過，一九六六年碧特從有點令人頭痛、不遵守傳統觀念的低層職員，變成積極參與運動的激進分子，堅決要為祖國的納粹過往贖罪；促成她轉變的是一件更加重大許多的事。那一年寇特・喬治・齊辛格成為總理，儘管他從一九三三年開始就加入納粹黨，戰爭期間還擔任外交部無線電部門的副主任，宣傳納粹主義。齊辛格辯稱老早就對納粹主義心灰意冷，還說甚至因為抱持歧見而遭到譴責。6

齊辛格準備掌權時，就出現抗議的聲浪，哲學家卡爾・雅斯培說：「十年前看似不可能的事，現在卻即將發生了，而且幾乎沒人反對。」他雖然承認無可避免會有一些前納粹黨員升任高位，但是他接著說：「如果前納粹黨員能擔任國家領袖，那將意味從今而後，我們就不用再考慮誰以前當過納粹黨員了。」7

齊辛格升任總理後，碧特感覺自己人生的挑戰來了，她想到了漢斯・索爾和蘇菲・索爾，他們為了反對希特勒的政權，付出了生命。她把他們奉為典範，效法他們的精神，即便知道成功機率渺茫，仍舊立刻反擊。「最重要的就是，必須鼓起勇氣，聽從良心指引，時時警戒，立即採取行動。」她這樣說。一九六七年一月齊辛格第一次正式拜訪巴黎時，她開始為法國反抗組織在戰爭期間創立的左派報紙《戰鬥報》（*Combat*）寫一系列文章。「我身為德國人，強烈反對齊辛格擔任總理。」她寫道，「社會學家漢娜・鄂蘭談論艾希曼時，用了『平凡的邪惡』這個詞；對我而言，齊辛格則代表體面的邪惡。」[8]

她在一篇更加煽動的文章中寫道：「如果蘇聯知道齊辛格未來對德國的民主會造成多大的危險，真的想除掉他，無疑世人會認為那樣做在道德上是名正言順的。」

一九六七年八月三十日，那篇文章發表一個月後，碧特被德法青年聯盟解職。她離開辦公室時，沒有同事跟她道別或握手；他們明顯是不想要上司看到自己跟她有任何瓜葛。她趕緊去見施爾季。施爾季已經換工作了，當時在「歐洲穀物」（Continental Grains）這家國際麥片公司上班。雖然他沒有像碧特那樣公開抗議，但是他也越來越明白父親生前的事蹟有什麼意義。一九六五年，他去參觀奧斯威辛。「在一九六五年，沒有西邊的人會去奧斯威辛。」幾十年後他回憶道，「但是我覺得我必須那樣跟父親保持連結。」

施爾季知道父親一到集中營後就立刻喪命。亞諾被幫黨衛軍軍官辦事、擔任「囚監」的囚犯毆打，旋即還手，為此付出了性命。[9] 施爾季知道父親是在教他，人一輩子要謹記何謂勇氣，因此誓言，永遠牢記在猶太大屠殺中喪命的猶太人，而且永遠捍衛以色列。一九六七年六月五日戰爭爆發，他前往以色列，自願幫忙，但是他抵達時，六日戰爭幾乎快要結束了。他並沒有直接參戰，但是以色列人展現的團結對他而言相當重要。

八月底碧特被解僱，這一切在克拉斯費德家裡埋下危機的伏筆。許多朋友建議他們接受發生的事，繼續生活，但是施爾季拒絕認命接受。「妳被解僱，我怎麼能乖乖接受，完全不抗議？」他告訴碧特，「妳是戰爭結束後在法國第一個敢說出關於某個納粹黨員真相的女性。要是我乖乖接受，那就是最可恥的屈從。」10

克拉斯費德夫婦提起訴訟，抗議碧特遭到解僱，結果演變成漫長的法律戰。由於她已經成為法國公民，因此向法國高官求助，但是沒有獲得多少同情。不過克拉斯費德夫婦全力把焦點一方面放在證明，碧特完全有正當理由嚴詞譴責齊辛格和他擔任過納粹黨員的往事，另一方面放在對這位德國總理加強施壓。

為此，施爾季向公司請假，前往東柏林。在東柏林，東德內政部讓他借閱相關文件，當中有記錄齊辛格在第三帝國期間的作為。他帶著一個大文件夾返回巴黎，裡頭裝著關鍵文件的影本。他們用文件裡的許多材料，匯編成一本書，用來大肆揭露齊辛格擔任納粹黨員的往事，特別強調他在協調納粹宣傳工作上扮演的角色。

克拉斯費德夫婦從此開始跟東德人建立關係，他們加強攻勢揭露西德的前納粹黨員時，會繼續斷斷續續與東德人合作。批評者指控他們是聽東德政權的命令在做宣傳工作，東德政權一向樂見波昂政府陷入窘境。碧特提供許多材料讓批評者攻擊，比方說，她在一九六八年九月二日的《戰鬥報》中寫說，德國應該重新統一，「成為真正愛好和平的社會主義民主國家」。這番話附和了東德的宣傳辭令。11

柏林圍牆倒塌以及東德祕密警察組織「史塔西」（Stasi）與東德共產黨「德國統一社會黨」的檔案公開後，又有人指控克拉斯費德夫婦收受來自東德的資金。二〇一二年四月三日保守派日報《世界報》（*Die Welt*）下了這樣的標題：「碧特．克拉斯費德接受史塔西與統一社會黨資助。」

克拉斯費德夫婦坦承在搜集文件時，接受過東德協助，尤其是搜集齊辛格的文件時。東德人也出版他們的兩本書，內容所談論的納粹罪犯，都是在德國占領期間在法國犯罪而被他們鎖定的目標；克拉斯費德夫婦後來把那兩本書送給西德的國會議員和政府官員。這類舉動不僅加強了克拉斯費德夫婦的宣傳戰，也有助於他們的法律戰。「我們不否認接受東德協助。」施爾季說道。但是克拉斯費德夫婦指出，他們也有到別的國家搜集文件並且接受協助，尤其是法國與美國。「我們保持思考的自由。」施爾季強調。12

一九七〇年碧特到波蘭與捷克斯洛伐克等地，譴責當地政府發動的「反錫安主義」運動，她認為那只不過是毫無掩飾地呼籲民眾仇視猶太人，但是她很快就發現，自己的抗議沒那麼受到支持了。她在東方集團國家公開抗議，包括在華沙把自己用鏈子綁在樹上，以及在華沙與布拉格散發傳單，因此被這兩個國家逮捕與驅逐出境。13

但是克拉斯費德夫婦的激進行動能登上國際新聞版面，關鍵是他們早年奮力揭開了齊辛格的底細，而碧特更是在其中扮演煽風點火的角色。這絕非偶然。他們持續發表文章譴責齊辛格，碧特的仲裁公聽會也讓她獲得機會重述對總理的指控，但是新聞界對他們的聖戰似乎沒有特別感興趣，這令她不禁感到洩氣。「我知道我再怎麼揭露，也只能產生微小的影響力，除非我幹一些報紙想報導的轟動大事。」她回憶道。或者，誠如施爾季所言：「因為我們是弱者，所以我們必須採取強悍的行動。」

但是對付齊辛格時，他們不只採取強悍的行動，甚至採取極度冒險的行動。為了避免啟人疑竇，碧特用婚前姓氏訂了一張西德國會訪客區的票，前往波昂參加三月三十日的國會會議，她知道齊辛格預定要在那一天上臺發言。她的計劃很很簡單，就是在全體國會議員面前讓齊辛格難堪。但是實際到了國會後，她回憶道：「我馬上擔心會不敢開口。」

她等待的那一刻到來時，她克服了恐懼。「齊辛格！你這個納粹！辭職吧！」她扯嗓咆哮，反覆大聲說這句話。齊辛格停止發言，保安警衛迅速衝上前抓住她，摀住她的嘴巴，把她拖出議事大廳。她在附近的警察局被扣留三個小時後獲釋，隔天報紙就刊登她揮舞拳頭咆哮以及她被警衛抓住的照片。回巴黎後，她幫忙組織示威活動，在西德大使館前面抗議，學生們高舉寫著「齊辛格是納粹」的標牌。同時，西德的左派分子出現在一場當地選舉的集會，高喊相同的口號。

碧特歡欣鼓舞，決定採取更多行動。此時是一九六八年，當時誇張的示威抗議越來越司空見慣，而且經常非常激烈。在西德的一次示威抗議中，她向在場的群眾發誓說她「要公開打總理耳刮子」。在場許多民眾冷嘲熱諷，認為她在說空洞誇大的蠢話。不過她可是認真的。

一九六八年十一月，齊辛格的基督教民主聯盟在西柏林舉辦黨代表大會，碧特打算在那場活動中動手，她的婆婆蕾莎力勸她別魯莽行事，警告說她可能會被殺。施爾季雖然贊同這項計劃，但是也明白確實有風險。再說，他也知道勸退不了碧特。到西柏林後，碧特跟新聞工作人員混熟，順利向一名攝影師取得通行證。她拿著筆記簿，佯裝記者，慢慢擠到會議廳前面，齊辛格和其他高層幹部就坐在前面的講臺上。她成功說服一名保安警衛相信她只是要從他們後面抄捷徑去找朋友，直接走到總理身後。總理轉過頭後，她尖聲咆哮說「納粹！納粹！」，並且打了總理一個耳刮子。

會場立刻陷入混亂。碧特被拖走時，聽到總理說：「那是姓克拉斯費德的那個女人嗎？」她被拘禁後，齊辛格在基督教民主聯盟的同事恩斯特．連默（Ernst Lemmer）問她為什麼要打總理耳光，她回答說她那樣做，「是要讓全世界的人知道，有些德國人不願意被羞辱」。連默聽完後只是搖搖頭。他對外頭的記者們說：「那位女子只是性慾無法獲得滿足。如果不是一臉病容，她會非常漂亮的。」後來，連默寫道歉函給引述他那句話的《亮點》（*Stern*）雜誌。「我說那句話時，並不知道克拉斯費德小姐已經結婚有小孩，也不知道她的公公在奧斯威辛喪命。」

碧特被判一年徒刑，但是宣判當天就獲釋。她提出上訴，最後被判處四個月徒刑，很快就獲得緩刑。但是坐牢服刑並不是她面對的最大危險。施爾季回顧這件事時指出，齊辛格的侍衛「有帶槍，但是沒辦法開槍」，因為現場有太多人了。況且，不一定所有侍衛都會克制用槍。同樣在這一年，馬丁・路德・金恩和羅伯・甘迺迪遭到暗殺，因此，一名女性掌摑總理容易被誤解為想暗殺總理。「他們不用費太大的勁就能把我殺掉。」碧特坦言。14

隔年齊辛格的基督教民主聯盟把國會多數席次輸給了魏利・勃蘭特領導的社會民主黨，勃蘭特接任總理。「齊辛格被打敗後馬上就被遺忘。」碧特稱心滿意地記述道，並且補充說：「在這次進步力量的勝利中，我扮演的角色雖然不是很重要，但卻是不可或缺的。」

看到自己最喜愛的政治人物勃蘭特掌權，碧特欣喜雀躍。新任總理赦免她，幫她免除了因為掌摑齊辛格而被判處的緩刑。但是她和施爾季都絲毫不打算停止揭露前納粹黨員，也不打算在執行這項使命時，採取更安全保險的做法。經常待在幕後搜集證據的施爾季，領導下一次危險的越軌行動時，也同樣大膽。

克拉斯費德夫婦格外堅決要讓負責逮捕猶太人並且送離法國的黨衛軍與蓋世太保高階

軍官餘生不得安寧，理由再明顯不過了。不過由於德法之間存在著複雜的法律協議，許多那些人似乎都過得安穩舒適。15

法方起初制定法規，規定不得把被指控在法國犯過罪的德國人的記錄提供給德國法院，防止他們回西德後遭到審判。在戰後初期，法國人擔心許多德國法官以前效力於納粹黨的司法機關，會同情與縱放罪犯。結果這項法規反而產生了反效果，因為德國人也規定禁止自己的國民被引渡到國外，這麼一來，曾經在法國服役而被判刑或有嫌疑的德國戰犯回到祖國後，就能安心過日子，不用擔心會被懲罰。

後來發生了一場抗爭，有人試圖要改變德法的協議，最後法國人逆轉規定，要求自己的執政當局必須授權德國法院審判曾經在法國犯下戰爭罪行的人。克拉斯費德夫婦積極遊說眾人支持這項遲來許久的修正措施，以修正失能的制度。他們與維森塔爾等人也主張，德國應該延長戰爭罪行的追溯期；倘若不修改，會讓無數戰犯逍遙法外。這兩場抗爭都拖了數年，但是最後都獲得重要的勝利，一開始部分罪行的追溯期廢除，後來一九七九年謀殺、違反人道罪和種族滅絕罪的追溯期全部廢除。16

但是這一切得來不易，會有這樣的最終結果，其中一個主要因素是克拉斯費德夫婦採取激進手段，親自追捕罪犯。他們展開行動，揭露幾名重要前納粹黨員的罪行，起初主要把焦點放在寇特・李師卡（Kurt Lischka）、赫伯・海根（Herbert Hagen）和恩斯特・海因里希森（Ernst Heinrichsohn）身上。[17]施爾季說，猶太人被送離法國，這三個黨衛軍軍官必須承擔主要罪責。「李師卡是巴黎的蓋世太保。」碧特記述道；他掌管法國的整個保安機關。[18]海根與艾希曼關係密切，不僅掌管黨衛軍處理猶太問題的情報部門，也曾經主管法國大西洋地區的警察。海因里希森雖然階級較低，但是對待孩童格外殘忍。

關於這三人的事蹟，值得注意的是，他們都住在西德，沒有躲躲藏藏，顯然不怕過往的罪行會再回來造成困擾。碧特查出李師卡住在科隆，打電話詢問查號臺就問到了住址和電話號碼。她告訴一名在法國的以色列電視臺特派員：「只有在偵探故事裡，納粹黨員才會活得憂心忡忡，躲到遙遠的巴塔哥尼亞，每次聽到門發出吱吱嘎嘎的聲響就嚇得直發抖。」[19]

就算這三人和擔任過類似職務的其他人當時沒有保持警戒，不久後就會了。碧特幫《戰鬥報》撰寫了一篇新文章；而且以色列電視臺表示，如果他們能拍到李師卡和海根，電視臺樂意製作關於兩人的節目。[20]一九七一年二月二十一日上午八點在科隆，在一名以色列攝影師的陪同下，克拉斯費德夫婦把車停在李師卡的公寓大樓對面，打算在獵物離開公寓時他跟正面槓上。到下午兩點，仍舊不見他的蹤影，不過此時，碧特打電話到他的公寓，他的妻子有接電話。這就足以證明有人在家，於是碧特掛斷電話。這組突擊隊按了幾次左鄰右舍的門鈴後，很快就有人幫忙打開公寓大樓的大門。

他們到這棟四層樓建築的頂樓後，看到一名金髮婦人，婦人一點都不歡迎他們，但是碧特表明他們是來幫法國電視臺採訪她的丈夫後，她大聲叫喚：「寇特，過來看看這些人要幹嘛。」

李師卡馬上現身；他身材非常高大，一頭修剪過的稀疏短髮。碧特自我介紹自己是法國新聞記者的口譯員時，使用婚前姓氏。「克拉斯費德先生。」李師卡顯然沒認出克拉斯費德這個姓氏，但是他小心謹慎，要求看施爾季的新聞採訪證。「這組人馬」可是有備而來的，施爾季出示向《戰鬥報》取得的新聞採訪證。

施爾季立刻就省掉「這次拜訪只是要調查真相」這一類的假話，他坦白告訴李師卡，德法簽署新協議後，他立刻開始與在法國缺席審判中被判刑的納粹罪犯聯繫，而李師卡是他第一個想拜訪的人。「不過開始對你發動攻勢之前，我們想知道你是否有話要說，替自己辯解。」施爾季結論道。

李師卡一開始保持鎮定，說自己沒必要向他或法國法院解釋。「如果我最後必須向德國法院解釋我的所作所為，我自然會解釋。」李師卡補充說，「我跟你沒話可說。」

施爾季試圖逼他承認迫害法國猶太人的罪行，但是李師卡不讓攝影師拍他。氣氛變得極度緊張，碧特擔心他們如果拍攝，李師卡可能會把攝影機砸爛。

克拉斯費德夫婦還有一張牌可以打。「你有興趣瞧瞧你自己簽過名的命令嗎？」施爾季問，說那些文件在巴黎完好存留下來，上頭有李師卡的簽名。他還補充說那些文件能讓李師卡被抓去審判與定罪。

李師卡無法抗拒，盯著碧特伸手遞給他的那疊文件瞧。他仔細查看文件，雙手明顯在發抖；他的妻子也從他的身後看著文件。「無疑他看見往事出現在眼前，那段過往，是我們獨力花了無數個鐘頭，從檔案中重建出來的。」碧特記述道。

這次突襲可以說是失敗，因為他們沒有順利拍到李師卡，或讓他回答任何問題。不過至少他們第一次跟他交手了，而且顯然嚇得他心神不寧。

同樣那一天，碧特也有打電話到赫伯・海根位於瓦爾斯泰因（Warstein）的家，那個小鎮在科隆東北方一百二十五哩。海根的妻子接電話後，碧特詢問她的丈夫是否願意接受一位法國記者採訪，那名婦女回答說「不可能」，而且補充說：「我丈夫不明白為什麼你們要採訪他。」

隔天克拉斯費德夫婦和攝影師就驅車到瓦爾斯泰因，把車停在距離海根家約一百碼的地方，希望能在他步出家門時攔截他。他們等了幾個鐘頭，還跟蹤錯了人。但是最後有一個顯然是海根的人終於走出屋子，走到車庫，坐上一輛大型歐寶汽車。車子開出私家車道後，碧特衝到車前。「請問你是海根先生嗎？」她問。

海根點頭後，看到攝影師在拍他，於是停車走下車，看起來像是打算攻擊攝影師。接著，他忽然想到，如果打人，遭殃的反而是他自己。趁著海根猶豫的空檔，碧特說，施爾季是法國記者，想要問他一些問題。

他用流利的法語告訴施爾季：「先生，你沒有權利在我家前面拍攝我。」他接著補充說他並沒有在躲藏。「戰爭結束後，我回去過法國超過二十次。」

「真可惜，法國警方竟然沒注意到你的姓名。」施爾季回答說，「不然你早就被抓了。」

施爾季試圖問他在法國時擔任什麼職務，但是海根跟李師卡一樣，強調自己沒有話要說。「我只想平靜過日子。」他補充道。但是克拉斯費德夫婦可不打算那麼簡單就放過這兩個人。

一個月後，克拉斯費德夫婦和施爾季學生時代的朋友馬可以及一名醫生和一名攝影師，開租來的車子回到科隆。他們都同意參加一項計劃，如果成功，就能吸引多數人注意到，李師卡那種人還沒有為在法國擔任黨衛軍軍官時犯下的罪行付出代價。這項計劃其實就是要綁架李師卡。施爾季隨身攜帶一副手銬，馬可則帶兩根包著皮革的金屬棍。這次行動是要在街上抓住李師卡，押上車，接著換搭另一輛車開回法國。「我們看起來雖然像一支突擊隊，但是也像一群在開會的主教。」碧特說。

李師卡走下電車後，「突擊隊」便包圍他，碧特大叫「跟我們走！跟我們走！」他下意識朝車子走了幾步後，旋即往後退，於是攝影師用金屬棍打他的頭。李師卡扯嗓呼救，不支倒地，不過主要是因為害怕。這些舉動吸引越來越多人注意，路人圍住克拉斯費德夫婦一夥人。一名警察亮出警徽。就在那一刻，施爾季大喊「上車！」一夥人丟下李師卡，逕自跑走；他們一直到把車開回法國才停下來。

碧特立刻以另一個名字開始打電話給德國的報社，告訴報社去查查李師卡發生什麼事。他們的目的，根據碧特的說法，「是要引起德國人注意到李師卡和他的同事們都逍遙法外」，即便自己也得坐牢，他們在所不惜。碧特回到科隆把關於李師卡和海根的文件交給德國法院和新聞界時，就真的被抓去坐牢。她被監禁，但是只有關三個星期。把碧特關幾次後，主管當局就發現，把她關越久，反而會引起更多人注意克拉斯費德夫婦的目的。

為了對付李師卡，施爾季還安排另一齣危險的戲碼。一九七三年十二月七日，科隆冰天雪地，他監視著李師卡停在主座教堂附近的車。李師卡出現後，施爾季用槍抵住他的雙眼中間。那名德國人嚇死了，以為自己會被殺掉。但是其實槍裡沒有子彈。對施爾季而言，嚇得受害人「面如死灰」就夠了。施爾季寫信給當地的檢察官，說他們一夥人殺得了納粹黨員，但是沒打算那樣做，只是要納粹黨員接受審判而已。

如果要說碧特掌摑齊辛格的舉動是她人生中最危險的一刻，那麼這一刻肯定算是施爾季一生中最危險的一刻。但是四十年後被問到這件事時，施爾季漫不經心地否認自己當時真的有危險。「我知道他有槍。」施爾季坦承道。但是他爭論說，一來李師卡沒時間拿槍，二來因為天氣寒冷，李師卡戴著手套，也不容易扣扳機。「我不認為我有被殺的風險。」他說。

對克拉斯費德夫婦而言，最稱心快意的一刻，莫過於看到李師卡、海根和其他有罪的人不再活得安穩。誠如社會民主黨黨報《前進報》（*Vorwärts*）報導的：「有些中年男子，雖然擁有好工作，但是在聯邦共和國卻一直無法高枕安寢，於是在公寓裡舉槍自盡……他們不跟任何人打交道。」

碧特屢屢觸法，又屢屢脫身，執法人員不只一次把她當成瘋狂的狂熱分子，不得不放過她。克拉斯費德夫婦也有被恐嚇過，有兩次是炸彈恐嚇。一九七二年，施爾季收到一個標示「糖」的包裹，覺得事有蹊蹺，尤其是看到深色粉末漏出的汙跡，於是報警。巴黎的炸彈拆除小組證實包裹裡裝的確實是黃色炸藥和其他炸藥。一九七九年，一顆裝了定時器的炸彈在半夜炸毀施爾季的車。

不過對李師卡、海根和海因里希森的控訴慢慢獲得支持，三人最後在科隆接受審判，一九八〇年二月十一日，法院判三人有罪，罪行是共謀將五萬名法國猶太人送上死路。法官聲明，受害人會遭遇什麼樣的命運，他們「一清二楚」。海根被判處十二年徒刑，李師卡十年，海因里希森六年。[21]最重要的不是刑期長短，而是他們受到審判並且被判有罪。而且，促成這個結果的，無疑是克拉斯費德夫婦和他們的一切煽動行為與誇張戲碼。

一九三四年，飛機在世界上許多地方仍舊是新奇的事物，拉脫維亞空軍上尉赫伯・柯克士（Herbert Cukurs）就駕駛自己設計的小型雙翼飛機，從祖國飛到非洲西岸的甘比亞，一夜之間成為國家英雄。柯克士被譽為「波羅的海林白」，他接著又飛到日本與英屬巴勒斯坦，當地新聞熱烈報導。從巴勒斯坦返國後，他在里加的猶太俱樂部向滿室的聽眾發表演說。歷史學家游爾・溫伯格（Yoel Weinberg）去聽那場演說時，仍是學生，他回憶道：「我記得柯克士談到以色列的復國大業時，大加讚嘆，甚至說得慷慨激昂……柯克士說的故事激發了我的想像力。」[22]

不過柯克士是狂熱的國家主義者，在一九三〇年代末期加入名為「雷霆十字」（Thunder Cross）的法西斯主義組織。[23]《德蘇互不侵犯條約》讓希特勒與史達林從一九三九年到一九四一年實際成為盟友，兩人根據協議分贓，蘇聯因而在第二次世界大戰開始時，就併吞波羅的海國家。一九四一年六月希特勒的軍隊入侵蘇聯時，迅速進入波羅的海國家。在拉脫維亞，當地退役警司維多・阿拉斯（Victor Arajs）帶領極右派的自願者，組成阿拉斯突擊隊（Arajs Kommando），熱切想助新占領者一臂之力。他的副指揮官就是柯克士，他們立刻開始圍捕、毆打與殺害猶太人。

戰後，那些暴行下的生還者在波羅的海國家的一個納粹罪行委員會面前作證，其中許多人都歷歷記得柯克士的所作所為。根據拉斐爾．舒勃（Raphael Schub）的敘述，柯克士從七月初就「開始屠殺里加的猶太人」。他和他的手下把三百名拉脫維亞猶太人集合在猶太大會堂，命令猶太人「打開聖櫃，把《妥拉經卷》攤開在會堂的地板上」，準備放火燒掉那棟建築。猶太人拒絕從命，「於是柯克士毒打多名猶太人」。他的手下把汽油淋到地上後，守住附近的出口，接著丟一顆手榴彈進去會堂裡。會堂起火燃燒，猶太人試圖逃出去，但是柯克士的手下朝所有想逃出去的人開槍。「在會堂裡的三百名猶太人，其中有許多孩童，全都被燒死。」舒勃結論道。24

有一天，當時十六歲的亞伯拉罕．夏畢羅（Abraham Shapiro）待在家裡，柯克士突然闖入，向夏畢羅家一家人說他要接收公寓作為私用。他強迫所有人離開，並且逮捕一家之主，立刻處決。夏畢羅被送到拉脫維亞的警察總部，那裡有大約一百間擠滿猶太囚犯的小囚室。有幾次，夏畢羅看見柯克士和他的手下把數百名猶太人趕上卡車；夏畢羅和其他人的工作是把鐵鏟和鐵鍬放到卡車上。卡車幾個鐘頭後會空車回來。「鐵鏟變得髒兮兮的，上頭不只有塵土，還有血跡。」他作證說。

後來德國人圍捕大約一萬名猶太人，帶到森林裡槍決。另一名生還者大衛．費慈金

（David Fiszkin）作證說，柯克士跟著猶太人走到森林裡，逼迫隊伍後段跟上，開槍打死跟不上的人。「有一個孩子哭個不停，柯克士把他從他母親懷裡抓走，開槍打死。」費慈金回憶道，「我還親眼看過他射殺十個孩童和嬰兒。」

因為柯克士戰前在拉脫維亞是響叮噹的人物，所以生還者輕而易舉就能認出他，不像其他許多案子，經常搞不清楚誰是哪個案子的凶手。他的部隊害死三萬名猶太人，他因此被稱為「里加絞刑手」。不過戰後，他逃離歐洲，在巴西聖保羅落腳，經營小船塢，同時繼續開自己的飛機。將近二十年來，他都逍遙自在過著舒適的生活。他自信滿滿認為已經拋開過去，因此從來沒有改名易姓。柯克士當然知道艾希曼的下場，但是相較之下，就像一名以色列作家後來所說的，他只是「低階的殘暴殺人凶手」，這使得他相信自己不會是任何一個納粹獵人的優先獵捕目標。[25]

一九六五年二月二十三日，柯克士來到烏拉圭的蒙特維多（Montevideo），要跟安東・坤左（Anton Kuenzle）會面；坤左是奧地利生意人，最近在聖保羅結識柯克士。坤左正在南美洲尋找新的投資機會，柯克士答應當合夥人。他們打算在蒙特維多設立臨時辦事處，坤左要帶柯克士去參觀能作為辦事處的那棟屋子。[26]

坤左領路進入屋子，柯克士緊跟在他後頭。柯克士一走到微暗的地方，坤左就猛力關上他們身後的門。就在那一刻，那名拉脫維亞人看見幾名只穿著內褲的男子撲向自己，立刻明白發生什麼事。雖然他快要六十五歲了，「但卻像一頭受傷的野獸一樣奮力搏鬥」，坤左回憶道，「害怕死亡的恐懼給他帶來驚人的力量」。但是後來一名攻擊者用榔頭打他的頭，血濺得到處都是；另一名攻擊者用槍抵著他的頭，開了兩槍，結果了他的性命。

其實，「坤左」本名叫葉可夫．梅德（Yaakov Meidad），專精偽裝，是摩薩德的特務，五年前曾經參與綁架艾希曼；他經常改變外貌，在布宜諾斯艾利斯租了安全藏身處和車子，買了必要的物資。這一回，梅德喬裝成奧地利商人，討好柯克士，引誘他落入安排好的圈套。其他的摩薩德特務只穿內褲，是為了避免逃跑時衣服沾染鮮血，結果證明這項預防措施果然睿智。

以色列人把柯克士龐大的屍體搬進一輛車的後車廂；他們開那輛車來，正是要用來放置屍體的。關上後車廂之前，他們把一張寫著英文字的紙條放在他的胸口上：

判決書

赫伯．柯克士被控犯下十惡不赦的罪行，顯然他確實親手害死了三萬名男女老少，加之赫伯．柯克士犯罪手法極度凶殘，我們判處被告柯克士死刑。

他在一九六五年二月二十三日伏法。

由「永世不忘之人」負責行刑

梅德和隊友離開烏拉圭後，等著看新聞報導柯克士的屍體被發現，但是過了幾天卻仍舊沒有消息，於是他們向西德的新聞通訊社透露消息，甚至提供謀殺案發生的地址。全球的報紙報導這則新聞時，有提到犯案的神祕團體自稱「永世不忘之人」。《紐約時報》指出：「柯克士的謀殺案和艾希曼的綁架案一樣，都是祕密謀劃的行動。」27

但是多數新聞社都只報導一天，沒有繼續追蹤報導。畢竟在拉脫維亞之外，柯克士不像艾希曼一樣幾乎家喻戶曉；當然，也沒有人舉行審判，讓他和他的罪行更加廣為人知。即便在今日的以色列，仍舊有許多人不曉得摩薩德的這次行動。這是官方唯一一次決定採取行動，暗殺猶太大屠殺的凶手。

那為什麼選擇柯克士作為暗殺目標呢？他的罪行確實是罪大惡極，但是當時還有無數跟他一樣十惡不赦的殺人凶手仍舊安穩度日啊。一九九七年，梅德終於出版一本用希伯來文寫的書，詳細描述暗殺柯克士的任務；英文版在二〇〇四年才問世，書名為《處決里加絞刑手：唯一被摩薩德處死的納粹戰犯》（*The Execution of the Hangman of Riga: The Only Execution of a Nazi War Criminal by the Mossad*）。不過他仍舊小心謹慎，用安東・坤左這個筆名寫作。多數讀者到二〇一二年六月三十日他去世後，讀到他的訃聞才知道他的本名。28

在書中，梅德細述跟一位摩薩德高層長官的最初談話，這位長官交付任務給他，但書中只提到此人姓姚夫（Yoav）。姚夫說，以色列政府擔心西德的法定追溯期可能會讓這類罪犯澈底逃脫制裁，因為是否增修法規的爭論仍舊沒有明確的結果。姚夫也提到四年前艾希曼被綁架與審判，「使全球民眾意識到納粹的恐怖罪行，但是那股強大的影響力似乎……逐漸變弱」29

姚夫強調，以色列人有義務「阻止這股全面的趨勢」。暗殺柯克士的任務如果成功，他補充說：「就會讓數萬納粹戰犯心生害怕死亡的恐懼……只要他們活在世上一天，就不能讓他們有一刻安寧！」儘管他坦承以色列沒辦法追捕許多這類罪犯，但是柯克士能作為低階殺人犯的借鏡。

那些解釋聽起來合理，但卻不一定是完整的。拉斐．艾坦領導特務小組成功綁架艾希曼，但是沒有參與暗殺柯克士的行動，二〇一三年他跟我見面時指出：「要殺人，從遠處開槍殺掉比較容易，不需要搞出一個行動。」摩薩德決定派特務近身殺掉柯克士，好讓他死得明明白白，令人不禁猜測這涉及「私心」，艾坦補充說。他說這句話是指有高層人士要對柯克士報私仇。30

柯克士被殺後，梅德才得知暗殺小組的一名成員有許多家人在里加。「他們全被柯克士和他的手下殺害。」梅德記述道。31但是一名低層組員不可能影響暗殺里加絞刑手的最初決定。上級為何決定採取這項行動，相關問題懸而未解，始終無法獲得完整的解答。

然而，最近重新掀起一場風波。二〇一四年，拉脫維亞觀眾受邀觀賞一齣關於柯克士的音樂劇，雖然結尾時有一幕，他被大喊「凶手」的群眾包圍，但是這部作品的焦點其實是歌頌他在戰前是知名的飛行員。因為柯克士從來沒有接受過審判，所以製作人朱里士・米勒司（Juris Millers）認為：「如果我們從司法系統的觀點來看他，他仍舊是無罪的。有些人作證指控他是殺人凶手，但是也有人說他是英雄啊。」32

拉脫維亞猶太人事務協調會（Latvian Council for Jews）、以色列、俄國等組織與國家，立刻譴責這齣戲劇是在幫一名大屠殺凶手粉飾罪行。「絕對不能容忍有人試圖把令人髮指的罪犯變成文化英雄。」以色列外交部發言人聲明。拉脫維亞政府之前曾經拒絕柯克士的家人請求，不肯幫他洗刷罪名，現在無疑對這齣戲劇也很不滿意。外交部長艾爵斯・林凱維區（Edgars Rinkēvičs）指出，政府承諾保障言論自由，因此不能禁止戲劇演出，但是：「當個阿拉斯突擊隊的成員，沒什麼值得歌頌的。就讓那些觀賞表演的人自己去評價這部作品，然而，政府的立場是認為這部作品並不得體。」33

不過這齣戲獲得許多拉脫維亞人熱烈讚賞，他們選擇忽視柯克士的殺人記錄，只想記得他是一九三〇年代受歡迎的飛行員。就這一點而言，指示梅德執行任務的那位摩薩德官員姚夫說得對：「大家對猶太大屠殺的記憶經常很短暫，而且會選擇性遺忘，造成負面影響。」

戰。

納粹獵人時時刻刻謹記這一點。對於那些拒絕放棄的人而言，這反而刺激他們繼續奮

第十二章 「模範公民」

「對警方和新聞界而言，他只不過是個討人厭又無聊的老頭子，擁有一個裝滿鬼魂的檔案櫃；殺了他，反而會讓他成為被忽視的英雄，他那些還活著的敵人，還是會被追捕。」在艾拉・萊文（Ira Levin）的暢銷小說《納粹大謀殺》中，約瑟夫・門格勒醫生談到以西蒙・維森塔爾為原型杜撰的那個角色時，說了這段話。[1]

在諸多關於納粹獵人的傳說中，最偏離事實的莫過於把維森塔爾描寫成復仇者，渴望跟獵物正面遭遇，必要時，還會親自到南美洲與世隔絕的藏身處，追捕納粹逃犯。在一九七八年的電影《納粹大謀殺》（*The Boys from Brazil*）中，勞倫斯・奧立佛（Laurence Olivier）飾演以維森塔爾為原型塑造出來的角色，在美國賓州蘭開斯特的一處農場遭遇葛雷哥萊・畢克（Gregory Peck）飾演的門格勒，兩人展開一場生死搏鬥，最後飾演納粹獵人伊澤・李伯曼（Ezra Lieberman）的奧立佛開門放狗（那可是出了名會吠叫的杜賓犬）、制伏門格勒時，維森塔爾的形象就廣為流傳，但完全失真了：從那時起，他就被視為既像神探可倫坡，又像詹姆斯龐德。

維森塔爾對那些誤解必須負起一些責任。一九六一年他出版《我追捕過艾希曼》這本書；當時摩薩德頭頭埃瑟・哈雷爾不僅沒辦法邀綁架艾希曼的功勞，也沒辦法解釋哪些線索才是讓綁架行動成功的關鍵。儘管維森塔爾說，擄獲艾希曼是眾人合作的成果，他只不過貢獻棉薄之力，是其中一片「馬賽克拼塊」，但是他卻也樂見自己聲名鵲起。這促使他從一九五四年林茲檔案中心關閉後東山再起，一九六一年十月一日，在維也納猶太社區協助下，他在當地創辦新的檔案中心。[2]

維森塔爾重新恢復幹勁，而且繼續展現自我宣傳的神奇本領，偶爾會跟演藝界合作，後者把納粹逃犯與納粹獵人的故事變成流行文化產品。費德里克・福希斯請他幫忙提供《奧德薩密件》的背景資料；福希斯的這本暢銷小在一九七二年出版，兩年後翻拍成熱門電影。福希斯告訴他，說自己的創作靈感來自他的一九六七年回憶錄《凶手就在你身邊》裡的其中一章。[3] 維森塔爾欣然答應幫忙，甚至說服福希斯用真人來當小說裡的反派人物：愛德華・羅施曼（Eduard Roschmann），奧地利人，以前是里加猶太區的指揮官。羅施曼跟拉脫維亞的赫伯・柯克士一樣，因為殘暴而臭名昭著。

戰後，羅施曼逃到阿根廷，但是書和電影問世後，要求逮捕與引渡他的壓力逐漸增加。「片商把羅施曼拍成被追捕的人。」維森塔爾稱心快意地記述道。那位前納粹黨員一九七七年逃到巴拉圭，抵達巴拉圭兩個星期後，就死於心臟病發作。電影裡的結局比較具有宣洩效果：他被逮捕後遭到處決。

維森塔爾說，電影公司給他機會在電影中飾演自己，還願意支付優渥的片酬：「但是我不想跟演藝界扯上那麼深的關係。」然而，演藝界對他卻是愛不釋手。維森塔爾對於別人如何描繪他，心裡總是覺得既矛盾又有趣，最近有一齣戲劇表演幾乎呈現出了他的真實感受。湯姆・杜根（Tom Dugan）不僅撰寫二〇一四年外百老匯戲劇《維森塔爾》的劇本，同時自己擔綱演出這齣獨角戲。在廣告中，這位納粹獵人被稱為「猶太詹姆斯龐德」；但是杜根實際飾演的維森塔爾卻嘲諷駁斥這類想法。「我的武器是固執、宣傳與文書工作。」他這樣告訴觀眾；而且事實的確是這樣。

雖然維森塔爾懂得善用自己的形象，又能嘲笑自己的形象，但是身為首要的民間納粹獵人，他卻是非常認真在捍衛聲譽，對於亟欲質疑他事蹟的人，他經常不予理會，或最起碼會保持距離。屠維亞・費曼戰後在維也納設立第一間檔案中心，但是一九五二年時搬到以色列。維森塔爾使他相形失色，他顯然很惱怒，尤其是在艾希曼被綁架後的那段時間。「你是了不起的納粹獵人，我是不起眼的小人物。」費曼寫信告訴維森塔爾。維森塔爾的傳記作者湯姆・賽吉夫表示，維森塔爾認為費曼比自己「略遜一籌」，因為他犯了要命的錯誤，搬到以色列，而他在當地的活動越來越難引起世人矚目。4

維森塔爾要留在維也納的決心堅定不移。一九八二年七月十一日，有個團體在他住的那棟建築的入口放置炸彈，那個團體裡有一名逃獄的前德國納粹黨員；即便如此，他仍舊堅決留在維也納。5 炸彈裝置爆炸後，不僅炸毀他住的那棟建築，把隔壁那棟屋子的窗戶玻璃也震碎了，所幸沒有人受傷。維也納當局派一名守衛到他的辦公室和住宅保護他，雖然如此，但是只要有人提到，這件事和他收到的恐嚇信或許是搬到以色列的絕對好理由，他仍舊斷然駁斥。「不行，既然我還在追捕短吻鱷，就得住在沼澤裡。」他告訴一名美國律師，露出招牌的苦笑。6

施爾季・克拉斯費德是其中一名欽佩維森塔爾的年輕納粹獵人，一九六七年八月他專程到維也納拜訪維森塔爾，那是兩人第一次碰面。這名法國人當時三十一歲，令他驚訝的是，對於曾經是納粹宣傳人員的齊辛格當時擔任德國總理，維森塔爾竟然「漠然不動」。維森塔爾後來表示不喜歡碧特・克拉斯費德賞德國總理那一下出了名的耳光，以及克拉斯費德夫婦的其他戲劇化抗議手段。「對於應該如何對付德國人，我們不僅所見不同，手段也不同。」施爾季結論道，「西蒙・維森塔爾跟德國領袖們維持良好的關係，我們則老是去蹲牢房。」7

施爾季從以前到現在都認為，維森塔爾應該受到熱烈讚揚，因為一九五〇年代與一九六〇年代初期，許多納粹黨員被縱放，甚至完全沒被追捕，但是他卻奮戰不懈，全力設法將納粹繩之以法。不過施爾季和碧特很快就發現跟他道不同，不相為謀。尤其是碧特，她持續採用正面衝突的手段，前往拉丁美洲，要求把納粹抓去接受審判，並且抗議那裡右翼政權的種種作為。但是維森塔爾不僅強烈譴責他們的衝突手段，也不認同他們的左派政治意識形態。

維森塔爾的個人作風與政治意識形態都相當保守，而且堅決反對共產黨，譴責波蘭共產黨政權「數百年來手法都一模一樣，利用反猶太意識形態，目的是在轉移民眾的注意力，避免民眾注意到政府本身的無能與罪行」。[8]他經常譴責波蘭共產黨和克里姆林宮惡意散播不實資訊中傷他，包括偽造文件指控他犯過各種罪行，從勾結納粹，到跟以色列人與美國中央情報局合作，無所不包。相較之下，碧特經常獲得東德的政府與新聞社盛讚，引以為傲，並且幫一份支持共產黨的西德週刊撰寫文章；不過她也會抗議共產黨政權利用反猶太意識形態進行政治宣傳。[9]

這些分歧會導致納粹獵人們日後關係漸趨緊張。

打從一開始，維森塔爾就認為自己的任務，不僅是要幫他那一代的數百萬受害人伸張一些正義，也要教育下一代。這兩個目標密不可分，達成目標的方法亦然。戰後有人試圖淡化第三帝國的恐怖罪行，甚至想全盤否認，因此，唯有揭發前納粹黨員，最好是能逮捕與審判他們，才能提出證據加以反駁。有些罪行太過廣泛與抽象，唯有找出當事人親口證實，才能發揮影響力，有時候單純揭發這類行為，維森塔爾就覺得算是成功了，哪怕沒有促成任何法律結果。

最戲劇化的例子就是他去搜尋逮捕安妮．法蘭克的那名蓋世太保。一九五八年十月，當時維森塔爾還住在林茲，國家劇院（Landestheater）上演《安妮的日記》（*The Diary of Anne Frank*）。有一天晚上，一位朋友打電話叫他立刻到劇院，親眼看看劇場裡有人正公然煽動反猶太意識形態。維森塔爾抵達劇院時，戲劇剛結束，友人告訴他，剛剛有幾名十幾歲少年鬧事，大聲咆哮「叛徒！馬屁精！騙子！」他們還在劇院裡扔傳單，說那個有名的日記作者根本就不存在：「整個故事都是猶太人捏造的，不就是為了多詐取一些賠償金嘛。千萬別相信那本書的內容，那些全都捏造出來的。」10

這一切，就維森塔爾看來，是整個大陰謀裡的其中一招。前納粹黨員和他們的支持者想詆毀這本極受歡迎的書，因為作者寫出了個人對猶太大屠殺的親身經歷，他們認為這樣的描述會對他們造成極大的危險。他們試圖「毒害年輕世代的思想」，他結論道。兩天後，他和一位友人坐在一家咖啡館討論那件事，幾名高中男孩坐在隔壁桌。維森塔爾的朋友問其中一名男孩對整個爭議有什麼看法，那名男孩附和安妮・法蘭克其實不存在的說法。

「那日記打哪來的？」維森塔爾問。男孩回答說日記可能是偽造的，而且日記裡也沒有提出證據，證明那個姓法蘭克的女孩確實存在。安妮的父親奧圖・法蘭克（Otto Frank）是家裡唯一生還的人，曾經作證敘述蓋世太保如何逮捕他們，害他們被送到奧斯威辛。但是男孩得知這些事實後，也沒有改變想法。後來，安妮和姊姊瑪格又被送到伯根—貝爾森，姊妹倆都在戰爭即將結束時死在那裡；安妮當時只有十五歲。

最後，維森塔爾問說，如果他聽到逮捕安妮的那名蓋世太保說出真相，他願不願意相信。「好呀，如果他親口承認，我就相信。」男孩答道，顯然確信這是絕對不可能的事。

維森塔爾把男孩說的話當成挑戰。數年來，他毫無斬獲，除了那個少女的日記附錄有提到，法蘭克家的人被逮捕後，奧圖・法蘭克的公司的一名前員工曾經到蓋世太保總部，希望能幫他們。那個人記得自己跟逮捕法蘭克家一家人的那名蓋世太保談過話，那名蓋世太保是來自維也納的黨衛軍，他的姓氏好像是以「西佛」（Silver）開頭。維森塔爾認為那是德文的「西伯」（Silber），於是在維也納的電話簿中找到幾個姓「西伯納格」（Silbernagel）的前黨衛軍，但是結果他們都不是那名蓋世太保。

一九六三年他拜訪阿姆斯特丹時，好運降臨。一名荷蘭警察給他一本一九四三年荷蘭蓋世太保電話簿的影本，裡頭列著三百個姓名。在回維也納的飛機上，他在「IVB4，猶太人」這個標題的名單中，找到「西伯鮑爾」（Silberbauer）這個姓氏。維森塔爾知道那個部門裡的多數人員都是警察，於是聯絡一名內政部官員，那名官員說他們會調查這件事。結果他們確實有調查，但是試圖隱瞞真相；他們發現卡爾．西伯鮑爾（Karl Silberbauer），也就是坦承逮捕安妮．法蘭克的那名警察，仍在維也納警局任職。他們把他停職，但是西伯鮑爾向一名同事抱怨自己「因為逮捕安妮．法蘭克惹上了一些麻煩」後，奧地利共產黨黨報《人民之聲報》（*Volksstimme*）便得知此事，莫斯科電臺也大力宣傳此事。

維森塔爾沒有成功讓任何人起訴西伯鮑爾，但是其他新聞記者得知這件事後，他的努力便獲得了回報。一名荷蘭記者獲得維森塔爾透露的消息後，前去維也納訪問西伯鮑爾。「為什麼都過了這些年，還來找我碴兒？」前黨衛軍軍官抱怨道，「我只不過是執行勤務啊。」被問到是否會對做過的事感到歉疚，他回答說：「我當然會感到歉疚。有時候我覺得羞愧死了。」為什麼？因為他被警方停職，失去免費搭有軌電車的特權，得跟一般人一樣買票。

記者問他是否讀過安妮的日記。「我上星期買了那本小書，想看看裡頭有沒有寫到我。」西伯鮑爾說，「結果發現沒有。」他似乎沒有想到，他逮捕作者，表示作者再也沒機會寫日記了。

西伯鮑爾會出名，單純因為抓到名人，他只是無足輕重的第三帝國官員。他跟把比較沒有名氣的人送上死路的許多人一樣，從來沒有為自己的行為真正付出任何代價。維森塔爾本來不只要公開揭發他而已，無奈當局沒興趣起訴他。

然而，維森塔爾有充分的理由認為事實證明他是對的。從那時起的數十年來，安妮・法蘭克的日記一直都是極具影響力的猶太大屠殺私人證詞，不斷教育新一代的學童。詆毀那本書的陰謀失敗了，當一個前黨衛軍軍官認為自己做的事沒有錯時，他親口說出的證詞，就算是最狂熱的納粹支持者也沒辦法反駁。

維森塔爾在後來的回憶錄《是伸張正義，不是報仇雪恨》記述，一九六四年一月的某天，在特拉維夫的皇家咖啡館，他坐在露臺時，被尋人廣播叫去聽電話。回來後，他發現餐桌被三個女人占據，於是打算拿走他留在桌上的雜誌，找其他位置坐，結果其中一名女子起身用波蘭語道歉說占了他的桌子。「其實我們是聽到擴音器廣播你的名字，想過來跟你談談。」她說，「我們三個人都待過邁丹尼克，所以我們認為應該問問你。你肯定知道『寇碧華』（Kobyla）發生什麼事。」11

「寇碧華」是波蘭文，意思是母馬，但是維森塔爾聽不懂她在說誰或什麼。

「抱歉，我們總是以為人人都知道母馬是指誰。」她補充說。那名女子解釋母馬是一名奧地利守衛的綽號，囚犯特別怕她，因為她習慣殘暴地踢踹女囚犯，而且會恣意用隨身攜帶的鞭子鞭打剛被送到集中營的囚犯。她的本名叫賀敏・布隆史坦納（Hermine Braunsteiner）。

那名女子跟維森塔爾說著說著越來越激動，講述起一件往事。「我永遠忘不了那個孩子，那個孩子……只是個小孩，唉。」她開始說。有一次，一名囚犯背著背包走過，布隆史坦納用鞭子抽打背包，躲在背包裡的一個孩子號啕大哭起來。布隆史坦納命令男子打開背包，孩子跳出來後馬上逃跑。「但是母馬跑去追孩子，用力抓得孩子號啕大哭，接著開了一槍打穿……」女子的話音消失，變成啜泣。

她的同伴趕緊接著講其他的恐怖故事。有一次，囚犯剛被送到集中營，卡車已經抵達，準備把囚犯載到毒氣室，母親們緊緊抓住年幼的孩子。布隆史坦納硬生生將母子拉開，她跟另外兩名一樣凶殘的女守衛特別喜歡恐嚇年輕女孩。「她喜歡用鞭子鞭打女孩的臉，最喜歡打眼睛。」其中一名女子回憶道。光是把這些女孩送到毒氣室還不夠，布隆史坦納和她的守衛同事打算先折磨她們一番。

一九四四年七月紅軍抵達波蘭的盧布林市（Lublin），解放邁丹尼克，十一月下旬，被逮捕的黨衛軍守衛和集中營工作人員遭到審判，最後有八十個人被定罪。在特拉維夫跟那三名女子談過後，維森塔爾調查布隆史坦納是否在其中，結果沒有。但是維森塔爾查到一九四八年她曾經在奧地利南部的卡林西亞邦（Carinthia）遭到逮捕，接著在維也納接受審判。那場審判的重點是，她在另一座集中營拉文斯布呂克擔任守衛時，殘忍虐待囚犯，包括踢踹和鞭打女囚犯；她在邁丹尼克任職的事只有簡短提到。「她只被判處三年徒刑。」維森塔爾記述道。

這表示布隆史坦納出獄超過十年了，因此，維森塔爾決定看看能不能找到她。她的最後公開登記居住資訊是一九四六年住過維也納，因此維森塔爾決定去調查以前的鄰居是否知道她現在的下落。維森塔爾向第一位拜訪的鄰居解釋他來找誰時，鄰居就當著他的面猛力關上門。不過另一位鄰居，一名老婦人，認識布隆史坦納家一家人，立刻主動說，無法相信賀敏・布隆史坦納被指控犯下的罪行。她說記得賀敏・布隆史坦納年輕時，星期日總是「打扮得漂漂亮亮」，走路到教堂。老婦人不曉得賀敏・布隆史坦納出獄後去了哪裡，但是知道她在卡林西亞邦的幾個親戚的姓名與住址。

維森塔爾知道布隆史坦納的親戚不可能會信任他，於是找最近到他的辦公室表示自願提供協助的一名奧地利年輕人幫忙。維森塔爾喚作理查的這名年輕人坦然承認自己來自反猶太人的家庭，父親幫第三帝國打仗，一九四四年戰死沙場。但是理查確信父親不會認同大屠殺。艾希曼的審判讓更多人瞭解猶太大屠殺後，幾名這樣的年輕人主動表示願意協助維森塔爾，這絕非偶然。「理查那種人給了我這種人信心，讓我確信生還下來以及留在奧地利是有使命的。」維森塔爾記述道。12

理查前往卡林西亞邦，遵照維森塔爾的計劃行事，順利取信於布隆史坦納的親戚。他告訴他們，說他有個叔叔遭到不公平的審判，被判處五年徒刑。親戚們聽到後，說布隆史坦納的遭遇也類似。他很快就問到，「母馬」出獄後，嫁給一個美國人，搬到哈利法克斯（Halifax）。維森塔爾從那座加拿大城市的一名奧斯威辛生還者那裡得知，布隆史坦納和她的丈夫萊恩先生，最近又搬家了，這次搬到紐約皇后區的馬斯佩斯（Maspeth）。13

維森塔爾知道，美國一直到當時都沒審判或引渡過任何定居美國的納粹黨員，因此，他安心假定布隆史坦納還在美國，或者至少還能繼續追蹤。當時，他決定把知道的事情都告訴克來德·方思華（Clyde A. Farnsworth）；方思華是《紐約時報》的特派記者，最近在寫他的略傳報導，標題為〈擁有六百萬委託人的偵探〉（*The Sleuth with 6 Million Clients*）。方思華立刻把消息傳回紐約總社。

在時報廣場的編輯們指派約瑟夫·雷利維德（Joseph Lelyveld）負責報導這件事，他是初出茅廬的一般報導記者。他記得看到的電文裡只有寫，現在被稱為萊恩太太的賀敏·布隆史坦納住在馬斯佩斯的藍領社區，沒有寫確切的住址。但是維森塔爾聲稱自己有提供住址。不論如何，誠如雷利維德所言，他知道必須追查「知名維也納納粹獵人」給的情資，找出「一名惡名昭彰的死亡營守衛，同時也是被判過刑的戰犯」。

由於當時雷利維德不知道布隆史坦納的丈夫叫什麼名字，於是查看皇后區電話簿，把住在馬斯佩斯而且名叫萊恩的人全都寫下來。他原本以為得花老半天按門鈴，結果他問第一位萊恩太太知不知道有一名同姓氏的婦女，來自奧地利，這位萊恩太太立刻就知道他在找誰。萊恩太太告訴他，他要找的人應該是一名講話有德語口音的婦女，羅素・萊恩（Russell Ryan）的妻子。那對夫婦就住在附近，七十二街五十之十一號，她熱心補充說。

雷利維德敲門後，來開門的正是布隆史坦納。「萊恩太太，我想請教你在波蘭時的事情，也就是戰爭期間在邁丹尼克集中營的事。」記者告訴她。

「老天爺啊，我就知道你會找上門。」她回答道，啜泣了起來。「她彷彿早就料到我會去。」雷利維德回憶道。

雷利維德走進客廳，「客廳裡非常乾淨，德式風格的布置裝潢，有小桌墊、布穀鳥鐘和阿爾卑斯山的風景畫」。雷利維德坐在她對面，聽她「哭哭啼啼地說自己有多可憐」，堅稱自己是清白的。談話很簡短，但是卻製造了引人注目的新聞，標題是：〈前納粹集中營守衛現在在皇后區當家庭主婦〉。14

雷利維德把發現布隆史坦納歸功於維森塔爾，報導說她曾經在奧地利入監服刑，但是一九五九年來美國時，卻否認曾經被定罪。

在一九六四年七月十四日刊登的報導中，雷利維德生動描述兩人的短暫見面：她骨架很大，嘴形看似嚴肅，金髮漸漸灰白，穿著粉紅色與白色條紋的短褲，和相稱的無袖上衣。

「我只是做集中營守衛該做的事而已啊。」她用帶著明顯口音的英語說。「他們在廣播中老是強調和平與自由。」她說，「但是，為什麼都過了十五、六年，還是在擾民。」

「我被懲罰夠了。我在監獄待了三年。三年耶，你能想像嗎？他們現在又想要懲罰我？」

雷利維德後來打電話跟羅素．萊恩談。「先生，內人連蒼蠅都不敢打。」萊恩說，「在這個世界上，沒人比她更正直了。她告訴我，她只是克盡職責而已。」但是萊恩也向記者坦承，說妻子直到當時才向他坦承自己以前是集中營守衛，而且入監服過刑。

向丈夫隱瞞過去是一回事，但是向移民歸化局說謊是另外一回事。雷利維德在報導中寫說，一名移民歸化局的官員說會重新審查布隆史坦納的公民身分，但是「他表示這類重審案很少能順利撤消公民身分」。

七年後他們才能證明那位官員是錯的。經過漫長的法律戰後，一九七一年布隆史坦納被撤消公民身分。[15]波蘭和西德都試圖引渡她，所以她聲明願意回到西德，因為她擔心在波蘭受到的對待會嚴厲許多。她在一九七三年被送到西德，兩年後法院在杜塞道夫（Düsseldorf）開始審判邁丹尼克的人員時，她成了最有名的被告；訴訟拖到一九八一年才結束，最後她被判終身監禁。一九九六年，她因為健康出問題而獲釋出獄，被送到療養院；對她始終不離不棄的美國丈夫當時已經住在那裡。她死於一九九九年。

對雷利維德而言，他報導布隆史坦納的新聞只不過是單一事件，他完全沒有追蹤報導到底。他從馬斯佩斯回來的那一天，就得知「自由之夏運動」引發暴力衝突，他的父親亞瑟・雷利維德（Arthur Lelyveld）拉比在密西西比州遭到毆打。這位年輕記者旋即忙於報導爆發的種族暴動，接著夏天又被派到非洲。他後來成為優秀的記者、編輯與榮獲普立茲獎的作家。從一九九四年到二〇〇一年，他掌管《紐約時報》，擔任總編輯；這是這家青史留名的報社的最高編輯職位。

二〇一四年初在上西區，雷利維德坐在公寓附近的咖啡館內。我拐彎抹角地聊到，他當時立即前往馬斯佩斯，寫出布隆史坦納的新聞，可謂首開先河，引發大眾強烈的興趣，並且更加廣泛地關心在美國的納粹黨員。他聽到後似乎大吃一驚。難道他長久以來都不知道自己的那篇報導產生了廣大的影響力嗎？「我現在才知道。」他說。

艾里・羅森邦（Eli Rosenbaum）討厭「納粹獵人」這個詞，因為他認為小說和電影裡的通俗虛構情節，加上媒體報導與書籍裡誤導或扭曲的資訊，使這個詞充滿神話的味道。而且，就像多數神話，虛構情節通常會比其奠基的事實更加受到歡迎。但是，雖然被稱為美國頭號納粹獵人或許會令羅森邦無比尷尬，但是他確實當之無愧。他大半輩子都在美國搜捕納粹，想方設法要撤消納粹的公民身分，讓納粹被驅逐出境，或達成協議，讓納粹自願離境。當然，「自願」也不是最正確的說法，因為納粹總是在脅迫下離境。他和在司法部的其他人強烈施壓，逼得他們主動離境。

羅森邦的豐功偉業，促使路透社的老牌特派員亞倫・艾斯納（Alan Elsner）在二〇〇七年出版的懸疑小說《納粹獵人》（*The Nazi Hunter*）中，以他作為男主角的原型。主角的下列這段沉思，表達了羅森邦的真實想法。

> 至今我仍舊覺得納粹獵人這個詞很有趣！這個詞會讓人聯想到大膽無畏的冒險家，為了追捕冷血虐待受害人的蓋世太保，不惜追到南美洲的叢林，找出設有層層防範的藏身之處。但是其實根本完全不是那樣，事實上我的工作並沒有那麼吸引人，我是律師，不是冒險家，不是祕密特務，連私家偵探都不是。我總是穿深色西裝，打素淨的領帶，天天待在檔案室裡檢視微縮膠片以及開會，偶爾會上法庭。我對付的納粹根本不是危險的軍閥，通

常是頭髮灰白的七、八十歲小人物，偷偷摸摸、隱姓埋名住在克里夫蘭或底特律的郊區。16

當然，艾斯納筆下的馬克・肯恩（Mark Cain），也就是虛構版的羅森邦，展開出生入死的驚奇冒險，那些冒險都是根據納粹獵人的通俗形象虛構出來的；但是羅森邦本人認為那些都是胡扯。

羅森邦一九五五年出生，父母都是猶太人，一九三〇年代末期逃離德國，他在長島的魏斯伯里鎮長大。就讀國中時，他和同班同學有讀過《安妮的日記》，但是他當時完全沒有像長大後那樣關注猶太大屠殺。他知道在歐洲的許多家人沒有活下來，但是父母從來就不想談論這個話題。「從家人不談論，我就知道這個話題有多嚴肅，一定是說起來太痛苦了，所以沒辦法說。」他回憶道。17

不過羅森邦慢慢開始稍微瞭解為什麼父母不願討論的這個主題。大概十二歲時，他在黑白電視上看到彼得・魏斯的《調查》；這齣戲劇重新演出在法蘭克福舉行的奧斯威辛審判，先在百老匯上演，後來由美國國家廣播公司在電視上播映。「那時候是我第一次得知集中營裡發生過什麼事。」他記述道，「我很震驚，震驚極了。」有一段記憶特別深刻：一名波蘭天主教婦女作證描述有人在他的腿上進行古怪的醫學實驗。「我嚇得目瞪口呆。」他補充說。幾年後，他讀完維森塔爾的《凶手就在你身邊》，才明白有多少行凶者沒有受到懲罰，再次感到震驚。

在他十四歲左右，父親不小心透露一件事，讓他覺得這一切更加切身相關。父子倆從長島開車到紐約上州，父親要先到那裡跟人見面談生意，接著父子倆再去滑雪。父子倆在紐約州高速公路被暴風雪拖慢了速度，父親於是繼續自己最喜歡的娛樂：跟兒子閒聊戰爭期間的軍旅冒險。他一開始在北非服役，後來被調到歐洲第七軍團的心戰部門，那裡極度需要會講德語的人。他告訴艾里他們怎麼把一排排擴音器裝設到前線附近，勸誘德軍投降，向德軍保證會善待投降者。他也講述代表自己部隊參加拳擊比賽的事，還有一次他跟朋友們喝醉酒的事。不過當時他的指揮官似乎不覺得有趣，反而發怒了。

那次前往紐約上州，父親可能是把熟悉的故事都講完了，突然說了一件艾里以前從來沒聽過的事。「你知道嗎？達豪被解放的隔天，我有到達豪。」他說。當時艾里已經知道達豪是什麼地方。父親並不隸屬於解放達豪的那支部隊，他只是在附近，不過消息很快就傳開，說那裡發生了可怕的事情。上級命令他和另一名士兵去集中營查看，並且回來報告，於是他就前去查看。故事說到這裡，艾里不禁提出了一個明顯的問題，想知道答案：他父親到集中營後看到什麼？

當時雪下得很大。「當時遇到暴風雪，開起車來很可怕。」艾里回憶道，「我們兩人被困在道路上動彈不得，我等著父親回答，但是卻沒聽見任何回答。」他轉頭看向父親，發現父親雙眼盈滿淚水，嘴巴似乎想說話，但卻說不出話來。最後，沉默良久後，父親終於開始說其他事。「當時我就明白了。」艾里說，他的反應跟他之前面對父母避談這類話題時一樣，「從真相可怕到他講不出來，我就知道是什麼事了。」

從那時起，年幼的羅森邦就特別關注納粹的故事，而在一九七〇年代，納粹的故事越來越多。[18]《紐約時報》記者羅夫・布魯曼索（Ralph Blumenthal）追蹤布隆史坦納的案子，寫了許多文章，報導在美國的其他納粹罪犯。年輕作家豪爾・布倫（Howard Blum）寫了《通緝令：搜捕在美國的納粹》（*Wanted! The Search for Nazis in America*）；這本非小說類的著作立刻成為暢銷書，書中的男主角是安東尼・迪維多（Anthony DeVito）。他是二戰的退役軍人，跟羅森邦的父親一樣，在達豪獲得解放後，短暫參觀過達豪。跟德裔妻子回到美國後，迪維多在移民歸化局擔任調查員，移民歸化局派他去追查布隆史坦納的案子。從那時起，他就開始全力追查一份列出五十九名住在美國的納粹罪犯的名單，那份名單是世界猶太人大會的一名研究員給他的。

迪維多不斷跟上司對抗，最後在一九七四年從移民歸化局辭職，說移民歸化局的領導階層無所不用其極地阻礙他深入調查住在美國的納粹黨員。「他大聲疾呼著報仇雪恨，但卻孤立無援。」布倫寫道。[19]作者在書裡戲劇化地描寫道，這名鬥士全力揭穿納粹黨員的各種掩飾身分，有些納粹黨員甚至曾經在中央情報局和其他政府機關工作，內容激發了大眾的想像力，當然也激發了羅森邦的想像力，他當時正要前往哈佛法學院就讀。「我當時確實完全相信書中寫的。」羅森邦回憶道，「我全盤相信。」

後來，羅森邦認為布倫把情節誇大了，忽視了美國之前曾經設法禁止許多納粹黨員入境，也誇大了迪維多的功績。至於迪維多本人，羅森邦補充說，關於追捕納粹黨員的部分，迪維多相信，布倫筆下的自己，把事實和虛構的情節都搞混了。「他的人生變成一齣驚悚的戲劇。」羅森邦說，「他讀太多這種小說了。」然而，無疑布倫的書讓越來越多人察覺美國犯了嚴重錯誤，竟然讓那麼多納粹罪犯在美國找到避難處。

這樣認為的不只有布倫和迪維多。一九七三年伊麗莎白・霍茲曼（Elizabeth Holtzman）成為國會議員不久後，就有一名移民歸化局的中階官員來找這位布魯克林區的民主黨員，希望跟她私下見面。兩人的會面引發一連串事件，六年後，促成司法部設立特別調查辦公室（Office of Special Investigations）。霍茲曼解釋說，該單位的目的是要「有效打擊納粹」。[20] 特別調查辦公室雖然不能起訴納粹黨員在其他地方犯下的罪行，也不能將他們判處徒刑，但是能在他們入境美國時，揭穿他們瞞騙自己的過往，使他們失去公民身分並且被驅逐出境，最好的結果就是把他們遣送到能審判他們的國家。

霍茲曼最早讀到布隆史坦納案的報導時，認為那只是異常的個案。因此，那位移民歸化局官員前來她位於眾議院朗沃斯辦公大樓（Longworth House Office Building）的辦公室，告訴她移民局有五十三名納粹戰犯的名單，但卻沒有採取任何行動，她一開始不相信。「這聽起來不像真的。」她回憶道。美國在第二次世界大戰犧牲那麼多，她補充道：「我國政府沒道理容許納粹戰犯住在這裡啊。」

不過這次談話在霍茲曼的心裡留下一些疑慮，她後來讀到關於威樂里恩・崔法（Valerian Trifa）的一篇文章時，疑慮更是加深了。崔法以前是羅馬尼亞法西斯組織「鐵衛團」（Iron Guard）的成員，負責領導學生團體；他被指控一九四一年在布加勒斯特煽動一起猶太人屠殺事件。戰後，崔法定居美國，在北美羅馬尼亞正教會（North American Romanian Orthodox Church）一步步爬上最高位，最後擔任大主教與領導人。[21] 在羅馬尼亞出生的猶太牙醫查爾斯・奎默（Charles Kremer）從一九五〇年代就開始獨自奮戰，想讓他接受審判。崔法否認被指控的罪行，聲稱那是羅馬尼亞當局想要抹黑他，因為他積極採取行動對抗共產黨。

跟談論納粹戰犯的那名官員見面後，過了幾個月，移民歸化局局長，也就是前海軍陸戰隊司令李奧納・查曼（Leonard F. Chapman），在移民小組委員會接受質詢，霍茲曼終於有機會詢問局長。

「據說有戰犯住在美國，移民歸化局是否握有名單？」她問道。

「有。」查曼答道。

霍茲曼完全以為查曼會說「沒有」，而且，她後來回憶道：「我差點從座位上摔下來。」她問名單上有多少人，查曼一樣明確回答：「五十三人。」但是她平復情緒後，問移民歸化局對這份名單採取了什麼行動，查曼就「含糊其辭，言詞閃爍」，沒有提出答案。

那份名單跟迪維多之前取得的名單類似。問不出移民歸化局到底怎麼處理那份名單，她非常沮喪，於是要求看檔案。結果她又大吃一驚，局長竟然欣然答應。

檔案在曼哈頓。下個週末她回家時，被領進一間辦公室，裡頭有一疊擺得整整齊齊的檔案等她檢閱。她開始把檔案一份接著一份打開來看，看到了類似的記述：每個戰犯嫌疑人都被控犯下某些暴行，通常是殺害猶太人。不過還有一點也很清楚，移民歸化局的官員就算有採取後續行動，那也只是找出名單上的人，去拜訪他們，詢問健康狀況，如此而已。移民歸化局沒有調查嫌犯被指控的實際犯行，也沒有查閱任何文件證據或尋找可能目擊的證人。「移民歸化局什麼事都沒做。」她結論道，「根本就是怠忽職守。」

從那時起，霍茲曼就展開行動，要求設立一個特別單位，負責調查那些案子以及其他潛在的案子。她不知道有多少納粹戰犯定居美國，但是確信移民歸化局「頂多只會不情願地執法，最糟可能完全不執法」。她相信迪維多和移民歸化局的律師維多．蕭諾（Victor

Schiano）曾經試圖改變這種情況，但是終究失敗了；蕭諾曾經跟迪維多合作調查布隆史坦納的案子。就她看來，移民歸化局的官員裡，就只有他們兩人關心、認真追查納粹的案子，但是兩人當時都已經辭職了。

霍茲曼獲得移民小組委員會主席，也就是賓州民主黨員喬許華・艾伯格（Joshua Eilberg），和來自兩黨的其他同事協助，持續施壓。一九七七年，移民歸化局宣布成立「特殊訴訟部門」（Special Litigation Unit），負責處理納粹黨員的案子。檢察長葛芬・貝爾（Griffin Bell）指派跟霍茲曼一樣在布魯克林區長大的律師馬丁・曼德松（Martin Mendelsohn）來擔任主任，管理這個部門。「我對這方面的事務一竅不通。」貝爾告訴曼德松，「但是這位來自布魯克林區的女士卻硬要把我們逼瘋，她才高興。」22

曼德松知道自己的新部門面臨艱鉅的挑戰，必須設法證實幾十年前的記錄是真或假。「可以把這些案子裡的證據看成一幅拼圖的一塊塊小拼塊，因為放了好久，變形了，組不起來了。」他說。他間接暗示就算找得到生還的目擊證人，仍舊難以取得可靠的證詞：「就算記憶力好也沒用。」因為許多生還者無法指認施暴者。「我在集中營的時候，只能看他們的腳掌，不能看他們的臉。」一名生還者告訴他。

若要有機會完成任務，曼德松需要一流的團隊，但是他很快就斷定，移民歸化局裡的大部分調查員與律師，「都無法勝任，能力不足」。他甚至批評前調查員迪維多是「不折不扣的騙子」，澈底誇大自己的成就，深信自己「可以與西蒙．維森塔爾相提並論」。

結果特殊訴訟部門辦事毫無成效，不過霍茲曼還是想盡力彌補政府的怠忽職守，不打算讓這個部門拖慢她的工作。一九七八年，她促成國會通過一項她從一九七五年就開始游說的法案，這項法案因此被稱為「霍茲曼修正案」，移民歸化局於是有權力將參與納粹迫害惡行的人驅逐出境。「此舉證明了我的想法是對的，現在清楚表明我們譴責戰爭罪行的立場，還不會太晚。」當時她在新聞稿中聲明。23

一九七九年一月，她接任眾議院移民小組委員會的主席，更加努力達成行動的另一個目標：把處理這些案子的責任從移民歸化局轉移到遠比較有能力處理的司法部。曼德松對於在移民歸化局工作的經驗感到洩氣，因此全力支持這樣做。但是他們一開始便遭遇司法部頂層官員的抗拒，官員們表明不想蹚這渾水。

霍茲曼不給他們選擇的餘地。「你們如果不自願接下這項工作，我就立法強迫你們做。」她回憶道。同年，一九七九年，特別調查辦公室成立，隸屬於司法部的刑事司。這個辦公室取代了原本在移民歸化局的那個部門，目標遠遠更加宏大。特別調查辦公室一開始就有大約兩百萬美元的經費，能組成五十人的團隊，成員包括律師、調查員、歷史學者、研究員和支援人員。24

大約在相同時間，羅森邦在費城參加完一位朋友的婚禮，正開車要回哈佛法學院，中途停下來買汽水時，順便買了報紙，因此讀到報導司法部打算設立特別調查辦公室的短篇新聞。就讀法學院二年級的他，需要找一份暑期工作，於是立刻決定看看是否能到那裡應徵工作。「那是這世界上我最想做的工作。」他心想。

半夜左右回到位於劍橋的公寓後，他立即打電話到司法部詢問那個新辦公室的電話。隔天早上九點，他跟已經從移民歸化局被調來幫忙成立特別調查辦公室的曼德松聯絡上，曼德松只問他一個問題：他認識知名的哈佛法學院教授亞倫・德蕭維茲（Alan Dershowitz）嗎？羅森邦回答說上個學期修過德蕭維茲的課，曼德松於是打電話給德蕭維茲，德蕭維茲確認羅森邦是「好學生」後，單純因為這樣，曼德松就答應讓他當暑期實習人員。羅森邦順口談到現在應徵者都得接受繁複詳細的審查，說道：「現在絕對不會出現當時那種情況。」

曼德松不久後就離開特別調查辦公室，當起私人律師，追查跟納粹黨員有關的案子。羅森邦則展開旅程，踏出第一步；繞道幾次後，他最後取得特別調查辦公室的最高職位，成為任期最長的主任以及美國首要的納粹獵人。

逃到美國的納粹迫害暴行參與者大多不是來自德國或奧地利，而是來自希特勒的軍隊征服的國家，這絕非偶然。戰後歐洲陷入混亂，許多逃離原德國占領區的人或猶太大屠殺的生還者，最後落腳德國、奧地利與義大利的難民營。一九四八年，杜魯門總統簽署《難民法》（*Displaced Persons Act*），兩年內批准二十萬難民入境美國。但是當時反猶太意識形態仍舊極度風行，許多美國人擔心猶太難民湧入，因此立法之初便刻意偏袒其他類別的難民，包括「祖國被外國強權併吞」的難民（比方說祖國被蘇聯併吞的波羅的海國家難民），還有農耕工作者，甚至還包括德意志裔人，也就是逃離原德國占領區的德意志人民。25

法規隨著時間而改變，後來規定放寬，約莫八萬猶太難民獲准入境，到一九五二年《難民法》時效屆滿時，美國政府共批准將近四十萬猶太難民入境。雖然從波羅的海國家和烏克蘭來的難民被視為共產主義的受害者，但是其中卻也有許多人曾經勾結納粹；至於原本住在被希特勒征服的地區的德意志人民，勾結納粹的可能性又更高了。誠如從一九八〇年到一九八三年擔任特別調查辦公室主任的亞倫・萊恩（Allan Ryan）所言：「《難民法》把美國的網子撒到大家都知道充斥著鯊魚的水域，因此無可避免會捕到鯊魚。」26

萊恩補充說，不能影射大部分的新移民都有涉及納粹的罪行。但是他假設大約百分之二點五的人有罪，以此估算，「有將近一萬名納粹戰犯來到美國」。這只是估測出來的數字，羅森邦等人認為實際人數遠低於這個數字。但是由於美國並沒有嚴格審查新移民，罪犯很容易跟清白的人混在一起溜進來，當時，罪犯通常會盡量避免引人注目，這些人不是像好萊塢電影裡演的那種壞人，想要策劃新的納粹陰謀，誠如萊恩所言：「他們變成了模範公民和沉默的鄰居了。」

直到一九七三年，要求追捕更多罪犯的壓力才開始增強，在這之前，政府只有強烈要求將九名勾結納粹的人驅逐出境，而且在這九個案子中，大多沒有成功驅逐當事人。[27]政府三十多年來幾乎完全怠忽職守，特別調查辦公室在一九七九年成立時被賦予重任，負責彌補此重大缺失，目的是要讓大家知道，儘管這麼晚才開始行動，美國是認真想要驅逐藉由瞞騙個人歷史而取得入境資格的納粹罪犯。

羅森邦思索未來在這個新辦公室的實習工作時，滿腦子想著政府官員到底在耍哪些邪惡的陰謀；布倫在那本暢銷書中，根據迪維多離開移民歸化局時提出的指控，杜撰出許多這類的陰謀。羅森邦推測自己將能檢閱檔案：「這表示在這個即將到來的夏天，我將能搞清楚納粹掩飾身分的手法。」結果出乎所料，他是去做法律研究，跟新團隊的成員共事，處理複雜但卻令人著迷的案子。他認為同事們工作認真，而且腦袋聰明。「當然，我並沒有揭露任何重要的陰謀或掩飾手法。」他露齒而笑地說。夏天結束時，他定下比較實際的目標：明年從法學院畢業後要回到特別調查辦公室工作。他後來真的達成目標了。

這個新辦公室面臨巨大的阻礙，這種阻礙，曼德松當初試圖叫移民歸化局更加積極行動時就有強調過了。「在戰爭結束那麼多年後，『追捕納粹』雖然引人注目，但卻乏味困難。」二〇一〇年司法部特別調查辦公室的內部歷史報告指出。28 現在多了一層難關，那就是必須到被鐵幕籠罩的地區搜集證據。特別調查辦公室透過霍茲曼等人跟蘇聯官員建立聯絡管道，還能帶著法律學者與辯護律師，一起到蘇聯境內向證人搜集證詞。不過美國法官總是謹慎看待來自東方集團國家的證據，不論是證詞還是文件，尤其因為烏克蘭和波羅的海國家的移民提出指控，說許多遭到調查的人都是被共產黨抹黑所害。後來的美國總統候選人、專欄作家沛特．布坎南（Pat Buchanan），也譴責特別調查辦公室淪為幫克里姆林宮散布錯誤訊息的機關。

有幾個案子，特別調查辦公室相當快就取得結果，但是有時候結果會出人意表。一九八一年，特別調查辦公室找到阿爾貝特．德切爾（Albert Deutscher），這名六十一歲的鐵道工人一九五二年來到美國，是烏克蘭的德裔人，曾經加入準軍事組織，射殺搭火車抵達奧德薩的猶太人。特別調查辦公室提起訴訟的隔天，德切爾就在芝加哥跳到一輛貨運列車前自殺。29

但是大部分的法律戰都耗時數年，乃至於數十年，包括在特別調查辦公室設立前就開審的案件。羅馬尼亞的大主教威樂里恩．崔法被指控煽動一起猶太屠殺案，但卻始終聲稱自己是清白的。直到有人拿他穿鐵衛團制服的照片給他看，他才不得不承認曾經是那個法西斯組織的成員，但是仍舊堅稱沒做過錯事。後來特別調查辦公室接辦此案，崔法為了停止法律訴訟，在一九八〇年放棄公民身分，但是兩年後，政府仍舊繼續興訟，他只好答應被遣送出境。

不過他的故事還沒結束。特別調查辦公室最艱難的一項任務之一，就是找到國家願意接收這種戰犯，尤其因為接收戰犯後，可能還必須面對起訴戰犯的壓力。特別調查辦公室請以色列接收他，但是被拒絕。以色列的領導們不想要讓人以為他們準備舉行更多納粹審判；他們一直把艾希曼的案子當成例外的個案，而不是先例。一九八四年，葡萄牙終於准許崔法入境，他在那裡住得光明正大，繼續發表挑釁言論。「猶太人老是談論猶太大屠殺，總有一天會玩火自焚的。」他挑明了說。他在三年後去世。30

在哈佛法學院的最後一年，羅森邦在劍橋的一間二手書店翻閱猶太大屠殺分區的書籍時，碰巧發現一本描寫多拉集中營的書，他從來沒聽過這座集中營。作者是尚恩・米榭（Jean Michel），他曾經是法國反抗組織的戰士，在那座集中營裡當過囚犯，熬過了苦難。就連對那個時代的許多恐怖故事耳熟能詳的人，看到米榭描述那座集中營的情況，也會破膽寒心；德國科學家在那裡製造知名的V2火箭。

「飛彈奴隸工作個不停，受到殘暴的黨衛軍和囚監恐嚇，深怕性命不保。」米榭寫道。來自各個被占領國的囚犯必須用少得可憐的工具挖掘與建蓋地道，經常得徒手挖。

「囚犯在極度惡劣的條件下搬運石頭和機器，機器很重，那些瘦得只剩皮包骨的囚犯，氣力用盡，經常在搬運時被活活壓死。不僅如此，肺還會被氨氣灼傷，而且生活極度艱苦，食物卻完全不夠吃。」每天工作十八小時，甚至睡在地道裡，只有強壯的囚犯才活得下來，被送到多拉的六萬人中，米榭記述道，有三萬人死亡。31

羅森邦後來又找到一本名叫《火箭團隊》（*The Rocket Team*）的書，作者在書中研究並讚揚沃納．馮．布勞恩（Wernher von Braun）及其德國火箭科學家團隊的成就。許多團隊成員後來被帶到美國，在美國的飛彈研發與太空航行計劃中扮演關鍵角色。亞瑟．魯道夫（Arthur Rudolph）是其中一人，負責監督開發把第一批太空人送上月球的土星五號火箭。但是這本書的美國作者也指出，魯道夫在多拉負責製造飛彈，這表示他是「飛彈奴隸」的首腦之一。32

誠如羅森邦屢屢提到的，特別調查辦公室的案子經常是外國政府或媒體給的消息觸發的，但是這個案子，他畢業後一回到司法部，就迫不及待提出自己發現的內幕。馮．布勞恩一九七七年就去世，但是魯道夫還活著。回到特別調查辦公室的第一天，羅森邦就跟辦公室的副主任尼爾．薛爾（Neal Sher）見面，談起這件事。薛爾從來沒聽過魯道夫，但是立刻詢問魯道夫是不是迴紋針行動的一員；迴紋針行動就是戰後把德國科學家帶到美國的計劃。羅森邦說是，於是薛爾提醒羅森邦，其他迴紋針行動人員的調查案似乎都毫無進展，因為很難舉證科學家涉及具體的犯罪行為。他答應讓羅森邦展開調查，不過有附帶條件：「你不能花太多時間在這個案子上。」33

羅森邦坦承沒有理會這項告誡。在一名實習人員的協助下，他從國家檔案館（National Archives）找出文件，並且前往西德檢閱多拉—北豪森集中營的戰爭罪行審判記錄；這場審判是一九四七年美軍在達豪舉行一系列審判的其中一場。魯道夫並沒有被列為被告，但是一九四七年六月二日，他有接受尤金・史密斯（Eugene Smith）少校的審問，而羅森邦找到了能證明他有罪的文字記錄。魯道夫承認，自己有出席觀看黨衛軍處決「六到十二名」囚犯。黨衛軍用一輛搬運火箭組件的電動起重機，把被處決的囚犯緩緩吊死，其餘囚犯被迫觀刑。魯道夫解釋說，那樣做的目的是「要讓大家知道圖謀破壞工廠會受到什麼樣的刑罰」。34

根據這些證據，薛爾現在跟羅森邦一樣，確信應該對魯道夫採取行動。這位德國科學家當時在加州聖荷西過著舒適的退休生活，他在美國是備受敬重的科學家，對於自己的這項好名望自信滿滿，因此，一九八二年羅森邦、薛爾和特別調查辦公室主任萊恩前去見他時，他似乎有恃無恐。他單獨跟他們見面，沒有請律師陪同，熱切表示願意全力配合，並且解釋說他當時在多拉，是努力想讓囚犯生活好過一點，而不是更加難過。但是這番說詞實在令人難以信服，尤其因為特別調查辦公室的律師們手中握有他在集中營裡參與暴行與處決的證據。

雙方第二次見面時，魯道夫找來律師團，詢問是否有辦法不採取任何正式法律行動，就了結他的案子。最後雙方達成協議：魯道夫自願放棄美國公民身分，離開美國。由於這樣做並沒有涉及任何法律行動，因此他能繼續領美國的退休金。從特別調查辦公室的觀點來看，這算是勝利。「如果對簿公堂，會纏訟好幾年。」羅森邦指出，「基本上他是同意認輸，而我們是同意獲勝。」

對魯道夫而言，其實損失並不算慘重，即便他尖刻控訴美國人利用他的科學專長，卻忘恩負義。同樣地，羅森邦偵辦後來受僱於中央情報局的納粹黨員時，也沒必要跟當事人一樣氣憤，執著於雙方在冷戰初期有達成某種妥協。談到魯道夫，他說：「我不想對僱用魯道夫的決定放馬後砲。」但是羅森邦深信，根據不利於魯道夫的證據，美國應該早一點把他遣送回德國，應該在他對火箭計劃不再有幫助時就把他遣送出境。

這是羅森邦早年在特別調查辦公室辦過的最大案子，不過當時他不確定自己會在追捕納粹這一行待多久，也不確定司法部的這個單位會為了追捕納粹而存在多久。他的同事伊麗莎白・懷特（Elizabeth White）是歐洲近代史的專家，一九八三年受僱。「當時我聽說辦公室頂多只會維續三到五年，辦公室成立後的前二十五年，每位新僱員都會聽到這樣的說法。」她笑說。[35] 她本來以為要調查的納粹罪犯會越來越少，因為很多罪犯可能很快就會死掉，但是她卻在那裡工作了二十七年，大幅增加了警戒名單，嚇阻試圖入境美國的前納粹黨員。

羅森邦追捕納粹追捕得很積極，變得格外擅長突襲拜訪，查證潛在的調查對象。不過他也感到挫折。「我直覺知道許多人罪孽深重，不過就是沒辦法證明。」他說，「這項工作本來就會有這種問題。我們沒有足夠的人力查辦所有案子，所以老是得依照輕重緩急來分類。」

在特別調查辦公室待了三年後，他決定嘗試走比較傳統的路線，到曼哈頓的一家大型法律事務所任職。但是他很快就發現：「幫企業打官司對我而言沒有任何意義。」「因為，」他說，「我已經處理過對我而言具有重大意義的案子。」

一九八五年，羅森邦又開始處理那類案子，不過他還沒回到特別調查辦公室，而是在世界猶太人大會擔任法律總顧問。在那裡的兩年間，他不只揭露了曾經效力於第三帝國的人的過往祕密，也跟另一名納粹獵人陷入迅速升溫的衝突，這次交手使他槓上了他最初嚮往追捕戰犯時所崇拜的那個人：西蒙・維森塔爾。

第十三章 往返拉巴斯

「四十四名被送到集中營的孩童，不單只是統計數據，那是四十四場悲劇，事發四十多年後，仍舊令我們痛心。」——碧特・克拉斯費德與施爾季・克拉斯費德[1]

法國納粹獵人施爾季・克拉斯費德坦承，在里昂擔任蓋世太保頭頭的黨衛軍上尉克勞斯・巴比（Klaus Barbie）跟艾希曼、門格勒或奧斯威辛指揮官魯道夫・霍斯根本就是不同量級。「巴比不是納粹罪行董事會的董事，只是個中階管理員。」他記述道。儘管如此，他認為巴比的罪孽或重要性絕對不會因此就減小。「蓋世太保蹂躪我們的土地時，他就是蓋世太保的象徵人物。納粹的警方高層不會直接碰受害人；他們是透過巴比那類的人來施暴。讓生還的囚犯在心裡留下清晰記憶的是巴比本人，他是當地的執行人員，辦事格外積極狂熱。」[2]

德國占領法國期間，巴比害死了數千人，而且親自折磨過無數受害者，即便在邪惡暴行氾濫的世界裡，他仍舊一下子就聲名大噪，獲得「里昂屠夫」這個名符其實的綽號。他最有名的受害者是尚恩·穆蘭（Jean Moulin），法國反抗組織的領袖。巴比冷酷無情地毒打折磨他，逼他招供，但是遭到拷打的穆蘭從來沒有招供任何事，最後死在前往德國的列車上。

巴比不只設法要消滅反抗組織，還全力圍捕猶太人；他也因此獲得了特別的惡名。一九四四年四月六日，來自里昂的蓋世太保根據一名法國線民提供的線報採取行動，到伊齊厄（Izieu）這座小村莊，把一間給猶太孩童避難的學校團團包圍。有一名當地農場工人在附近工作，目睹了當時的景況。「德國人把孩童當成一袋袋的馬鈴薯，殘暴地抓上貨車。」他回憶道。驚恐的孩童開始向他呼救，不過他走向他們時，被一把步槍的槍托阻止了。一名男孩企圖跳下車逃跑，他只能無能為力地看著德國人「開始用步槍槍托殘忍毆打男孩，踹男孩的小腿」。[3]

巴比立刻發送一封簽了名的電報到位於巴黎的蓋世太保總部，報告已經逮捕孩童，並且關閉「猶太孩童在伊齊厄的避難所」。巴比的電文，克拉斯費德寫道，「已經成為歷史記錄，證明巴比迫害孩童，比對付反抗組織更加冷血無情，根本是喪心病狂」。四十四名年齡從三歲到十三歲的孩童，以及孩童的七名監護人，都立刻被送到奧斯威辛；只有其中一名成人生還。她有描述一名年紀很小的女孩被從她手中強硬拉走，跟其他人一起被送到毒氣室。4

對施爾季・克拉斯費德而言，那些孩童的命運不只是這場戰爭期間的另一齣悲劇，他強烈感同身受；畢竟，他跟姊姊在大概一樣的年齡時，曾經在類似的村子裡獲救。蓋世太保圍捕的幾個月前，伊齊厄的孩童妮娜・亞羅諾維茲（Nina Aronowicz）寫了一封信給在巴黎的姑姑，訴說自己和其他人在村子裡的避難所覺得好安全：

> 待在這裡好開心啊。這裡有漂亮的山，從高一點的地方，可以看見隆河流過，景色好美呀。昨天我們跟馬索老師到隆河裡游泳；星期日我們幫寶利特和其他兩個小朋友舉辦生日派對，表演很多搞笑短劇，真的好有趣呢。5

施爾季和妻子碧特初期就決定盡全力讓巴比為罪行付出代價，讓那些受害者不再不為人知。夫妻倆也決定，不僅要揭發里昂屠夫戰後曾經幫美國情報機關工作，還要揭露是美國人後來協助他從鼠徑逃到拉丁美洲的。這場追捕歷時二十年，但是最後夫妻倆澈底完成任務；結果，兩人也刺激美國政府空前大力檢討過去協助納粹戰犯的作為。6

在里昂舉行一場審判，戰後開庭兩次，第一次在一九四七年，第二次在一九五四年，沒出庭的巴比被判處死刑。[7] 一九六〇年，德國納粹主義受害人協會（Association of German Victims of Nazism）在慕尼黑促成調查行動，調查巴比在法國的罪行，但是巴比老早就消失無蹤了。一九五一年，他就離開祖國，跟家人定居玻利維亞，化名克勞斯・阿特曼（Klaus Altmann），「做生意」做得有聲有色，跟右翼政客和軍官交往密切。一九七一年夏天，碧特・克拉斯費德第一次耳聞，在慕尼黑的德國檢察官停止調查巴比的罪行，因此，「阿特曼」有充分的理由確信已經擺脫過往的惡行。他跟烏戈・班塞爾（Hugo Banzer）的關係格外密切，班塞爾這位軍事獨裁者統治玻利維亞幾乎整個一九七〇年代。

但是巴比沒料到克拉斯費德夫婦那麼憤恨與堅決。夫妻倆從最基本的步驟開始做起：全力搜集所有證據，一方面證明巴比在戰時犯下的罪行，一方面證明他在戰爭結束時曾經被美國人拘留。兩人很快就斷定他一定是在拘留結束後，就馬上幫美國人工作。碧特尤其拼命在報刊上刊登調查結果，並且動員以前的反抗組織戰士和其他人，跟她一起到慕尼黑向檢察官施壓，要求重新啟動調查。

施爾季找到了德國占領期間的里昂猶太社群領袖雷蒙・桂斯曼（Raymond Greissmann），桂斯曼作證說，巴比清清楚楚知道被他逮捕的人會有什麼下場。「被射殺或被送到集中營，最後的下場都一樣。」施爾季說桂斯曼當著他的面這樣說。[8] 尚恩・穆蘭的姊姊寫信表示支持克拉斯費德夫婦的行動。而在慕尼黑，碧特在猶太大屠殺生還者弗特妮・班奇奇（Fortunée Benguigui）的頭上舉著標牌，標牌上寫著：「我要絕食抗議，直到檢方重新啟動調查克勞斯・巴比，他殺害了我的孩子們。」班奇奇被送到奧斯威辛的隔年，她的三個男孩也從伊齊厄被送到那裡，永遠沒有回來。9

慕尼黑檢察官曼費德・陸道夫（Manfred Ludolph）不僅動了惻隱之心，重新啟動調查，還給了碧特的代表團兩張照片。一張是巴比在一九四三年拍的照片；另一張照片裡有一群商人，圍坐一張桌子，其中一人看起來很像克拉斯費德夫婦要找的那個人，只不過看起來比較老。陸道夫告訴他們，說那張照片是一九六八年在玻利維亞的首都拉巴斯拍的。「現在我只能說這麼多囉。」他補充說，「你們已經證明自己很有本事，能幫我查證這個人的身分嗎？」10

克拉斯費德夫婦散播照片後，就開始訪談相關人士並收集證詞，這些人認識巴比而且能指認在拉巴斯拍的第二張照片裡確實有巴比。一九四三年拍的那張照片刊登在法國與德國的報紙上後，馬上有一名住在利馬的德國人向慕尼黑的檢察官舉報，說他最近到秘魯首都時，有見過「克勞斯・阿特曼」。陸道夫把這名舉報人介紹給碧特，克拉斯費德夫婦很快就問到巴比在玻利維亞的住址。陸道夫和克拉斯費德夫婦也彙整出一份幾乎能證明阿特曼就是巴比的報告，當中指出，阿特曼的那幾個孩子跟巴比的孩子，出生日期一模一樣。

一如平常，碧特立刻直接採取行動。她先搭機到利馬，再轉機到拉巴斯，跟當地的新聞記者見面，講述關於巴比的真相。同時，她也譴責班塞爾政權庇護巴比。「我是要幫助玻利維亞人民瞭解，以前希特勒統治時發生的事，跟現在班塞爾統治時發生的事，有什麼關係。」她回憶道。11 果不其然，玻利維亞當局對她的幫忙並不領情，火速將她驅逐出境。她中途停留利馬時，兩名警察將她軟禁在一間辦公室裡，不讓她到城裡亂跑。「我們這樣做是要確保妳的安全。」其中一名警察告訴她，「妳現在很危險，可能會被利馬的納粹組織幹掉，因為他們很氣妳在南美洲展開行動，跟他們作對。」

一九七二年初，克拉斯費德夫婦的宣傳戰開始促使法國當局採取行動，龐畢度總統寫信給班塞爾，聲明法國人民不容許過去的罪行「因為被漠視而被遺忘」。12 碧特再次回到拉巴斯，這次帶著另一名來自伊齊厄的母親，她有兩個孩子死在奧斯威辛。由於這兩名女性引起了注目，玻利維亞當局不得不讓她們入境，但是警告她們不准公開發言。碧特一開始假裝配合，直到能開記者招待會，就暢所欲言。開完記者招待會後，這兩名女性繼續展開行動，到巴比任職的航運公司，把用鏈子把自己鎖在辦公室前的一張長椅上，她們拿的其中一張標牌上用西班牙文寫著：「我們代表數百萬遭到納粹迫害的受害者，要求引渡化名阿特曼的巴比！」

這次造訪拉巴斯一樣很快就結束，但是她們又贏得一次公共宣傳突襲戰。巴比不久後就放棄佯稱自己的本姓是阿特曼，媒體越來越熱烈報導他的事。不過克拉斯費德夫婦也明白，就算德國與法國當局都越來越支持，玻利維亞政權交出他的機率仍舊趨近於零。一名駐拉巴斯的外交部顧問告訴過碧特：「玻利維亞是不容許外人侵犯的避難處，政府絕對不會容許外人侵擾在這裡避難的人。」他也告訴碧特，玻利維亞法律規定，重大罪行的追溯期只有八年，這表示不論巴比在戰爭期間犯了什麼罪，都「無法追溯」。

巴比知道自己獲得班塞爾政權的庇護，大可不用理會克拉斯費德夫婦展開的追捕行動。跟許多納粹罪犯一樣，他也聲稱自己在戰爭期間只是克盡己職，沒什麼罪過好彌補的。「我已經忘了。」他說，「如果他們還沒忘，那是他們的事。」[13]

這樣的僵局讓克拉斯費德夫婦遭遇難題：應該繼續發動抗爭，希望僵局最後會改變，順利引渡他？抑或應該考慮採取更極端的行動？碧特在一九七二年出版法文版的回憶錄，一九七五年出版英文版的，在回憶錄中，她表示有人曾經問他們為什麼不乾脆直接殺了巴比。「說那種話的人，自己絕對不會那樣做。」她記述道，似乎是在駁斥不可能那樣做。她補充說：「殺掉巴比，什麼事都證明不了……那只是單純報仇雪恨而已。」碧特聲明自己跟施爾季堅決要讓巴比接受審判；在法庭拿出無可置辯的證據，證明他的罪行，這樣民眾也能再次見識納粹的罪行。[14]

當時碧特沒有提到，不過她跟施爾季後來有承認，倘若無法用合法的辦法抓到巴比，他們其實不排除使用暴力手段。「我們先嘗試綁架。」夫妻倆二〇一三年在巴黎接受我訪問時，施爾季這樣解釋。一九七二年十二月，他搭機到智利跟雷吉斯・德布雷（Régis Debray）見面。德布雷是法國的馬克斯主義分子，曾經加入古巴革命的阿根廷領袖切・格瓦拉，試圖推翻玻利維亞政權，結果失敗了：一九六七年，格瓦拉被殺，德布雷最後被判處三十年徒刑，被關在玻利維亞的監獄裡。面對要求釋放德布雷的巨大國際聲浪，玻利維亞當局最後在一九七〇年釋放他。[15]

他們原本計劃跟一些玻利維亞的反叛分子合作，偷溜入境去抓巴比。施爾季隨身帶了五千美元，買了一輛車子要執行計劃。根據施爾季的敘述，由於車子故障，導致行動失敗。不過就算車子沒故障，行動也可能會因為智利的局勢快速惡化而失敗；一九七三年，信奉馬克斯主義的總統薩爾瓦多・阿連德（Salvador Allende）在軍事政變中被推翻。

將近十年來，克拉斯費德夫婦雖然一直炒熱巴比的案子，但是卻沒什麼斬獲。他們同時也全力追查李師卡、海根和海因里希森；這三人以前也是黨衛軍軍官，曾經在被占領的法國任職。這三人比巴比容易對付多了，因為他們都還住在西德。一九八〇年，這三人因為參與大屠殺，把五萬名猶太人從法國送上死路，終於被判有罪，克拉斯費德夫婦真的有理由好好慶祝一番。

然而，他們仍舊不打算就此放過巴比，其實恰好相反。儘管碧特十年前在書中駁斥暗殺他的主意，但是到一九八〇年代，對於要採取這樣的行動，碧特跟施爾季都說支持。巴比在玻利維亞的守護者班塞爾一九七七年失去政權，不過一名新的軍事強人很快就接任，同樣提供他保護。一九八二年，一名住在法國的玻利維亞人去找克拉斯費德夫婦，告訴他們說他要回祖國，打算刺殺巴比。「我們告訴他我們贊成那樣做。」施爾季告訴我，並且解釋說，只有在獨裁政府保護納粹罪犯，沒有別的辦法時，採取這樣的行動才算情有可原。

不過打算執行暗殺的那個人到玻利維亞後，回報說軍事政權正在瓦解，克拉斯費德夫婦於是放棄暗殺計劃，繼續努力遊說法國政府設法把巴比抓回法國接受審判。這次他們有能大力相助的盟友。施爾季說，德布雷「當時不再是恐怖分子，而是法國總統密特朗的特別顧問」。

民政府在拉巴斯取代軍事統治者後，巴比一九八三年一月二十五日遭到逮捕，政府對外佯稱罪名是在商業交易中詐騙政府；玻利維亞的新政府無疑迫不及待想擺脫這個會引發問題的居民。正當西德人猶豫著是否要提出要求，將巴比引渡回祖國，克拉斯費德夫婦跟法國政府的努力就開花結果了，玻利維亞人派飛機把巴比送到法屬圭亞那，接著一架法國軍用噴射機再迅速把他載到法國。16

施爾季摩拳擦掌準備迎接巴比的審判，出版了《伊齊厄的孩子：人間慘劇》（*The*

Children of Izieu: A Human Tragedy）這本書，在書中一一簡介被送上死路的四十四個孩子，讓他們不再只是無名無姓的統計數字，幫那些無法說話的名字和臉龐提出強而有力的證詞。他和碧特一起寫序，強調要納粹接受司法審判的其中一個關鍵原因，是要記錄納粹的罪證。「舉行審判是為了伊齊厄的這些孩子；為了他們，我們不惜找出克勞斯．巴比，拆穿他的假面具。」[17]

巴比到一九八七年才接受審判，但是一直到最後都堅稱自己沒有罪。審判在里昂舉行，他曾經在那座城市擔任蓋世太保的頭頭，行使殺人害命的權力。他最後被判犯下違反人道罪，被判處無期徒刑，四年後，七十七歲的他死於里昂的監獄。

設法將巴比送交法律制裁期間，有個重要的問題懸而未解：據說美國情報機關戰後曾經僱用他，接著安排他逃到南美洲。在巴比回到法國時擔任司法部特別調查辦公室主任的亞倫．萊恩，承認對這個傳聞感到驚訝，看到巴比曾經幫美國情報機關工作的報告時，格外詫異。「實話實說，我完全不知情。」他說。[18]

但是面對國會與媒體提出的問題，萊恩決定查個水落石出。一九八三年二月十一日，巴比被送到法國還不到三個星期，萊恩就跟美軍反諜報隊（Army Counterintelligence）的隊長見面，隊長準備了關於巴比的檔案，厚達三吋，在時間最近的那份文件上，日期標示是一九五一年三月二十七日：那是兩名軍方情報特務寫的一份報告，那兩名特務把印上「阿特曼」這個假名的假證件交給巴比，護送他到熱那亞，讓他前往南美洲。「美國人勾結巴比的證據確鑿，就算我們不拼湊出真相，各大聯播公司、報社和每一位自封為納粹獵人的人，也會幫我們拼湊出來。」萊恩結論道。[19]

如果是在以前，華盛頓絕對會矢口否認，並且拿國家安全作為擋箭牌；不過現在特別調查辦公室知情了，而且政府正式承諾要追捕納粹，華盛頓實在很難對這麼嚴重的指控裝聾作啞。然而，檢察長威廉・法蘭奇・史密斯（William French Smith）起初仍舊打算置之不理。史密斯決定不展開正式調查，認為那沒必要，得知此事，萊恩驚愕不已，不過史密斯旋即突然又決定，宣布批准展開調查。司法部一直逃避關於巴比的問題，但是新聞界和國會議員卻也不斷要求司法部解釋為何沒採取任何行動，萊恩雖然只能啞巴吃黃蓮，但是心裡卻是怒火中燒。

最後，三月十四日，美國廣播公司的約翰・馬丁（John Martin）來電說正在準備當天晚上的新聞廣播報導，想確認是否有任何新進展。「這明顯暗示真相被掩蓋了。」萊恩回憶道。[20]於是他打電話請史密斯的新聞祕書通知史密斯這件事。史密斯半個鐘頭後就澈底改變決定，宣布批准展開調查。馬丁於是把這個消息列入報導中。

萊恩立刻在特別調查辦公室編成一個小組，全力挖掘內幕。巴比曾經幫美軍反諜報隊工作，而且受到該單位的保護，這一點已經確定無疑，但是仍舊無法確定，跟他打交道的美國軍官知道多少他戰爭期間在里昂的記錄，以及是否知道法國人已經開始追捕他。他是否幫過中央情報局工作，還有一九五一年他在玻利維亞找到庇護後，是否還有繼續幫美國人工作，這兩個問題也沒有明確的答案。

特別調查辦公室經過澈底調查後，提出詳盡的報告，行文雖然謹慎，保持公平客觀的語調，但是裡頭描繪的情報機關內部陰謀與詭計，仍舊媲美約翰·勒卡雷的間諜小說。反諜報隊總部一九四七年一月就已經發送訊息給地區辦公室，證實巴比以前確實是里昂的蓋世太保頭頭，而且在前黨衛軍軍官的網路中是「危險的陰謀分子」，不過在該地區的反諜報隊特務卻把焦點放在第一優先要務：在被占領的德國境內搜集疑似共產黨活動的情報。其中一名特務羅伯特·泰勒（Robert S. Taylor）從在法國的一名前德國情報特務取得情報，指出巴比可能對那些工作非常有幫助。21

泰勒和直屬上司沒有呈報總部，因為總部可能會下令逮捕他，反而擅自決定用巴比來當線人。根據泰勒的說法，他感覺巴比「想法和個性都很坦白，完全沒有膽子，但是也絲毫不害怕。他堅定反對共產黨，是納粹主義理想分子，認為自己的信念被掌權的納粹黨員引入歧途」。22不到兩個月後，泰勒和上司就對他的價值深具信心，於是公開呼籲總部，只要他願意幫反諜報隊辦事，就讓他保持自由之身。

一九四七年十月，一名來自總部的軍官下令逮捕巴比，要將他送交歐洲指揮情報中心（European Command Intelligence Center）進行「詳細的審問」。23不過巴比毫髮無損通過審問。他被認為具有特別的價值，因為他瞭解法國的情報機關，美國人認為有許多共產黨員滲透了法國情報機關。此外，更重要的原因或許是審問他的人認為，僱用他，對美軍而言比較安全，因為他知道「太多內幕了，反諜報隊的任務、特務、線民、資金等等，他都知情」。24

法國政府屢屢嘗試找出巴比，法國的駐華盛頓大使和其他高層官員都強烈要求美國國務院和美國駐德高級督察處（U.S. High Commission for Germany）提供協助，但是在這段期間，反諜報隊卻繼續僱用他。在特別調查辦公室的報告中，萊恩寫下關鍵結論時，審慎遣辭用句。他認為最初僱用巴比的反諜報隊特務，不應該「因為決定僱用他而遭到非難」，因為他們「整體而言仍舊是盡忠職守、愛國心切，只不過碰到艱難的任務」。他們決定僱用巴比協助執行那項任務，「既不是出於私心算計，也沒有收受賄賂」。25

報告也指出，當時巴比還沒被公布為重大戰犯，因此相信最初跟他合作的反諜報隊軍官確實不知情。特別調查辦公室裡負責調查此案的歷史研究員大衛・馬威爾（David Marwell）說，「沒辦法確定他們僱用他的時候，是否知道他不單只是技巧純熟的情報官員」。但是到一九四九年五月，證據就確鑿無疑，證明巴比因為犯下重大的戰爭罪行而被通緝，而反諜報隊卻一再隱瞞他正在幫反諜報隊工作，迴避美國駐德高級督察處提出的所有質疑。結果導致高級督察處的軍事高層「不知道反諜報隊的官員們其實知道巴比的下落，因此沒有懷疑反諜報隊沒說實話」。正因如此，高級督察處才會向法國人再三否認知道巴比的下落。26

報告結論指出，反諜報隊還刻意向中央情報局隱瞞巴比的事；這兩個機關是死對頭，極度不信任彼此。報告還記述，巴比抵達南美洲後，沒有證據指出他曾經幫中央情報局或美國政府的其他機關工作。

基於這一切，萊恩在報告的結論中寫道：「決定僱用前納粹黨員，即便是前蓋世太保的幹部，是一回事；決定僱用因為戰爭罪行而被通緝的人又是另外一回事。」對於反諜報隊知道踰越界線後的所作所為，他批判得更加嚴苛。「一個政府機關蓄意提供錯誤資訊給另一個政府機關，可不能以擔心雙方會難堪作為正當理由。」他寫道。

報告裡同樣直言不諱詳細描述反諜報隊協助巴比逃離歐洲的所作所為。雖然美國人以前就協助過其他前納粹黨員逃離德國，但是報告裡強調，這是第一次，也是唯一一次，美國人利用臭名昭著的鼠徑來協助納粹逃亡。克羅埃西亞的神父庫諾斯拉夫．德拉公諾維克（Krunoslav Dragonovi）幫過許多遭到指控的戰犯從這條路徑逃離祖國，美國人付錢請他安排巴比及其家人從熱那亞搭船到布宜諾斯艾利斯。接著，他們再從那裡前往玻利維亞。

在回憶錄中，萊恩說這整件事是「不名譽的往事」。[27]但是他對特別調查辦公室的報告及其產生的立即影響感到驕傲。美國國務卿喬治・舒茲（George Shultz）正式發函給法國政府，並且附上報告的影本。他在函中針對美國把審判耽擱了那麼久，「向法國政府表達深深的歉意」。[28]雖然新聞媒體也熱烈炒作這個題材，但基於華盛頓願意誠實處理自己的歷史記錄，媒體也都普遍讚揚。萊恩尤其滿意法國司法部長羅伯特・班定特（Robert Badinter）發給史密斯檢察長的電報。「從這次調查工作格外嚴謹就可以看出，閣下甚是重視調查真相，為閣下的社會提升了聲譽。」他寫道。[29]

克拉斯費德夫婦追捕巴比的漫長戰鬥終於產生了漣漪效應，大得超乎他們想像。

第十四章　戰時的謊言

「每個人的人生中都有一段歷史。」莎士比亞，《亨利四世》

如果說處理巴比的案子，象徵正義的明確勝利，帶來值得讚賞的成果，改正了錯誤的歷史記錄，那麼寇特・華德翰（Kurt Waldheim）的事件就天差地別了。這位前聯合國祕書長在一九八六年，以領先候選人之姿角逐奧地利總統選舉，但是他在戰時的一連串往事被揭露，不只在競選期間引發激烈爭論，也在對立的納粹獵人之間以及奧地利猶太社群與紐約世界猶太人大會之間，引發憤怒的互相指控。最後沒有明確的贏家，但是許多人卻在過程中聲譽受損。

一九八六年一月二十九日，艾里・羅森邦參加世界猶太人大會在耶路撒冷舉辦的全球全體大會（Global Plenary Assembly），世界猶太人大會祕書長以色列・辛葛（Israel

Singer）突然告知要派他到維也納調查事情。「跟寇特·華德翰有關。」辛葛解釋，「信不信由你，看起來咱們的華德翰博士以前可能是納粹，貨真價實的納粹喔。」[1]

羅森邦對這番話心存懷疑；他最近才結束在曼哈頓的一家法律事務所短暫工作，改到世界猶太人大會擔任法律總顧問。華德翰在德意志國防軍服役過，曾經在東部戰線受傷，這根本不是祕密，但是沒有證據指出他曾經是納粹黨員，或為第三帝國做過服兵役以外的事。羅森邦以前在司法部的特別調查辦公室工作過，因此很清楚，若說為第三帝國效力過的人必須對具體罪行負起個人罪責，要舉證有多難。「這實在太難了。」他告訴辛葛，想推掉這份差事。他當時才三十歲，光想到可能得回去幹老本行，就覺得厭煩。

父母被迫逃離奧地利的辛葛可不打算這麼容易就被打發，他帶羅森邦去見另一名與會者。李昂·澤曼（Leon Zelman）出生於波蘭，是奧斯威辛和毛特豪森的生還者。他在維也納經營友善猶太人服務處（Jewish Welcome Service），服務處在聖史蒂芬主座教堂（St. Stephen's Cathedral）正對面的一間小辦公室裡。他克盡職責，工作勤奮，一方面鼓勵猶太人參觀奧地利，一方面得對抗奧地利根深蒂固的仇猶行為。他立刻告訴羅森邦，最近出現了新的紛擾，導致有人重新質疑華德翰的過去。

澤曼拿出維也納週刊《側寫》（*Profil*）的一篇文章，據內容報導，奧地利的一間軍校決定擺設牌匾，紀念德奧合併前擔任奧地利空軍司令的亞歷山大·羅爾（Alexander Löhr）

將軍，引發了爭議。羅爾在第二次世界大戰中曾經擔任德國空軍奧地利地區司令，在他指揮下，一九四一年四月六日，德軍轟炸南斯拉夫的首都貝爾格勒，炸毀大片土地，導致數千名百姓罹難。一九四七年，他在南斯拉夫接受審判，被判處死刑，以戰犯的身分被絞死。

一九四二年，羅爾被調到德意志國防軍，擔任E集團軍指揮官，負責管轄南斯拉夫和希臘。作者在文章最後提到「一個傳聞」，說羅爾在德意志國防軍任職期間，華德翰曾經擔任他的參謀人員。文中強調華德翰當時只是低階軍官，但是澤曼認為這件事有可能會引起轟動。

羅森邦仍舊心存懷疑，認為華德翰擔任聯合國的領袖期間肯定接受過審慎調查。如果華德翰真的當過一名被判有罪的戰犯的參謀人員，為什麼以前這件事沒被揭露呢？再說，羅爾是因為被調到德意志國防軍前犯下的罪行而被絞死，華德翰絕對不可能參與其中，因此羅森邦認為就算能證明「傳聞」屬實，「也不能作為定罪的依據」。

羅森邦還沒說出這些疑慮，澤曼就先指出《側寫》在報導中「遺漏的內幕」。在自己的自傳、正式傳記與通信文書中，華德翰都沒有談到戰時曾經在巴爾幹半島服役。一九四一年他在東部戰線受傷後，就回到奧地利，他總是在字裡行間暗示他的軍旅生涯就此結束。例如，在一九八〇年寫給美國國會議員史蒂芬・索勒日（Stephen Solarz）的一封信中，他對接下來發生的事提出標準的解釋：「由於無法繼續留在前線服役，我只好回到維也納大學繼續攻讀法律，於一九四四年畢業。」[2]

「你瞧，這完全不對呀。」澤曼繼續說，「如果他是在一九四一年退役，他怎麼可能在軍中跟羅爾共事過？羅爾一九四二年才從空軍調到陸軍啊。他肯定有說謊。」

澤曼表示大會結束後，願意陪羅森邦到維也納，力勸他到那裡「審慎」調查一番。雖然這位美國人仍舊不太相信能發現任何關於華德翰的新內幕，而且很想回紐約，但是他覺得自己沒有選擇的餘地，只好答應。至少澤曼會在那裡幫忙提供線索，協助解開《側寫》那篇文章引發的疑問。

不過他在維也納的第一天，澤曼就一面道歉，一面澄清誤解。羅森邦請澤曼建議該如何開始調查華德翰的過去時，澤曼的態度卻出現一百八十度大轉變。他臉色發白，看起來像瞬間變老似的，而且面露懼色。「你也知道，我在奧地利的處境已經很艱難了，親愛的艾里。」他說，「我愛這座城市，真的。但是我也知道表面下藏著什麼。」

他要傳達的意思很清楚：他是個住在維也納的猶太人，不想要跟羅森邦可能揭露的事情扯上任何關係。那位美國人提出最低要求，希望能隨時告知最新進展，澤曼卻加強語氣說：「拜託，不行，我實在沒辦法。拜託你，千萬別把我扯進去。」

他補充說，自己只想知道最後的結果，還有羅森邦如果惹上任何麻煩，可以找他幫忙。但是除此之外，他顯然完全不願參與。

「顯然，這個老猶太人在耶路撒冷一副天不怕地不怕的樣子，到了維也納卻變得膽小如鼠。」羅森邦結論道。

跟羅森邦一開始以為的不一樣，癥結並不單只在於敢不敢或怕不怕。澤曼知道，在競選總統期間，只要調查華德翰的戰時記錄，就一定會引起他的支持者強烈反彈，反彈聲浪很容易指向猶太人和反對他的社會黨。華德翰是保守的人民黨推出的候選人，社會黨則提名在選戰中處於劣勢的寇特・史戴爾（Kurt Steyrer）。選情領先的華德翰大肆宣傳自己在聯合國擔任領導職務，用自己的國際威望來打動國人同胞。「寇特・華德翰博士：受到世人信任的奧地利人。」他的競選海報上寫道。羅森邦冷嘲熱諷地說，華德翰是「繼希特勒之後最有名的奧地利人」。[3]

幸虧辛葛有介紹其他聯絡人，羅森邦才能開始跟一直在調查華德翰的過去的人搭上線。根據他的記述，他們大多跟執政的社會黨有關係；就是他們把最初的內幕洩漏給《側寫》，但是似乎沒有產生影響，令他們很失望。羅森邦來到維也納後，他們決定再試一次。而且，在這段時間內，他們也發現了更多關於華德翰的內幕。在精心安排下，這位美國訪客跟「卡爾・蘇樂」（Karl Schuller）見面，這是羅森邦幫某個人取的假名，那個人要羅森邦發誓絕對不會透露他的身分。蘇樂和幾名夥伴私下展開調查，希望能揭穿華德翰。

他們前往美國管理的柏林檔案中心（Berlin Document Center），裡頭收藏各方取得的納粹記錄，但是他們沒有找到任何關於他的記錄。他們採訪奧地利國家檔案館（Austrian State Archives）時，運氣就好多了，華德翰的服役記錄存放在那裡的一個封存檔案裡，但是蘇樂說：「我有一個朋友在政府裡工作，成功偷偷影印了幾頁。」[4] 華德翰雖然自稱自己的家庭背景是反納粹的，而且他其實曾經發起活動，反對奧地利併入德國，但是那些記錄卻指出，一九三八年德奧合併後，他很快就適應新政權。他不久後就加入納粹學生組織，以及更引人注目的納粹黨準軍事組織「衝鋒隊」的騎兵部隊。

蘇樂似乎覺得這些還不夠聳人聽聞，接著拿出一張一九四三年五月二十二日拍的照片，照片上有軍隊的官印，照片裡有四名軍官在飛機跑道上合影，說明文字指出，那四人裡面，有一名義大利軍官、一名黨衛軍中將和寇特・華德翰中尉。照片的拍攝地點標示為波德里查（Podgorica），這證明了，在他始終聲稱自己在維也納攻讀法律的那段時間裡，他曾經出現在蒙特內哥羅（Montenegro）的首都。這進一步證實了他曾經在羅爾管轄的巴爾幹半島服役。

羅森邦明白，蘇樂及其團隊拼湊出來的資料遠遠不夠詳盡，無法清楚證明華德翰在戰爭那幾年的所作所為，但是至少，比起一開始的懷疑，他越來越相信，內幕能引爆媒體熱烈報導。然而，他還是想看看蘇樂等人還做了什麼事來查證調查結果，於是他提出自認為平淡無奇的問題：「你有把照片和文件給西蒙・維森塔爾看過嗎？我可以打電話給他——」[5]

蘇樂打斷羅森邦說話。「噢，天啊，別告訴他！」蘇樂說完立即問道，維森塔爾知不知道羅森邦在維也納。

聽到羅森邦說還沒告訴維森塔爾後，蘇樂著實鬆了一口氣。「很好。絕對不能讓他知道你在幹什麼。」蘇樂說。他解釋說維森塔爾瞧不起社會黨，因此支持人民黨。如果讓這位納粹獵人知情，他「一定會直接向華德翰通風報信」，蘇樂斷言。

羅森邦有記下彼此的對話，他表示，自己有努力爭論說，不應該把維森塔爾蒙在鼓裡。「我們可是在維也納呀。」他說，「就在維森塔爾的眼皮子底下吶。如果我們不從一開始就讓他參與，以後要請他幫忙會比登天還難。」

不過蘇樂不肯讓步，還告訴那個美國人，如果他跟維森塔爾聯絡，就澈底斷絕跟他合作。

羅森邦選擇乖乖聽話，結果將比他預料的還要嚴重許多。

羅森邦回到紐約跟上司們簡報調查結果。世界猶太人大會會長艾爵・布隆夫曼

（Edgar M. Bronfman）是西格拉姆公司（Seagrams）的董事長，富可敵國。他們是否應該公開迄今所知的內幕，他起初抱著懷疑。「我們可不是幹追捕納粹那一行的。」他說。人人都知道這會被視為「政治抹黑」，目的是要逼華德翰退選，羅森邦回憶道。[6]不過他們也知道，如果保持沉默到投票後才開口揭露內幕，他們可能會被指控企圖保護華德翰。辛葛帶著羅森邦寫的備忘錄，力勸布隆夫曼批准立即採取行動。細思他們的論述後，布隆夫曼把羅森邦的備忘錄寄回，並且在上頭親手寫了幾個字：「行動吧——艾爵．布隆夫曼。」

羅森邦找《紐約時報》幫忙，約翰．塔利亞布（John Tagliabue）是該報社最有才幹的特派記者之一，他帶頭報導這件事。《側寫》也繼續調查，在三月二日出刊的那一期裡頭，該刊記者有報導，華德翰曾經加入納粹學生組織和衝鋒隊。[7]

前一天塔利亞布訪問華德翰，當面質問他至今被揭露的那些事，《紐約時報》在三月三日刊登塔利亞布的報導，立刻變成轟動國際的新聞。「有檔案指出寇特．華德翰服役時擔任過戰犯的下屬。」新聞標題寫道。塔利亞布解釋說，華德翰曾經擔任羅爾將軍的下屬，而羅爾曾經在南斯拉夫殘暴鎮壓游擊部隊，並且把希臘的猶太人從薩洛尼卡（Salonika）送到奧斯威辛等集中營。報導也指出，華德翰在一九四二年三月被派到駐守薩洛尼卡的陸軍指揮部，也曾經在南斯拉夫擔任德國與義大利軍官的口譯員。

當時我在幫《新聞週刊》報導這則新聞，很快就在山區度假小鎮塞默靈（Semmering）見到他。結束一天漫長的競選活動後，他在那裡過夜。他其實一點也不想再回答《側寫》和《紐約時報》揭露的事情，但是仍舊答應在他下榻的飯店接受訪問，顯然認為能控制傷害。[8]他心情煩躁，但是仍然盡量控制情緒解釋說，這次突然出現的騷動，單純是「誤會」造成的，很容易就能澄清。

談到衝鋒隊和納粹學生組織時，華德翰確實說那是誤會。他堅稱從來沒加入過衝鋒隊或任何納粹組織。他說，就讀於維也納領事學院（Consular Academy in Vienna）時，他曾經參加一個學生騎馬社團的「幾次練習」。後來參加這類社團的人都被列入衝鋒隊的名單中，但是他堅稱自己並不知情。同樣地，他參加過「幾次學生聚會」，不過那只是學生討論團體。「我不是那兩個組織的成員，這似乎有誤會呀。」

衝鋒隊跟黨衛軍不一樣，戰勝的同盟國從來沒有說衝鋒隊是犯罪組織，衝鋒隊的成員也沒有背負同樣的汙名。此外，跟華德翰一樣的年輕人一旦入伍從軍，就不能再保留衝鋒隊的隊員身分，因此，這個爭議主要是攸關華德翰的信用：他在世界最大的國際組織升到最高職位的那些年來，是否一直瞞騙自己的過往？他是否有刻意隱瞞曾經在巴爾幹半島服役，擔任羅爾的屬下？如果有，那他可能還隱瞞了什麼事？

他雖然堅稱沒加入過衝鋒隊或納粹學生團體，但是卻不否認曾經被派到巴爾幹半島。

「我曾經在德軍裡服役根本不是祕密。」他說。不過在那之前，他都只公開前段的軍旅生涯。文件明確指出，他在俄羅斯腿部受傷，傷勢痊癒後，他又回去服役，而且曾經被派到薩洛尼卡的陸軍指揮部，在這段時間內，他同時也斷斷續續攻讀法律學位。

我問他為什麼總是不提這段往事，包括他最近出版的自傳也沒提到。「我沒有寫這些瑣事，因為我認為那些不是非常重要。」他回答。這樣的解釋實在很難令人信服，但是他似乎以為這樣就能敷衍搪塞過去。

他接受《紐約時報》訪問時，聲稱完全不知道猶太人被送離薩洛尼卡的事，但是我逼問他這件事時，他卻變得激動許多。一九四三年，當時他被派駐那裡，有數千名猶太人被押上不斷開往死亡營的列車。但是他堅稱在巴爾幹半島服役時，主要是擔任翻譯員，這說明了他為什麼會跟義大利與德國的將領合照。他說，在薩洛尼卡，他的主要工作還有分析來自戰場的敵軍移動報告。「我當然對這件事深感遺憾。」他指的是猶太人被送到集中營，「這是恐怖的猶太大屠殺的其中一部分，但是我只能告訴你，我當時完全不知情……我現在才第一次聽到那裡也有猶太人被送到集中營。」

我們走路之際，他的態度變得越來越強硬。「不管你信不信，事實就是這樣，我真的只想解決這件事，因為說我知情的那些報導沒有一個字是真的。真的，我從來沒有涉及那些事，我完全不知情。這是計劃縝密的選舉抹黑。」

但是「這件事」完全沒有就此結束，才剛開始而已。

華德翰的事爆發出來時，西蒙・維森塔爾大吃一驚。他在回憶錄中氣憤記述：「我當時才知道羅森邦到過維也納，他不僅沒拜訪我，甚至連電話也沒打。」[9]維森塔爾以前就跟世界猶太人大會的官員打過交道，而且正如羅森邦所預料的，維森塔爾特別惱怒他們竟然沒跟他商量，就在他的地頭上進行這種調查，接著還發動宣傳戰。

此外，這也不是第一次出現傳言質疑華德翰的戰時記錄。一九七九年，以色列人就曾經請維森塔爾調查華德翰以前是不是納粹黨員，否則為什麼他在聯合國會採取支持阿拉伯人的立場。維森塔爾說自己跟知名的西德出版商阿克塞爾・施普林格（Axel Springer）聯絡，施普林格答應幫忙到柏林檔案中心檢閱記錄，因為他要查閱那些記錄很容易。那次調查並沒有找到記錄指出華德翰曾經加入任何納粹組織，倒是有找到記錄指出他曾經在巴爾幹半島服役，但是當時華德翰刻意完全不提那段服役記錄的舉動並不明顯，而且大家也不認為那特別重要。

一九八六年華德翰的事情爆發時，維森塔爾並沒有因為華德翰被揭露曾經加入納粹學生組織而煩惱傷神。知名的奧地利記者彼得・麥克・林瓊斯（Peter Michael Lingens）曾經指出，有時候「連要取得學生宿舍寢室」，都必須加入這類組織；維森塔爾引述這位密友的話。[10]新聞報導華德翰參加的騎馬社團隸屬於衝鋒隊，維森塔爾對此也沒有十分氣惱。儘管他氣惱的是世界猶太人大會，但是他仍舊立刻譴責華德翰；他不是譴責華德翰做過的事，畢竟還沒有人找到證據證明華德翰直接參與戰爭罪行，他是譴責華德翰竟然聲稱不知情。華德翰說完全不知道有猶太人被從薩洛尼卡送走，維森塔爾認為那實在令人無法相信。「他表現出來的反應就像他在恐慌。」維森塔爾告訴我，「我不瞭解他為什麼要說謊。」[11]

維森塔爾提出譴責後，華德翰就打電話給他。這位候選人再次重申，在薩洛尼卡時，並不知道猶太人發生什麼事。「你不可能什麼事都沒注意到。」維森塔爾回答，「遣送行動持續了六個星期，每隔一天就有大約兩千名猶太人被遣送，軍用列車南下運載裝備給德意志國防軍，也就是你們的部隊，回程就會把猶太人載走。」[12]

華德翰繼續堅稱完全不知情。維森塔爾指出，在薩洛尼卡，猶太人占幾乎三分之一的人口，華德翰絕對有注意到事有蹊蹺，像是猶太人的商店關閉、猶太人被押送走過街上，以及其他會透露出內幕的跡象。他聽到相同的回答後，告訴華德翰：「我不相信你說的話。」

華德翰還聲稱不知道跟他隸屬於同一個集團軍的德國部隊，在南斯拉夫犯下暴行，但是維森塔爾同樣不相信。他擔任情報官，不只是他起初拼命強調的口譯員，這表示他是

「消息最靈通的軍官之一」，維森塔爾結論道。然而，這完全不表示維森塔爾準備稱讚世界猶太人大會對華德翰的攻擊，恰好相反。他說，儘管名為世界猶太人大會，但是那個組織「只不過是無足輕重的小型猶太組織」。[13]他確信華德翰不只是騙子，而且是投機分子，但是卻仍舊堅稱「他既不是納粹，也不是戰犯」。不過維森塔爾補充說，世界猶太人大會立刻指控「華德翰是強硬派的納粹，而且幾乎可以算是被判有罪的戰犯」。

華德翰的擁護者也展開反擊，嚴厲譴責相關報導，認為這是猶太人策劃的陰謀，意圖逼退他們的候選人。羅森邦記述得很正確，《紐約時報》的報導只是呈現世界猶太人大會的調查結果，並沒有指控華德翰犯了戰爭罪行，而且爭議焦點起初是在華德翰有沒有說謊。[14]然而，羅森邦後來描述這件事時，承認他和世界猶太人大會的其他官員都很驚訝，此事產生的反彈力道竟然如此強烈，包括許多奧地利的新聞社，也都猛烈抨擊。不過，別人質疑他們的目的是什麼，羅森邦等人也無力反駁。被問到是否企圖影響選舉時，他們說只關心華德翰的過去滿布疑雲，為什麼在一九七〇年代他還能兩度獲選為聯合國祕書長。「不過這個回答明顯太虛偽了，所以根本沒有人相信。」羅森邦承認，「我們的目的其實是要華德翰主動退選，或是被迫退選。」

世界猶太人大會和越來越多記者開始調查是否有更多罪證還沒曝光，世界猶太人大會請南卡羅萊納大學的歷史學者羅伯特・艾敦・賀斯坦（Robert Edwin Herzstein）幫忙澈底檢閱記錄。緊接著發生的事引起了新的疑慮，眾人開始質疑，德意志國防軍征戰巴爾幹半島時，華德翰扮演什麼角色，他最後怎麼會在一九四八年被同盟國列為戰犯嫌疑人，以及為什麼沒有政府曾經尋求引渡他，尤其是南斯拉夫竟然沒有指控他犯下戰爭罪行。華德翰根本不只是口譯員而已：他擔任情報官，職務包括處理俘虜英國突擊隊員的報告（被俘的突擊隊員後來失蹤了），以及審問囚犯。還有他早先就承認過了，他也負責回報南斯拉夫境內的游擊活動。

華德翰也發動公共關係反擊戰，派兒子葛哈（Gerhard）到華盛頓把一份十三頁的備忘錄交給司法部，為自己的從軍記錄辯護，否認涉及任何戰爭罪行。[15]有人指控他可能涉及一九四四年十月在南斯拉夫境內三個村莊發生的屠殺，他在備忘錄中也加以反駁。當時幾乎各地的德軍都在撤退，羅爾正把部隊撤出巴爾幹半島南部，穿越馬其頓往北撤退。為了北撤，他們必須控制什蒂普（Stip）和科查尼（Kocani）這兩個城鎮之間的一段關鍵要道。世界猶太人大會發現的文件指出，十月十二日，華德翰簽署了一份報告，內容是描述「在什蒂普與科查尼的連接道路，游擊活動加強了」。

德軍無疑立刻把怒氣發洩在那條路上的三座村莊裡，但是關鍵問題是他們多快展開血洗，還有引發屠殺的是不是華德翰的報告。在兒子交給華盛頓的備忘錄中，華德翰堅稱德軍在十月二十日左右抵達村莊，離他報告那裡有游擊活動，已經超過一個星期了；倘若真是如此，那麼我們就很難把接下來發生的事跟他的報告牽連在一起。

我跟一名南斯拉夫新聞記者前往馬其頓，看看能否在處於爭論核心的那三座村莊裡有所發現。我在那裡探得的資訊，跟華德翰在競選期間輕描淡寫的說詞，天差地遠，他總是說德軍在巴爾幹半島只有進行普通的軍事活動，儘管有爆發激烈的戰鬥，但是沒有犯下戰爭罪行。「雙方都有人犧牲。」他說。但是生還者提出的說法卻大相逕庭，他們異口同聲說記得屠殺是發生在十月十四日，不是華德翰所堅稱的十月二十日。

彼得・寇賽夫（Peter Kocev）描述了當天在田裡工作完後，回到庫魯比塞（Krupiste）遭遇了什麼事。德國軍官們圍捕所有村民，叫村民每十個排成一列，寇賽夫排在第一列，但是他是第十一個人，因此軍官們在最後一刻把他推離那一列。「十個人全部立刻被射殺。」他回憶道。德國人接著朝剩下來的所有人開槍，寇賽夫逃向一哩外的一條河流，在山區裡躲了一個月。「我回到村子後，只找得到我家的牆壁。所有東西都被燒光了。」

李斯托・翁賈諾夫（Risto Ognjanov）指向一個小紀念碑，那是用來紀念四十九名罹難的村民。他說，德國人來了之後，就命令他和其他幾個村民四肢著地蹲伏在那個地方。「槍聲響起時，我就立刻趴到地上。」他回憶道，「有兩具屍體倒在我身上。開完槍後，德國人開始開槍打腳板，確認有沒有人還活著。」壓住翁賈諾夫的屍體讓他保住了小命。

德國人離開後，他和另外兩名生還者從血淋淋的屍堆下爬出來。「對我而言，十月十四日是第二個生日。」他說著說著淚水就決堤了，「我的第二段人生從那一天開始。」其他村莊也有發生類似的慘劇。

這一切雖然沒辦法證明華德翰必須承擔屠殺的直接責任，不過倒是證實了，他呈報當地有「游擊活動」是在發生屠殺的兩天前，因此，那份報告很可能是引發一連串事件的導火線，最後導致屠殺事件爆發。

當時，我從來沒跟羅森邦談過話，因為紐約有一所大學正在訪問他和世界猶太人大會的其他官員。但是我的文章刊登在雜誌上後，羅森邦就打電話給我，要確認我訪談的那些生還者是否確定屠殺的日期，我告訴他說他們十分確定。

這一連串報導造成的影響就是，在多數世人眼裡，華德翰越來越可疑；但是在國人同胞眼裡，他卻是抹黑攻擊的受害者。當然，華德翰及其支持者在選舉造勢活動中，不斷宣傳他遭到抹黑攻擊。在五月的第一輪總統選舉中，他以微幅差距沒有獲得超過百分之五十的選票，因此六月初必須舉行第二輪決勝投票。這次支持者加強火力，全力回應世界猶太人大會的辛葛和以色列外交部長葉慈翰．謝米爾（Yitzhak Shamir）等人的攻擊。在一場我有參加的集會中，華德翰把焦點放在「外國人士」，指控他們搞抹黑伎倆。「不論是紐約的辛葛先生，還是以色列的謝米爾先生……都沒有權利干涉他國事務。」他聲明。16

這句幾乎不需要解讀：意思就是說必須教訓一下猶太人。「各位先生女士，別再談過去了！」他補充說，「我們現在有更重要的問題要解決。」

華德翰集中火力攻擊那個方向，拒絕跟社會黨的對手辯論，而且言明再也不會理會外國記者提出來的問題。那次集會一開始，我就去找他，看看他會不會破例接受我訪問，結果他卻衝著我發洩怒火。「我坦白告訴你，你那本雜誌的報導糟糕透了，盡寫不實的負面報導，我絕對不接受任何訪問。就我所知，你只報導負面評論，從不報導正面評論。」至於對他不利的指控，他駁斥說：「那些都不是真的，都是捏造的。」接著，他指著我拿在他面前的磁帶錄音機說：「這可不是正式採訪喔。」

這些話裡包含了選舉進入最後幾天時普遍存在的憤恨情緒。維也納精神科醫師爾文・林傑（Erwin Ringel）指出，華德翰的選戰打得「荒謬」到極點，一開始主打他的國際聲望，結果卻這樣收尾。「一開始高喊『選華德翰，因為全世界都愛戴他』。」林傑說，「現在卻高喊『選華德翰，因為全世界都討厭他』。」17

那些策略在選舉中竟然奏效了：華德翰在第二輪決選投票中明確獲勝。獲勝後，他忍不住譏諷他認為發動「抹黑攻勢」攻擊他的那群人。「就算世界猶太人大會翻找文件找到世界末日，也絕對找不到任何能證明我有罪的東西。」他嘲諷說。18

最後，世界猶太人大會終於可以自稱取得局部勝利。一九八七年四月，司法部特別調查辦公室，也就是羅森邦以前任職的單位，公布自己調查華德翰的報告，內容指出，調查他在巴爾幹半島的職務後，「發現他曾經協助一個納粹軍事組織順利執行行動，而該組織曾經多次直接迫害同盟國之國民」。報告中記述許多事件，特別提到「科查尼－什蒂普大屠殺以及遣送希臘的猶太人」。基於這個原因，美國把他列入觀察名單，這表示他不只被禁止入境美國了，甚至不能在他曾經領導的聯合國發言。他任滿一屆任期後，一九九二年就不再尋求連任。19

二戰歷史學者賀斯坦被世界猶太人大會派去調查華德翰的記錄後，寫了一本書，彙整結論。司法部決定把華德翰列入觀察名單，他認同這個做法，但是認為華德翰「其實並不邪惡，只是有野心而且聰明……他跟同世代的許多人一樣，想要藉由遺忘來擺脫難看的過往包袱」。他結論道：「華德翰協助過許多被歸類為戰犯的人，但是他本身並非戰犯，根據我們現在知道的真相，我想這樣說還算公平。他只是官僚體制裡的從犯，幫助他的部隊執行違法與合法的軍事行動……華德翰是從犯。西方同盟國戰後通常不會起訴這種人。」20

這個觀點跟世界猶太人大會的領導們及其支持者在選舉期間提出的觀點截然不同。「如果世界是完美的，他就該接受審判。」世界猶太人大會執行長伊倫．史坦伯格（Elan Steinberg）這樣說，他才不管根本沒有人找到能判定有罪的確鑿證據。21碧特．克拉斯費德夥同數個小型抗議團體，跑到華德翰的集會騷擾他，釋放上頭寫著「他忘得了，真是有福氣。」的氣球，並且高舉海報指控這名候選人是騙子與戰犯。華德翰的支持者氣憤撕毀抗議者手中的海報。22

「我來這裡是要讓大家知道，奧地利選出華德翰這種人很危險。」碧特在維也納利用抗議活動的空檔告訴我，「奧地利人必須看清這一點。」但是這類警告似乎反而幫了華德翰。這位候選人在另一場集會中講話時，碧特企圖打斷他，結果要去搶麥克風時被攔了下來。「坐下，克拉斯費德夫人。」主持那場集會的維也納市長爾哈・布賽克（Erhard Busek）說，「你是來這裡做客的，這可不是克拉斯費德的集會場子。」聽眾紛紛叫嚷：「克拉斯費德夫人！滾出去！」23

世界猶太人大會祕書長辛葛在《側寫》的訪問中似乎還直接出言恐嚇，內容被廣泛引述，爭議越滾越大。「奧地利民眾應該清楚明白，如果華德翰當選，接下來幾年奧地利人不會有好日子過的。」他說。他還說，世界猶太人大會提出的指控，會同時「影響」華德翰和奧地利全國，損及觀光與貿易。24

就連羅森邦後來也承認這位上司講得「太過火」，但是頂層領導們卻很少人認為這樣說不妥。還有些人畏懼採用這種戰術，世界猶太人大會會長布隆夫曼卻不以為然。「許多猶太領導人認為這種『攻勢』會引發民怨，導致情況變得更糟。」他在回憶錄中寫道，

「我卻認為這是為了捍衛道德而必須做的事，不管我到哪裡，聽我說話的人都是百分之百支持我。」他還說：「這場選戰非常有利於世界猶太人大會的宣傳，讓我們成為眾所矚目的焦點。」25

不過在奧地利的猶太小社群裡，有許多人對這種矚目產生的後座力感到驚恐，其中又以維森塔爾譴責得最大聲，直接怪罪世界猶太人大會，認為他們的舉動會重新引發仇猶意識形態浮上檯面。「我們在年輕族群中幫以色列結交了許多朋友。」他指的是猶太社群努力促成對話與諒解，「現在這一切建立友誼的努力全毀了。」26

還有其他的奧地利猶太領袖跟維森塔爾一樣，氣惱世界猶太人大會沒考慮到他們的看法，也沒有跟他們商量。保羅．果思（Paul Grosz）說，世界猶太人大會「非常成功地引起西方媒體注目，但是整件事卻處理得像外行人一樣，尤其不懂應付奧地利境內出現的反彈，造成嚴重傷害」。27在世界猶太人大會的一次歐洲猶太會員會議中，代表奧地利猶太人的果思建議，未來必須跟當地的猶太社群商議，才能採取可能會影響他們的行動，他這項建議獲得了支持。

最初如何向世界猶太人大會透露華德翰的報導，澤曼仍舊絕口不談。他說，世界猶太人大會本來就有責任提出疑慮，「但是他們卻只提出美國猶太人的觀點，奧地利人沒辦法理解」。他說，現在奧地利人跟猶太人打交道，又跟以前一樣，認為猶太人是「外人」，他對這樣的現象深感憂心。「世界猶太人大會犯的最大錯誤就是把超過六十五歲的奧地利人都視為跟華德翰同流合汙。」他補充說，「這樣做實在大錯特錯。」維森塔爾則認為世界猶太人大會犯的錯誤更加嚴重。「他們竟然威脅奧地利全國七百五十萬人，其中有五百萬是在戰後出生，或是在戰爭結束時還只是小孩子。」

問題不只在於指控的內容，還有提出指控的方式。「他們先提出指控，再去找文件。」維森塔爾批評道。這樣做實在是偷雞不著蝕把米，因為世界猶太人大會發動宣傳戰時，雖然已經握有重要的證據，但是自己也承認，證據根本不完整，這表示他們後來還必須繼續趕緊尋找更多證據。根據果思的說法，這樣做明顯減弱了調查結果產生的影響。「對付華德翰的證據是一件一件地被提出來，反而產生了免疫作用。」他說，「這就像每幾天喝一滴毒藥，最後就算把整杯毒藥喝光也不會死。」

許多奧地利人一開始就心存警戒，這是有關鍵原因的。戰後初期，他們成功把自己說成是第三帝國的頭號受害者，而不是熱切的支持者，但是其實許多奧地利人當時都熱切支持第三帝國。許多奧地利人，包括復員的德意志國防軍軍人，從來就不知道真相。「這些人回家後，沒人告訴過他們，他們那幾年迷失了，這場戰爭是不公不義的。」維也納現代歷史研究所（Institute of Contemporary History）的所長艾麗卡・溫左（Erika Weinzierl）說道。

相較之下，德國人幾乎每天都會被迫面對這類真相，包括猶太大屠殺和其他大屠殺等恐怖暴行的責任。華德翰事件登上新聞頭版時，我被派駐波昂，許多我認識的德國人毫不掩飾地幸災樂禍，奧地利人都說自己是受害者而不是加害者，德國人樂於看到這個謊言被揭穿。「奧地利人說服了全世界的人相信，貝多芬是奧地利人，而希特勒是德國人。」他們開玩笑說。一名戰爭結束時在德意志國防軍服役的波昂官員告訴我：「我跟部分的德國人一樣，認為奧地利人終於得到應有的懲罰。」28

華德翰的事件也產生了正面的效果，至少有些奧地利人，尤其是年輕教師，開始積極要求更誠實地說明祖國的近代史。而且華德翰勝選後，外交部長彼得・揚科維奇（Peter Jankowitsch）認為國內出現「一種新的微妙情緒」，促成一段時間的「深刻反省」。以仇猶意識形態為主題的演講與研討會大幅增加，奧地利外交官也更加努力說服外國聽眾，奧地利不是新納粹思想的堡壘。或許這一開始主要是公關活動，但是確實讓大家能夠討論以前大多被漠視的議題。

儘管如此，各方的情緒仍舊十分激動，而且華德翰勝選後，這些情緒在維森塔爾與世界猶太人大會的衝突中將變得更加強烈。

羅森邦屢屢指出，在成長過程中，他一直把維森塔爾視為英雄。但是在一九八六年選舉期間和選舉結束後，他和世界猶太人大會的領導人們非常氣憤，認為攻擊華德翰的行動每次都被他破壞。維森塔爾質疑很多證據，認為所有證據都無法證明華德翰涉及戰爭罪行。但是譴責維森塔爾的人更加氣憤的是，他竟然說人民黨的競選活動變得明顯充滿仇猶意識形態，必須歸咎於世界猶太人大會。

羅森邦向辛葛發洩對維森塔爾的怒氣，說：「我實在不想這樣說，但是這根本就是反猶太分子講的話啊：『猶太人是自取其咎。』」辛葛同樣怒不可抑。「維森塔爾有什麼毛病啊？」他讀著那位納粹獵人的最新評論時怒道，「有人該提醒提醒他：仇猶意識形態不是猶太人造成的，是反猶太分子造成的。」那幾乎是在指控維森塔爾在幫人民黨的候選人辯護；辛葛氣憤地說：「他跟人民黨的豬玀肯定有一腿。」29

等到華德翰贏得傷痕累累時，羅森邦想要公開一切壓抑在心中的怒火與指控。維森塔爾在維也納的猶太報紙《解決之道》（*Der Ausweg*）寫了一篇文章，再次攻擊世界猶太人大會。針對那篇文章，羅森邦幫辛葛草擬了回應文。「沒什麼好懷疑的，維森塔爾先生就是確保華德翰博士勝選的人。」他這樣寫，還補充說，每次找到不利於那位候選人的新證據，「那位全球最有名的納粹獵人就會提出狗屁不通的『解釋』。」30

羅森邦也指出，華德翰的醜聞爆發後，世界猶太人大會雖然太晚提出邀約，但是仍舊請求維森塔爾協助檢閱文件，但是維森塔爾卻斷然拒絕。「他幫寇特・華德翰粉飾罪行，將在他的名聲上留下長久的汙點。」羅森邦結論道，「他不只讓自己蒙羞，也讓全世界的猶太人難堪。對西蒙．維森塔爾，我們只有感到同情而已。」雖然一名同事把他的草稿修飾得委婉以後才寄給《解決之道》，但是那篇文章始終沒有被刊登出來。

羅森邦後來寫書談論華德翰事件，把想法寫得更加詳盡，書名就道出了他的想法：《背叛：調查與隱瞞華德翰未曾透露的內幕》（*Betrayal: The Untold Story of the Kurt Waldheim Investigation and Cover-Up*）。他認為華德翰和維森塔爾都犯了隱瞞真相的罪過。「這兩人都隱瞞著一個祕密，而他們的祕密命運相連。」他寫道。[31]他堅稱，維森塔爾的祕密就是早在一九七九年，以色列人就請他調查華德翰，而他赦免了華德翰的罪過。「如果要說有人在追捕納粹這一行有虧職守，那肯定就是他。」羅森邦寫道。[32]正因如此，他才會拼命反駁世界猶太人大會的指控，因為他如果不這樣做，大家就會清楚發現「他嚴重瀆職」。[33]

得出這樣的推論後，羅森邦在那本談論華德翰事件的書中，大篇幅嚴厲抨擊維森塔爾的整個職業生涯。羅森邦提到，就連摩薩德頭頭埃瑟．哈雷爾也曾指控維森塔爾說謊，攬走綁架艾希曼的功勞，藉此打響早期的名聲。羅森邦寫說，維森塔爾在自傳裡「捏造自己的背景」，誇大戰時的經歷和戰後的成就。[34]「我們這些真正曾經起訴過納粹罪犯的人都知道，那個人的神話比他的真實人生誇大太多了。」羅森邦寫道。[35]他還寫說，許多人都知道維森塔爾「是個能力爛到極點的納粹獵人。但是誰夠大膽，或是夠愚蠢，敢挺身說出實情？」[36]

羅森邦從那時起就決定要當那樣的人。他很清楚維森塔爾在冷戰初期緊盯「沒被起訴、沒人追捕的納粹」，不斷炒熱議題，貢獻重大。「特別是如果沒有西蒙・維森塔爾和屠維亞・費曼的付出，我想一九六〇年代末期大家就會停止尋求正義了。」他在二〇一三年告訴我。[37]但是自從華德翰事件後，每當聽到有人說維森塔爾是本領高超、名副其實的納粹獵人，他的怒火就會燃起，而且那股怒火始終沒有減弱。

羅森邦和維森塔爾的衝突參雜著許多因素，其中有一些完全是個人因素。羅森邦辭去政府職務後，最初僱用他到特別調查辦公室擔任實習人員的那名律師馬丁・曼德松，處理其他的納粹案子時，經常會跟維森塔爾與洛杉磯的西蒙維森塔爾中心合作。他認為羅森邦之所以會氣維森塔爾，是因為對以前的英雄幻想破滅。「他從一開始就把西蒙當成偶像，但是發現西蒙有缺陷，其實只是凡人而不是神之後，就開始攻擊西蒙。」曼德松說。[38]另一名特別調查辦公室的舊同事認為，羅森邦要法辦華德翰，維森塔爾卻輕蔑地駁斥，那時羅森邦感覺起來就像被父親瞧不起的兒子。「我想艾里是因為維森塔爾把他當小孩子看待而被惹惱了。」那名舊同事說。[39]

美國猶太人與歐洲猶太人之間的關係普遍緊張，也是兩人爆發衝突的導火線。於公於私，維森塔爾都經常抱怨，認為世界猶太人大會和位於美國的其他猶太組織，習慣「認為自己能代表所有猶太人發言」。[40]他認為，美國猶太人老是認為歐洲猶太人關心的事無關緊要，而且不瞭解兩地猶太人的處境有多大的差異。他認為美國猶太激進分子經常行事好鬥，是因為「許多美國猶太人潛意識似乎會有罪惡感，認為自己在戰爭期間為遭受迫害的歐洲猶太人做得不夠多」。他補充說，華德翰的案子「正好給他們機會公開表明立場」。[41]

這種緊張情緒，有時候在維森塔爾和西蒙維森塔爾中心的關係裡就顯而易見。西蒙維森塔爾中心一九七七年創立於洛杉磯，是獨立組織，由於使用維森塔爾的名字，會給他報酬。他的名字對於中心的募款活動十分重要。維森塔爾和中心經常合作，但是雙方也會意見不合。中心的創辦人兼主任馬文・希爾（Marvin Hier）拉比就記得維森塔爾不只一次在電話中對他大聲叫嚷：「你怎麼可以那樣做？」[42]

在華德翰危機期間，希爾公開批評那位奧地利總統候選人的火力，比維森塔爾強烈許多。維森塔爾和世界猶太人大會互相鬥爭期間，辛葛直言不諱地對希爾說：「叫維森塔爾閉嘴！該適可而止了！」[43]這絕非偶然。希爾確實有跟維森塔爾爭論，但是有所克制。他說自己當時告訴維森塔爾：「西蒙，如果我們不能把他送進監牢，至少也該懲罰他。我們得給他難堪，禁止他入境美國。」因此，美國決定把華德翰列入觀察名單，他的中心表態支持，但是維森塔爾反對，這一切不和確實造成雙方的關係有些緊張。

不過希爾也指出，最後結果證明維森塔爾是對的，根本沒有證據可以證明華德翰犯下明確的戰爭罪行。而且，希爾也沒有聽從辛葛的勸誡，他不打算命令維森塔爾閉嘴，反正維森塔爾也不會聽他的；他也不想冒險跟維森塔爾澈底撕破臉。他強調，維森塔爾以中心為傲，中心也很驕傲能以奉獻一生制裁納粹罪犯的人為招牌。「他是偶像人物。」希爾堅稱。華德翰事件並沒有改變他在這方面的看法。

羅森邦和世界猶太人大會堅稱，維森塔爾是在幫奧地利的新總統辯護，但是這項指控有個諷刺的地方，那就是這位納粹獵人確實長久以來都致力於揭發為第三帝國效力的奧地利人。維森塔爾經常說，奧地利人雖然只占少於百分之十的納粹德國人口，但是卻得為納粹德國犯下的戰爭罪行承擔百分之五十左右的罪責；他還說有四分之三的死亡營指揮官是奧地利人。44

最廣為人知的就是，維森塔爾屢屢因為布魯諾・奎斯基（Bruno Kreisky）縱容前納粹黨員而跟他爆發衝突；奎斯基是社會黨領導人，從一九七〇年擔任總理到一九八三年。兩人對以色列與中東事務的看法也澈底分歧。

奎斯基雖然出身自不信奉宗教的奧地利猶太家庭，但最後卻為第三世界的事業而奮鬥，包括經常嚴厲譴責以色列。奎斯基也駁斥「猶太民族」存在的觀念是無稽之談。維森塔爾尖刻地評論說，奎斯基尤其自認為比其他東歐猶太同胞還要優秀。「他巴不得跟我們沒有任何共通點。」維森塔爾批評道，「跟猶太人有任何瓜葛，他就已經認為夠糟了，跟我們扯上關係，實在讓他無法忍受。」維森塔爾懷疑奎斯基在仇視猶太人的奧地利成長時，選擇試圖「向周遭的人證明自己其實沒有不同之處……在奧地利，猶太人如果想完全同化，就必須懷抱那種仇視猶太人的態度」。[45]

社會黨總理奎斯基在政治上的任人與結盟，引爆了他和維森塔爾的最大衝突。一九七〇年奎斯基就任總理時，維森塔爾就譴責他在內閣裡任用四名前納粹黨員擔任部長。後來，維森塔爾也抨擊他跟自由黨領導人弗里德里希．彼得（Friedrich Peter）結盟；自由黨專門吸收前納粹黨員，人盡皆知。得知奎斯基有意拔擢彼得擔任副總理時，維森塔爾便爆出內幕，說這位自由黨領導人曾經在專門屠殺猶太人的黨衛軍特別行動隊服役過。彼得雖然被迫承認曾經是那個部隊的成員，但是矢口否認參加過殺戮行動。

奎斯基氣得直罵維森塔爾是「猶太法西斯分子」和「黑手黨成員」。他還說：「維森塔爾是保守的反動分子，我們猶太人裡不只有反動分子，還有殺人凶手和妓女。」[46]奎斯基指控那名猶太獵人靠「向世人投訴奧地利是仇視猶太人的國家」來賺錢謀生，詭異的是，十年後維森塔爾也是這樣抨擊世界猶太人大會。[47]據說奎斯基也威脅要讓維森塔爾在維也納的檔案中心關門。這位總理最後又發動一波攻勢，重新宣傳波蘭共產黨政府散播的指控，說維森塔爾曾經跟納粹黨員勾結。後來，他為了避免維森塔爾告他誹謗，不得不停止這項指控。48

無庸置疑，維森塔爾是因為對奎斯基和社會黨深惡痛絕，才會支持人民黨，儘管他否認有加入人民黨陣營。不過羅森邦和碧特・克拉斯費德等人卻認定他是人民黨的忠貞支持者。華德翰的爭議爆發時，跟世界猶太人大會站同一陣線攻擊那位候選人的不只有碧特。維森塔爾記述道：「施爾季在法國電視臺毫不留情批評我。」49

羅森邦指控，維森塔爾一九七九年接受以色列人的委託，去調查聯合國祕書長的戰時履歷，結果卻隱瞞自己有虧職守；不過就連有些贊同世界猶太人大會搜集證據試圖證明華德翰有罪的人，也懷疑這項指控。歷史學者賀斯坦接受世界猶太人大會的委託，協助調查華德翰的過往。他提到，美國控管的柏林檔案中心給了維森塔爾的聯絡人一份報告，但根據其內容，華德翰從來沒有被列為黨衛軍或納粹黨的成員。「維森塔爾仔細檢閱報告後，如實告訴以色列人，在柏林檔案中心裡，找不到顯示華德翰有罪的記錄。」賀斯坦寫道。50

賀斯坦還說，「維森塔爾不可能知道」華德翰曾經是衝鋒隊騎兵團和納粹學生團體的成員，因為柏林檔案中心的報告表格裡，沒有把那兩個組織列入納粹相關組織的核對清單裡。那些記錄沒有保存在那裡，七年後去調查華德翰的過去的人才發現這一點，他們也沒有在柏林檔案中心找到罪證。

彼得・布拉克（Peter Black）當時是特別調查辦公室的歷史研究員，現在是華盛頓猶太大屠殺紀念博物館（Holocaust Memorial Museum）的資深歷史研究員。他雖然稱讚羅森邦調查華德翰的「結果非常可靠」，但是卻也駁斥維森塔爾企圖隱瞞內幕的揣測。「我看不出來維森塔爾有搞什麼陰謀。」布拉克說，「我認為他的動機並不邪惡。」布拉克還說，維森塔爾可能沒有「很仔細」查閱華德翰的記錄，「因此認為華德翰跟那裡的所有軍官一樣，盡量遠離是非」。布拉克指出，一直到一九八〇年代末期與一九九〇年代，才有學者開始更加仔細調查「在希臘、南斯拉夫和蘇聯等被占領的國家裡，德意志國防軍參與納粹的罪行有多深」，因此，他認為維森塔爾起初實在沒有理由認為華德翰的服役記錄可能有問題。51

不過羅森邦始終沒有停止猛烈抨擊維森塔爾和他的記錄，世界猶太人大會和維森塔爾在華德翰事件期間交火造成的傷害，仍然還沒恢復。最後，整個華德翰事件不僅造成納粹獵人同室操戈，也導致納粹獵人和為第三帝國效力過的人互相攻訐。

第十五章　追鬼

「在這個鐵路小站，無辜的人們等待著。後來他們的狠角色出現了，他們報了些仇。上帝說過，報仇能淨化靈魂。」威廉・高曼（William Goldman）的一九七四年暢銷小說《霹靂鑽》（Marathon Man）裡，男主角「寶貝」李維準備動手殺掉虛構的奧斯威辛黨衛軍牙醫克里斯辛・賽爾之前，對他說這句話。[1]

如果你相信你讀到的所有記述，那麼你會認為納粹獵人報了大部分的仇。例如，二〇〇七年，以色列空軍退役中校丹尼・霸茲（Danny Baz）出版了一本號稱是回憶錄的法文書，書名叫《還沒原諒，還沒遺忘：追捕最後一名納粹》（*Ni oubli ni pardon: Au cœur de la traque du dernier Nazi*）；英文版也隨後問世，書名叫《祕密劊子手》（*The Secret Executioners: The Amazing True Story of the Death Squad That Tracked Down and Killed Nazi War*

Criminals）。

當時，大家還在追捕阿里伯特·海姆（Aribert Heim）。海姆是戰後最有名的納粹逃犯之一，這位在奧地利出生的醫生曾經任職於毛特豪森，贏得了「死亡醫生」這個名副其實的渾名。他殺猶太人的時候，會把汽油等有毒物質注射到心臟裡；除此之外，他還會進行極度殘忍的醫學實驗，像是把健康的囚犯開腸剖肚，拿掉器官，讓囚犯死在手術臺上。因此，從德國政府到西蒙維森塔爾中心，每個人都在搜捕他，西蒙維森塔爾中心把他列為優先通緝名單的榜首。但是霸茲卻發表驚人的言論：他們過去二十五年來都在追捕鬼魂。[2]

根據霸茲的記述，一九八二年他隸屬的一支全部由猶太人組成的處死部隊，處死了海姆。那支部隊被稱為「夜鴞部隊」，由有錢的猶太大屠殺生還者創立，由美國和以色列各個保安機關受過高度訓練的前成員所組成。「我的戰友們都隱瞞真實姓名，以免洩漏組織的祕密，我們的組織擁有無限的經費，足以比擬最大的特務機關。」他寫道，「這本書裡記述的都是千真萬確的事實。」[3]

接著，他開始編造精彩刺激的故事。霸茲聲稱夜鴞部隊抓到並且殺掉數十名納粹戰犯，但是最艱難的任務是找出並且活捉海姆。他被活捉後，會先被迫面對猶太大屠殺生還者的審判，接著才會被處死。「我們要那些鼠輩在死之前，先面對受害者。」一名夜鴞部隊的資深成員向霸茲解釋。[4]結果海姆竟然躲在美國，而不像傳聞經常指出的，沒有躲在更隱密的國家。復仇者們在紐約上州找到他，接著跟到加拿大，在蒙特婁的一間醫院把他劫走，最後交給加州的夜鴞部隊成員，進行審判，執行處決。

知名的納粹戰犯傳聞在完全保密的情況下被殺死，這種故事絕對不只這一個。馬丁・鮑曼是掌控大權的希特勒私人祕書，兼任納粹黨祕書長。他在元首自殺後，就從希特勒的柏林地堡消失無蹤。紐倫堡國際軍事法庭判處十二名頂層納粹黨員死刑，其中只有鮑曼沒有出庭聽取判刑。他明顯失蹤了，關於他是生是死，引發兩種對立的傳聞。有人說他如果不是被殺了，就是在離開地堡不久後就吞下氰化鉀膠囊結束生命。然而，就像海姆的情況，也有許多傳聞說有人在義大利北部、智利、阿根廷和巴西等地看到鮑曼。喜歡報導聳動新聞的《世界新聞報》（*News of the World*）刊登前英軍情報特務羅南・葛雷（Ronald Gray）撰寫的連載報導，這一系列報導後來出版成書，書名叫《我手刃了鮑曼！》（*I Killed Martin Bormann!*）。

「鮑曼死了，身體被斯登衝鋒槍打得彈孔累累。」他寫道，「扣扳機的，正是我的手指頭。」[5] 葛雷在書中描述道，自己在戰後被派駐德國北部，接近丹麥邊境。一九四六年三月某天，有一名神祕的德國聯絡人找上門，用五萬克朗（當時約折合八千四百美元）請他幫忙把某個人偷渡過邊境。他答應了，認為這樣可以揭發供給納粹戰犯安全逃離德國的部分網路。他坐上自己的軍用貨車後，才知道要偷渡的人是鮑曼。當時雖然是深夜，但是月光夠亮，他把人載到丹麥境內的目的地時，確定那個人的身分就是鮑曼沒錯。車子開到兩個正在等候的人前面，停了下來，此時，鮑曼突然衝向前來迎接的同黨，葛雷這才明白自己中了埋伏，於是趕緊開槍射擊，接著便看見鮑曼倒下。原本在等候的那兩個人也朝他開槍猛烈射擊。

葛雷倒地詐死，從倒地的位置，他看見了那兩個人把鮑曼的屍體拖走。他尾隨他們，看見他們用一艘小船把屍體載離峽灣，把船划到距離岸邊約莫四十碼後，他們就把屍體拋入水裡。「從濺起的水花大小來判斷，我猜鮑曼的那兩名同黨在他的屍體上加了重物，可能是鏈子吧。」他寫道，「我覺得船和鏈子本來是要用在我身上的。」6

葛雷的記述並沒有讓鮑曼的故事停止出現其他版本。一九七四年，軍事歷史學者兼暢銷書作家拉迪斯拉斯．法拉哥（Ladislas Farago）出版《戰後餘波：馬丁．鮑曼與第四帝國》（*Aftermath: Martin Bormann and the Fourth Reich*）。他說自己買通了許多聯絡人以及秘魯與玻利維亞邊境的守衛，最後順利在玻利維亞西南部的一間醫院裡找到鮑曼。他強調，費了這番功夫，他終於短暫見到了那個人。「我被帶進鮑曼的病房，依照協議，探視他五分鐘……我看見一個矮個子的老人，躺在一張大床上，床單剛洗過，他的頭被三顆鬆軟的大枕頭撐起，茫然的雙眼看著我，含糊不清地低聲自語。」法拉哥寫道。據說鮑曼只對這位訪客說：「天殺的，你沒看見我現在已經是個老頭子了嗎？為什麼還不讓我安詳死去？」[7]

這類記述給了小報許多可以報導的素材，有時候連重要的報紙也會報導，但問題是：那些全是作者用豐富的想像力捏造出來的，根本不是作者口口聲聲宣稱的「真實記事」。對於海姆的案子，《紐約時報》和德國電視二臺（Zweites Deutsches Fernsehen）提出了令人信服的證據指出，死亡醫生戰後移居開羅，改信伊斯蘭教，改名塔雷・海珊・法理（Tarek Hussein Farid）。[8]證據包含裝滿一整個公事包的信件、醫療和財務記錄，以及一篇記述有人在搜捕他的文章。那些文件裡有出現海姆和法理這兩個姓氏，而且上頭寫的出生日期是一九一四年六月二十八日，跟海姆的生日吻合。死亡證明書上寫著法理死於一九九二年，但是霸茲卻說他們那群復仇者在十年前就把他處決了。

有一次阿里伯特的兒子魯狄傑・海姆（Rüdiger Heim）接受《紐約時報》訪問，不只證實他父親的身分（「家父改信伊斯蘭教後就改名為塔雷・海珊・法理。」），還揭露他父親死於直腸癌時，他曾經到開羅瞻仰遺體。尼可拉斯・庫力徐（Nicholas Kulish）和蘇德・梅克內（Souad Mekhennet）這兩位報導這件事的《紐約時報》記者，後來寫了一本書，詳細記述阿里伯特・海姆戰後在德國的生活。他繼續在德國的溫泉小鎮巴登—巴登當醫生，直到一九六二年，當局看似終於打算逮捕他，他才逃到埃及。由於他的兒子、其他親人以及認識改名後的他的埃及人全力配合，這兩位作者才能順利寫出這本書。

他們發現，在海姆寫的文書中，內容再三提到維森塔爾。那名亡命之徒認為，精心策劃猶太人復國的維森塔爾正密謀追捕他。海姆雖然沒有被那名納粹獵人逮到，但是認為他「完全掌控德國的所有機關」。[9]至少，這表示海姆懼怕維森塔爾，認為他跟普通民眾心目中的形象一樣，是幾乎無所不能的復仇者；搞不好還有別的亡命戰犯也是這樣以為。這自然是誇大了，但是也說明了維森塔爾的一項關鍵優勢：他能利用那些誇大渲染的傳言，完成一部分的任務，也就是讓被追捕的對象心生恐懼。

至於鮑曼，葛雷說射殺了他，法拉哥自稱曾經到玻利維亞探視過他，也都完全不被各界採信。一九七二年在柏林的一處建築工地，一具據說是鮑曼的遺體被發現，但是一直到一九九八年，DNA鑑定才確定跟那位曾經權傾一時的納粹黨員的一名親戚吻合，因此，推斷他死於一九四五年五月二日，也就是紅軍部隊攻占柏林時，他離開希特勒的地堡不久後便死亡。期間那些年，還有更多人聲稱看到鮑曼，通常是說在南美洲看到的。[10]

霸茲說得對，在有些案子裡，納粹獵人確實是在追捕鬼魂，但是那通常是缺乏可靠情報加上臆測造成的。至少他們沒有編造荒誕不經的報復殺人故事。不過這類捏造的故事倒是影響了大眾文化，導致民眾普遍誤以為，每部納粹獵人的冒險劇本，都可能是好萊塢的編劇寫的。

通常，不論是政府或是私人調查者，追捕納粹戰犯都是依照節奏慢了許多的劇本進行，尤其是陷入看似沒完沒了的法律戰時。而且真實的劇情裡當然沒有激烈的槍戰，或其他火爆的衝突；但是在杜撰出來的「真實故事」裡，那些可是主要的橋段。不過在一些罕見的特殊案例中，真實的情況簡直就像虛構的情節，復仇者會從暗地裡偷襲。

在豪爾・布倫一九七七年出版的開創性著作《通緝令：搜捕在美國的納粹》裡，有一名罪犯，名叫湯林・蘇左可夫（Tscherim Soobzokov），他在蘇聯的北高加索長大，屬於索卡西亞人這個少數民族。乍看之下，在家鄉新澤西州帕特森被稱為「湯姆」的蘇左可夫，就像美國典型的成功人物。根據《帕特森新聞報》（*The Paterson News*）的一篇文章，一九四二年德國人占領高加索時，他被用船「送到羅馬尼亞，被迫擔任半強制勞工」。[11]戰爭結束後，他跟其他流亡的索卡西亞人一樣，前往到約旦，一九五五年才來到美國。他定居帕特森後，便開始到洗車場工作，不過一路平步青雲，很快就先後組織起貨運卡車駕駛工會（Teamsters Union）和民主黨地方支部，還找到新工作，擔任巴賽克郡（Passaic County）的採購督察長。他擅長幫人解決問題，尤其是幫同樣來自高加索的移民。他處事圓滑，人脈廣闊，因此日益亨通。

不過有些索卡西亞移民同胞既不相信他的人生經歷，也不認同他自稱代表他們。一九七〇年代初期，移民歸化局的調查員安東妮・迪維多取得美國納粹戰犯名單，名單上出現他的姓名，而他在帕特森的鄰居都很熱切地幫忙解釋原因。布倫引述名叫卡辛．喬可（Kassim Chuako）的索卡西亞人說，德軍抵達高加索，來到他們居住的地區後，蘇左可夫馬上投效德軍。「我們親眼見到他跟德國人一起進入村莊，圍捕村民，抓走共產黨員和猶太人。」喬可說，「我親眼看見他跟把人抓走的黨衛軍部隊在一起。」還有人補充說看過他穿著黨衛軍制服，在羅馬尼亞招收難民加入黨衛軍扶持的高加索軍事組織。12

雖然蘇左可夫在黨衛軍的戰鬥部隊「武裝黨衛軍」服役到一九四五年，但是戰爭一結束，卻仍舊能輕鬆地佯稱自己是普通的戰爭難民。一九四七年，他跟著一群索卡西亞人從義大利移居約旦，在約旦工作，擔任農業工程師。不久後，他就有了新僱主：中央情報局。中央情報局亟欲利用他找出能派到蘇聯當臥底的索卡西亞同胞，而他也欣然答應受僱。

蘇左可夫自稱坦白說出自己的一切背景，但他的新上司們並沒有誤信。「關於戰爭罪行的問題，該僱員都回答得前後一致，清楚明確。但是，無庸置疑，他至今仍對我們隱瞞若干以前做過的事。」一九五三年一名中央情報局官員這樣報告。然而，顯然中央情報局的優先考量仍舊是善用他來辦事，不論他隱瞞了什麼。一九五五年蘇左可夫來到美國後，繼續兼差幫中央情報局工作。不過他的說詞完全前言不答後語，因此另一名中央情報局官員斷定他是「無可救藥的騙子」。一九六〇年中央情報局就不再僱用他。

但是，一九七〇年代移民歸化局開始調查他的背景時，一名中央情報局資深官員卻說，雖然關於他的「疑慮尚未澄清」，但是他確實對美國「有所貢獻」。而且，移民歸化局始終沒有找到任何具體證據，可以證明他涉及戰爭罪行，因此停止調查。[13] 一九八〇年，司法部新成立的特別調查辦公室試圖繼續查辦他的案件，調查人員發現，蘇左可夫申請美國簽證時，有列出了一些他參加過的納粹黨組織。特別調查辦公室的策略，是要證明戰犯嫌疑人是靠欺騙才獲准入境美國，藉此設法取消他們的國籍。最後偵辦蘇左可夫案的人員儘管不情願，仍舊只能放棄繼續偵辦，因為他雖然沒有和盤托出，但是他坦承的部分，就足以讓特別調查辦公室完全無法指控他掩蓋往事。

儘管蘇左可夫充滿爭議，最後也傷痕累累，但是看起來仍舊獲勝，甚至告豪爾・布倫在《通緝令：搜捕在美國的納粹》一書中誹謗他，作者雖然被迫庭外和解，但是並沒有刪除書中所寫的任何內容。[14]

一九八五年八月十五日，一個土製管式炸彈在蘇左可夫位於帕特森的家外面爆炸，這位充滿爭議的人物被炸成重傷，九月六日傷重不治死亡。後來美國聯邦調查局表示主謀可能是猶太保衛聯盟（Jewish Defense League），但是始終沒有破案。[15]

八年後，又發生一樁謀殺案，那樁謀殺案簡直就像恐怖小說裡的情節。這次案發現場在高級的巴黎市第十六區的一間公寓，死者是瑞內・布斯奎（René Bousquet），這名八十四歲的前警察局長曾經負責安排遣送猶太人離開被占領的法國，其中包括數千名孩童。布斯奎雖然戰後有遭到審判，但只被判處緩刑，之所以會這樣判決，是因為據說他協助過反抗組織。後來他在商界事業成功，他積極參與猶太大屠殺的往事似乎就被多數人遺忘了。即便法國為了正視通敵的遺禍，再次挖出他的往事，也有人大聲對他提出新的指控，但是他卻仍舊不肯道歉，似乎信心滿滿，自認為沒什麼好怕的，每天依舊會到布洛涅森林遛兩次狗。16

一九九三年六月八日，一個名叫克里斯辛・迪帝（Christian Didier）的男子來到布斯奎的公寓，自稱是去送交法院文件給他的。後來迪帝告訴法國電視臺的人員，那位前警察局長打開門後，他「就掏出左輪手槍近距離開槍」。他雖然打中了目標，但是布斯奎仍衝向他。「那老頭體力驚人，」他繼續說，「我開了第二槍，他還是繼續朝我衝來。我開了第三槍，他開始腳步踉蹌。第四槍我打中他的頭或脖子，他才倒下，血流如注。」

迪帝逃離後，請來電視臺的人員，坦承殺人，但是絲毫不懊悔。他說布斯奎是「邪惡的化身」，而他做的事「就像在殺毒蛇」；他還說自己是「正義的化身」。自首的迪帝感到很挫折，不過實際上他的動機似乎是想要不計任何代價打響名號。他之前就曾經試圖殺掉克勞斯・巴比、闖入法國總統府的花園，以及企圖強行進入電視臺攝影棚。他在精神病院待過，殺了布斯奎後，被判處十年徒刑。服完一半刑期後，他就獲釋出獄，雖然當時他說對自己的行為感到後悔，但是卻也說：「如果我是在五十年前殺了他，我就會獲得勛章。」對於動機，他也改變了說詞，提出古怪的新邏輯。「我以為殺掉布斯奎，就能殺掉我心中的惡魔。」他說。17

像施爾季・克拉斯費德一樣希望布斯奎面對新審判的人，認為這次暗殺行動是一大挫敗。「猶太人要的是正義，不是報仇。」他說。18雖然克拉斯費德曾經想過殺掉巴比，但是始終更想要他接受審判並且被定罪，最後結果也正是如此。這樣才能伸張正義，有助於教育大眾更加瞭解猶太大屠殺。審判布斯奎另有益處，能作為實際教材，讓大眾知道法國通敵者如何主動參與德國人的罪行。但是刺殺布斯奎的案子跟好萊塢的電影不一樣，帶槍的人殺掉壞蛋後，沒有人鼓掌喝彩，因為大家不認為正義有獲得伸張。

追捕約瑟夫・門格勒的行動本來斷斷續續，一九八五年突然又變得緊迫。這名奧斯威辛的黨衛軍醫生被稱為「死亡天使」，暢銷小說《納粹大謀殺》與同名的熱門電影將他深植於民眾的想像中，把他描繪成邪惡的化身。19這名逃犯在二十五年前變成巴拉圭公民，但是他的明確下落持續引人臆測，因為據說在拉丁美洲與歐洲的幾個國家，包括西德，都有人看過他。由於國際壓力不斷加強，巴拉圭終於在一九七九年剝奪他的公民身分，巴拉圭的右翼獨裁者阿弗雷多・史卓思納（Alfredo Stroessner）總統聲稱，自己的政府從那時起就不知道他的下落了。不過沒有一個追捕門格勒的人相信阿弗雷多的話，而且他們心裡都存在一個關鍵的假設。一九八五年四月十六日，我從波昂向紐約的編輯們提出第一份報告時寫道：「若說門格勒還活著，沒有人會有異議。」

維森塔爾不斷散布打聽來的新線索，聲稱差一點就追蹤到他。雖然他有時候會遭指責胡亂散播謠言，但是絕對不只有他拼命保持熱度，讓媒體持續關注門格勒，或把線索當成確鑿的證據，好刺激搜捕行動。五月時，法蘭克福的律師費里茲．史戴內克（Fritz Steinacker）不再跟平常一樣「不予置評」，反常地說：「沒錯，我曾經幫門格勒辯護，我仍舊願意幫他辯護。」門格勒的故鄉在巴伐利亞的金茨堡（Günzburg），家族的農業機械事業在那裡仍舊興旺，儘管他在故鄉的兒子羅夫和親屬都矢口否認知道他的下落，但是維森塔爾告訴我，他確信他們「從頭到尾，甚至到今天，都清清楚楚知道門格勒的下落」。他說，門格勒家一家子繼續對關於門格勒的所有報導都回答「不予置評」，他堅信這意味著門格勒還活著，仍在逃亡。「等到他們能說那個人死了，這樣的窘境才會結束。」他說。

克拉斯費德夫婦同樣確信門格勒還活著。碧特前往巴拉圭抗議政府庇護門格勒。「門格勒在巴拉圭受到史卓思納總統的保護。」施爾季斷然指控。維森塔爾、洛杉磯的西蒙維森塔爾中心、克拉斯費德夫婦、西德政府和以色列政府等，提供許多賞金，鼓勵捉拿這名奧斯威辛的醫生，到一九八五年五月，賞金總共超過三百四十萬美元。負責在西德搜捕門格勒的法蘭克福檢察官漢斯—艾伯哈・柯藍（Hans-Eberhard Klein）解釋說：「聲稱見過他的人提供給我們堆積如山的密報，但是我們根據那些密報去找人，都沒有找到。」他解釋說，正因如此，西德和其他政府、機關與個人，才會提高懸賞的獎金。同樣在五月，柯藍及其團隊成員跟美國與以色列的官員在法蘭克福會面，協調三國的搜捕行動。

不過所有參與追捕行動的人一個月後發現，自己也追鬼魂追了六年：門格勒一九七九年在巴西貝爾蒂奧加（Bertioga）的一處海灘游泳溺斃了，可能是中風發作。[20]他的遺骸在聖保羅附近的一座墳墓裡被找到，法醫鑑識小組判定遺骸的身分就是廣為認定的約瑟夫・門格勒。羅夫・門格勒最後也坦承維森塔爾等人始終懷疑的事情確實是真的：一家人不僅跟父親保持聯絡，他還在一九七七年到巴西探視父親。他還說自己兩年後又回到巴西，「確定父親死亡的情況」。一九九二年，DNA鑑定提出最終確認。在六十七歲溺斃的門格勒，不僅順利躲過司法制裁，就連死後，也把追捕他的人騙得團團轉。

雖然他的生死之謎解開了，但是發現他死了，仍舊無法解答繼艾希曼之後最多人想追捕的門格勒到底如何成功躲過追捕。國際軍事法庭在紐倫堡審判頂層納粹黨員期間，他的姓名曾經出現。奧斯威辛的指揮官魯道夫・霍斯以證人身分作證時，曾經明確提到「黨衛軍醫官門格勒醫生拿雙胞胎來做實驗」。[21]

奧斯威辛的生還者後來詳細敘述門格勒如何在集中營異常殘忍地殺害與折磨囚犯。他總是迫不及待前去迎接即將到來的列車，經常參與篩選過程，把數千名才剛抵達的人送到毒氣室毒死。一開始他經常饒過雙胞胎，著迷於拿他們做實驗。他會把染料注射到嬰兒與孩童的眼珠裡，改變眼珠的顏色；也進行過多次輸血和抽取脊髓液。他還會測試其他囚犯的忍受度，例如用高劑量的X光照射波蘭修女，導致她們被灼傷。他還會對性器官動手術，把斑疹傷寒等疾病轉移到健康的囚犯身上，以及抽骨髓。在一份報告中，一名上級軍官讚揚他「善用能運用的科學材料，在人類學的領域作出重要貢獻」。門格勒親自處死許多實驗後活下來的囚犯，把殘餘的「科學材料」處理掉。

德國猶太律師羅伯特．肯納在一九三五年離開祖國，後來回到德國，參加美國的紐倫堡大審檢察團隊。根據他的說法，門格勒的姓名在一九四七年的「醫生審判」中有出現，那場審判是國際軍事法庭之後的第一場後續審判。22「我們從紐倫堡開始搜捕門格勒，」他在一九八五年告訴我，「德國人想要捉拿他，但在德國境內找不到他。他已經躲起來了。」他還說，門格勒其實戰後立刻就被監禁在美國，但是監禁他的人不曉得他是誰。那名囚犯極度愛惜髮膚，不想要玷汙外表，順利說服黨衛軍，他不需要在身上刺黨衛軍的識別刺青；正因如此，美國人才沒認出他是黨衛軍。23

門格勒雖然老早就被列入戰犯名單，但是在大圍捕行動中被美軍逮捕的人，在那段混亂時期很快就溜走逍遙法外，肯納一點也不訝異。「那些傢伙消失得無影無蹤。」他說，「那不會太難。真正的罪犯本來就比我們聰明。」肯納深信，門格勒跟克勞斯・巴比不一樣，沒有跟美國人交易換取自由。「他是個獨立的傢伙。」肯納說，「他跟許多人不一樣，他很有錢。」

由於巴比曾經跟美國情報機關合作，門格勒的遺骸被尋獲後，美國司法部格外迫切想調查他是否也有這方面的記錄。特別調查辦公室又進行了一次詳盡的調查，報告最後在一九九二年出爐，上頭寫說門格勒以化名住在美國占領區裡的一處農地，直到一九四九年才逃到南美洲。報告結論道：「門格勒逃離歐洲，美國人不僅沒有給予協助，也不知情。沒有證據顯示他跟美國情報機關有瓜葛。」[24]

門格勒起初住在布宜諾斯艾利斯，一度住在奧利沃斯，也就是艾希曼住的那個近郊住宅區。以色列人展開綁架艾希曼的行動時，摩薩德頭頭埃瑟・哈雷爾就耳聞門格勒可能也在那裡，不過他強調情報並未經過證實。他對這名奧斯威辛醫生的看法很清楚。「在手段駭人、試圖消滅猶太人的所有首要惡人中，顯而易見，他心地惡毒，樂在其中地扮演著死亡使者。」哈雷爾寫道[25]。被問到艾希曼行動耗費多少成本時，他告訴一名隊員：「為了讓這筆投資更有價值，我們會設法一併捉拿門格勒。」[26]

哈雷爾說，雖然他亟欲找出門格勒，但是完全不想魯莽行事，「以免危及首要任務，也就是『艾希曼行動』」。他的行動小組在布宜諾斯艾利斯全心全力跟蹤目標，安排安全藏身處和運輸工具，以及策劃綁架行動和綁架後的行動。他們知道也能順便捉拿門格勒，但是一致決定先把焦點放在主要目標身上。「我們沒人表示想要捉拿門格勒。」子魏．艾海羅尼回憶道；他是艾希曼綁架小組的關鍵成員，被選定在綁架成功後負責偵訊艾希曼。「會這樣決定，絕不是因為沒有膽子。我們只是擔心不顧法律，蠻橫硬幹，一次綁架兩個人，可能會導致『艾希曼行動』失敗。」根據他的說法，哈雷爾是最想捉拿門格勒的人，但是行動現場指揮官拉斐．艾坦一開始就勸他別為了一箭雙鵰而魯莽行事，引用希伯來文的諺語：「欲速則不達。」

然而，以色列人一逮到艾希曼，哈雷爾旋即催促艾海羅尼去問對方知不知道門格勒的事。起初，被俘虜的艾希曼拒絕透露任何內幕，但是後來還是坦承在布宜諾斯艾利斯的一家餐廳見過門格勒一次，稱聲是偶然相遇。艾希曼說不知道門格勒的住址，但是有聽門格勒提到，有名德國女子在奧利沃斯經營一間賓館。艾海羅尼說自己相信他，但是哈雷爾不信。「他騙你的啦！」哈雷爾說，「他知道門格勒在哪！」就艾海羅尼看來，摩薩德頭頭「像著了魔似的」。

其實，門格勒在前一年西德發布他的通緝令後，就離開阿根廷，逃到巴拉圭。該不該躲到比阿根廷更願意庇護納粹戰犯的國家，搞不好他原本還有一些疑慮，但艾希曼遭到綁架肯定完全消除了他的疑慮。不過他覺得巴拉圭也不安全，因為成功綁架艾希曼後，哈雷爾又派艾海羅尼等探員到拉丁美洲的幾個國家找他。由於定居該區的其他前納粹黨員出手相助，門格勒順利搬到聖保羅附近的一座農場，再次當起農場工人。但是他傷心難過，覺得自己好可憐，尤其當他得知西德報紙又在提醒讀者他在奧斯威辛的殘忍行徑。

「你應該看得出來，我現在心情糟透了，尤其因為我過去這幾個禮拜得應付這些鬼扯的報導，說我試圖把奧斯威辛—比克瑙的囚犯大卸八塊。」他在日記裡寫道，「在這種心情下，就算豔陽高照，我也開心不起來。我淪落為可憐蟲，對生命失去了熱愛，對錢財失去了渴望。」[27]

艾海羅尼說，一九六二年，他收買了門格勒在南美洲的一名聯絡人，獲得指引去找沃夫岡・葛哈（Wolfgang Gerhard）；葛哈是納粹黨員，住在聖保羅附近，幫門格勒提供避難處。「我們當時不知道我們離目標已經那麼近了。」艾海羅尼寫道。[28] 現在回想起來，他開始搜索該區時，跟另外兩個人應該曾經在一條叢林小徑看到門格勒。但是令艾海羅尼和被派去找人的其餘探員訝異的是，哈雷爾突然把他們召回去處理新的優先要務：尋找一名八歲男孩，起因是有宗教激進分子不顧法院禁令，將他偷偷帶離以色列。探員們在紐約找到男孩，送他回到母親身邊。之後，他們就沒有再被派回南美洲了。

摩薩德由於更換領導人，對於搜捕門格勒的興趣漸減。一九六三年三月，哈雷爾卸任，邁爾．阿密（Meir Amit）接任。新局長很快就全心全力準備應付以色列跟阿拉伯鄰國逐漸逼近的下一波衝突，也就是一九六七年的六日戰爭。「我們投入很少力量去尋找門格勒，因此沒找到。」艾坦解釋道；他曾經指揮綁架艾希曼的行動，局長換人後，他仍舊繼續待在摩薩德任職。追捕納粹再次變成非優先要務了。[29]

一九八五年門格勒的屍體被發現時，他的兒子羅夫有解釋為什麼父親始終沒有被逮到。「他住的屋子很小，而且破爛到極點……小到沒人會懷疑他。」羅夫告訴西德雜誌《彩色》（*Bunte*）。因為門格勒出身豪門，追捕他的人「都在找住濱海白色別墅、擁有賓士車、有保鏢和德國牧羊犬保護的人」，他補充說。言下之意幾乎就是說，他們都想像自己會遭遇到的門格勒，就像葛雷哥萊．畢克在《納粹大謀殺》裡扮演的那個模樣。[30]

羅夫並沒有為長久以來保持沉默道歉，即便知道父親去世後，他仍舊默不吭聲。「我之所以保持沉默到現在，是考量到三十年來都跟家父保持聯絡的那些人。」他說。[31]他父親同樣對自己的罪行毫無悔意。約瑟夫．門格勒在一封寫給羅夫的信中寫道：「我絲毫沒有理由需要為我的任何決定與行為提出辯解。」[32]

羅夫最後坦承，他們一家人和許多其他人，在那些年來都曾經幫助門格勒躲避司法審判；這也不禁令人質疑法蘭克福檢察官柯藍主導的西德調查行動。法官沒有簽發搜索票讓檢方搜索門格勒家一家人的住宅或公司行號，檢方似乎也沒花什麼心力審問他們。逃犯的姪子帝特・門格勒（Dieter Mengele）說檢察官從來沒有找過他。柯藍說「只有」派人監視門格勒家的一部分家人；這句話是什麼意思，我就不知道了。

司法部特別調查辦公室在一九九二年公布調查門格勒的報告，承認顯而易見的事情。「奧斯威辛的『死亡天使』犯了罪，但卻能活到老才死在巴西，這證明了追捕行動失敗。」報告結論道。不過報告也點出，西德、以色列和美國雖然「發動了史無前例的全球搜捕行動」，但是為時已晚；這暗示了他們對追捕失敗感到不滿。更重要的是，「由於追捕行動，多年來他在巴西都躲在骯髒的地方，過著貧窮的生活，飽受恐懼折磨，深怕以色列特務就快要逮到他，這也可以算是伸張了一點『正義』，哪怕結果不盡公允、不符此人的罪行」。報告還寫說，他付出了代價，因為他「變成了囚犯，被關在害怕被抓的惡夢中」。33

門格勒雖然躲過了納粹獵人，但卻躲不過他們不斷延長的身影。

第十六章　回歸最初的定罪論據

「倖存下來是恩典，但必須承擔責任。我永遠都在問自己，我能為沒有倖存下來的人做什麼。」西蒙・維森塔爾 1

一九九四年四月，一組美國廣播公司新聞台的攝影團隊小心翼翼地監視著目標，他們在聖卡洛斯德巴里洛切（San Carlos de Bariloche）找到了埃里希・普里克（Erich Priebke）；這座阿根廷的休閒度假城鎮位於安地斯山脈的山麓丘陵，十九世紀的德國移民在那裡建了阿爾卑斯山風格的房屋。這名前黨衛軍上尉跟許多涉及大屠殺的納粹黨員一樣，戰後旋即逃離歐洲，從此過著看似正常的生活。他經營一家熟食店，甚至偶爾會回到歐洲，從來就懶得費功夫去改名易姓。看起來他已經澈底擺脫過往，直到美國廣播公司咄咄逼人的記者山姆・唐納森（Sam Donaldson）在攝影機拍攝下跟他正面槓上的那一天。

普里克涉嫌犯下的罪行是，一九四四年三月二十四日在羅馬郊區的阿德堤尼墳坑（Ardeatine Caves），參與安排處死三百三十五名成人和幼童，其中包括七十五名猶太人。[2]在那之前，義大利游擊隊員殺了三十三名德國人，羅馬蓋世太保頭頭赫伯・卡普樂（Herbert Kappler）下令屠殺，要拿十個義大利人的命來為每一個死去的德國人抵命。跟普里克不一樣，卡普樂沒有及時逃離義大利，被判無期徒刑；但是一九七七年，他從軍醫院逃走，逍遙自在活了一年後就死了。也有報導指出，普里克曾經參與行動，遣送義大利猶太人到奧斯威辛。

「普里克先生，我是美國電視臺的山姆・唐納森。」記者大聲呼喚，在普里克準備坐上自己的車時在街上攔下他，「你一九四四年在羅馬的蓋世太保服役，對吧？」[3]

普里克一開始看起來沒有過度慌張，也完全不刻意謊稱沒有參與處決行動。「是啊，在羅馬，是啊。」他用帶著口音但是流利的英語說，「你也知道，共產黨員炸死了一群德國軍人，每死一個德國軍人，十個義大利人就得償命。」

普里克穿著馬球衫和風衣，戴著巴伐利亞帽，在這個風景如畫的城鎮裡，看起來就像準備回家的普通德國人。

「殺平民嗎？」唐納森問。

普里克雖然保持語氣平和，但是開始稍微顯露不安，回答說被殺的人「大部分是恐怖分子」。

「但是有孩童被殺啊。」記者咄咄逼人地說。

「沒這回事。」普里克堅決否認。唐納森指出有幾個十四歲的男孩被殺，他搖搖頭又說了一次「沒這回事」。

「那你們為什麼要開槍射殺他們？他們又沒做什麼事。」

「你知道的，我們是奉命行事。你知道的，在戰爭中難免會發生那種事。」此時，普里克看起來很想結束談話。

「你們只是奉命行事？」

「是啊，當然，但是我沒有開槍射殺任何人。」

唐納森又說了一次他曾經在坑洞裡殺害平民，而普里克也再次反駁：「沒有，沒有，沒有。」

關於命令的意義，兩人再度爭論了一番，之後唐納森說：「不能拿命令來當擋箭牌。」

普里克非常惱火，這名美國記者似乎無法瞭解何謂命令如山。他當時必須執行命令呀，於是他又重申了一次：「當時可是命令如山吶。」

「所以有殺平民？」唐納森追問。

「有殺平民。」普里克坦承道，「當時世界各地都有許多平民死亡，現在仍舊一樣啊。」他露出緊張的笑容，緩緩搖著頭，補充道：「你活在這個年代，但是我們活在一九三三年。」意指希特勒掌權的那一年，「你能瞭解這一點嗎？整個德國都是……納粹。我們沒有犯罪，我們是聽命行事，那不是犯罪。」

唐納森繼續窮追猛打，追問他是否曾經把猶太人送到集中營。

普里克搖搖頭：「我沒有送過猶太人到集中營……我從來就不仇視猶太人。我來自柏林。我們在柏林跟很多猶太人住在一起。沒有，我沒有。」

說完後，他就進入車內，猛力甩上車門。他透過打開的車窗，向追問他的那名記者說了最後一句話：「你很沒禮貌。」

普里克把車開走時，換記者嘲諷地哈哈大笑。「我很沒禮貌。」他跟著說了一次。

唐納森生於一九三四年，第二次世界大戰時年紀還太小，沒有去打仗，但是始終對那場戰爭以及希特勒如何迷惑德國人深深著迷。[4]在美國廣播公司，他反覆跟實習人員一起觀看蘭妮·萊芬斯坦（Leni Riefenstahl）的《意志的勝利》（*Triumph of the Will*），仔細研究，認為那是「第一部真正的宣傳影片」。

後來唐納森的製作人哈利·菲利浦（Harry Phillips）找到普里克，監視他兩個星期左右，接著埋伏拍攝他。當時唐納森深信，民眾對納粹及其罪行的興趣日漸降低，但是唐納森和菲利浦的報導在全球各地引起迴響，導致輿論興起，民眾首次認真要求審判普里克。一九九五年阿根廷把他引渡到義大利，接著展開一場重要的法律戰。起初軍事法庭依法判他無罪釋放，但是後來他又遭到逮捕，再次受到審判，一九九八年被判處無期徒刑。由於他年事已高，被軟禁在羅馬，二〇一三年一百歲時死於羅馬。[5]

天主教會拒絕在羅馬幫他舉辦公葬，阿根廷和德國也不願意蹚這渾水，最後被丟給聖庇護十世司鐸兄弟會（Society of St. Pius X）處理；這支天主教分裂出來的小派系最近幾十年來都在反對教會改革，而且直言對猶太大屠殺抱持懷疑。該兄弟會在阿爾巴諾拉齊亞萊（Albano Laziale）的一間教堂籌辦葬禮，這座山頂小鎮位於首都羅馬的南方。靈車行駛在街道上時，鎮暴警察卯足全力阻攔憤怒的抗議人士敲打靈車。[6]

普里克從始至終都否認到底，堅稱他只是克盡職守。不過有一件事例外：上級只要求十命抵一命，殺三百三十個義大利人，但是他承認他們圍捕了三百三十五人，這表示他們殺的人數比上級要求的多了五人。顯然普里克編列處決名單時，多列了五個姓名。「名單編錯了。」他告訴德國報紙《南德日報》的記者。顯然他認為那只是微不足道的小差錯，基本上只是計算錯誤，但是覆水難收；除此之外，處決行動相當順利，據說，受害人雙手被反綁在背後，被帶到洞坑裡，最後被迫跪下，脖子後側遭到開槍射殺。

唐納森回顧在電視臺的漫長職業生涯時，說他對普里克的報導特別引以為傲。「這些年來，別人問我最引以為傲的是哪一次採訪時，都以為我會說採訪美國總統雷根或埃及總統沙達特，但是我卻告訴他們是採訪普里克。」他說，「那是我這輩子最重要與最有趣的報導。」

雖然新聞工作者本身並非納粹獵人，但是納粹獵人的信念顯然影響了唐納森和幾名同事，他們也在追蹤類似的故事。他們之所以認為這些故事很重要，不單只是因為能製造頭條新聞。唐納森這樣說：「我相信老觀念是對的，如果不讓未來世世代代永遠謹記這些事，總有一天會發現哲學家桑塔亞那的名言是對的：倘若不謹記歷史，終將重蹈覆轍。」

在多數情況，是新聞工作者在報導納粹獵人發現的內幕，或追查他們給的小道消息，包括後續造成的法律影響。然而，在普里克的案子中，唐納森的戲劇化街頭採訪卻是新聞工作者偵查獲得的結果，不是納粹獵人自己取得的任何突破。採訪播出時，那名前黨衛軍上尉的命運就確定了，終結了他在阿根廷的舒適生活，導致他被引渡與判刑。

二〇一五年是解放奧斯威辛等集中營以及戰爭結束的七十週年，那場戰爭是史上死亡人數最多的。必須追捕與審判的納粹戰犯越來越少了，這幾乎不令人意外。資深幹部大概全都去世了，一九四五年時如果是二十歲的集中營守衛，現在就是九十歲了，這表示無可避免，最後辦的都是資淺人員的案子。因此，在納粹獵人們的冒險故事即將劃下句點的這個時代，就連納粹獵人之間也爭論起那些剩下的案子有多少價值。

諷刺的是，其中一個陳年古案，主角只是這種低階集中營守衛，在本世紀初期出現了一些驚人的新轉折，追捕剩餘罪犯的遊戲規則也因此改變了。這件案子在美國、以色列與德國延燒了數十年，整個過程中不斷引發爭議。即便案件主角約翰・丹傑納（John Demjanuk），九十一歲的克里夫蘭汽車工廠退休工人，二〇一二年死在療養院，但生前被控告的一連串官司，引發了牽涉範圍更加廣闊的爭議，也仍舊懸而未解。

丹傑納的故事只有最初的部分沒有爭議，他跟在二十世紀被捲入動亂中的許多人一樣，不幸生長於快速受到史達林與希特勒的暴政影響的核心地區。伊萬・丹傑納（Iwan Demjanuk，他後來成為美國公民時，改名為約翰）一九二〇年出生於基輔附近的一座小村莊，只接受四年學校教育，就到集體農場工作。一九三〇年代初期，史達林發動攻勢，澈底消滅反對強制實施集體化政策的烏克蘭人，結果這位蘇聯領袖引發了一場饑荒，造成數百萬人死亡，丹傑納和家人萬幸活了下來。希特勒的軍隊入侵蘇聯時，他被徵召加入紅軍，受了重傷，花了很長一段時間復元後，又回去打仗。一九四二年，他被德國人俘虜，加入蘇聯戰俘的行列，許多戰俘很快死於虐待、飢餓和疾病。[7]

在史達林眼裡，被德國人俘虜的軍人都是「逃到外國的叛徒」；他們一回國就會立刻受到處罰，同時，他們的家眷也會受到處罰。[8]由於這些未來要面對的命運，加上戰前在蘇聯統治下忍受的艱苦環境，有些戰俘認為最好投靠俘虜他們的人，才比較有機會活命。於是他們響應號召，「自願」到集中營擔任守衛，或者後來加入俄羅斯解放軍當兵；俄羅斯解放軍由安德雷・傅拉思夫（Andrei Vlasov）將軍指揮，傅拉思夫是蘇俄在戰爭初期的英雄，但是被俘虜後便投靠敵營。傅拉思夫稱聲自己的目標是推翻史達林，而不是為希特勒效命；但是他的行動意味他準備跟德國入侵者並肩作戰。

根據丹傑納的說法，他起初在全部都是烏克蘭人的黨衛軍部隊服役，這表示他必須在上臂刺上血型；後來他又加入傅拉思夫的俄羅斯解放軍。但是他說自己在戰爭尾聲完全沒有參與戰鬥，戰爭結束後待在德國難民營的那段期間，順利隱瞞了自己的背景，因此沒有跟傅拉思夫的人馬一起被強制遣送回祖國，俄羅斯解放軍的領袖們與追隨者回到祖國後立即遭到處決。丹傑納在難民營娶了一名烏克蘭同胞，而且找到工作，幫美軍開車。

為了申請難民身分，他謊稱戰爭期間大多待在索比堡（Sobibor）務農；這座波蘭村莊變得惡名昭彰，因為德國人在那裡設立了死亡營。丹傑納堅稱之所以會選擇這座村莊，單純因為有許多烏克蘭人居住在那裡。一九五二年，他跟妻子和女兒定居美國，後來他又生了兩個孩子，在克里夫蘭的烏克蘭流亡人士社區裡適應良好。在那裡，他被視為堅定反對共產黨的基督教徒，致力於協助祖國擺脫蘇聯的壓迫。

不過，一九七五年，時任《烏克蘭每日新聞報》（*Ukrainian Daily News*）編輯的前美國共產黨員麥克・哈努夏克（Michael Hanusiak）彙整了名單，列出七十名在美國的烏克蘭戰犯嫌疑人，丹傑納也名列其中，被發現曾經在索比堡擔任黨衛軍守衛。[9] 美國聯邦調查局和烏克蘭社群都認為哈努夏克的報紙是高度可疑的資訊來源，老是散播蘇聯的假消息。但是移民歸化局因為沒有採取任何行動處置住在美國的大部分納粹戰犯，已經受到國會議員伊麗莎白・霍茲曼施壓，於是展開調查。移民歸化局的調查員把丹傑納和幾名戰犯嫌疑人的照片寄到以色列，全部的照片都是在嫌犯年輕時拍的，目的是要拿照片請集中營的生還者指認，看看他們還記不記得任何面孔。

米連・雷狄克（Miriam Radiwker）負責把照片拿給集中營生還者看；這位在烏克蘭出生的警方調查員移民以色列之前，曾經在蘇聯和波蘭工作。她請來特雷布林卡的生還者，本來想看看他們認不認得照片中的另一名嫌疑人，但是其中一名生還者卻指著丹傑納的照片驚呼：「那是伊萬，特雷布林卡的伊萬，綽號恐怖伊凡。」恐怖伊凡是首任沙皇伊凡四世的綽號。有一名守衛，負責操控毒氣室，以毆打、鞭打和射殺囚犯為樂，也被稱為「恐怖伊凡」。由於美國人傳送的情資指出，丹傑納是在索比堡擔任守衛，不是在特雷布林卡，因此這讓雷狄克既驚訝又懷疑。

不過接著又有兩名特雷布林卡的生還者挑出丹傑納的照片，指認他就是恐怖伊凡；其中一人確定自己沒認錯，另一人則謹慎地強調說自己無法完全確定，因為照片的拍攝時間並非丹傑納被生還者指控在特雷布林卡任職的那段期間。雖然他們對恐怖伊凡的外貌描述，跟丹傑納非常吻合，但是仍舊沒有完全吻合，尤其是他們記得的身高有出入。

雷狄克向美國人報告調查結果，剩下來的問題就得由美國人來解決了。一九七七年，美國克里夫蘭檢察署正式起訴丹傑納，控告他是特雷布林卡的守衛，綽號恐怖伊凡。[10]一九七九年司法部的特別調查辦公室成立後，迅即接辦此案。由於特雷布林卡的記錄被德國人銷毀了，因此一名調查員開始搜查來自特拉維尼基（Trawniki）的文件，這座訓練營是用來訓練蘇聯戰俘擔任黨衛軍守衛的。他推測記錄應該在蘇聯手中，於是透過美國駐莫斯科大使館打探。一九八〇年初，蘇聯駐華盛頓大使館寄了一個信封到特別調查辦公室，信封裡裝著一張黨衛軍識別證的影本，識別證上不只有伊萬・丹傑納的姓名，出生日期和父親姓名也都正確。那張識別證也被刊登在一些烏克蘭的報紙上。

加入特別調查辦公室擔任副主任的亞倫・萊恩，跟著團隊一起比對識別證上的照片和丹傑納一九五一年貼在美國簽證申請書上的照片。「無庸置疑，這兩張照片是同一個人。」他結論道。從識別證可看出，丹傑納曾經被派駐索比堡，但是沒有記錄他曾經待過特雷布林卡，儘管如此，萊恩仍舊斷定他們找對人了。「你這王八蛋。」他說自己當時心裡這樣想，「我們終於逮到你了。」

然而不是每個人都相信政府找對人。《烏克蘭每日新聞報》之前曾經報導，說有一名前烏克蘭黨衛軍守衛聲稱自己曾經跟丹傑納在索比堡共事，不是在特雷布林卡；那名烏克蘭人在蘇聯入監服了很長的刑期，後來繼續留在西伯利亞。司法部的檢察官喬治・帕克（George Parker）從一開始就負責處理丹傑納的案子，證據不一致實在讓他傷透腦筋，因此寫備忘錄呈交特別調查辦公室的主任沃爾特・羅克樂（Walter Rockler）和萊恩，提醒說他們正在考慮其他辦法，比如說，至少增加控告罪名，也就是丹傑納曾經在索比堡任職，但至於在特雷布林卡任職這一條，則可能會完全撤消控告。但是萊恩接替羅克樂擔任最高職位後，決定維持原來的起訴罪名，指控丹傑納就是特雷布林卡的恐怖伊凡。[11]

在後來的法庭戰期間，政府勝訴，丹傑納被褫奪公民身分。美國的烏克蘭社群大聲抗議，認為特別調查辦公室利用莫斯科偽造的證據，冤枉無辜的人，但是以色列並沒有因此就停止要求引渡他。一九八六年一月二十七日，丹傑納被強押上飛往特拉維夫的以色列航空公司班機。這是繼艾希曼之後，以色列第一次決定審判納粹戰犯嫌疑人。[12]

外交部長葉慈翰・謝米爾雖然有發表聲明，以色列那樣做，是為了伸張「歷史正義」，但是這項決定仍舊引發極大的爭議。[13]亞伯拉罕・夏龍曾經到布宜諾斯艾利斯擔任副指揮官，執行綁架艾希曼的行動，此時他是以色列國家安全局「辛貝特」的局長。以色列要求引渡丹傑納之前，總理希蒙・佩雷斯（Shimon Peres）詢問夏龍的看法。「我告訴他別那樣做，因為只有一個艾希曼。」夏龍回憶道，暗示丹傑納相較之下只是小人物。

「如果我們減少獎賞，效果也會隨之減小。」14

在耶路撒冷，特雷布林卡的生還者在丹傑納的審判中情緒激動地作證，發誓說他就是恐怖伊凡。「他就坐在這裡。」平恰斯．艾普斯坦（Pinchas Epstein）指著被告大聲說，「我每天晚上都會夢到他……他被蝕刻在我的身體裡，在我的記憶裡。」觀眾時而鼓掌喝彩，時而對丹傑納和以色列籍的辯護律師游倫．薛福特（Yoram Sheftel）破口大罵，「你這個騙子，你謀殺了我父親。」一名波蘭猶太人對著丹傑納大聲嚷嚷。觀眾罵薛福特是「囚監」、「納粹」和「不要臉的混蛋」。一九八八年四月，法院判決丹傑納有罪，判處死刑。15

不過他的辯護團隊向以色列最高法院針對判決提出上訴時，有新證據出現，證明真正的恐怖伊凡是一位名叫伊凡．馬錢寇（Ivan Marchenko）的守衛。美國哥倫比亞廣播公司的《六十分鐘》報導說，有一名馬錢寇經常光顧的波蘭妓女答應說出真相；在那之前，那名妓女的丈夫不僅證實她說的屬實，還說馬錢寇到他的店裡買伏特加酒時，曾經公開談論操控毒氣室的事。加上其他有利於丹傑納的資訊，這表示檢察團隊大禍臨頭了。16

一九九三年七月以色列最高法院判丹傑納無罪，美國第六巡迴法院判他能夠返回美國，更糟的是，巡迴法院也恢復他的公民身分，並且判定特別調查辦公室不當起訴。丹傑納的辯護者從始至終不斷指控，特別調查辦公室隱瞞了一些證據，足以顯示案情有疑慮，他們甚至到特別調查辦公室外頭的大型垃圾桶仔細翻找，想挖出能證明檢方有罪的文件。「現在仍舊有人憤恨地指控檢方當時調查不當。」二〇一五年前特別調查辦公室主任萊恩告訴我。不過從一九九五年開始擔任相同職務的艾里・羅森邦坦承：「我們在那個案子被打得鼻青臉腫，不過我認為我們罪有應得。」[17]

不過這可不表示羅森邦改而相信丹傑納堅稱自己無罪的說詞。「顯然丹傑納有說謊，他確實當過死亡營的守衛，起碼在索比堡當過。」羅森邦說。換句話說，他的黨衛軍識別證指出的是事實。在羅森邦的指揮下，特別調查辦公室啟動新調查，費盡苦心重建案情，主要仰賴德國與蘇俄檔案室的新文件，而不是自稱的目擊證人。

結果他們發現：丹傑納從來沒有在傅拉思夫的俄羅斯解放軍裡當過兵，但卻堅稱自己有。[18]這跟他申請美國簽證時自稱在索比堡當過農夫一樣，是用來掩飾的謊言。二〇〇二年，第六巡迴法院二度褫奪他的公民身分。接下來的遣送大戰在二〇〇九年才終於結束，丹傑納在那一年再度被送離美國接受審判，這次是在德國接受審判。

丹傑納不斷懇求說自己年事已高，體弱多病，無法前往德國面對新審判，但是仍舊被用擔架抬上飛往慕尼黑的飛機。[19]他躺在有輪子的病床上被推進法庭，看起來活像死人，當時他八十九歲了，病體孱弱，但是他的對手深信他每次出現在公眾面前，都是在演戲。他被送到慕尼黑前不久，西蒙維森塔爾中心在 YouTube 張貼一段影片，內容是他走在住家附近的街道上，輕輕鬆鬆，不需要輔助就能自己上車。

二〇一一年五月，法院判決丹傑納有罪，認定他在索比堡任職的證據明確可信。跟以前在德國的其他戰犯判決不一樣，這次法院認定，這些證據足以證明他共謀殺害兩萬九千零六十人，也就是他在那座集中營任職期間的死亡總人數。他被判處五年徒刑，但是獲准扣除審判前被拘禁的兩年。他的律師針對判決提出上訴，他獲准居住在療養院，二〇一二年三月十七日死於療養院，上訴官司仍舊未判決。

這讓他的兒子可以主張，就法律實務而言，法庭的判決不再具有效力。他也大聲說出許多在美國的烏克蘭人深信的想法：德國利用他父親「作為代罪羔羊，把德國納粹分子幹的事怪罪到無助的烏克蘭戰俘身上」。[20] 專欄作家沛特·布坎南猛烈抨擊特別調查辦公室起訴丹傑納「是美國版的德雷福斯事件」，他把丹傑納和德雷福斯相提並論，「在這個國家的歷史上有多少人被無情追捕，殘忍起訴？」他問道。[21]（譯按：德雷福斯事件是十九世紀末發生在法國的冤獄大案，德雷福斯是法國猶太人，被誤判為賣國的間諜，遭到監禁，引發軒然大波，最後獲得平反。）

丹傑納的辯護者永遠都能譴責說，早期把他誤認為恐怖伊凡，以及一開始在以色列就判他死刑，證明了檢察官和法官都會犯下嚴重的錯誤。但是經過將近三十年的法律戰之後，他最後被判定有罪，他用來掩飾的謊言被澈底揭露。更重要的是，慕尼黑的判決開創了新的先例，示範德國能如何起訴人數越來越少、仍舊活著的戰犯嫌疑人。遊戲規則突然改變了。

在丹傑納案之前，德國檢察官始終難會遭遇到一大難題，那就是證明納粹犯罪嫌疑人犯下謀殺等罪的具體罪行，因此判處有罪的比例相當低。要找到大屠殺的目擊證人和明確證據並不難，但是要找到能明確證明特定人士犯下特定謀殺罪行的文件與目擊證人，卻難若登天。根據慕尼黑現代歷史研究所（Institute of Contemporary History in Munich）的統計，西德從一九四五年到二〇〇五年一共調查十七萬兩千兩百九十四人，判處六千六百五十六人有罪，但是在那些有罪判決中，只有一千一百四十七人被判定犯了殺人罪。22受到第三帝國迫害的總人數多不勝數，這表示只有極少部分的殺人凶手被迫為罪行承擔罪責。

丹傑納案的不同之處在於，慕尼黑的法院沒有要求檢方證明他犯下了謀殺的具體罪行，反而採納制式定罪標準，判定他是大屠殺的幫凶。換句話說，在死亡營任職過的人，會依據擔任的職務，被判定有罪。在路德維希堡的國家社會主義分子罪行調查中央辦公室的主任寇特・施林姆（Kurt Schrimm），旋即清楚表明，將會採用這種新標準。二〇一三年九月，他宣布辦公室打算把三十名奧斯威辛—比克瑙前守衛的資料寄給州檢察官，請檢察官調查他們是否也是謀殺的幫凶。[23]「我們認為，不管他們個別會被起訴什麼罪名，光是在奧斯威辛—比克瑙工作過，就能判定他們犯下共謀殺人的罪行。」他說。這三十名前守衛年紀從八十六歲到九十七歲，其中許多人因為死亡、疾病或其他因素，逃過法網。到二〇一五年初，那些案子中，有十三個仍在調查中，而且只有一個案子被起訴。[24]

二〇一五年四月，九十三歲的前黨衛軍奧斯卡·格勒寧（Oskar Gröning），「曾經在奧斯威辛擔任簿記員」，被控告共謀殺害三十萬名囚犯，在德國小鎮呂訥堡（Lüneburg）接受審判。他坦承當過守衛，負責清點從前往毒氣室的囚犯身上沒收的財物；不過他跟以前審判中的許多被告一樣，稱聲自己只是巨大殺人機器中的小齒輪。「拜託饒恕我吧。」他說，「我確實在道德上也必須共同承擔罪責，但是我有沒有觸犯刑法，這就有待判決了。」[25]他這番話雖然坦承了自己有罪，大部分的納粹被告都不曾這樣說，但是仍舊暗示著他不應該承擔法律刑責。

二〇一五年七月十五日，法院判定格勒寧有罪，判處四年徒刑，重於州檢察官要求判處的三年半徒刑。法官佛朗茲·康畢施（Franz Kompisch）說，他是自願加入黨衛軍，到奧斯威辛擔任「安全的文書工作」，因此判定他是大屠殺的共犯。康畢施宣布判決時，對格勒寧說：「我會這樣判決，或許有受到你生活的時代所影響，但可不是因為你當時沒有選擇自由。」[26]

施林姆解釋說，審判的目的主要不是要處罰那些前守衛，而是要讓大家知道，政府仍在努力伸張公平正義。「我個人認為，由於這些罪行罪大惡極，不能只向生還者和受害者說：『都過那麼久了，就忘了那段不堪回首的往事吧。』」他補充道。[27]

諷刺的是，判決丹傑納有罪的慕尼黑法院，最後竟然採納幾十年前提出的論據來判定怎樣才算構成足夠的罪證，可以定罪為納粹死亡機器工作過的人。威廉・丹森參加過一九四五年底開審的達豪審判，是美軍的檢察長。他曾經以「共謀」理論作為起訴的依據。他當時認為，不需要證明個別罪行，「只要證明每個被告都是構成這部滅絕機器的一個齒輪」就夠了。[28]德國檢察官費里茲・鮑爾帶頭要求國人同胞為德國人在第三帝國期間的行為負責。一九六〇年代在法蘭克福的奧斯威辛審判期間，他同樣認為，「凡操作過這部機器的人，都算參與謀殺，不論做了什麼，當然，先決條件是知道這部機器的目的」。[29]

還有更加諷刺的。倘若德國法庭在一九五〇年代或一九六〇年代，就開始採用這樣的定罪標準，審判和定罪的數量就會巨幅暴增。誠如現任國立奧斯威辛—比克瑙博物館館長皮爾特・西文斯基所言：「這種情況經常發生：只有等到剩下沒幾個人可以歸咎罪責的時候，才有辦法解釋罪行。」西文斯基堅持認為，德國法院以前的整套論據都有瑕疵。「如果抓到黑幫分子開槍殺人，沒人會在意他是開槍的，還是把風防止有人闖入的，總之他參與了整個犯罪過程。德國人竟然不那樣認為，實在令人傻眼。」[30]

德國新聞雜誌《明鏡》在二〇一四年八月二十五日提出另一種解釋，封面報導的標題為〈奧斯威辛檔案：為什麼最後那些黨衛軍守衛不會受到懲罰〉。這篇冗長報導的撰文者克勞斯．魏葛飛（Klaus Wiegrefe）結論道，德國定罪的記錄之所以乏善可陳，不只因為法律規定嚴格。「沒辦法處罰在奧斯威辛犯罪的人，不是因為有些政治人物或法官試圖阻撓制裁行動，」他寫道，「是因為太少人關心、沒人在乎罪犯是否被明確定罪以及判處刑罰。許多德國人在一九四五年以後就對大屠殺漠不關心。」31

儘管如此，西文斯基和許多外國評論者不只受到丹傑納案的裁決所鼓舞，也受到路德維希堡辦公室的施林姆堅決行動所激勵。「我們的工作不只攸關法律領域，也攸關道德領域。」西文斯基說，「有人說不應該判九十幾歲老人有罪，聲稱這樣做違反道德。不敢裁判才是更嚴重違反道德，因為那會讓不公不義獲勝。」

從美國官員處理丹傑納等案子就可以看出來，他們在這方面不需要別人來說服。二〇一四年七月二十三日，東賓州地方法院的法官提摩西．萊斯（Timothy R. Rice）下令將喬漢．布萊爾（Johann Breyer）引渡到德國面對審判；八十九歲的布萊爾在奧斯威辛當過黨衛軍，現在是已經退休的工具製造人員，住在費城。在要求引渡書中，德國提出的理由，令人不禁想起丹傑納案的定罪論據。「布萊爾參與組織，聽從上級指示，有目的地執行命令，進行謀殺。」引渡書中寫道，那個組織指的就是「負責殺人」的黨衛軍守衛部隊。布萊爾沒有否認在奧斯威辛任職過，但是聲稱沒有參與殺人。32

在判決書中，美國法官萊斯不用枯燥乏味的法律用語來說明判決背後的論據。「誠如德國所概述，像布萊爾這種死亡營守衛，一九四四年納粹恐怖統治的巔峰時期在奧斯威辛工作，不可能不知道有成千上萬人在毒氣室遭到殘忍毒殺，就地焚屍。」他寫道，「每天都有許多貨運列車運送成千上萬男女老幼到營區，其中大部分的人都在一夜之間突然消失。還有，尖叫聲、臭味與燒屍體的煙霧，瀰漫在空氣中。檢方提出的指控，讓布萊爾再也無法自欺欺人地說沒有參與那些恐怖暴行。」他也指出：「就算法律有消滅時效，也不會為謀殺凶手提供安全的避難所。」

不過這名前黨衛軍就在萊斯宣布判決的那一天死掉；這不是第一次納粹戰爭罪行嫌疑人在即將被從美國送到別的地方面對起訴之前死亡，因為法律訴訟一旦展開，通常很折磨人。對於多年來一直拼命想將布萊爾那種納粹戰犯嫌疑人繩之以法的人而言，這次雖然是重要的勝利，但是他的死卻也令人洩氣，感覺就像又失去一次機會；審判的主要目的不是要處罰罪犯，而是要大家在德國的法庭裡上新的一課，更加瞭解責任和歷史，瞭解在這種情況下，不論收到什麼命令，個人都必須為自己的行為負責。

布萊爾在即將被引渡之前死亡，也引發各界質疑，為什麼這類案子那麼晚才有結果，以及到底獲得多少成果。艾里．羅森邦主任說，美國特別調查辦公室從一九七八年創立到二〇一五年，共贏得一百零八件控告納粹罪行參與者的官司，褫奪了八十六個人的公民身分，其中有六十七個人被遣送、引渡或驅逐出境。33

積極遊說促成特別調查辦公室設立的前國會議員伊麗莎白．霍茲曼認為這樣的成績很亮眼，尤其因為要起訴那麼久以前犯罪的人，著實困難重重。「那些帶頭做這些事的人，實在令我非常欽佩。」她說，「我們有這個單位用專業的方法追查罪犯，到世界各地尋找證據。他們在機會渺茫的情況下仍舊成功了。我們在這段期間內做的事，世界上沒有一個國家比得上。」34

羅森邦對這樣的評價自然認同；他在一九八八年回到特別調查辦公室，一九九五年接任主任。他坦承，冷戰的政治局勢造成美國很長一段時間對追捕納粹罪犯失去興趣，有時候甚至會徵召他們來跟蘇聯打這場新的戰爭。不過他指出，早在一九四〇年代末期到大部分的一九五〇年代，美國就開始搜集納粹罪犯的檔案，並且讓許多納粹罪犯無法入境美國。他堅稱，唯有美蘇鬥爭呈現殊死戰的情況時，美國才會決定跟納粹罪犯合作。「一直以來，我們都會利用壞人來執法。」他說。

特別調查辦公室後來追查戰犯嫌疑人，像是德國檢察官最近追捕的嫌疑人，是否做得太少和太晚？可以這樣說。但是追查行動已經產生重大影響，表示美國不願意再對剩下來的罪犯視而不見，想要設法處置還能被指認的罪犯，將他們剝奪國籍並且遣送出境。

二〇一〇年，特別調查辦公室跟司法部的國家安全處（Domestic Security Section）合併成新單位，叫作人權特別起訴處（Human Rights and Special Prosecutions Section），但是羅森邦及其團隊繼續追查剩餘的納粹罪犯案件。霍茲曼說：「那些追查行動締造了歷史紀錄，證明美國不會變成大屠殺凶手的庇護所。」那些追查行動應該也能作為「未來世代的借鑑」，教育他們瞭解種族滅絕以及如何處理這類案件，在最樂觀的情況下，或許還能發揮嚇阻作用；不過她承認，從柬埔寨和盧安達等國家發生的種族滅絕事件來看，世人還沒有成功遏止這類慘案。

「執法官員與政府官員跟我們這種完全沒有獲得授權的人之間，自然會存在緊張關係。」西蒙維森塔爾中心的以色列辦事處處長艾夫藍・朱羅夫（Efraim Zuroff）在耶路撒冷接受訪問時解釋說，「我們會做這些事，完全是基於民眾的支持；不過民眾不是用選票支持我們，而是用捐款支票支持我們。」35

朱羅夫生於一九四八年，在布魯克林區長大，一九七〇年搬到以色列。從一九八〇年到一九八六年，他都在以色列當研究員，為特別調查辦公室辦事。他在一九八六年創辦西蒙維森塔爾中心的以色列辦事處，近年來經常被稱為最後的納粹獵人，他也欣然接受這個封號。他從來沒有為維森塔爾辦過事，維森塔爾總是獨立行事，不過外人經常以為兩人存在從屬關係。朱羅夫說納粹獵人這項工作「必須身兼偵探、歷史學家、說客三職」。他還說納粹獵人不會起訴任何人，但是會協助檢方提起告訴。

朱羅夫跟維森塔爾一樣充滿爭議，甚至有過之而無不及，經常被指控單純為了吸引媒體關注而四處放話，不只激怒了敵人，過程中也引起公認的盟友產生反感。他經常抨擊波羅的海國家竄改歷史、掩蓋戰時跟納粹勾結的記錄，還將猶太大屠殺輕描淡寫。在波羅的海國家，有些當地的猶太領袖被他的手段搞得驚惶不安。「這些社群非常脆弱。」他承認，「他們沒有資源和勇氣獨自打這些仗。」他自稱自己的所作所為都是為了給予他們支援，但是就像華德翰事件期間的維也納猶太社群，波羅的海國家的猶太人經常覺得這類的行為重新激起了當地根深蒂固的反猶太情緒。

朱羅夫也會前去找尋納粹戰犯，獲得大肆宣傳，最有名的就是尋找毛特豪森的醫生阿里伯特・海姆。一直到晚近二〇〇八年的夏天，他仍舊前往智利和阿根廷「追蹤阿里伯特・海姆」，他是這麼說的。不久後，海姆在一九九二年就死於開羅的消息傳出時，他承認「這項消息實在令人震驚」；而且，起初他仍堅稱這件事還沒了結，沒有足夠的證據能證明消息屬實。36

最近，朱羅夫又展開新行動，取名為「最後機會行動」。二〇一三年，他策劃在德國的主要城市張貼海報，海報上有一張奧斯威辛—比克瑙集中營的照片，並且用斗大的文字寫著「是遲了，但是還不會太遲」。海報呼籲民眾提供資料，揪出參與過納粹罪行而且還活著的人。朱羅夫說海報吸引來大量密報，其中包括一百一十一個姓名。37他說他把其中四個姓名轉告德國檢察官，德國檢察官調查了其中兩個。其中一個人是達豪的守衛，罹患了阿茲海默症；另一個人不僅收集納粹黨的重要紀念物，也收藏槍砲彈藥，不過已經死了。

這次行動的價值受到懷疑，因為結果令人質疑，不過原因不只如此。「確實，現在仍有前納粹黨員過著安寧的生活，生還者卻活得痛苦不堪。」美國猶太委員會柏林辦事處的處長黛卓・伯吉（Deidre Berger）說，「這種不公平的情況顯而易見，令人火大。問題是，追捕行動在許多方面都會惹來反擊，容易讓社會每個成員感覺自己被當成攻擊目標。」然而，她同時也相信，追捕最後那些罪犯，讓罪犯接受法庭審判，是有意義的。「判什麼刑罰不是最重要的，最重要的是，讓殘存的少數生還者認為道德正義存在，而且最後能夠出庭作證。」她說。38

不過甚至有些納粹獵人也反對以最後那些年紀老邁的集中營守衛為目標。丹傑納案之後，有人開始認為可以比照辦理，單純根據職務來定罪，但施爾季・克拉斯費德說這種想法「跟蘇聯的做法一模一樣」。他和碧特不只懷疑朱羅夫的行動，也懷疑德國調查人員為何最近積極查案。「路德維希堡的官員們想要保住辦公室。」他說，暗指這只是他們延長政府授權的第一招。39

即便納粹黨員的數量漸漸減少，納粹獵人的內鬨卻沒有隨之減少。比方說，特別調查辦公室的羅森邦仍舊對維森塔爾、在華德翰事件中樹立的敵人以及某些獨立納粹獵人心懷不滿，因為他認為那些納粹獵人誇大了自己的功績。雖然他不會公開談論朱羅夫，但是無疑把朱羅夫歸類為那種人。「對於戰後納粹戰犯的命運，世人似乎願意相信這些罪犯都是自稱的『納粹獵人』找到的，而美國情報機關主要都在阻撓伸張正義的行動。」二〇一一年他在洛杉磯洛約拉法學院（Loyola Law School）的艾希曼案座談會中告訴聽眾，「真巧，這兩個假設前提顯然都是錯的。」40

朱羅夫對這類批評都不予理會。「我從來沒見過哪個納粹獵人願意讚美別的納粹獵人。」他說，「因為大家互相忌妒，彼此競爭。」他聲稱自己「不是那種人」，不會把爭論扯到個人身上，但是接著卻抱怨起克拉斯費德夫婦。「他們把我批評得很難聽，講得好像我是在客廳裡追捕納粹似的。」他回憶道。他還說：「我認為克拉斯費德夫婦在跟法國合作的案子中做得很好，無庸置疑，他們把文件工作處理得很好，但是他們不再追捕納粹了。」

二〇〇〇年，路德維希堡國家社會主義分子罪行調查中央辦公室開放了一間檔案室，由於需要調查的人持續減少，檔案室應該會擴大開放。檔案室現在已經吸引了固定的訪客，尤其是學校團體，來學習關於第三帝國和猶太大屠殺的知識。但是短期內不可能有人會宣布結束路德維希堡辦公室的運作。「我們仍舊有案子要調查，仍舊有人必須被起訴。」副主任湯馬斯・威爾說。41

朱羅夫用更強烈的語氣強調自己的目標。「我絕對不會召開記者招待會宣布我們認輸了、受夠了、忍無可忍了，我要去大溪地坐在椰子樹下。」他說，「就算納粹罪犯全死光了，我還是不會宣布罷手。」

「我們把人抓來審判，可不是象徵性的動作，也不是為了問心無愧這個更大的目標。」一九八〇年代初的特別調查辦公室主任亞倫・萊恩寫道，「我們把人抓來審判，是因為他們觸犯了法律，這是人必須接受審判的唯一原因。」42在創立初期領導特別調查辦公室的萊恩認為有必要說出這句話。不過他說得不對，至少後半段不對：納粹獵人是在追求「問心無愧這個更大的目標」。他們追捕的人違背人道與文明行為的基本觀念，不論當代法律如何規定。

這一小群被稱為納粹獵人的男女也瞭解，不能奢望和逼迫違背那些觀念的人全都為自己的行為付出代價。費里茲・鮑爾是黑森的檢察長，一九六〇年代策劃在德國舉行的奧斯威辛審判。他指出，被告「其實只是被選中的代罪羔羊」，審判目的不只是要處罰一些犯下滔天大罪的人，也要教育社會以前發生過什麼事，哪怕無數同樣有罪的人仍舊逍遙法外。

這個教育過程並不容易，不過沒有一個國家比德國更坦白承認自己犯下的恐怖罪行，這主要得歸功於鮑爾和其他納粹獵人的行動；包括波蘭的傑恩．西恩，他在戰後不久就負責策劃第一場奧斯威辛審判。他們極力要求懲罰以前的罪犯。

理查．馮．魏薩克（Richard von Weizsäcker）是第三帝國資深外交官的兒子，一九三九年在入侵波蘭的德軍裡服役。他親手埋葬了跟他並肩作戰而戰死的哥哥。他在西德與統一後的德國擔任總統時，不斷提醒德國同胞祖國需要彌補多少罪過。「幾乎沒有一個國家在自己的歷史中從來沒有犯過戰爭或施暴的罪行。」一九八五年德國投降結束二次大戰四十週年，他在國會發表的知名演說中這樣說，「然而，猶太人的種族滅絕卻是史上空前未有的。」43

魏薩克也特別告訴德國同胞，說他在得知戰爭結束的那一刻心裡是什麼感受。「這是個解放的日子。」他說。卸任後接受訪問時，他坦然向我承認，當時許多他的德國同胞並不是那樣覺得，尤其因為當時大家普遍都承受了許多苦難。「不過現在不會再有任何激烈的爭論了：這個日子確實是解放的日子。」他強調。這跟戰敗大國的正常說法完全不同，但是這樣的說法，如果鮑爾能活到親耳聽到，絕對會認同。44

對於經常被提醒德國對外國施加的恐怖暴行，有些德國人很氣憤。知名作家馬丁・華爾澤的小說和評論文經常探討德國人在第三帝國之後如何重建生活，他經常引起爭議，質疑「有人把談論德國的過去變成一種儀式」；他是這麼說的，含蓄地質疑魏薩克和其他資深公眾人物使用的那種措辭。他更明確警告，不應該利用奧斯威辛的議題來達成政治目的。「根據我的經驗，奧斯威辛的議題經常被用作爭點，用來打斷別人的討論。」有一次他的演說引發騷動時，他這樣告訴我，「如果我先拿奧斯威辛的議題來爭論，他們就沒有話題吵了。」45

我問華爾澤，他是否在暗示關於猶太大屠殺的事談得夠多了，他回答說：「這個章回永遠不會結束；如果有人認為會結束，那就太愚蠢了。不過，德國人應該如何面對德國的恥辱，總不能由任何人來規定。」換句話說，這個根本的恥辱不應該成為爭論的核心。

每一場接續的審判，不論在哪裡，紐倫堡、克拉科夫、耶路撒冷、里昂或慕尼黑，都有助於瞭解那段恥辱的歷史。即使是那些多次失敗的追捕，也都有助於瞭解，因為那些追捕行動提醒了民眾，門格勒那種人為什麼要躲藏到人生結束。

同樣地，克拉斯費德夫婦每一次設法揭露與懲罰必須承擔罪責的德國人，其罪行像是把猶太人送離被占領的法國，都提供了改正歷史記錄的機會，包括施爾季所指出的，很多人深信「只有德國人」迫害猶太人。46施爾季彙整了許多文件，讓法院能夠在一九九八年將維琪政府的前警員莫里斯．帕龐（Maurice Papon）定罪，罪行是把猶太人從法國西南部送到死亡營。克拉斯費德夫婦的兒子亞諾，名字跟死在奧斯威辛的祖父一樣，他是這場官司中的其中一名原告律師。47

施爾季把戰時記錄整理成十分詳盡的文件，許多案子的檢察官得以利用那些文件來要求法國面對在戰後初期刻意無視的許多歷史。出生於奧地利的法國猶太人寇特．華納．夏裘（Kurt Werner Schaechter），為了控告法國國家鐵路公司（SNCF）把他的父母送上死路，仔細研究施爾季彙整的文件，雖然二〇〇三年巴黎法院判他敗訴，但是法國國家鐵路公司從那時候起，就開始採取行動，承認自己的近代歷史。48

二〇一〇年，法國國家鐵路公司表示，對戰時的所作所為「深感懊悔遺憾」，而且，二〇一四年十二月，法國和美國宣布一套六千萬的補償方案，補償搭乘法國國家鐵路公司列車被送上死路的法國猶太大屠殺罹難者，費用由法國政府負擔。49同時，巴黎舉辦了一場展覽，名為「通敵：一九四〇年至一九四五年」，展出一九四二年維琪政府警察局長瑞內．布斯奎發出的一封電報，內容是在督促為這個通敵政府辦事的當地官員，「該如何處置外國猶太人，手段請自行斟酌」。當然，那些手段就是把猶太人先送到遣送營，再送到死亡營。50

儘管許多納粹罪犯始終沒有為罪行承擔罪責，我發現克拉斯費德夫婦現在已經開始反思過去的所作所為。他們個人發動的那些激烈鬥爭，經常充滿危險，幸好現在大多結束了。「我對歷史與正義十分滿意。」施爾季說，「正義不會產生實質的作用，也就是沒辦法讓被殺害的人死而復生，因此正義的作用始終是象徵性的。我們認為這是正義在人類的歷史上第一次獲得伸張。」[51]

在德國，碧特現在仍舊是極具爭議的人物。二〇一二年，左翼黨提名她擔任總統候選人。由於總統是由國會投票選出，其他主要政黨都支持抱持不同政見的前東德路德會牧師約阿希姆．高克（Joachim Gauck），導致碧特大敗。但是施爾季說，光是碧特能擔任反對黨的總統候選人，就具有重大的意義。「這表示德國社會改善了許多；而我們就是促成改善的一分子。」他說，「碧特打總理齊辛格耳光時，我就告訴她：『等妳老了，德國人就會感激妳。』」

即便許多德國人仍舊不認同碧特早期的正面衝突手段，但是現任總理梅克爾在國會開會進行投票時有跟碧特握手，此舉具有高度的象徵意義。二〇一五年七月二十日，德國駐法大使蘇珊．華森—雷納（Susanne Wasum-Rainer）頒發代表德國最高榮譽的榮譽勛章（Medal of Merit）給碧特和施爾季兩人，以表達她感謝兩人「協助重建德國的形象」。曾經賞過西德總理耳光的碧特，實在難以想像人生還會有比那一刻更加心潮澎湃的時刻。[52]

在生命的尾聲，維森塔爾說自己最稱心快意的其中一件事，就是活得比大多數把他和數百萬人送進集中營的惡人活得更久。「我曾經盡力確保大家不要忘記過去發生的事。」在我們最後一次談話時他告訴我。自從二〇〇五年他去世後，奧地利就日漸肯定他的貢獻；奧地利是他戰後的祖國，也是他經常譴責不肯面對納粹過去的國家。有人買下維森塔爾在維也納第十九區的半獨立式故居，詢問他的女兒寶琳嘉，說他們能否掛個牌匾紀念他，並且請寶琳嘉題字。那塊牌匾上面寫著：「西蒙．維森塔爾夫婦故居。維森塔爾先生終身致力於伸張正義，維森塔爾夫人從旁協助丈夫實踐志業。」

納粹獵人的故事幾乎就快劃下句點了，至少追捕還活著的戰犯即將結束，但是他們留給後世的遺產將永世流傳。

謝辭

萬分感激研究過程中接受我訪談的所有人，大部分的受訪者都列在書末的參考文獻中，不過並非所有受訪者都有列出。我也感謝大家協助我聯絡到受訪者以及提供資訊，不論書裡是否有提到你們；我把寫作計劃告訴大家之後，大家就積極協助我。我在寫前幾本書時發現，只要把消息傳出去，告訴大家我在做什麼，新的寶貴線索幾乎一定會源源不絕地出現。因此，我取得了大量的書面與口頭證詞，得以寫出一本跨越整個戰後時代的書。

現在在美國猶太大屠殺紀念博物館擔任檔案管理主任的布萊德·鮑納（Brad Bauer），跟他在胡佛研究所檔案館任職時一樣，提供了寶貴的建議和聯絡人。多虧有他，我才能認識紐倫堡特別行動隊審判的檢察長班哲明·佛倫斯，以及在紐倫堡擔任美國民間口譯員的傑羅·施華博。布萊德還介紹我認識許多頂尖專家，像是在博物館任職的彼得·布萊克（Peter Black）和亨利·梅耶（Henry Mayer），以及博物館的駐華沙代表阿琳娜·史基賓斯卡（Alina Skibinska）。

在克拉科夫，法醫研究所的所長瑪利亞・卡娃（Maria Kała），介紹我認識傑恩・西恩戰後領導研究所時共事、現在還在世的同事。傑恩的姪孫亞瑟・西恩花時間奔波於斯德哥爾摩和克拉科夫之間，幫我追查家族歷史，特別查明了傑恩審問奧斯威辛指揮官魯道夫・霍斯的事跡。還要特別提一下馬辛・西恩，這位西恩家的年輕成員協助我用Skype訪問傑恩的姪子約瑟夫・西恩；馬辛的妻子法蘭西絲卡・馬耶夫斯卡（Franciszka Justyna Majewska）也從華沙提供更多的協助。

特別感謝時任柏林美國學院院長的蓋瑞・史密斯（Gary Smith），以及他的同事烏里克・格勞夫斯（Ulrike Graalfs）與潔西卡・畢勒（Jessica Biehle），在我到德國進行研究時，招待我去當參訪學者。我以前在紐約巴德學院全球化與國際事務課程的學生琳達・艾格特（Linda Eggert），協助我閱讀德文原始資料。影片製作人伊洛娜・宗克不只把她創新的費里茲・鮑爾紀錄片寄給我，還提供許多背景資料。法蘭克福猶太博物館費里茲鮑爾展覽的總監莫妮卡・波爾，在開幕時，帶我參觀展覽，並且耐心回答後續的問題。在路德維希堡，湯馬斯・威爾同樣熱情說明國家社會主義分子罪行調查中央辦公室的歷史以及目前運作狀況。

在以色列，我以前在《新聞週刊》的同事丹・艾佛隆（Dan Ephron）介紹我認識幾位聯絡人，協助我找到阿道夫・艾希曼案的關鍵人物。我特別要提一下德羅爾・摩利（Dror Moreh），他導演了具有強大影響力的紀錄片《守門人》（*The Gatekeepers*），內容在講述以色列的國家安全局。艾里・羅森邦不只詳述他在美國司法部特別調查辦公室的職務，也幫我引介艾希曼審判中最後一名還在世的檢察團隊成員嘉比爾・巴赫，並且提供許多主題的線索與資料。

在胡佛研究所的檔案館，卡蘿・里登恩（Carol Leadenham）和艾琳娜・傑尼霍夫斯卡（Irena Czernichowska）跟以前一樣，大力相助。大衛・馬威爾時任紐約猶太遺產博物館的館長，以前當過特別調查辦公室的歷史研究員，慷慨分享廣博的學識，協助我研究相關的主題。我以前在《新聞週刊》的同事喬伊斯・巴納森（Joyce Barnathan）和史帝夫・史特勞瑟（Steve Strasser），幫我引見賀曼・歐博邁爾，激發我展開研究，重建在紐倫堡執行絞刑的那段歷史；歐博邁爾跟後來處死頂層納粹罪犯的那名絞刑手共事過。麥可・荷斯（Michael Hoth）是我在柏林認識的老朋友，介紹我認識彼得・席裘；席裘曾經指揮中央情報局在柏林的第一次行動。我的堂弟湯姆・納古斯基（Tom Nagorski）曾經在美國廣播公司工作，他告訴我，他以前的同事如何在柏林找到埃里希・普里克。

有三位接受我訪問的人在這本書出版之前去世，分別是艾希曼綁架小組的第二把手亞伯拉罕・夏龍、紐倫堡口譯員傑羅・施華博和約瑟夫・西恩。當然，西蒙・維森塔爾在十幾年前就去世了，但是我很幸運，以前幫《新聞週刊》跑新聞時，就經常跟他見面，訪問他。我造訪以色列時，維森塔爾的女兒寶琳嘉和她的丈夫杰洛·奎思伯格，格外熱情招待。

為這本書進行研究的初期，我也在東西研究所（East West Institute）任職。感謝我的優秀團隊，莎拉·史騰（Sarah Stern）、德雷根·史都亞諾夫斯基（Dragan Stojanovski）、艾力克斯·舒爾曼（Alex Schulman）和實習生雷絲莉·德維斯（Leslie Dewees），謝謝你們的友情和支持。

再來是愛麗絲·梅修（Alice Mayhew），西蒙與舒斯特出版社（Simon & Schuster）的優秀編輯，我再怎麼說，都無法道盡她的好。一如往常，他從頭到尾都熟練地指導我，滿腔熱忱，親切敦促，幫助我保持在正軌上。也要感謝史都華·羅伯茲（Stuart Roberts）、傑克·蕭（Jackie Seow）、喬伊·歐米拉（Joy O'Meara）、莫琳·柯爾（Maureen Cole）、史蒂芬·貝佛德（Stephen Bedford）、妮可·麥卡爾德（Nicole McArdle）和西蒙與舒斯特團隊的其餘成員，發揮平常的神奇本領。也感謝文字編輯佛列德·切斯（Fred Chase）。我的經紀人羅伯特·高特里伯（Robert Gottlieb），一如平常，全力支持這個寫作計劃，催生了這本書。我還要感謝他在三叉戟媒體集團（Trident Media Group）裡的同事克萊爾·羅伯茲（Claire Roberts）和艾莉卡·西爾佛曼（Erica Silverman）。

我很幸運，結識了許多朋友。我想感謝大衛・沙特（David Satter）、阿迪絲與史帝夫・賀德斯（Ardith and Steve Hodes）、法蘭辛・沈恩（Francine Shane）和羅伯特・莫里亞（Robert Morea）、亞歷珊卓和安東尼・朱利安諾（Alexandra Anthony Juliano）、伊娃和巴特・卡敏斯基（Eva and Bart Kaminski）、莫妮卡和法蘭克・沃德（Monika and Frank Ward）、琳達・奧羅（Linda Orrill）、雷沙德・霍洛維茲（Ryszard Horowitz）和安妮亞・鮑格斯（Ania Bogusz）、瑞妮德和比爾・德羅茲迪亞克（Renilde and Bill Drozdiak）、琳達和麥克・梅修（Linda and Michael Mewshew）、安娜・貝爾科維奇（Anna Berkovits）、維多和莫妮卡・馬可維奇（Victor and Monika Markowicz）、珊卓拉和鮑伯・高曼（Sandra and Bob Goldman）、伊蓮和馬可・普拉格（Elaine and Marc Prager）、露西和史考特・利藤伯格（Lucy and Scott Lichtenberg）、傑夫・巴托雷特（Jeff Bartholet）、佛列德・古托爾（Fred Guterl）、亞琳・蓋茲（Arlene Getz）、雷絲莉和湯姆・佛洛登海姆（Leslie and Tom Freudenheim）。實在無法列出所有人的名字，在此致上萬分歉意。

最後是我的家人。現在家父西格蒙特已經不再我們身邊，家母瑪莉仍舊跟往常一樣，密切關心我的研究與寫作進展，在過程中的每個階段不斷鼓勵我。也要感謝我的姊姊們、瑪麗亞和泰莉，及兩人的另一半，羅貝托和黛安。

我想要對伊娃・科沃斯基（Eva Kowalski）致上特別的敬意，在這世界上找不到比她更慷慨的人了。她已故的丈夫瓦爾德克不只是我的姊夫，也是我的摯友。

我有四個已經成年的孩子，伊娃、索妮雅、亞當和艾力克斯，我非常以他們為榮。希望他們能明白，他們每天的愛與支持對我有多重要。現在他們跟自己的另一半，埃蘭和莎拉，建立了自己的家庭，讓我擁有七個乖孫兒：史黛拉、卡耶、悉尼、查爾斯、瑪雅、凱雅和克里斯蒂娜。

我在克拉科夫的雅捷隆大學當交換學生時，第一眼見到克莉希雅，心就被她俘虜了。從頭到尾，我有什麼大小事，一定會先聽聽她的意見，包括這本書裡的一字一句。我無法想像，沒有她的話，我要怎麼寫這本書。

Wechsberg, Joseph, ed. The Murderers Among Us: The Wiesenthal Memoirs. New York: McGraw-Hill, 1967.
Weiss, Peter. The Investigation: Oratorio in 11 Cantos. London: Martin Boyars, 2010.
Whitlock, Flint. The Beasts of Buchenwald: Karl and Ilse Koch, Human-Skin Lampshades, and the War-Crimes Trial of the Century. Brule, WI: Cable, 2011.
Wiesenthal, Simon. Justice Not Vengeance. New York: Grove Weidenfeld, 1989.
Wittmann, Rebecca. Beyond Justice: The Auschwitz Trial. Cambridge: Harvard University Press, 2012.
Wojak, Irmtrud. Fritz Bauer, 1903–1968: Eine Biographie. Munich: C. H. Beck, 2011.
Zuroff, Efraim. Occupation: Nazi Hunter. Hoboken, NJ: KTAV, 1994.
--------. Operation Last Chance: One Man's Quest to Bring Nazi Criminals to Justice. New York: Palgrave MacMillan, 2009.

訪　談

Gabriel Bach (2014)
John Q. Barrett (2014)
Deidre Berger (2014)
Peter Black (2013)
Monika Boll (2014)
Harold Burson (2014)
Zofia Chłobowska (2014)
Piotr Cywiński (2015)
Sam Donaldson (2014)
Rafi Eitan (2014)
Benjamin Ferencz (2013)
Alice Heidenberger (2014)
Peter Heidenberger (2014)
Rabbi Marvin Hier (2015)
Elizabeth Holtzman (2014)
Maria Kała (2014)
Beate Klarsfeld (2013)

自　傳

Serge Klarsfeld (2013)
Maria Kozłowska (2014)
Gerard Kreisberg (2014)
Paulinka (Wiesenthal) Kreisberg (2014)
Joseph Lelyveld (2014)
John Martin (2015)
David Marwell (2013–2014)
Jürgen Matthäus (2013)
Henry Mayer (2013)
Martin Mendelsohn (2014)
Herman Obermayer (2013)
Krzysztof Persak (2014)
Harry Phillips (2015)
Eli Rosenbaum (2013–2014)
Allan Ryan (2015)
Bernhard Schlink (2014)
Peter Schneider (2014)
Sandra Schulberg (2013)
Gerald Schwab (2013)
Arthur Sehn (2013–2014)
Franciszka Sehn (2014)
Józef Sehn (2014)
Avraham Shalom (2014)
Peter Sichel (2013)
Elizabeth White (2013)
Thomas Will (2014)
Irmtrud Wojak (2014)
Ilona Ziok (2014)
Efraim Zuroff (2014)

早年訪談

Niklas Frank (1998)
Zygmunt Gaudasiński (1994)
Robert Kempner (1985)
Beate Klarsfeld (1986)
Peter Kocev (1986)
Abby Mann (2001)
Risto Ognjanov (1986)
Franciszek Piper (1994)
Kurt Waldheim (1986)
Martin Walser (1998)
Richard von Weizsäcker (1998)
Simon Wiesenthal (1985–1998)
Mieczysław Zawadzki (1994)
Leon Zelman (1986)

Rabinowitz, Dorothy. New Lives: Survivors of the Holocaust Living in America. New York: Alfred A. Knopf, 1976.
Rashke, Richard. Useful Enemies: John Demjanuk and America's Open-Door Policy for Nazi War Criminals. Harrison, NY: Delphinium,2013.
Robinson, Jacob. And the Crooked Shall Be Made Straight: The Eichmann Trial, the Jewish Catastrophe, and Hannah Arendt's Narrative. New York: Macmillan, 1965.
Rosenbaum, Eli, with William Hoffer. Betrayal: The Untold Story of the Kurt Waldheim Investigation and Cover-Up. New York: St. Martin's, 1993.
Rückerl, Adalbert. The Investigation of Nazi War Crimes, 1945–1978: A Documentation. Heidelberg: C. F. Müller, 1979.
Lord Russell of Liverpool. The Scourge of the Swastika: A Short History of Nazi War Crimes. London: Greenhill, 2002.
Ryan, Allan A., Jr. Quiet Neighbors: Prosecuting Nazi War Criminals in America. San Diego: Harcourt Brace Jovanovich, 1984.
Saidel, Rochelle G. The Outraged Conscience: Seekers of Justice for Nazi War Criminals in America. Albany: State University of New York Press, 1984.
Salomon, Ernst von. Der Fragebogen. Reinbek bei Hamburg: Rowohlt, 2011.
Schlink, Bernhard. The Reader. New York: Vintage, 1998.
Schulberg, Sandra. Filmmakers for the Prosecution, The Making of Nuremberg: Its Lesson for Today. New York: Schulberg Productions, 2014.
Searle, Alaric. Wehrmacht Generals, West German Society, and the Debate on Rearmament, 1949–1959. Westport, CT: Praeger, 2003.
Segev, Tom. Simon Wiesenthal: The Life and Legends. New York: Doubleday, 2010.
Sehn, Dr. Jan. Obóz Koncentracyjny Oświęcim-Brzezinka. Warsaw: Wydawnictwo Prawnicze, 1960.
--------. Wspomnienia Rudolfa Hoessa, Komendanta Obozu Oswięcimskiego.
Warsaw: Wydawnictwo Prawnicze, 1961.
Shirer, William L. Berlin Diary: The Journal of a Foreign Correspondent, 1934–1941. New York: Galahad Books, 1995.
--------. The Rise and Fall of the Third Reich: A History of Nazi Germany. Greenwich, CT: Fawcett, 1965.
Smith, Jean Edward. Lucius D. Clay: An American Life. New York: Henry Holt, 1990.
Sonnenfeldt, Richard W. Witness to Nuremberg: The Chief American Interpreter at the War Crimes Trials. New York: Arcade, 2006.
Stafford, David. Endgame, 1945: The Missing Final Chapter of World War II. New York: Back Bay, 2007.
Stangneth, Bettina. Eichmann Before Jerusalem: The Unexamined Life of a Mass Murderer. New York: Alfred A. Knopf, 2014.
Steinke, Ronen. Fritz Bauer: Oder Auschwitz vor Gericht. Munich: Piper, 2013.
Stuart, Heikelina Verrijn, and Marlise Simons. The Prosecutor and the Judge: Benjamin Ferencz and Antonio Cassese, Interviews and Writings. Amsterdam: Amsterdam University Press, 2009.
Taylor, Frederick. Exorcising Hitler: The Occupation and Denazification of Germany. New York: Bloomsbury, 2011.
Taylor, Telford. The Anatomy of the Nuremberg Trials: A Personal Memoir. New York: Alfred A. Knopf, 1992.
Tilles, Stanley, with Jeffrey Denhart. By the Neck Until Dead: The Gallows of Nuremberg. Bedford, IN: JoNa Books, 1999.
Townsend, Tim. Mission at Nuremberg: An American Army Chaplain and the Trial of the Nazis. New York: William Morrow, 2014.
Tusa, Ann, and John Tusa. The Nuremberg Trial. New York: Atheneum, 1984. Walters, Guy. Hunting Evil: The Nazi War Criminals Who Escaped and the Quest to Bring Them to Justice. New York: Broadway, 2009.

Klarsfeld, Serge, with Anne Vidalie. La Traque des Criminals Nazis. Paris:Tallandier/L'Express, 2013.
Kuenzle, Anton, and Gad Shimron. The Execution of the Hangman of Riga: The Only Execution of a Nazi War Criminal by the Mossad. London: Valentine Mitchell, 2004.
Kulish, Nicholas, and Souad Mekhennet. The Eternal Nazi: From Mauthausen to Cairo, the Relentless Pursuit of SS Doctor Aribert Heim. New York: Doubleday, 2014.
Lang, Jochen von, and Claus Sibyll, eds. Eichmann Interrogated: Transcripts from the Archives of the Israeli Police. New York: Vintage, 1984.
Leide, Henry. NS-Verbrecher und Staatssicherheit: Die geheime Vergangensheitspolitik der DDR. Göttingen: Vandenhoeck & Ruprecht, 2007.
Lelyveld, Joseph. Omaha Blues: A Memory Loop. New York: Picador, 2006.
Levi, Primo. The Drowned and the Saved. New York: Vintage, 1989.
Levin, Ira. The Boys from Brazil. New York: Random House, 1976.
Lewis, Sinclair. It Can't Happen Here. New York: New American Library,2005.
Lichtblau, Eric. The Nazis Next Door: How America Became a Safe Haven for Hitler's Men. Boston: Houghton Mifflin Harcourt, 2014.
Lingeman, Richard. Sinclair Lewis: Rebel from Main Street. New York: Random House, 2002.
Lipstadt, Deborah E. The Eichmann Trial. New York: Schocken, 2011.
Malkin, Peter Z., and Harry Stein. Eichmann in My Hands. New York: Warner, 1990.
Mann, Abby. Judgment at Nuremberg. New York: Samuel French, 2001.
Maser, Werner. Nuremberg: A Nation on Trial. New York: Charles Scribner's Sons, 1979.
Miale, Florence R., and Michael Selzer. The Nuremberg Mind: The Psychology of the Nazi Leaders. New York: Quadrangle, 1975.
Michel, Jean. Dora. New York: Holt, Rinehart & Winston, 1980.
Milgram, Stanley. Obedience to Authority: An Experimental View. New York: Harper Colophon, 1975.
Mowrer, Edgar Ansel. Germany Puts the Clock Back. Paulton and London: Penguin, 1938.
--------. Triumph and Turmoil: A Personal History of Our Times. New York: Weybright & Talley, 1968.
Musmanno, Michael A. The Eichmann Kommandos. New York: Macfadden, 1962.
--------. Ten Days to Die. New York: Macfadden, 1962.
Nagorski, Andrew. The Greatest Battle: Stalin, Hitler, and the Desperate Struggle for Moscow That Changed the Course of World War II. New York: Simon & Schuster, 2007.
--------. Hitlerland: American Eyewitnesses to the Nazi Rise to Power. New York: Simon & Schuster, 2012.
Naimark, Norman M. The Russians in Germany: A History of the Soviet Zone of Occupation, 1945–1949. Cambridge: Belknap Press of Harvard University Press, 1995.
Naumann, Bernd. Auschwitz: A Report on the Proceedings Against Robert Karl Ludwig Mulka and Others Before the Court at Frankfurt. New York: Frederick A. Praeger, 1966.
Obermayer, Herman J. Soldiering for Freedom: A GI's Account of World War II. College Station: Texas A&M University Press, 2005.
Ordway, Frederick I. III, and Mitchell R. Sharpe. The Rocket Team. New York: Thomas Y. Crowell, 1979.
Overy, Richard. Russia's War. New York: Penguin, 1998. Patterson, Harry. The Valhalla Exchange. New York: Stein & Day, 1976.
Pendas, Devin O. The Frankfurt Auschwitz Trail, 1963–1965: Genocide, History, and the Limits of the Law. Cambridge: Cambridge University Press, 2011.
Pick, Hella. Simon Wiesenthal: A Life in Search of Justice. Boston: Northeastern University Press, 1996.
Pierrepoint, Albert. Executioner: Pierrepoint. Cranbrook, Kent: George G. Harrap, 1974.
Piper, Franciszek. Ile Ludzi Zginęło w KL Auschwitz: Liczba Ofiar w Świetle Żròdeł i Badań 1945–1990. Oświęcim: Wydawnictwo Państwowego Museum w Oświęcimu, 1992.
Posner, Gerald L., and John Ware. Mengele: The Complete Story. New York: McGraw-Hill, 1986.
Powers, Thomas. The Man Who Kept the Secrets: Richard Helms and the CIA. New York: Pocket Books, 1981.

Elsner, Alan. The Nazi Hunter. New York: Arcade, 2011. Farago, Ladislas. Aftermath: Martin Bormann and the Fourth Reich. New York: Simon & Schuster, 1974.
Ferencz, Benjamin B. Less Than Slaves: Jewish Forced Labor and the Quest for Compensation. Bloomington: Indiana University Press, 2002.
Forsyth, Frederick. The Odessa File. New York: Viking, 1972.
Frei, Norbert. Adenauer's Germany and the Nazi Past: The Politics of Amnesty and Integration. New York: Columbia University Press, 2002.
Friedman, Tuvia. The Hunter. London: Anthony Gibbs & Phillips, 1961.
Frieze, Donna-Lee, ed. Totally Unofficial: The Autobiography of Raphael Lemkin. New Haven: Yale University Press, 2013.
Gellately, Robert, ed. The Nuremberg Interviews: Conducted by Leon Goldensohn. New York: Alfred A. Knopf, 2004.
Gilbert, G. M. Nuremberg Diary. Boston: Da Capo, 1995.
Goldman, William. Marathon Man. New York: Dell, 1988.
Gray, Ronald. I Killed Martin Bormann! New York: Lancer, 1972.
Greene, Joshua M. Justice at Dachau: The Trials of an American Prosecutor. New York: Broadway, 2003.
Gutman, Yisrael, and Michael Berenbaum, eds. Anatomy of the Auschwitz Death Camp. Bloomington: Indiana University Press, 1994.
Harding, Thomas. Hanns and Rudolf: The True Story of the German Jew Who Tracked Down and Caught the Kommandant of Auschwitz. New York: Simon & Schuster, 2013.
Harel, Isser. The House on Garibaldi Street. London: Frank Cass, 2004.
--------. "Simon Wiesenthal and the Capture of Eichmann." Unpublished manuscript.
Harris, Whitney R. Tyranny on Trial: The Evidence at Nuremberg. Dallas: Southern Methodist University Press, 1954/Barnes & Noble Books, 1995.
Hausner, Gideon. Justice in Jerusalem. New York: Harper & Row, 1966.
Heberer, Patricia, and Jürgens Matthäus, eds. Atrocities on Trial: Historical Perspectives on the Politics of
Prosecuting War Crimes. Lincoln: University of Nebraska Press, 2008.
Heidenberger, Peter. From Munich to Washington: A German-American Memoir. Xlibris, 2004.
Helms, Richard, with William Hood. A Look Over My Shoulder: A Life in the Central Intelligence Agency. New York: Random House, 2003.
Herzstein, Robert Edwin. Waldheim: The Missing Years. New York: Arbor House/William Morrow, 1988.
Higgins, Jack (pseudonym of Harry Patterson). The Bormann Testament. New York: Berkley, 2006.
Hoess, Rudolf. Commandant of Auschwitz: The Autobiography of Rudolf Hoess. London: Phoenix, 2000.
Holtzman, Elizabeth, with Cynthia L. Cooper. Who Said It Would Be Easy? One Woman's Life in the Political Arena. New York: Arcade, 1996.
Höss, Rudolf, Perry Broad, and Johann Paul Kremer. KL Auschwitz Seen by the SS. Warsaw: Interpress, 1991.
Josephs, Jeremy. Swastika Over Paris: The Fate of the French Jews. London: Bloomsbury, 1990.
Kelley, Douglas M. 22 Cells in Nuremberg: A Psychiatrist Examines the Nazi Criminals. New York: Greenberg, 1947.
Kempner, Robert M. W. Ankläger einer Epoche: Lebenserrinrungen. Frankfurt: Ullstein Zeitgeschichte, 1986.
Kennedy, John F. Profiles in Courage. New York: Harper Perennial, 2006.
Kershaw, Ian. Hitler 1889–1936: Hubris. London: Penguin, 1998.
--------. Hitler 1936–45: Nemesis. New York: W. W. Norton, 2000.
Klarsfeld, Beate. Wherever They May Be! New York: Vanguard, 1972.
Klarsfeld, Serge. The Children of Izieu: A Human Tragedy. New York: Harry N. Abrams, 1985.

參考文獻

檔　案

Hoover Institution Archives, Stanford, California
Jan Sehn Archives, Institute of Forensic Research, Kraków, Poland
Manuscript and Archives Division, The New York Public Library, New York, New York
National Archives, College Park, Maryland
United States Holocaust Museum Archives, Washington, D.C.

專　書

Aharoni, Zvi, and Wilhelm Dietl. Operation Eichmann: The Truth About the Pursuit, Capture and Trial. New York: John Wiley & Sons, 1997.
Annan, Noel. Changing Enemies: The Defeat and Regeneration of Germany. New York: W. W. Norton, 1996.
Arendt, Hannah. Eichmann in Jerusalem: A Report on the Banality of Evil. New York: Penguin, 1977.
--------. The Last Interview and Other Conversations. Brooklyn: Melville House, 2013.
--------. The Origins of Totalitarianism. San Diego: Harcourt Brace Jovanovich, 1979.
Averbach, Albert, and Charles Price, eds. The Verdicts Were Just: Eight Famous Lawyers Present Their Most Memorable Cases. Rochester: The Lawyers Co-operative Publishing Company, 1966.
Backhaus, Fritz, Monika Boll, and Raphael Gross. Fritz Bauer Der Staatsanwalt: NS-Verbrechen vor Gericht. Frankfurt: Campus, 2014 (Catalogue for the Fritz Bauer exhibition at the Jewish Museum of Frankfurt).
Bascomb, Neal. Hunting Eichmann: How a Band of Survivors and a Young Spy Agency Chased Down the World's Most Notorious Nazi. Boston: Houghton Mifflin Harcourt, 2009.
Bauer, Yehuda. Flight and Rescue: Brichah. New York: Random House, 1970.
Baz, Danny. The Secret Executioners: The Amazing True Story of the Death Squad That Tracked Down and Killed Nazi War Criminals. London: John Blake, 2010.
Beevor, Antony, and Luba Vinogradova, eds. A Writer at War: Vasily Grossman with the Red Army, 1941–1945. New York: Pantheon, 2005.
Beschloss, Michael. The Conquerors: Roosevelt, Truman and the Destruction of Hitler's Germany, 1941–1945. New York: Simon & Schuster, 2002.
Bessel, Richard. Germany 1945: From War to Peace. London: Pocket Books, 2010. Biddiscombe, Perry. The Denazification of German: A History, 1945–1950. Stroud, Gloucestershire, 2007.
Blum, Howard. Wanted! The Search for Nazis in America. New York: Touchstone, 1989.
Botting, Douglas. From the Ruins of the Reich: Germany, 1945–1949. New York: Crown, 1985.
Bower, Tom. Klaus Barbie: Butcher of Lyons. London: Corgi, 1985.
Bronfman, Edgar M. The Making of a Jew. New York: G. P. Putnam's Sons, 1996.
Browning, Christopher R. Ordinary Men: Reserve Battalion 101 and the Final Solution in Poland. New York: Harper Perennial, 1993.
Clay, Lucius D. Decision in Germany. New York: Doubleday, 1950.
Dann, Sam, ed. Dachau 29 April 1945: The Rainbow Liberation Memoirs. Lubbock: Texas Tech University Press, 1998.
Davies, Norman. Heart of Europe: A Short History of Poland. Oxford: Clarendon Press, 1984.
Earl, Hilary. The Nuremberg SS-Einsatzgruppen Trial, 1945–1958: Atrocity, Law, and History. Cambridge: Cambridge University Press, 2010.
El-Hai, Jack. The Nazi and the Psychiatrist: Hermann Göring, Dr. Douglas M. Kelley, and a Fatal Meeting of the Minds at the End of WWII. New York: PublicAffairs, 2013.

43 Wolfgang Saxon, "Richard von Weizsäcker, 94, Dies: First President of Reunited Germany," New York Times, January 31, 2015.
44 Richard von Weizsäcker interview with the author. The interview was included in "Voices of the Century," Newsweek, March 15, 1999.
45 Martin Walser interview with the author ("Hitler Boosts Ratings," Newsweek, December 21, 1998).
46 Serge Klarsfeld with Vidalie, 57.
47 Pascale Nivelle, "Maurice Papon Devant Ses Juges," Liberation, February 10, 1998.
48 Alan Riding, "Suit Accusing French Railways of Holocaust Role Is Thrown Out," New York Times, May 15, 2003. Schaechter's gathering of Klarsfeld materials: Kurt Werner Schaechter collection, The Hoover Archives.
49 "France Agrees Holocaust SNCF Rail Payout with US," BBC Europe, December 5, 2014.
50 Maïa de la Baume, "France Confronts an Ignoble Chapter," New York Times, December 16, 2014.
51 Serge and Beate Klarsfeld interview with the author.
52 "Nazi-Hunting Couple Honored by Germany," The Forward, July 21, 2015.

11 Rashke, 149–54.
12 Ibid., 313.
13 Ibid., 348.
14 Avraham Shalom interview with the author.
15 Rashke, 361–69.
16 Ibid., 466–68.
17 Eli Rosenbaum interview with the author.
18 Rashke, 502.
19 Ibid., 513–15.
20 Robert D. McFadden, "John Demjanuk, 91, Dogged by Charges of Atrocities as Nazi Camp Guard, Dies," New York Times, March 17, 2012.
21 Patrick J. Buchanan, "The True Haters," http://buchanan.org/blog /pjb-the-true-haters-1495, April 14, 2009.
22 The Central Office for the Investigation of National Socialist Crimes, Information Sheet, December 2012. The statistics span the period that includes the unification of Germany, but they reflect the records of the West German judiciary.
23 Melissa Eddy, "Germany Sends 30 Death Camp Cases to Local Prosecutors, New York Times, September 3, 2013.
24 Statistics provided by Thomas Will, deputy director, the Central Office for the Investigation of National Socialist Crimes.
25 "Auschwitz Trial: Oskar Groening Recalls 'Queue of Trains,' " BBC News, April 22, 2015.
26 Alison Smale, "Oskar Gröning, Ex-SS Soldier at Auschwitz, Gets Four-Year Sentence," The New York Times, July 15, 2015.
27 David Crossland, "Late Push on War Crimes: Prosecutors to Probe 50 Auscwitz Guards,"Spiegel Online International, April 8, 2013.
28 Greene, 44.
29 Wittmann, 256.
30 Piotr Cywiński interview with the author.
31 Der Spiegel, August 25, 2014; the English version was posted on Spiegel Online International on August 28, 2014.
32 United States District Court for the Eastern District of Pennsylvania, "In the Matter of the Extradition of Johann (John) Breyer," Misc. No. 14-607-M (courtesy of Eli Rosenbaum).
33 Email from Eli Rosenbaum, February 4, 2015. Those statistics span the period of OSI's existence until 2010 and then the first five years of its operations as part of a newly merged unit called the Human Rights and Special Prosecutions Section.
34 Elizabeth Holtzman interview with the author.
35 Efraim Zuroff interview with the author.
36 Efraim Zuroff, Operation Last Chance: One Man's Quest to Bring Nazi Criminals to Justice, 199, 206.
37 Efraim Zuroff interview with the author; and follow-up email correspondence, February 11, 2015.
38 Deidre Berger interview with the author.
39 Serge Klarsfeld interview with the author.
40 Eli M. Rosenbaum, "The Eichmann Case and the Distortion of History," Loyola of Los Angeles International & Comparative Law Review, Spring 2012.
41 Thomas Will interview with the author.
42 Ryan, 335.

13 Richard Breitman, "Tscherim Soobzokov," American University (https://www.fas.org/sgp/eprint/breitman.pdf).
14 Blum, 258–63.
15 Ibid., 263.
16 Richard J. Goslan, "Memory and Justice Abused: the 1949 Trial of René Bousquet," Studies in 20th Century Literature, Vol. 23, 1-1-1999; Paul Webster, "The Collaborator's Pitiless End," The Guardian, June 8, 1993; and Douglas Johnson, "Obituary: René Bousquet," The Independent, June 9, 1993.
17 Sorj Chalandon, "L'assassinat de René Bousquet: larmes du Crime," Liberation, April 4, 2000.
18 Serge Klarsfeld interview with the author.
19 Ibid., "Hunting the Angel of Death," Newsweek, May 20, 1985; my longer file to Newsweek, April 16, 1985; and subsequent files sent through June 1985, along with my reporters' notebooks from that period (personal files).
20 Ibid., "Reaching a Verdict on the Mengele Case," Newsweek, July 1, 1985; Ibid., "Who Helped Mengele," Newsweek, June 24, 1985; and my files to Newsweek.
21 Gerald L. Posner and John War, Mengele: The Complete Story, 76.
22 Robert Kempner interview with the author.
23 Posner and Ware, 63.
24 Office of Special Investigations, In the Matter of Josef Mengele, October 1992, 193.
25 Harel, 210–11.
26 Aharoni and Dietl, 149–50.
27 Posner and Ware, 163.
28 Aharoni and Dietl, 151.
29 Rafi Eitan interview with the author.
30 Ibid., "Mengele: The Search Ends," Newsweek, July 1, 1985.
31 Ibid., "Who Helped Mengele?," Newsweek, June 24, 1985.
32 Ibid., "Reaching a Verdict in the Mengele Case," Newsweek, July 1, 1985.
33 Office of Special Investigations, In the Matter of Josef Mengele, October 1992, 196–97.

第十六章 回歸最初的定罪論據

1 Wiesenthal, 351.
2 Alison Smale, "Erich Priebke, Nazi Who Carried Out Massacre of 335 Italians, Dies at 100," New York Times, October 11, 2013; "Erich Priebke: 'Just Following Orders,' " The Economist, October 26, 2013; "Erich Priebke," jewishvirtuallibary.org.
3 YouTube video.
4 Sam Donaldson interview with the author.
5 Harry Phillips interview with the author; and Robert Lissit, "Out of Sight," American Journalism Review, December 1994.
6 Elisabetta Povoledo, "Funeral for Ex-Nazi in Italy Is Halted as Protesters Clash," New York Times, October 16, 2013.
7 Rashke, x–xiii, 548–49; Robert D. Mc-Fadden, "John Demjanuk, 91, Dogged by Charges of Atrocities as Nazi Camp Guard, Dies," New York Times, March 17, 2012.
8 Andrew Nagorski, The Greatest Battle: Stalin, Hitler, and the Desperate Struggle for Moscow That Changed the Course of World War II, 70.
9 Rashke, 108–16.
10 Ryan, 106–7.

27 My file to Newsweek, June 5, 1986.
28 Andrew Nagorski, "Clumsy Acts, Bad Blood," Newsweek, May 12, 1986.
29 Rosenbaum with Hoffer, 165.
30 Ibid., 300–301.
31 Ibid., 461.
32 Ibid., 463.
33 Ibid., 461.
34 Ibid., 304.
35 Ibid., 472.
36 Ibid., 304.
37 Eli Rosenbaum interview with the author.
38 Martin Mendelsohn interview with the author.
39 Former OSI official who did not want his name used in any discussion of Rosenbaum.
40 Andrew Nagorski, "Wiesenthal: A Summing Up," Newsweek International, April 27, 1998.
41 Wiesenthal, 321.
42 Rabbi Marvin Hier interview with the author.
43 Rosenbaum with Hoffer, 149.
44 Simon Wiesenthal interview with the author, reported in my file to Newsweek, May 21, 1986.
45 Wiesenthal, 301.
46 Herzstein, 250.
47 Joshua Muravchik, "The Jew Who Turned the Left Against Israel," The Tablet, July 29, 2014.
48 Segev, 292–93.
49 Wiesenthal, 320.
50 Herzstein, 229.
51 Peter Black interview with the author.

第十五章 追鬼

1 William Goldman, Marathon Man, 262.
2 Nicholas Kulish and Souad Mekhennet, The Eternal Nazi: From Mauthausen to Cairo, the Relentless Pursuit of SS Doctor Aribert Heim; Souad Mekhennet and Nicholas Kulish, "Uncovering Lost Path of the Most Wanted Nazi," New York Times, February 4, 2009.
3 Danny Baz, The Secret Executioners: The Amazing True Story of the Death Squad That Tracked Down and Killed Nazi War Criminals, xiii.
4 Ibid., 10.
5 Ronald Gray, I Killed Martin Bormann!, 5; serialization of book, as noted in Reuters dispatch, "Most Wanted Nazi Shot, Claims Ex-British Agent," published in The Montreal Gazette, August 8, 1970.
6 Gray, I Killed Martin Bormann, 73.
7 Martin Bormann and the Fourth Reich, 428.
8 Souad Mekhennet and Nicholas Kulish, "Uncovering Lost Path of the Most Wanted Nazi," New York Times, February 5, 2009.
9 Kulish and Mekhennet, 173.
10 "New Genetic Tests Said to Confirm: It's Martin Bormann," New York Times, May 4, 1998.
11 Blum, 47–48, 42–61; Richard Rashke, Useful Enemies: John Demjanuk and America's Open-Door Policy for Nazi War Criminals, 48–50.
12 Blum, 57.

22 Ibid., 289.
23 Ibid., 290.
24 Ibid., 291.
25 U.S. Department of Justice, Klaus Barbie and the United States Government: A Report to the Attorney General of the United States, August 1983.
26 David Marwell interview with the author.
27 Ryan, 321.
28 Ibid., 322.
29 Ibid., 323.

第十四章 戰時的謊言

1 Eli M. Rosenbaum with William Hoffer, Betrayal: The Untold Story of the Kurt Waldheim Investigation and Cover-up, 1–13.
2 Ibid., 15.
3 Ibid., 12.
4 Ibid., 22–33.
5 Ibid., 46–49.
6 Ibid., 57–58.
7 "Files Show Kurt Waldheim Served Under War Criminal," New York Times, March 3, 1986.
8 Covering the story and my account of Waldheim and Wiesenthal interviews, "Waldheim: A Nazi Past?," Newsweek, March 17, 1986, and lengthier file I sent to my editors on March 7, 1986.
9 Wiesenthal, 311.
10 Ibid., 313.
11 Wiesenthal later claimed, in a letter to the editor in Newsweek's April 7, 1986, issue, that he had not said explicitly to me that Waldheim was a liar. But he did not back off his assertion that he did not believe Waldheim's claim that he knew nothing about the deportations of Jews from Salonika.
12 Wiesenthal, 318–19.
13 Ibid., 315, 313.
14 Rosenbaum with Hoffer, 90–91.
15 Waldheim on the 'A' List," Newsweek, April 21, 1986; my file to Newsweek on April 11, 1986; and Robert Edwin Herzstein, Waldheim: The Missing Years, 128–29.
16 "Waldheim Under Siege," Newsweek, June 9, 1986; and my longer file to Newsweek.
17 "Waldheim Under Siege," Newsweek, June 9, 1986.
18 "Waldheim: Home Free?," Newsweek, June 16, 1986.
19 Office of Special Investigations, In the Matter of Kurt Waldheim, April 9, 1987, 200–201.
20 Herzstein, 23, 254.
21 "Waldheim Under Siege," Newsweek, June 9, 1986.
22 Ibid.; and James M. Markham, "In Austrian Campaign, Even Bitterness Is Muted," New York Times, June 6, 1986.
23 Beate Klarsfeld interview with the author. Account of her exchange with Mayor Busek at Waldheim rally: My file to Newsweek, May 30, 1986.
24 Andrew Nagorski, "Clumsy Acts, Bad Blood," Newsweek, May 12, 1986; and Rosenbaum with Hoffer, 142.
25 Edgar M. Bronfman, The Making of a Jew, 115.
26 Andrew Nagorski, "Clumsy Acts, Bad Blood," Newsweek, May 12, 1986.

22 Martin Mendelsohn interview with the author.
23 Saidel, 119.
24 Ibid., 127, and Allan A. Ryan, Jr., Quiet Neighbors: Prosecuting Nazi War Criminals in America, 249.
25 Ryan, 15–28; and The United States Holocaust Memorial Museum, "Displaced Persons."
26 Ryan, 22, 26, 268.
27 Ibid., 42.
28 A redacted version of the report can be found online: http://www2.gwu.edu/~nsarchiv/NSAEBB/NSAEBB331/DOJ_OSI_Nazi_redacted.pdf. The full report has not been officially released as of this writing, although it has been cited by Eric Lichtblau in his reporting for The New York Times and his book The Nazis Next Door: How America Became a Safe Haven for Hitler's Men.
29 Ryan, 268.
30 Ari L. Goldman, "Valerian Trifa, an Archbishop with a Fascist Past, Dies at 72," New York Times, January 29, 1987; and Saidel, 43–45.
31 Jean Michel, Dora, 62, 65.
32 Frederick I. Ordway III and Mitchell R. Sharpe, The Rocket Team, 79–85.
33 Eli Rosenbaum interview with the author.
34 Transcript from National Archives (copy courtesy of Eli Rosenbaum).
35 Elizabeth White interview with the author.

第十三章 往返拉巴斯

1 Serge Klarsfeld, The Children of Izieu: A Human Tragedy. 7.
2 Ibid., 15.
3 Tom Bower, Klaus Barbie: Butcher of Lyons, 112–13.
4 Serge Klarsfeld, The Children of Izieu, 15.
5 Ibid., 45.
6 Ibid., 15.
7 Beate Klarsfeld, 215–77.
8 Ibid., 234, 240.
9 Ibid., 239.
10 Ibid., 242.
11 Ibid., 255–56.
12 Ibid., 263–73.
13 Ryan, 279.
14 Beate Klarsfeld, 247–48.
15 Bower, 18–19; Serge Klarsfeld with Vidalie, 55; and Beate and Serge Klarsfeld interview with the author.
16 Ryan, 277–79.
17 Serge Klarsfeld, The Children of Izieu, 7.
18 Ryan, 280–323.
19 Ibid., 282.
20 Ibid., 285. Although Ryan did not name the network correspondent involved in his book, he identified him in an interview with the author. In a separate interview with the author, John Martin confirmed his account.
21 Ibid., 288.

20 Ibid., 167–203; and Serge Klarsfeld with Vidalie, 43–52.
21 John Vinocur, "3 Ex-Nazis Get Jail Terms for War Crimes," New York Times, February 12, 1980.
22 The Only Execution of a Nazi War Criminal by the Mossad, 29–31.
23 Ibid., 32–34.
24 Ibid., 35–43.
25 Ibid., xx.
26 Ibid., 125–27.
27 "Reports from Abroad," New York Times, March 14, 1965.
28 See, for example, "Zvi Aharoni and Yaakov Meidad," The Telegraph, August 16, 2012.
29 Kuenzle and Shimron, 8–9.
30 Rafi Eitan interview with the author.
31 Kuenzle and Shimron, 102.
32 Associated Press, "Latvian Musical on Nazi Collaborator Stirs Anger," October 30, 2014.
33 "Israel Condemns Latvia's 'Butcher of Riga' Musical," israelinternational news.com, October 23, 2014.

第十二章 「模範公民」

1 Ira Levin, The Boys from Brazil, 12.
2 Pick, 152.
3 Wiesenthal, 96–103.
4 Segev, 326.
5 Wiesenthal, 344.
6 Martin Mendelsohn interview with the author.
7 Serge Klarsfeld with Vidalie, 39; Serge Klarsfeld interview with the author.
8 Wiesenthal, 209.
9 Ibid., 7; and Simon Wiesenthal interviews with the author.
10 Wiesenthal, 335–40; and Wechsberg, ed., 172–83.
11 Wiesenthal, 139–57.
12 Clyde A. Farnsworth, New York Times, February 2, 1964.
13 Joseph Lelyveld interview with the author; Joseph Lelyveld, Omaha Blues: A Memory Loop, 175–82.
14 Joseph Lelyveld, New York Times, July 14, 1964.
15 Douglas Martin, "A Nazi Past, a Queens Home Life, an Overlooked Death," New York Times, December 2, 2005.
16 Alan Elsner, The Nazi Hunter, 2.
17 Eli Rosenbaum interviews with the author.
18 Howard Blum: Wanted! The Search for Nazis in America, 19–22. Blum identified the source as Oscar Karbach, whom he described as the president of the World Jewish Congress. Rochelle G. Saidel in her book The Outraged Conscience: Seekers of Justice for Nazi War Criminals in America pointed out that Karbach was a staff researcher for the WJC, not its president (page 98).
19 Blum, 25.
20 Elizabeth Holtzman with Cynthia L. Cooper, Who Said It Would Be Easy? One Woman's Life in the Political Arena, 90–96; and Elizabeth Holtzman interview with the author.
21 Saidel, 31–45.

47 Pendas, 253.
48 Ibid., 182–83.
49 Ibid., 179–80.
50 Peter Weiss, The Investigation: Oratorio in 11 Cantos.
51 Ibid., 73–74.
52 Bernhard Schlink interview with the author.
53 Peter Schneider interview with the author.
54 Maria Kozłowska interview with the author.
55 Steinke, 218.
56 Death by Installments documentary.
57 Steinke, 263.
58 Death by Installments documentary; and Steinke, 221.
59 Steinke, 257.
60 Wojak, 443.
61 Ibid., 445.
62 Fritz Bauer exhibition, Frankfurt Jewish Museum.
63 Wojak, 453.
64 Steinke, 272.
65 Ilona Ziok interview with the author.
66 Death by Installments documentary.
67 Wojak, 455.

第十一章 讓人牢記不忘的一巴掌

1 Serge Klarsfeld interview with the author.
2 Beate Klarsfeld, Wherever They May Be!, 4.
3 Ibid., 3–23; Serge Klarsfeld with Anne Vidalie, La Traque des Criminals Nazis, 11–13, 31–32; and Beate and Serge Klarsfeld interview with the author.
4 "Alois Brunner," jewishvirtualibrary.org.
5 Jeremy Josephs, Swastika Over Paris: The Fate of the French Jews, Serge Klarsfeld, Introduction, 17.
6 Frei, 395, n46; and "Kurt Kiesinger, 60's Bonn Leader and Former Nazi, Is Dead at 83," New York Times, March 10, 1988.
7 Beate Klarsfeld, 18.
8 Ibid., 19–63.
9 Serge Klarsfeld with Vidalie, 13, 76; Serge Klarsfeld interview with the author.
10 Beate Klarsfeld, 22.
11 Ibid., 48.
12 Serge Klarsfeld interview with the author.
13 Beate Klarsfeld, 112–40.
14 Beate Klarsfeld, 87.
15 Serge Klarsfeld with Vidalie, 40–41; Beate Klarsfeld, 160–64.
16 Heberer and Matthäus, eds., 242, n22.
17 Serge Klarsfeld with Vidalie, 43–44.
18 Beate Klarsfeld, 153. Other details on the three: John Vinocur," 3 Ex-Nazis Get Jail Terms for War Crimes," New York Times, February 12, 1980.
19 Beate Klarsfeld, 166.

5 Claudia Michels, "Auf dem Büfett lagen die Erschiessungslisten," Frankfurter Rundschau, March 27, 2004.
6 Pendas, 2.
7 Wittmann, 175.
8 Fritz Bauer exhibition, Jewish Museum of Frankfurt.
9 Steinke, 157, 156, 155.
10 Wittmann, 256.
11 Ibid., 215.
12 Bernd Naumann, Auschwitz: A Report on the Proceedings Against Robert Karl Ludwig Mulka and Others Before the Court at Frankfurt, 415, xiv.
13 Ibid., Hannah Arendt, Introduction, xiv.
14 As quoted in Steinke, 180.
15 Verdict on Auschwitz: The Auschwitz Trial, 1963–1965, 1993 German television documentary.
16 Pendas, 48–49.
17 Wittmann, 139.
18 Pendas, 117–18.
19 Wittmann, 88.
20 Ibid., 75.
21 Ibid., 197.
22 Ibid., 140.
23 www. yadvashem.org.
24 Pendas, 158.
25 Wittmann, 80–81.
26 Naumann, 410, 409.
27 Verdict on Auschwitz: The Auschwitz Trial, 1963–1965, 1993 German television documentary.
28 Pendas, 262.
29 Wittmann, 176–77.
30 Ibid., 177, 180.
31 Pendas, 263.
32 Naumann, 415.
33 Ibid., 412–13.
34 Wittmann, 255.
35 Naumann, viii.
36 Ibid., xxii, xxix.
37 Pendas, 256.
38 Ibid., 253.
39 Ibid., 256–57.
40 Wittmann, 190.
41 Naumann, xvii.
42 erry Biddiscombe, The Denazification of Germany: A History 1945-1950, 212–13; and, for instance, "Eichmann to Testify on Dr. Globke's Role in Deportation of Greek Jews," JTA, January 31, 1961.
43 Fritz Bauer exhibition, Jewish Museum of Frankfurt.
44 "Bonn Denounces Globke Trial in East Germany as Communist Maneuver," JTA, July 10, 1963.
45 Wittmann, 15.
46 Thomas Will interview with the author.

44 Ibid., 117.
45 Hausner, 341.
46 Arendt, Eichmann in Jerusalem, 118.
47 Jonah Lowenfeld, "Rudolf Kastner Gets a New Trial," Yom HaShoah, April 26, 2011.
48 Arendt, Eichmann in Jerusalem,125.
49 Musmanno, The Eichmann Kommandos, 16.
50 Albert Averbach and Charles Price, eds., The Verdicts Were Just: Eight Famous Lawyers Present Their Most Memorable Cases, 98.
51 Michael A. Musmanno, "No Ordinary Criminal," New York Times, May 19, 1963.
52 "Letters to the Editor:'Eichmann in Jerusalem,' " New York Times, June 23, 1963.
53 Jacob Robinson, And the Crooked Shall Be Made Straight: The Eichmann Trial, the Jewish Catastrophe, and Hannah Arendt's Narrative, 58-59.
54 Ibid., 147, 160–62.
55 Wiesenthal, 231.
56 Robinson, 159.
57 Rafi Eitan interview with the author.
58 The German title of the book is Eichmann vor Jerusalem: Das unbehelligte Leben eines Massenmörders.
59 Bettina Stangneth, Eichmann Before Jerusalem: The Unexamined Life of a Mass Murderer, 222.
60 Ibid., xxiii.
61 Arendt, The Last Interview and Other Conversations, 26–27.
62 Ibid., 50–51.
63 Ibid., 44–45.
64 Ibid., 42.
65 Arendt, Eichmann in Jerusalem, 10–11.
66 Stanley Milgram, Obedience to Authority: An Experimental View, 6, 8.
67 Ibid., 11.
68 "British PM on New ISIS Beheading," ABC News, September 14, 2014.
69 Douglas M. Kelley, 22 Cells in Nuremberg: A Psychiatrist Examines the Nazi Criminals, 71.
70 Gilbert, 260.
71 Kelley, 3.
72 Jack El-Hai, The Nazi and the Psychiatrist: Hermann Göring, Dr. Douglas M. Kelley, and a Fatal Meeting of the Minds at the End of WWII, 218–20.
73 Arendt, The Last Interview and Other Conversations, 41.
183 About six weeks and poll numbers: Hausner, 464.
74 Bascomb, 316–18.
75 "Snatching Eichmann," Zman, May 2012.
76 Bascomb, 319.

第十章 「小人物」

1 Bernhard Schlink, The Reader, 104.
2 Devin O. Pendas, The Frankfurt Auschwitz Trial, 1963–1965: Genocide, History, and the Limits of the Law, 46–47; and Rebecca Wittmann, Beyond Justice: The Auschwitz Trial, 62–63.
3 Claudia Michels, "Auf dem Büfett lagen die Erschiessungslisten," Frankfurter Rundschau, March 27, 2004.
4 Wittmann, 62.

第九章　「冷血」

1 Primo Levi, The Drowned and the Saved, 73.
2 "Ben-Gurion's Bombshell: We've Caught Eichmann," The Times of Israel, April 8, 2013.
3 Gideon Hausner, Justice in Jerusalem, 288.
4 Bascomb, 298–99.
5 Ibid., 304–5.
6 "Adam Bernstein, "Israeli Judge Moshe Landau, Who Presided over Nazi Officer's Trial, Dies at 99," Washington Post, May 3, 2011; and Lipstadt, 34.
7 Ofer Aderet, "The Jewish Philosopher Who Tried to Convince Israel Not to Try Eichmann," Haaretz, December 28, 2013.
8 Lipstadt, 31.
9 Ibid., 34.
10 Hausner, 323.
11 Gabriel Bach interview with the author.
12 "Snatching Eichmann," Zman, May 2012, 130.
13 Jochen von Lang and Claus Sybill, eds., Eichmann Interrogated: Transcripts from the Archives of the Israeli Police, xix.
14 Ibid., xvii.
15 Ibid., 4.
16 Ibid., v–vi.
17 Ibid., 57.
18 Ibid., 76–77.
19 Ibid., 90.
20 Ibid., 156.
21 Ibid., 157, vi.
22 Ibid., ix.
23 Ibid., xxi.
24 Hoess, 155.
25 Lang and Sybill, 101–2.
26 Ibid., 142–44.
27 Ibid., vi.
28 Hannah Arendt, The Last Interview and Other Conversations, 128.
29 Hannah Arendt, Eichmann in Jerusalem: A Report on the Banality of Evil, 153.
30 Arendt, The Last Interview and Other Conversations, 11–12, 20.
31 Lipstadt, 152.
32 Arendt, The Last Interview and Other Conversations, 130.
33 Ibid., 46.
34 Arendt, Eichmann in Jerusalem, 48–49.
35 Ibid., 54.
36 Ibid., 287.
37 Hausner, 332, 325.
38 Gabriel Bach interview with the author.
39 Arendt, Eichmann in Jerusalem, 46; Hausner, 359–60.
40 Arendt, Eichmann in Jerusalem, 46.
41 Hausner, 348–49.
42 Arendt, Eichmann in Jerusalem, 47.
43 Ibid., 287–88.

15 Ibid., 84.
16 Harel, The House on Garibaldi Street, 36–37.
17 Ibid., 35; and Bascomb, 130–31.
18 Harel, The House on Garibaldi Street, 36.
19 Aharoni and Dietl, 88.
20 bid., 90–100. In his account, Harel offers some minor variations on this story, claiming that the Israelis used an actual hotel bellboy for the reconnaissance operation.
21 Ibid., 102–25.
22 Wiesenthal, 77.
23 Ibid., 77–78.
24 Isser Harel, "Simon Wiesenthal and the Capture of Eichmann" (unpublished manuscript, courtesy of Eli Rosenbaum), 230.
25 Aharoni and Dietl, 86–87.
26 Harel, The House on Garibaldi Street, 85–87.
27 Rafi Eitan interview with the author.
28 Aharoni and Dietl, 126.
29 Avraham Shalom interview with the author.
30 Peter Z. Malkin and Harry Stein, Eichmann in My Hands, 127.
31 Rafi Eitan interview with the author.
32 Harel, The House on Garibaldi Street, 150–52.
33 Malkin and Stein, 142, 183.
34 Harel, The House on Garibaldi Street, 162–69; author interviews with Rafi Eitan and Avraham Shalom; Aharoni and Dietl, 137–44 (Aharoni quotes).
35 Malkin and Stein, 186–87.
36 Bascomb, 262–63.
37 Malkin and Stein, 204–5.
38 Ibid., 216.
39 Harel, The House on Garibaldi Street, 182.
40 Aharoni and Dietl, 152–53.
41 Harel, The House on Garibaldi Street, 179–80.
42 Avraham Shalom interview with the author.
43 Harel, The House on Garibaldi Street, 249, 237.
44 Ibid., 252–56.
45 Bascomb, 290.
46 Friedman, 266.
47 Segev, 148.
48 Pick, 147.
49 Wiesenthal, 70.
50 Paulinka and Gerard Kreisberg interview with the author.
51 Harel, The House on Garibaldi Street, 275.
52 Steinke, 23.
53 Harel, "Simon Wiesenthal and the Capture of Eichmann," 3, 23.
54 Ibid., 3, 5.
55 Avraham Shalom interview with the author.
56 Harel, The House on Garibaldi Street, 196–97.

55 Ibid., 13.
56 Ronen Steinke, Fritz Bauer: Oder Auschwitz vor Gericht, 26, 29.
57 Original German title is Fritz Bauer: Tod Auf Raten, CV Films, 2010.
58 Ilona Ziok interview with the author.
59 Texts courtesy of exhibition curator Monika Boll. Many of the documents and write-ups are also included in the exhibition's catalogue: Fritz Backhaus, Monika Boll, Raphael Gross. Fritz Bauer. Der Staatsanwalt. NS-Verbrechen Vor Gericht.
60 Wojak, 62.
61 Ibid., 97–98.
62 Steinke, 83–85.
63 Ibid., 97–98.
64 Fritz Bauer exhibition at the Jewish Museum of Frankfurt.
65 Irmtrud Wojak interview with the author.
66 Fritz Bauer exhibition at the Jewish Museum of Frankfurt; and Steinke, 106–8.
67 Steinke, 109.
68 Wojak, 183.
69 Ibid., 179.
70 Ibid., 221.
71 William Shirer, The Rise and Fall of the Third Reich: A History of Nazi Germany, 1061–63.
72 Alaric Searle, Wehrmacht Generals, West German Society, and the Debate on Rearmament, 1949–1959, 238–39.
73 Wojak, 273–74.
74 Letter to the Austrian communist Karl B. Frank, March 2, 1945, quoted in Fritz Bauer exhibition at the Jewish Museum of Frankfurt.
75 Steinke, 144.
76 Wojak, 275.
77 Searle, 244.
78 Frei, 268.
79 Steinke, 137.

第八章　「等一下，先生」

1 Jack Higgins, The Bormann Testament, 49–50.
2 Rafi Eitan interview with the author.
3 "Vital Statistics: Population in Israel," www.Jewishvirtuallibrary.org.
4 Avraham Shalom interview with the author.
5 Isser Harel, The House on Garibaldi Street, 4.
6 Ibid., 2–3.
7 Ibid., 4–9.
8 Ibid., 10–12.
9 Ibid., 12–22.
10 Bascomb, 111–12.
11 Harel, The House on Garibaldi Street, 27.
12 Friedman, 246–49.
13 Harel, The House on Garibaldi Street, 32–35.
14 The Truth About the Pursuit, Capture and Trial, 85.

13 Segev, 85, 82.
14 Pick, 103.
15 Ibid., 105. For a detailed account of Brichah's smuggling efforts, see Yehuda Bauer, Flight and Rescue: Brichah.
16 Andrew Nagorski, "Wiesenthal: A Summing Up," Newsweek International, April 27, 1998.
17 Wiesenthal, 55.
18 Wechsberg, ed., 65.
19 Paulinka (Wiesenthal) Kreisberg, interview with the author.
20 Segev, 86–88; and www.jewishvirtuallibrary.org.
21 www.jewishvirtuallibrary.org/jsource/History/muftihit.html.
22 Segev, 90–95.
23 Friedman, 180.
24 Ibid., 180–82.
25 Heberer and Matthäus, eds., 235.
26 Friedman, 191.
27 Ibid., 193.
28 Heberer and Matthäus, eds., 235.
29 Friedman, 188–90.
30 Ibid., 199.
31 Ibid., 210–11.
32 Ibid., 211.
33 Ibid., 146.
34 Wechsberg, ed., 100.
35 Ibid., 100–101; and Wiesenthal, 67–69.
36 Wechsberg, ed., 101–2.
37 Wiesenthal, 69.
38 See Guy Walters, Hunting Evil: The Nazi War Criminals Who Escaped and the Quest to Bring Them to Justice, 80.
39 Friedman, 122.
40 Robert M. W. Kempner, Ankläger Einer Epoche: Lebenserrinrungen, 445.
41 Wiesenthal,70.
42 Friedman, 203. Eichmann's postwar movements are recounted in Neal Bascomb's Hunting Eichmann: How a Band of Survivors and a Young Spy Agency Chased Down the World's Most Notorious Nazi.
43 Friedman, 204.
44 Ibid., 215.
45 Wiesenthal, 76.
46 Segev, 102.
47 Wechsberg, ed., 123.
48 Wiesenthal,
76–77; and Weschsberg, ed., 124.
49 Wiesenthal, 77.
50 Pick, 133.
51 Segev, 117.
52 Heberer and Matthäus, eds., 191.
53 Deborah Lipstadt, The Eichmann Trial, 27.
54 Irmtrud Wojak, Fritz Bauer 1903–1968: Eine Biographie, 15.

36 Whitlock, 258.
37 Peter Heidenberger interview with the author.
38 Greene, 347; and Whitlock, 259–61.
39 Whitlock, 260.
40 Stuart and Simmons, 17.
41 Greene, 351–52.
42 Benjamin Ferencz interview with the author.
43 Smith, 297.
44 Hilary Earl, The Nuremberg SS-Einsatzgruppen Trial, 1945–1958: Atrocity, Law, and History, 276.
45 Ibid., 277–86.
46 Ibid., 286.
47 Stuart and Simmons, 24.
48 Earl, 286.
49 Stuart and Simons, 31–32; and www.benferencz.org ("Benny Stories").
50 Benjamin Ferencz interview with the author.
51 www.benferencz.org ("Benny Stories").
52 Benjamin Ferencz interview with the author.
53 To make sure and story of the Nuremberg documentary, from which most of my account is drawn: Sandra Schulberg, Filmmakers for the Prosecution. That booklet is included in Schulberg's restored Blu-ray version of the documentary. See www.nurembergfilm.org.
54 Sandra Schulberg interview with the author.
55 Sandra Schulberg, 6.
56 Ibid., 37.
57 Ibid., 42–45.
58 hoto scans courtesy of Professor John Q. Barrett. Copies from Robert H. Jackson Papers, Library of Congress, Box 115, Folder 3.
59 Sandra Schulberg, 46–47.
60 Ibid., 47.
61 Ibid., 50.
62 Ibid., 49.
63 Sandra Schulberg interview and correspondence with the author.

第七章　「志同道合的傻子」

1 From clip in documentary Death by Installments.
2 Hella Pick, Simon Wiesenthal: A Life in Search of Justice, 98.
3 Segev, 68–70.
4 Pick, 102.
5 Wechsberg, ed., 51.
6 Wiesenthal, 40.
7 Ibid., 56.
8 Wechsberg, ed., 58.
9 Segev, 79, 423.
10 Pick, 95.
11 Segev, 78–80.
12 Wiesenthal, 273.

41 Piotr Cywiński interview with the author.
42 Franciszek Piper, Ilu Ludzi Zginełо w KL Auschwitz.
43 Gutman and Berenbaum, 67.
44 Franciszek Piper interview with author.
45 Maria Kozłowska and Zofia Chłobowska interviews with author; and Jan Markiewicz and Maria Kozłowska recollections in Jan Sehn Archives.

第六章　審判次要戰犯

1 Copy of telegram courtesy of Eli Rosenbaum.
2 Saul K. Padover papers, The New York Public Library Manuscript and Archives Division.
3 Frederick Taylor, 273.
4 Peter Sichel interview with the author.
5 Perry Biddiscombe, The Denazification of Germany: A History, 1945–1950, 37.
6 Frederick Taylor, 247–50.
7 Noel Annan, Changing Enemies: The Defeat and Regeneration of Germany, 212.
8 Frederick Taylor, 268.
9 Jean Edward Smith, Lucius D. Clay: An American Life, 302.
10 Ibid., 271.
11 Sandra Schulberg, Filmmakers for the Prosecution, The Making of Nuremberg: Its Lessons for Today, iii.
12 Biddiscombe, 183.
13 Frederick Taylor, 285.
14 Biddiscombe, 191.
15 Ibid., 199.
16 Smith, 240.
17 Lucius D. Clay, Decision in Germany, 262.
18 Annan, 205.
19 Frederick Taylor, 321.
20 Patricia Heberer and Jürgen Matthäus, eds., Atrocities on Trial: Historical Perspectives on the Politics of Prosecuting War Crimes, 175.
21 Henry Leide, NS-Verbrecher und Staatssicherheit: Die geheime Vergangenheitspolitik der DDR, 45–46.
22 Clay, 145.
23 Leide, 414.
24 www.trumanlibrary.org (http://www.trumanlibrary.org/teacher/berlin.htm).
25 Copy of telegram courtesy of Eli Rosenbaum.
26 Greene, 321.
27 Clay, 253–54.
28 Ibid., 254.
29 Smith, 301.
30 Greene, 323.
31 Ibid., 328–29.
32 Ibid., 336.
33 Ibid., 340.
34 Clay, 254.
35 The Politics of Amnesty and Integration, 6–7.

第五章　保守哥哥的祕密

1 William L. Shirer, Berlin Diary: The Journal of a Foreign Correspondent, 1934–1941, 284.
2 Dr. Jan Sehn, Obóz Koncentracyjny Oswięcim-Brzezinka.
3 Władyslaw Mącior, "Professor Jan Sehn (1909–1965)," Gazeta Wyborcza, Kraków, October 12, 2005.
4 Arthur Sehn interview with the author.
5 Jan Markiewicz, Maria Kozłowska, "10 rocznica smierci Prof. J. Sehna," Wspomnienie na U.J., XII, 1975, Jan Sehn Archives.
6 Józef and Franciszka Sehn interview with the author.
7 Maria Kozłowska interview with the author.
8 Davies, 64.
9 Andrew Nagorski, "A Tortured Legacy," Newsweek, January 16, 1995.
10 Thomas Harding, Hanns and Rudolf: The True Story of the German Jew Who Tracked Down and Caught the Kommandant of Auschwitz, 165.
11 Rudolf Hoess, Commandant of Auschwitz:
The Autobiography of Rudolf Hoess, 172.
12 Ibid., 173; and Harding, 201–2.
13 Harding, 201–2. Harding's book provides a detailed account of Höss's initial escape and then capture, which I draw on here.
14 Ibid., 234–45.
15 Robert Gellately, ed., The Nuremberg Interviews: Conducted by Leon Goldensohn, 295.
16 Ibid.
17 Harris, 334.
18 Ibid., 336–37.
19 Gellately, ed., 304–5.
20 Yisrael Gutman and Michael Berenbaum, Anatomy of the Auschwitz Death Camp, 70–72. They cite a top figure of 1.5 million, which was the estimate at the time.
21 Gilbert, 266.
22 Harris, 336–37.
23 Telford Taylor, 362.
24 Harris, 335.
25 Gilbert, 249–51, 258–60.
26 Gellately, ed., 315.
27 Testimonial of Jan Markiewicz about Jan Sehn, Jan Sehn Archives.
28 Author interviews with Zofia Chłobowska, Maria Kozłowska, and Maria Kała.
29 Dr. Jan Sehn, ed., Wspomnienia Rudolfa Hoessa, Komendanta Obozu Oświęcimskiego, 14.
30 Hoess, 176.
31 Ibid., 77.
32 Ibid., 29–106.
33 Harding, 142–46.
34 Dr. Jan Sehn, ed., introduction to the second Polish edition of Höss's memoirs, 32.
35 Hoess, Commandant of Auschwitz, 107–68.
36 Sehn, Obòz Koncentracyjny Oświęcim-Brzezinka, 32.
37 Hoess, Commandant of Auschwitz, 19.
38 Gutman and Berenbaum, 64.
39 Sehn, Obòz Koncentracyjny Oświęcim-Brzezinka, 10.
40 Joe Belling, "Judge Jan Sehn," http://www.cwporter.com /jansehn.htm.

7 United States Holocaust Memorial Museum, "Subsequent Nuremberg Proceedings, Case #9, The Eisatzgruppen Case," Holocaust Encyclopedia.
8 www.benferencz.org ("Benny Stories").
9 Heikelina Verrijn Stuart and Marlise Simons, The Prosecutor and the Judge: Benjamin Ferencz and Antonio Cassese, Interviews and Writings, 18.
10 Trials of War Criminals Before the Nuernberg Military Tribunals Under Control Council Law No. 10, Vol. IV, 30.
11 Ibid., 39.
12 The Autobiography of Raphael Lemkin, 22.
13 www.benferencz.com ("Benny Stories").
14 Trials of War Criminals Before the Nuernberg Military Tribunals Under Control Council Law No. 10, Vol. IV, 30.
15 Ibid., 53.
16 Musmanno, The Eichmann Kommandos, 65.
17 Ibid., 126.
18 Len Barcousky, "Eyewitness 1937: Pittsburgh Papers Relished 'Musmanntics,' " Pittsburgh Post-Gazette, March 7, 2010.
19 Associated Press, "Decrees Santa Claus Is Living Reality," as published in The New York Times, December 23, 1936.
20 www.benferencz.com ("Benny Stories").
21 Musmanno, The Eichmann Kommandos, 78–79.
22 www.benferencz.org, ("Benny Stories").
23 Musmanno, The Eichmann Kommandos,148.
24 Trials of War Criminals Before the Nuernberg Military Tribunals Under Control Council Law No. 10, Vol. IV, 369–70.
25 Stuart and Simons, 20.
26 www.benferencz.org, ("Benny Stories").
27 Benjamin Ferencz interview with the author; and www.benferencz.org ("Benny Stories").
28 Harold Burson interview with the author.
29 Richard W. Sonnenfeldt, Witness to Nuremberg: The Chief American Interpreter at the War Crimes Trials, 13.
30 Mann, 48.
31 Lord Russell of Liverpool, xi.
32 http://haroldburson.com/nuremberg.html.
33 Greene, 14.
34 John F. Kennedy, Profiles in Courage, 199.
35 Frieze, ed., 118.
36 www.benferencz.com ("Benny Stories").
37 Herman Obermayer interview with the author.
38 Gerald Schwab interview with the author.
39 Stuart and Simons, 23.
40 Harris, 35.
41 Ibid., xxix.
42 Ibid., xiv.
43 Mann, 13
44 Musmanno, The Eichmann Kommandos,175–76.

4 Peter Heidenberger interview with the author. Unless otherwise indicated, his quotes are from that interview.
5 Beschloss, 275.
6 Joshua M. Greene, Justice at Dachau: The Trials of an American Prosecutor, 17–20.
7 Michael T. Kaufman, "William Denson Dies at 85; Helped in Convicting Nazis," New York Times, December 16, 1998.
8 Greene, 13.
9 Ibid., 19.
10 Ibid., 24.
11 Ibid., 26.
12 Ibid., 36.
13 Ibid., 39–44, 53–54; and Peter Heidenberger interview with the author.
14 Peter Heidenberger, From Munich to Washington: A German-American Memoir, 53.
15 Ibid., 57.
16 Greene, 44.
17 Ibid., 64.
18 Ibid., 101.
19 Ibid., 103–4.
20 Lord Russell of Liverpool, Scourge of the Swastika: A Short History of Nazi War Crimes, 251.
21 "Nazi War Crime Trials: The Dachau Trials," jewishvirtual library.org.
22 Lord Russell of Liverpool, 252.
23 Greene, 2, 349.
24 "Chief Prosecutor Returns Home," The New York Times, October 24, 1947; Greene, 316.
25 Flint Whitlock, The Beasts of Buchenwald: Karl and Ilse Koch, Human-Skin Lampshades, and the War-Crimes Trial of the Century, 196.
26 Greene, 226–27.
27 Ibid., 128.
28 Ibid., 80–85, 345.
29 Ibid., 127.
30 Ibid., 348.
31 Whitlock, 199.
32 Greene, 266.
33 Ibid., 263.
34 Heidenberger, 61.
35 Greene, 263–64.
36 Ibid., 273.
37 Heidenberger, 58.

第四章　企鵝規定

1 Michael A. Musmanno, The Eichmann Kommandos, 70.
2 Cited by Eli M. Rosenbaum in his introduction of Ferencz at the 102nd Annual Meeting, American Society for International Law (ASIL), Washington D.C., April 10, 2008.
3 Benjamin Ferencz Interview with the author; and www.benferencz.org ("Benny Stories").
4 www.benferencz.org ("Benny Stories").
5 Benjamin Ferencz interview with the author; and www.benferencz.org ("Benny Stories").
6 www.benferencz.org ("Benny Stories").

第二章 「以眼還眼」

1 Christopher R. Browning, Ordinary Men: Reserve Battalion 101 and the Final Solution in Poland, 58.
2 Richard Overy, Russia's War, 163–64.
3 Michael Beschloss, The Conquerors: Roosevelt, Truman and the Destruction of Hitler's Germany, 1941–1945, 21.
4 Ibid., 26.
5 Ian Cobain, "Britain Favoured Execution over Nuremberg Trials for Nazi Leaders," The Guardian, October 25, 2012.
6 Richard Bessel, Germany 1945: From War to Peace, 11.
7 Ibid., 18.
8 Norman H. Naimark, The Russians in Germany: A History of the Soviet Zone of Occupation, 1945–1949, 72.
9 David Stafford, Endgame, 1945: The Missing Final Chapter of World War II, 315.
10 Frederick Taylor, Exorcising Hitler: The Occupation and Denazification of Germany, 54.
11 Naimark, 74.
12 Douglas Botting, From the Ruins of the Reich: Germany, 1945–1949, 23.
13 Frederick Taylor, 70.
14 Ibid., 73.
15 Bessel, 68–69.
16 Information on the Rainbow Division and liberation of Dachau is drawn from Sam Dunn, ed., Dachau 29 April 1945: The Rainbow Liberation Memoirs.
17 United States Holocaust Memorial Museum, "Dachau," www.ushmm.org.
18 Dunn, ed., 14.
19 Ibid., 22–24.
20 Ibid., 32.
21 Ibid., 77.
22 Ibid., 91–92.
23 Ibid., 24.
24 Tuvia Friedman, The Hunter, 50–102.
25 Norman Davies, Heart of Europe: A Short History of Poland, 72.
26 Frederick Taylor, 226.
27 Joseph Wechsberg, ed., The Murderers Among Us: The Wiesenthal Memoirs, 45–49.
28 Tom Segev, Simon Wiesenthal: The Life and Legends, 35–41; and Wechsberg, ed., 23–44.
29 Andrew Nagorski, "Wiesenthal: A Summing Up," Newsweek International, April 27, 1998.
30 Wechsberg, ed., 28.
31 Segev, 27.
32 Wechsberg, ed., 8.
33 Friedman, 146.
34 Wechsberg, ed., 47–49.

第三章 共謀

1 Frederick Forsyth, The Odessa File, 92.
2 Wechsberg, ed., 11.
3 Saul K. Padover papers, 1944–45, The New York Public Library Manuscript and Archives Division.

注　釋

序言

1 Harry Patterson, The Valhalla Exchange, 166.
2 David Marwell interview with the author.
3 Niklas Frank interview with the author; excerpts from this interview: "Horror at Auschwitz," Newsweeek, March 15, 1999; and Andrew Nagorski, "Farewell to Berlin," Newsweek.com, January 7, 2000.

第一章　絞刑手的工作

1 Abby Mann, Judgment at Nuremberg, 62.
2 The details of the executions are largely drawn from Kingsbury Smith, who was the pool reporter at the event. His full report: http://law2.umkc.edu/faculty/projects/ftrials/nuremberg/NurembergNews10_16_46.htht. Additional information was drawn from Whitney R. Harris, a lawyer who was part of the American staff at Nuremberg, and designated by Justice Robert H. Jackson to represent him in the Palace of Justice on the night of October 15–16. His account is in his book, Tyranny on Trial: The Evidence at Nuremberg, 485–88.
3 Telford Taylor, The Anatomy of the Nuremberg Trials: A Personal Memoir, 588.
4 G. M. Gilbert, Nuremberg Diary, 431.
5 Harold Burson interview with the author.
6 Telford Taylor, 600.
7 Ibid., 602.
8 Ibid., 623.
9 All quotes from Obermayer are from two sources: Herman Obermayer interview with the author, and his article, "Clean, Painless and Traditional," in the December 1946 issue of the Dartmouth Jack-O-Lantern, the college's literary magazine.
10 Ann Tusa and John Tusa, The Nuremberg Trial, 487. Others question that tally. See for example: http://thefifthfield.com/biographical-sketches/john-c-woods/.
11 Gilbert, 255.
12 I dese Ibid., 432.
13 Stanley Tilles with Jeffrey Denhart, By the Neck Until Dead: The Gallows of Nuremberg, 136.
14 Werner Maser, Nuremberg: A Nation on Trial, 255.
15 Ibid., 254.
16 Telford Taylor, 611. This passage also includes Taylor's mention of the photos of the hanged Nazis.
17 Albert Pierrepoint, Executioner: Pierrepoint, 158.
18 German historian Werner Maser: Maser, 255.
19 Tusa and Tusa, 487.
20 Herman Obermayer, "Clean, Painless and Traditional," Dartmouth Jack-O-Lantern, December 1946.
21 Pierrepoint, 8.

左岸｜歷史264

納粹獵人：追捕德國戰犯的黑暗騎士

作　　者｜安德魯・納古斯基Andrew Nagorski
譯　　者｜高紫文
總 編 輯｜黃秀如
責任編輯｜許越智
行銷企劃｜蔡竣宇
封面設計 & 內文排版｜張瑜卿

社　　長｜郭重興
發行人暨出版總監｜曾大福
出　　版｜左岸文化
發　　行｜遠足文化事業股份有限公司
231新北市新店區民權路108-2號9樓
電話：02-2218-1417
傳真：02-2218-8057
客服專線：0800-221-029
E-Mail：rivegauche2002@gmail.com
左岸文化臉書專頁
https://www.facebook.com/RiveGauchePublishingHouse/
法律顧問｜華洋法律事務所　蘇文生律師

印　　刷｜成陽印刷股份有限公司
初　　版｜2017年10月
定　　價｜480元

ISBN　978-986-5727-63-5

國家圖書館出版品預行編目資料

納粹獵人：追捕德國戰犯的黑暗騎士

安德魯．納古斯基（Andrew Nagorski），著；
高紫文譯.－初版.－
新北市：左岸文化出版：遠足文化發行，2017.10
面；公分.－（左岸歷史；264）
譯自：The Nazi Hunters
ISBN 978-986-5727-63-5（平裝）

1. 第二次世界大戰 2. 戰俘 3. 德國史

712.847 106015016